北大院生協議会史

大学院生の苦闘と成長の軌跡

北大院生協議会史編集委員会——編

花伝社

目次

まえがき　編集委員会を代表して　手島繁一　5

第Ⅰ部　北大院協史（通史）

はじめに　11
一　戦前の大学院制度　12
二　旧制大学院の継続と新制大学院へ向けての準備（一九四五年九月〜一九五三年三月）　13
三　新制大学院発足と院生運動の組織化に向けての模索（一九五三年四月〜一九六〇年三月）　17
四　北大院協の組織的確立と白書運動の進展（一九六〇年四月〜一九六六年三月）　19
五　北大院協の発展と夏の学校などでの交流・学習の前進（一九六六年四月〜一九六九年三月）　24
六　大学運営民主化闘争と研究からの疎外（一九六九年四月〜一九七一年三月）　以上、岡　孝雄　28
七　北大院協運動の継承期（一九七一年〜一九八〇年）　山口博教　30
八　八〇年代以降の北大院協運動（一九八〇年〜）　佐久間　亨　37
【通史補論】一九九〇年代以降の大学院の動向 ―一九七〇〜八〇年代の経験の意味　高田　純　45

第Ⅱ部　各研究科と個別分野における北大院協の活動

1　理系各研究科の院生組織と活動　59
北大理院協の設立と活動の経過　岡　孝雄　59
北大工学部、薬学部および獣医学部の院協活動について　編集委員会（文責：岡　孝雄）　89
大学の自治と学問の自由を守る「化学院生協議会」の闘い　平田文男　100
大学紛争以前の農院協運動について―私の経験から―　石井　寛　107
農院生会誌「穂波」一八巻に見る院生の生活と運動　佐々木　忠　112
水産学研究科における院生協議会の要求と活動―一九七〇年代後半から八〇年代前半を振り返って―　大泉　徹・宮澤晴彦・西　友夫　126

2　文系各研究科の院生組織と活動　134
教育学部民主化闘争の回想―ユートピアを追い求めたあの日々―　明神　勲　134
文学研究科院生協議会の運動―一九六〇年代後半～七〇年代前半　高田　純　150
経済学部大学院会の活動―大学自治への参加と研究創造活動　山口博教　157
3　個別分野での北大院協の活動　163
新制大学院の発足と院生協議会の運動　神田健策　163
白書づくり～『大学院白書』によせて　安藤　桜　166
院生寮建設運動　阿部哲也　170
北大院協の経験と奨学金闘争　中原豊司　175

第Ⅲ部　北大院協と私（個人回想録）

1　理系研究科　179
北大１９６９年・その後―物理院協の頃　酒井源樹　179
北大物理学科院生会と私　羽部朝男　182
大学院生からの出発　三好永作　185
院協活動にかかわっての思い出　江見清次郎　188
大学院の先輩増田洋さんの思い出、奨学金前借り問題、農院生夏の学校のこと等　田畑　保　190
増田洋回想―焼酎とリンゴ箱　宮﨑隆志　193
「どうにかなるさ」　中嶋　信　195
旧有島武郎邸と全国初の院生寮有島寮のこと―権利と自治をもとめて―　佐々木　忠　196
院生の生活を支え民主主義を学ぶ拠点としての有島寮　藤原一也　198
私の大学院生生活と林学院生会　秋林幸男　202
七〇年代初頭の水産院協活動への個人的感想　川眞田憲治　204
水産学部水産学研究科時代の院生協議会活動―八〇年代の院協「科学ゼミナール」の思い出―　田中邦明　213
私の大学院生時代（一九七六年四月～一九八四年三月＋一年）　山﨑　誠　219
2　文系研究科　222
一九七〇年代後半の北海道大学教育学研究科・院生協議会と私　羽田貴史　222
文院協について思い出すことなど　村山紀昭　236
「院生時代」における院協活動についての断想　橋本　信　240
一九七〇年の北大経済学部院生協議会での一日（10・21と

6・23） 浅田政広 243
北大大学院・助手時代の研究活動と生活 山口博教 246
大学院生時代の生活 小坂直人 254

第Ⅳ部 資料・年表・文献一覧

1 北海道大学大学院白書（昭和三八年一一月） 261
発刊にあたって 261
推薦のことば 262
白書出版にあたって 262
北海道大学大学院白書発刊に寄せる 265
大学院白書の刊行をよろこぶ 265
目次 266
2 大学変革―その闘いの理念―戦後、北大変革の課題と展望 274
はじめに 274
序章 大学変革の基本課題と本書の構成 276
あとがき 279
3 北大院協規約 281
4 北大女子院生の会に関する資料 284
北大女子院生の会 北大女子院生実態調査中間報告 284
女性特有の問題が……アンケートで実態把握をめざす「女子院生の会」 285
5 北大院協史 年表（第二次大戦後から国立大学法人化まで 1945～2003） 290
6 北大院協史 文献一覧 307

あとがき 編集委員会を代表して 明神 勲 331

【編集後記】 335

執筆者一覧 344

まえがき

編集委員会を代表して　手島繁一

本邦初の大学院生運動史

本書は北海道大学における大学院生の運動の歴史をまとめたものである。大学院生の運動史の出版はおそらくわが国では初めての試みであろう。

本書の編集に携わったのは一九六〇年代後半から八〇年代に大学院生活を送り院生運動に参加した世代であるが、その時代はまた新制大学院の揺籃期ともいえる時期であり、大学院の理念や目的、制度、教育と研究の実践をめぐって、教員、職員、院生が時には厳しく対決するという緊張関係をはらみながら、議論や運動を積み重ねて大学院の内実を作ってきた時期でもあった。本書はこの時期を主な対象としているが、文書資料や関係者の証言・回顧を集成することによって、戦後から今日までの歩みを見通せるよう努めた。

新制大学院の発足と院生協議会の誕生

主として旧制帝国大学に限定的に置かれていた大学院は戦後の模索と混乱を経て、一九五三年から学士卒業生を受け入れる新制大学院体制がようやく整備され再出発した。とはいえ、新制大学院に対して独自の予算・施設・教職員スタッフは手当てされることなく、研究教育条件は貧困をきわめ、他方、戦前来の権威主義的「教授会の自治」中心の大学運営や研究室の実態は、新憲法下で権利意識を高めた院生たちにとって民主化すべき課題として認識された。

北大においては、理学研究科や農学研究科で先行的に結成された院生協議会（大学院生会）が全学に広がり、五九年に北海道大学全学院生協議会（北大院協）が誕生した。六三年には先に誕生していた全国組織の全国大学院生協議会（全院協）に加盟し、その有力な一翼となった。ちなみに、全院協は、（1）大学院生の生活条件・研究条件を守る、（2）自主的・民主的研究を推進する、（3）平和と民主主義を守る、という三本の柱を掲げた。

院生協議会という組織は、学生自治会のような全員加盟制ではなく親睦交流を目的として発足した自主的組織であるが、発足当初から奨学金、院生寮、就職などの共通の要求の実現をめざす運動組織としての性格をあわせ持っており、早くも五九年には全院協代表と文部大臣との会見が行われるなど、大学内外において大学院生の代表組織としての認知度は高い。北大でも、全学および各単位院協は当初から交渉適格団体として認められている。

本書刊行の経緯に関わって

ところで、「本邦初の院生運動史」を標榜する本書はどのような経緯で刊行に至ったのか。直接の契機となったのは、一九六〇年代後半から七〇年代初頭のいわゆる大学民主化闘争をテーマに、証言・回顧・史資料を集成した『北大1969』を編集刊行する作業だった。同書は二年ほどの時間をかけて二〇二一年一月に刊行された。この過程で、運動当事者が保持していたビラ、パンフレット、日記などの膨大な文書資料が発掘、収集されたが、学生運動を主眼とする同書では当然のことながら大学院生とその運動に関する資料はリストとして整理掲載されるにとどまった。収集された院生運動関係の資料は八〇〇点を超えていた。そこで、あらためてこれらの資料を読みこなし、院生運動の歴史をまとめる課題が提起されたのである。『北大1969』の編集委員会のなかには院生運動を担った者も多くいたことから、数カ月の準備期間を経て、二〇二二年四月の同書の出版記念会の翌日、本書の編集委員会が立ち上がった。編集委員会の半数は『北大1969』の編集委員会のメンバーである。

したがって、本書は『北大1969』と密接なつながりがあるが、院生運動の固有の性格にかんがみ、次のような特徴を持っている。(1)対象の時代を、院生協議会の発足から一九九〇年代までと広く設定したこと、(2)『北大1969』では扱えなかった教育学部・研究科、水産学部・研究科などの証言・回顧を収集掲載したこと、(3)大学院および高等教育に関する政策動向を視野に入れ、分析や論評を加えたこと、などである。

とはいえ、本書が北大院生協議会の歴史を十全に語り得ているわけではない。編集委員会の構成がそうであるように、一九七〇年代の大学院在籍者の証言・回顧に偏重しており、学部や研究科も広く全学部や研究科を網羅したものにはなっていないなど、問題は容易に指摘できるであろう。なにより、現在の院生運動が直面する困難への処方箋が提示されていないとする批判はありうるだろう。

そうした批判は覚悟のうえで、本書は現代の問題を歴史的な視点からとらえ直し、ともに考える材料を提供したいと願っている。問題や困難は現前の事実ではあるが、同時にまた歴史的淵源を持っており、歴史的経験のなかに解決の見通しが見いだせるという思いを、わたしたちは共有している。

本書の構成

本書は大きく四部から構成されている。

第一部は通史編で、戦前から一九八〇年代までを対象として、北大の大学院制度の変遷と院生運動の歴史を八つの時代区分で叙述している。また、補論として九〇年代から現代にいたる大学院の変遷と実態を先行時代の経験との比較で批判的に分析している。

第二部は、理・工・薬・農・獣医・水産・教育・文・経済の各研究科の運動、および「白書」・院生寮建設・奨学金の三分野の運動を取り上げている。

第三部は、院生運動に携わった個人の回想・証言録で、各寄稿者の運動への関わりに止まらず喜び、悩み、怒りや悲しみなどが生き生きとつづられており、本書の白眉ともいえる貴重な記録となっている。

なお、第二部、第三部は主に個人の見解によるものであり、その責はそれぞれの筆者にある。

第四部は、資料・年表編で、『北海道大学大学院白書』、『大学変革』、『北大院協規約』、『北大女子院生の会に関する資料』など運動の節目節目で発行された重要文書、年表、ビラ・パンフレットなど収集資料のリストおよび主要文献一覧などが掲載されている。

本書および本書編集の過程で収集された諸資料は、いずれ北大文書館に寄贈する予定であり、必要な整理を経て公開閲覧が可能な状態になるであろう。

本書の公刊が、新たな探求と交流の広がりやさらなる歴史の掘り起こしの一助ともなれば、これにすぐる喜びはない。

二〇二四年　早春

二〇二二年七月刊「北大1969」

第Ⅰ部　北大院協史（通史）

モデルバーン（菅間慧一作）

はじめに

大学院生は総じていえば、大学（大学院）において研究者・技術者として教育を受ける（育てられる）立場と、自らも研究を行い大学の研究展開の一翼を担う立場の二つの側面をもっている。時には、学生の教育・卒業論文（研究）などの補助を行う立場にもある。その意味では北海道大学大学院および、北海道大学大学院生協議会（北大院協）の歴史を論ずることは、北海道大学（北大）の歴史と密接不可分であり、北大院協の歴史を記述しながら、それは北大の教育・研究の制度・仕組みの変遷も語ることになる。

北大は札幌農学校に始まり、東北帝大農科大学を経て、北海道帝国大学として発足したが、大学の形態は東京帝国大学（現東京大学）に準じるものであった。北大を含む日本全体の大学院の萌芽は一八八六年（明治一九年）に定められた帝国大学令に起因する。そのため、北大院協史（通史）の記述においては、第二次大戦前の大学院制度についても言及する。さらに、日本の大学・大学院制度は一九四五年の日本敗戦とその後のアメリカを中心とした連合軍による占領支配の中で、望むと望まざるに関わらず大きく変化することになった。よって、戦後における北海道大学・大学院の旧制度から新制度への変遷プロセスも紹介することにした。新制大学院発足後においては、日本の高度経済成長を反映して大学院の設置大学や大学院生数も次第に増加することになるが、それは、明確な施設やスタッフの裏付けをもたなかった大学院制度に大きな矛盾をもたらすことになった。一九六八〜一九七〇年に全国に吹き荒れた大学闘争（紛争）は大学院制度の在り方をも問うものとなった。その後、好むと好まざるにかかわらず、北大は大学院重点化に方向付けられ、ついには国立大学法人化の大学（国立大学法人北海道大学）に変わることになった。通史をまとめる中で明らかになったことは、北大院協はこのような大学（北大）の変容の中で、設立の一九六〇年頃から一九八〇年頃までの二〇年間はほぼその組織形態を維持してきたが、一九八〇年代になると、徐々に活動が弱まり、一九九〇年代になると、大学院重点化に伴う各研究科の改組・改編の中で院協活動が困難になった。特に北大院協の発足時からの重要構成部分であった理学部院生協議会（理院協）の活動の終息は大きかったようである。それでも、二〇〇四年大学法人化、直前の二〇〇二年までは、教育学研究科を中心に組織が存続していることが確認でき、さらに、本通史の取りまとめの最終段階の調べ（ネット公開の全院協ニュース）によれば、二〇一六年という近年までは北大が全院協の理事校会議に曲りなりに参加していたとのことである。

本通史は、一（戦前の大学院制度）、二（旧制大学院の継続と新制大学院へ向けての準備）、三（新制大学院発足と院生運動の組織化へ向けての模索）、四（北大院協の組織的確立と白書運動の進展）、五（北大院協の発展と夏の学校などでの交流・学習の前進）、六（大学運営民主化闘争と研究からの疎外）、七（北大院協運動の継承期）および八（八〇年代以降の北大院協運動）に分けて編集委員が記述した。一～六のいわば、前半を岡孝雄が、後半にあたる七を山口博教が、同じく八を佐久間亨が担当した。さらに、本通史の主として七と八に関わる部分について、高田純が補論「一九九〇年代以降の大学院の動向――一九七〇～八〇年代の経験の意味」を論述し、補完している。

なお、北海道大学の大学院関連について、年表を資料編にまとめた。今までに、年表として整理したものとしては、『北海道大学大学院白書（一九六五年）』の年表（一九四五年～一九六五年）、北大院協活動誌『'ともに生きともに研究する，院協運動の新たな発展をめざして'75』の年表（一九四五年～一九七五年）があるが、それらを含めて、改めて作成した。さらに、これらの通史および年表を可能な限り客観的に裏付けるものとして、資料一覧も掲載している。

一　戦前の大学院制度

戦前の大学院制度については、一九八〇年発行の北大農学部大学院会の雑誌『穂波』No・15に掲載された山崎真秀（当時、北大教育学部助教授、その後、母校の東京学芸大、静岡大の教授を務め、退官後に東京都国分寺市の市長を一期務め、二〇〇七年死去）の講演録「新制大学院制度の成立とその理念」（農学研究科大学院会主催「大学院を考える学習会」）や市川昭午・喜多村和之編『現代の大学院教育』（玉川大学出版部、一九九五年）などを参考に概観する。

一八七七年（明治一〇年）に東京大学が設立され、一八八六年（同一九年）に帝国大学令の公布により、初めて近代的な大学制度が出発した。戦前においては旧帝大（外地の台北・京城を除くと北海道・東北・東京・名古屋・京都・大阪・九州）と二つの文理大（東京・広島）、東京商科大に大学院が設置されていた。その他、東京工業大など一四官立大学、四公立大学、二五私立大学にも大学院が設置され、最大時で二六〇〇人の大学院生が在学していた。ともあれ、日本の大学院の原型は旧帝大におかれた大学院といわざるをえない。制度上は帝国大学令で今の学部にあたる分科大学（「学術・技芸ノ理論及応用ヲ教授」）と大学院（「蘊奥［ヲ攻究］」でいわば研究機関）という二つの大学の構成要素が出現したが、組織上の問題は明確にされなかった。それが明確になったのは一九一八年（大正七年）大学令で、「学部ニハ研究科ヲ置クベシ、数個ノ学部ヲ置キタル大学ニ於テハ研究科間ノ連絡協調ヲ期スル為之ヲ綜合シテ大学院ヲ設クルコトヲ得」とされており、大学院というのは、独立した研究機関というよりは、学部における研究科の総合体を称したものであった。要約すると、旧制の大学院は学生にとっては、学部卒業後、教官の指導のもとに研究する場であり、他方で、大学ないし教官にとっては、特定分野の、あるいは自分の学問的方法の後継者を養成する場であった。明確なことは、学部と並ぶ独立の研究機関ではないということで、この点が戦後改革においても問題となった。

『北大百年史　通説』（一九八二）によれば、北大には東北帝大農科大学の頃から大学院は置かれていたが（同一八一頁）、他の帝大と同様研究者養成の機能に乏しく、大学は学部卒業後、優秀な学生を副手として採用し、研究者養成を行うのが普通であった。大学院の在籍者は少なく、研究を望む学部卒業生はむしろ副手となる場合が多かった（同三一七頁）。副手には大学院生または学部卒業者などがなり、助手と同じ職務を無給で行うものとされていたが、その後有給も認められることとなった。北大に限らず、副手は大学院生と同じく研究に従事する場合が多く、大学院生との相違は授業料がないこととされていた。さらに、太平洋戦争の後半になると、学年短縮や学徒出陣・勤労動員によって大学の研究機能が麻痺してくる中で、最小限の研究要員を確保し、研究者の養成を持続する必要が起こり、一九四三年九月に、文部省は帝国大学大学院・官立単科大学研究科と早稲田・慶応大の大学院に特別研究生（一期二年・二期三年、学資支給・兵役免除・就職に関して義務付け）を置くことを定めた（『通説』二九四頁）。全国的には入学定員一期五〇〇人以内、二期二五〇人以内とされ、北大では農・医・工・理の四学部で一九四三年度第一期定員四一人（入学四一人）、一九四四年度第一期定員四一人（入学三四人）、一九四五年度第一期定員四一人（入学四一人）・第二期定員二〇人（入学二〇人）であった（同二九四頁）。これは従来の大学院と異なる新大学院として構想されたもので、戦後の新制大学院の萌芽ともいえる制度であったが、科学振興政策の一環として大学院充実の要望が、戦時研究要員の確保の手段として実現されたものである（同二九五頁）。以上から判断すると、戦前においては実質的に副手を含めた研究生が「大学院生」と言えるであろう。いずれにしても、少数精鋭でその多くが大学・研究所の教授・研究者を目指すものであったと言える。

二　旧制大学院の継続と新制大学院へ向けての準備（一九四五年九月～一九五三年三月）

一で示した山崎真秀による講演録に従うと、第二次大戦後から一九七九年頃までの大学院問題に関する時期区分は次のようである。

第一期：占領のGHQ体制下、一九四六年のアメリカ教育使節団の勧告に基づき教育刷新委員会が改革に着手してから一九四九年の大学基準協会による大学院基準の設定まで。

第二期：一九四九年の大学院基準の設定から一九五五年の大学院基準の改定が行われるまで。

第三期：一九五五年の改定から一九六五年頃までの、高度経済成長の下での理工系の学部、大学院の研究体制が大幅に拡張された時期。

第四期：一九六九年の大学紛争を境にして、七〇年代における大学院の全面的な再編成が試みられようとする時期。

以上に基づけば、この時期はほぼ前述の第一期と第二期が該当する。山崎によれば、この第一期の大学院改革の議論は教育刷新委員会と大学自身が自主的に結成した大学基準協会（一九四七年ＧＨＱの指導で新制大学の設置基準を制定する民間専門団体として国公私立四十六大学が集まり結成された）によるものが主要なものであるが、大学院制度の理念の設定に重点を置いた教育刷新委員会では、新しい教育制度の中で大学院をどういう性格のものと位置づけるかが最大の問題であり、これには二つの考え方の対立があった。一つは、大学院は純粋な研究機関として、六・三制から分離すべきという独立大学院の考え方、新制大学発足で学問、研究の水準が低下するという考え方に端を発している。もう一つの考え方は、あくまで大学院を六・三制の中に位置づけるという学部積み上げ方式である。この二つが激しく対立して、結局結論が出せず、一九四六年一二月の建議の中では玉虫色のものにしかならなかった。その後の学校教育法成立の頃（一九四七年三月〜四月）になると同委員会の中間報告では前者の考え方で強引にまとめられたが、これは旧帝大、特に東大を大学院大学として一般の新制大学から分離するというもので、批判が続出し、総会ではこの報告書が否決されることになった。

次に第二期では大学基準協会で、高等教育をより開かれたものにするために、中間学位（博士以外）をどうするかという問題、単に研究者だけでなく高級職業人も養成するための制度とするという問題が検討された。その結果、一九五二年に「大学院設置審査要項」・「学位に関する要項」が作られ、一九五〇年四月に私学の大学院が発足し、国立大については一九五三年四月から新制大学院（修士課程付置）が開設されることになった。この期にさらに問題となったのは課程博士と論文博士の関係であり、ＧＨＱは高等教育が開放的であると共に、客観的であるべきだとして、徒弟的・個人的なものでなく、スクーリングや演習などを受けて、単位制度を明確にするために、原則として課程博士オンリーとする意向が強かったが、日本の実情に合わないということで、課程・論文の二本立てで行くことになった。このようにして生まれた新制大学院は、そのほとんどが一学部に一研究科というように、学部に直結したものであると共に、それ自身の施設・設備・教官をもたない、学部付随というあり方となり、問題を抱えることになった。

『北大理学部五十年史』（一九八〇）の増渕法之の「新制

大学の発足」によれば、北大（旧北海道帝国大学）においても全国的な動きに呼応して、一九四五年一一月末に伊藤誠哉総長が就任と共に、全学に対して学内改革に関する意見を求めた。これに呼応するように、農学部川口栄作教授を中心とする「大学制度研究会」、理学部堀内寿郎教授らの「大学のあり方研究会」、同松浦一教授らの「シンポシア会」など理学部中心に大学制度の改革案が論じられた。その成果を伊藤総長が全国大学総長会議で報告するなど、全国的にも先駆的な取り組みが行われた。『北大百年史　通説』によれば、新制大学のあり方について、具体的に最大の難問の教養課程の体制が定まり、一般教養部を発足させた結果、次の最大の課題は、新制大学院発足に備えることであった（同三五八頁）。「北海道大学大学院設置準備委員会規程」が一九五一年八月の評議会で決定され、同委員会は一〇月より発足した。一九五二年二月に「北海道大学大学院に関する要項案」が決定された。これによれば、大学院は修士課程二年・博士課程三年で構成され、当時の既設と新設予定の一〇学部に対応して、例えば「理学系研究科」のように一〇研究科とされた。この決定の過程では、「実施に際しては運営上二科以上を統合することが出来る」との意見も出され、理学部委員会の案として学部の区分にとらわれず理系では、数学・物理学・化学・生物学・地学の各研究科、文系については歴史・哲学研究科・社会科学研究科・文学・言語学研究科とする案なども出されたが、大勢は学部別の区分とする方向となった（同三五七〜三五八頁）。一九五三年三月三一日、国立大学の大学院に置く研究科の名称及び課程を定める政令が公布され、翌四月一日付で施行された。これにより、北大には文学・教育学・法学・経済学・理学・工学・農学・獣医学・水産学の九研究科（三五専攻）がおかれることになった（同三五八〜三五九頁）。なお、医学研究科は遅れて、七月一日設置となった。

『北大百年史　通説』によれば、戦時下に発足した特別研究生制度は、一九四六年四月に改正され、特別研究生の選定・研究事項の変更・就職指定などが大学総長に委任されることになり、研究生数の規定（定員枠）が削除され、学資は一九四六年度以降二倍に増額され、一九四九年一月から一期生が月額五八〇〇円、二期生七〇〇〇円となった（文部省の触れ込みでは「同等年次の家族一名をもつ助手の手取額をほぼ基準として算定」、同三一六頁）。北大では一九四六〜一九四八年度に、戦前からの定員枠を引き継ぎ、農・医・工・理の四学部（研究科）で一期四一人・二期二〇人の枠で、入学者は一九四六年第一期四〇人・第二期一三人、一九四七年度第一期三五人・第二期一五人、一九四八年度第一期三七人・第二期一八人であった。これにより、一九四八年一〇月の全体での大学院特別研究生の在籍数は一期生八二人・二期生四一人となった（同三一七頁）。この大学院特別研究生とは別に、副手として研究も担う層が存在したが、一九四七年一〇月から無給副手の一部有給化が実施され、北大全体で二五五人中一五二人が有給となり、副手に準ずる研究員三三名（大部分は農・理学部）のうち一九人が有給になった（同三一七頁）。一九四九年一月には北大評議会は無給副手制度を廃止し、有料の研修員制度（期間一年）を設けた。

ところで、北大教職員組合の発足より半年前の一九四六年六月一九日に全学助手会が結成されているが、農学部ではそれに先行して助手・副手・大学院特別研究生・事務官を含んで、三月〜五月の間、助手会が結成された（同三二五〜三二七頁）。なお、『地鉱大学院会雑誌会一〇〇回記念論文集』（一九六八）の戸苅賢二の「院生が教室の中で果してきた役割」の中では当時の大学院生は教職員組合にも組合員として正式加盟が可能であった（組合役員への選出は不可）と述べられている。

一九五三年三月は新制北大が制度上の「完成年度」を終えた点、また旧制北大が最後の卒業生を送り出したという点で、一つの画期をなしているとされる。新制大学の「完成」は新制大学院の設置につながる。前述のように、戦中の一九四三年度から大学院に特別研究生制度が設けられたが、それ以来、本来の大学院学生は少なく、特別研究生がほぼ全体を占めていた。一九四九年度にこの制度は変わり、特別研究生の新規採用定員は全国で三分の二（三二〇人）に縮小され、さらにそのうち約半数だけが給費の対象となった（『通説』三五六〜三五七頁）。残りの約半数（一五七人）は日本育英会の「特別奨学生」（一九五一年度以降「大学院特別奨学生」）として奨学金の貸費の対象となった。そして、一九五〇年度以降はすべてこの貸費となり、特別奨学生の貸費期間は「原則として三年とし、特別の必要あるものについて二年間延長を認める」とされた。北大全体（農・医・工・理・文・法経学部）では新制移行前の旧制大学院在学者数は一九五二年四月三〇日時点で総計三一〇人、旧制大学院の特別研究生二八名（四年目七名・五年目二一人）、同　研究奨学生一二〇名（一年目三九人・三年目四〇人・三年目二八人・四年目一三人）、大学院学生一六二名（一年目七六人・二年目五六人・三年目二九人・四年目〇人・五年目一人）で、新旧制度の過渡期の状況を反映したものとなっていた。

これまでのことをまとめると、北大の大学院生の数は終戦直後の一九四八年一〇月で農・医・工・理四学部で一二三人（特別研究生）＋αで、この他に無給の副手と副手に準ずる研究員のうち無給のもの一一七人を含めると、二五〇人程度であったと推察できる。一九五二年四月末時点で農・医・工・理・文・法経の六学部で三一〇人である（同三五七頁）。この時期に学部を卒業して大学院（旧制）に所属した方々は現在九五〜一〇〇歳前後となり、大半の方々は亡くなられており、その経験談など聴く術もない。執筆されたものなどを同窓会誌や各学部史などでの寄稿文などから知ることができる。例えば、理学部生物学科（植物）一九四七年卒の佐々木喜美子（一九八二年北大理学部教授で退官）はその後大学院に進んでいるが、『北大理学部五十年史』の中で「激動の時代」と題して、冒頭で次のように述懐している。

卒業まであと一年と少し、という時に終戦を迎えた。この時、クラスメート七名のうち一人は卒業を待たずに肺結核で他界して居る。栄養のせいか過労のためか、その頃は結核菌に悩まされている者が実に多かった。歓迎会、送別会にはお芋とカボチャ、また農場から分けてもらった牛乳が出れば、これは素晴らしい御馳走であった。終戦、占領という時代に暗い未来を予想しながら卒業し、大学院へ進み研究を続けているうちに、出征していた教官も復員して来たが、戦場へ行った人も行かなかった人も、それぞれ新しい人生目標を立て直す必要にせまられていた。戦争がもっと続けば軍人にならざるをえなかったかもしれない若者と共に復員軍人も入学し、卒業、さらに大学院へと進み、教室は活気を帯びて来た。……

三　新制大学院発足と院生運動の組織化に向けての模索（一九五三年四月～一九六〇年三月）

二で言及した山崎真秀の時期区分では第三期の始まりは一九五五年とされるが、国立大の新制大学院の発足が一九五三年四月なので、この時から六〇年安保闘争の前半までとし、一九六〇年三月で区切りたい。この期は山崎の第三期のほぼ前半に該当し、高度経済成長が徐々に進行し、理工系の学部、大学院の研究体制が拡張された時期であり、大学院生が急増していった。『北大百年史　通説』三八〇～三八一頁によれば、一九五三年新制大学院の発足時の修士課程は一学年定員文二五人・教一〇人・法二〇人、経一五人・理五〇人・工八〇人・農六五人・獣一四人・水一二人であったが、一九五三～一九五六の四年間の入学者総数はそれぞれ七四人(定員に対する充足率七四%)・一八人(四五%)・一九人（二四%）・一八人（三〇%）・一五五人（七八%)・九一人(二八%)・九七人(三七%)・三三人(五九%)・二七人（五六%）である。博士課程は実質的に修士課程修了者が入学した一九五五年に発足し、一学年定員文一二人・教五人・法一〇人、経八人・理二五人・工四〇人・農三二人・獣七人・水六人・医五二人であったが、一九五五～一九五六年の二年間の入学総数はそれぞれ一九人（定員に対する充足率七九%)・二人（二〇%)・〇人（〇%)・三人（一九%)・四九人（九八%)・八人（一〇%)・一八人（二八%)・五人（四二%）・五人（四二%）・二八人（二七%）である。特に、理学研究科と文学研究科については修士課程・博士課程共に定員に対する充足率が七割以上と高いのが注目される。修士二学年（一九五五・五六年入学)・博士二学年（一九五五・五六年入学）がそろった一九五六年時点では、正規の院生の数は総計三八五人になる（ただし、中途退学者を想定すればこれより実数は若干少なかった可能性がある）。そのうち理学研究科の院生が三一％近くを占めており、充足率の高い理学・文学の二研究科で四五％以上を占めている（同三八一頁の表より算定）。

ところで、同じく『通説』の三六一～三六二頁によれば、新制の北海道大学学位規程は、一九五八年九月一〇日に制定され、同年三月二〇日にさかのぼって施行されたが、修士の学位については一九五五年一月一日から同様な措置となっていた。この規定は論文提出による学位審査の手続きを定めたものである。ただし、旧制の学位規程も一九六二年三月三一日まで（医学博士については一九六〇年三月三一日まで）効力を有するとされた。このように過渡期の新旧学位規程が両立する中で、旧制で学位を取得しようとして、学外の研究者を含むいわゆる〝駆け込みドクター〟（ポツダム宣言になぞらえて「ポツダムドクター」とも称された）が出現することになった。一九五九～一九六一年度三年間の旧制学位授与件数は一九五九年度七八一件（うち医学博士が六九四件・理学博士四九件、その他工学・農学・林学・獣医学博士）、一九六〇年度一九二件（理学博士九〇件・農学博士六六件、そのほか工学・林学・獣医学博士）、一九六一年度六五二件（経済学博士二五人・理学博士二八六件・工学博士一二〇件・農学博士一七五件・獣医学博士二五件、そのほか文学・法学・林学）であり、北大の旧制学位制度発足後の三九年間の最後の三年間で三五％の学位（一六二五件）の授与という前代未聞の事態となった。

このように、一九五三年四月の新制大学院の発足に伴って、北大の正規の院生の総数は五〇〇名近くになり、院生の生活・研究上の要求も顕在化し、六〇年安保闘争の高まりとともに、院生運動の組織化の動きが始まり、北海道大学全学院生協議会（北大院協または全学院協）の誕生（一九五九年一二月）へと至った。一九六五年一〇月発行の『北海道大学大学院白書』二二一頁では、このような動きについて以下のように述べられている。

新制大学院発足後五年目の昭和三三年に「理学部大学院生協議会（理院協）」が創設された。当時の院生の要求は〝石炭手当の支給ないし貸与〟、素粒子論グループ若手、地団研などとの提携の下に勧められた〝PDFの拡充〟〔注：Post Doctoral Fellow のこと〕などであった。これらの運動につづき、翌年三月には理での「大学院生の生活と研究の実態調査」が行われ、研究室の民主化、大学院制度および院生の待遇改善要求の声が集約され、理院協はこの結果に基づき〝寮問題〟、〝奨学金の前借り〟運動に着手した、一方、三四年末に北大学生部が学生、大学院生を対象とした実態調査を実施したが、その内容が研究や生活状態の調査ばかりでなく、院生の思想的傾向を調べることも含んでいたため、これに反対する運動が全学的にまき起った。農の院生は数回の集会を開き、ついに全員がこの調査票の提出を拒否しており、この運動を契機に、この年の一二月に「会員相互の親睦をはかり併せて研究生活の向上をはかる」ことを目的とする「農学部大学院学生会（農大学院会）」が誕生した。

その他の院生の少ない研究科（薬・法・教・獣・経）や文・医の一部でも院生の研究生活改善のための運動が展開された。この学生部による調査に際して、当局の説明を聞き、態度を検討する全学的集会が理において行われ、これらを機会に全学的な組織としての「北海道大学院生協議会（北大院協）」が結成された。

全国的には新制大学院発足と共に、大学単位で院生の組織は出来て行くが、全国的な組織化は一九五九年七月の関西諸大学大学院連絡協議会の結成に始まり、次いで八月に全国大学院学生連絡会議が開かれ、一〇月には全国自治会代表者会議が開かれ、一五大学参加で全院協が発足した（『研究と生活を守る全国大学院生集会報告』一九六四年の「大学院と全院協の歴史」）。

四　北大院協の組織的確立と白書運動の進展
（一九六〇年四月〜一九六六年三月）

この時期は二で言及した山崎真秀の第三期「高度経済成長の下で理工系の学部、大学院の研究体制が大幅に拡張された時期」の後半にほぼ該当する。主に、『北大百年史通説』および『北海道大学大学院白書（以後、「北大大学院白書」と略称）』に基づき説明を行う。新制北海道大学の整備が進むと共に学科の新設・拡充などがあり、学生数は一九五六年度の入学定員一一三二人から一九六八年度には二一〇五人となり、この間一・八五倍に増員されたが、その内訳は理類六六三人、文類二五〇人、医学進学課程二〇人であり、このほか一九六七年度新設の歯学進学課程の四〇人が含まれる（『通説』四一一〜四一七頁および四三六〜四三八頁）。このような学生数の増加は大学院生の定員増にも連結し、修士課程の入学定員は一九六五年度の二九一人から一九七一年度には六一二人となり、博士課程では一九七人が三八四人となり、それぞれ二倍あまりに増えている（同四三九頁）。しかし、入学定員に対する実際の入学者の比率は、修士課程については一九五六〜一九六一年度で三〇〜四七％、一九六二年度に五〇％で、その後上昇して一九六五年度に最高で九〇％となり、一九六六年度以降は六三〜七六％である（同四四〇頁）。博士課程全体ではその比率は四〇〜六〇％で推移している。『北大大学院白書』四頁によれば一九六三年一一月時点の白書作りのための個人調査の対象把握では、在籍院生の総数は医学研究科を除き五五八名とされており、それを含めると約六〇〇名である。

同『白書』二二二〜二二三頁によれば、北大院協は発足と共に、運動の発展のためには、全院協との積極的協力が必要との判断で、一九五九年七月の全院協全国シンポジウム・第四回代表者会議に七名が参加した。これらの会議で提起された「大学院白書」作成の課題に応えて、一一月に北大院生の生活実態調査を全学的規模で実施した（医・水を除く九研究科で約七割の回収率）。これにより北大院生の生活全般に関する客観的資料が得られるなど、大きな成果を残したが、調査結果は出版の資金が得られず『北大季刊二一号』（一九六一年度一一月発行）」に縮小し「森果：大学院生の生活と研究——北大大学院生の実態調査」として公表された。北大院協は結成されたものの、直ちには全学的な運動を展開するまでになっておらず、理院協などいくつかの研究科の独自活動が展開される状況にあった。

活発な活動を続けていた理院協は一九六〇年度、一九五九年の生活実態調査を基にいくつかの運動を展開した。その一つにＤＣ一年目の奨学金の一時借入れの運動がある。奨学金制度の欠陥として、採用後の第一回支給が七月になることを暫定的に解決する方法として理学部当局からの一時金一八万円の借入れ（いわゆる「奨学金の前借り」）に成功した。この運動は農大学院会でも行なわれ、これらを基礎に翌年度には全学的な運動にまで発展し、これを機に「奨学金委員会」（のちの「前借り小委員会」）が結成され、学生部から五四万円の借入が実現した。さらに、池田内閣の一九六一年度予算原案により育英会奨学金の増額と貸与枠の若干の拡大が示され、理院協は「この予算案は奨学金の根本的な点での改革を全く無視し、単に増額という点にしぼり、あたかも改善されたかのように印象づけようとしている」という主旨の声明を発表した（一九六一年二月）が、京大院協はこのことを、政府の「高度経済成長政策」に対応した科学研究体制の再編強化の一環としての大学院政策として打出されたものであるという（京大白書）、より深い視点でとらえていた。このことは、一九六三年九月全院協代表者会議、一九六四年一月　京都シンポジウムへの参加の中で把握され、理院協の認識は不十分なもとして反省されることになった。

なお、全院協は六〇年安保闘争頃から一九六三年の初めまでの間、東京ブロックで分裂の傾向が現われたが、一九六三年九月全院協代表者会議で統一を回復している（『研究と生活を守る全国大学院生集会報告』一九六四年の「大学院と全院協の歴史」）。『北大大学院白書』二二三〜二二六頁によれば、北大内では学生の統制のための学生部次長の設置など反動的な動きが次第に顕著となる中、奨学金関連の要求運動が進められたが、一九六一年に地球物理学教室に現職自衛官の聴講生受け入れという問題が持ち上がり、当該教室の院生・理院協は反対闘争を展開し、理学研究科委員会での受け入れ決定取り消しに追い込んだ。その後、院生が多く関わる高校非常勤講師料の値上げ運動が始まった。一九六二年の工学部への現職自衛官四名の合格、同じく工学研究科修士課程への九名の合格については、一九六三年二月に大学管理法案反対と共に自衛官入学反対で全学院生大会も開催された。このような運動・闘争が展開される中で、理院協・農大学院会以外の各研究科大学院会の活動も活発化し、一九六三年一月には北大大学院生協議会(略称:北大院協)が正式発足することとなり、規約が理・農・獣・文・教・経・薬の七研究科の単位院協で承認された。同時に、「大学院白書」作成に向けてのアンケート小委員会および奨学金の前借り小委員会も発足させ、全院協への正式加盟も決定した。なお、同年二月には工学部大学院生連絡協議会が発足し、三月に工学部院生協議会(工院協)へ改組され、北大院協にオブザーバーとして参加することになった。

同『白書』一〜四頁「はじめに」で述べられるように、北大においては大学院生の実態調査活動は数度にわたって行われている。その始まりは、新制大学院発足の翌年の一九五四年に行われた「北大大学院学生の生活実態調査」(一九五四年六月調査で一九五五年五月刊の北大当局による「学生生活調査」の一部か)と言われている。その後、前述のように数度にわたり、研究科単位の大学院会および北大院協により調査が行われてきたが、一九五九年の全院協発足から提起されていた自主的な運動による「大学院白書」作りの提起を受け、特に先駆的に取り組まれていた京大院協の『京大白書』(一九六一年調査)を手がかりとして『北大大学院白書』作成が取り組まれた。調査主体は北大院協であり、実施にあたっては全学幹事会の下にアンケート小委員会(文・経・教・理・農・薬・獣・工から計九人の小委員ＭＣ１七名・ＤＣ１一名・ＤＣ２一名)が設けられ、個人調査(一九六三年一一月一五〜二四日)および講座別・専攻(学科または教室)別調査(一九六三年一二月一八〜二一日)が行われ、その後一年あまりをかけて補足・補助調査が行われた。調査票による個人調査は在籍院生数五五八、調査可能実院生数(医学研究科在籍者・長期欠席者・長期出張者・海外留学者を除く)五二五、回収数四九二(回収率九三・七%)であり、圧倒的多数の院生の参加を得た。引き続き一年をかけて調査票の整理が各研究科で分担して行われたが、新たに全学および各研究科のアンケート委員になった院生は約三五名で、作業に携わった院生の数は、推定、実員の約四分の三(約四〇〇名)に及んだ。アンケート委員を中心にテーマ別学習グループが作られ、一九六四年一二月に、北大院生の基本的構成、研究条件、研究室運営と院生、経済条件、学位・就職、産学協同・日米科学、大学院制度、院協・学術会議の八つの執筆グループが発足し、一九六五年二月末には謄写刷Ｂ５版一一五頁の「白書試案」が院生に配布され、それぞれの研究科、専攻（教室）、研究室単位で数回にわたって討議が行われ、問題が深められた。最終執筆に入ってからも、集計の不備を補う再集計・再調査が行われ、完成を目指して編集委員会が始動し、同年一〇月二〇日の『白書』の刊行に至った（Ｂ５版・三〇二頁）。

調査の費用については、企画段階から学生部長交渉を幾度も重ね、一九六三年には調査票印刷代一万七六〇〇円を大学側から確保し、一九六五年には「白書試案」の印刷費六万三〇〇〇円および白書出版費の獲得が実現した。出版費については、具体的には「一六〇〇部の印刷で計八二万円支給、一冊七〇〇円で学生部・各研究科が買い上げし、教官へ販売し、院生分四三〇部は無料配布」という措置がなされることになった（一九六五年七月二〇日全学院協ニュースＮｏ・３）。丁度この『白書』作りの頃の一九六三年四月に農学研究科に入学し、その刊行後の一九六五年度後期に北大院協議長を務めた太田原高昭は当時を振返って、一九七六年一一月八日第二回院生シンポジウムでの講演「院生の成長とマスターコース・ドクターコース（当時：農学部助手）」で次のように述べている（北大院協『「夏の学校」のまとめと院協運動の歩み'76』）。

……大学院に入ってきた当時は、院協はすでにできておりました。北大大学院白書の真最中、それもほとんど完成段階にきている段階だったわけです。この白書をみればわかるように、全ての院生からアンケートをとって、そのアンケート結果を分析して、編集委員がそうとう詳しい討論して書きつづって、そうとうにぶ厚いものです。

それは文字通り院生の全員参加ですすめていたわけで、ちょうど、僕が入ったころには集計をやっていまして、学科ごとに集計委員をだして、学部ごとに集計表をつくって、学部としての分析を加えて、全学委員会に出すということをやっていました。

私がその中でもった役割は、もっぱら出版販売でした。これはマスター2年になってからでしたけれど。あれだけの本を千五百という数を、全国にさばいたわけですが、大変な事業で、まず経済的にめどがついていなかったわけです。学生部との交渉で当時で四〇万円を獲得したわけです。あの頃の学生部と院協との関係は、大変牧歌的なもので、当時の学生部長は星浩一先生で、今旭川高専の学長ですけれど、金はだせないというわけです。我々は京都大学の白書、この白書はたいへん立派なもので、院協もこれをお手本として白書作りを進めていったわけですが、この白書をもっていって、京都大学では、こんな立派なものを作ったんだ、我々もこれにまけないものを創りたいんだと切々と訴えたところ、京大なんかにまけるなと、金を出してくれるような、そんな時代だったわけです。

そんなことで、学校の協力もありまして、非常に立派な白書ができあがりまして、これは全国的にも高く評価されました。「エコノミスト」という雑誌があるのですが、これが取り上げてくれまして、院協運動だけでなく、社会的に大学院問題ということを注目させる役割を、京大白書と並んで果たすことができたと思います。

社会的役割は別といたしまして、我々自身にとってどうだったかといいますと、白書が出たことは大学院の雰囲気を大きく変えたと思います。一つはそれを創る段階で全員が参加して、苦労して創ったという、その中でみんながまとまって何かをやるという雰囲気が出てきたということです。またそれだけでなくて、白書の内容がすばらしかったと思います。立派な文章を書いたとか、分析の視点がよかったとか、そういう評価もあるでしょうけれど、一番だいじなことは、やはり自分達の状態を客観的にみることができるようになったことだと思います。白書というのは将にそこに意義があるわけです。

白書を読んでいくなかで、たとえば、大学院生というものは、室があたらないことはあたり前のことと思っていたのが、そういう状態をお互いに出しあって整理してみいれば、他のところが当たっているということになれば、これはおかしいということになるわけです。そういう、当時の大学院生の状態というのは、今とくらべてみても物質的条件その他よくありませんから、白書によって、要求以前の充足されない不足感覚が生じてきたわけです。

これはいろいろな運動にとって、要求というのは運動にとっての基礎だというんですが、要求は自然に生まれてくるものではなく、他との比較から生まれてくるものです。自分自身の状態というのは、比較しないと判断できないわけです。白書運動というのは、その辺の基準を整一的にあたえたわけです。いわば、要求水準を飛躍的に高めたということがいえると思います。

したがってその後の院協活動というのは、飛躍的に発展するわけです。要求がたくさん出てくるわけですからその一つ一つを実際に解決していかなければならない。この点も白書のいいところなんですけれど、こんなことを言ってもむりだと思っていても、何々学科では、こういう問題はこういうふうに解決したと書いてあるわけで、なるほどこういうこともできるのかと、やらねばならない事、やれる事というのがたくさん出てくる。

そういうことで、院協運動を意識しないで、室単位で、室がたりないとか、本箱がたりないとか、白書をみれば、理学部では、こういうときには、こういう事をしてくれているではないかというかっこうでもって、文字通り白書を武器にして、どんどん教室に要求して、いろんなことをやりました。ずいぶん先生がたにはいやな顔をされました。部屋の整備、あるいは講義をちゃんとやってはいないではないかというようなこと、あるいは院生のまとまりということでは、今も続いていますが、農学部については、せっかく一緒にやったんだから今後も継続的にやっていこうとじゃないかというんで、白書は毎年出すわけにはいかないんで、雑誌がほしいということで、農学部院生会の「穂波」という雑誌が生まれたのです。大学紛争で一時中断しましたが、今でも毎年発行されている。これは大変喜ばしいことだと思います。……

なお、白書作りの一端については、本書第Ⅱ部において安藤桜「白書づくり―『大学院白書』によせて（『穂波』第三号からの再録）」などでも紹介されている。

五　北大院協の発展と夏の学校などでの交流・学習の前進（一九六六年四月～一九六九年三月）

この期の特徴は何と言っても、北大院協の白書運動の成果に基づく旺盛な要求運動の展開と夏の学校など院生間の交流と学習活動の展開が活発化したことである。『北大大学院白書』の刊行後、白書に基づく討議が学科・研究科単位で全学的に取り組まれたことが、白書委員会の『白書ニュース』一九六六年二月六日および三月一日、一九六六年五月の解説パンフレット『白書運動をさらに発展させるために―新院生のための白書運動の解説―』および『一九六五年度後期北大院協総括書』、七月公表の『大学院白書の補冊』などから知ることができる。白書運動のさらなる前進を受け、北大院協は一九六六年一〇月には第一回の大学院制度シンポジウムを日本科学者会議と共催し（大学院制度シンポジウム実行委員会『大学院制度シンポジウム資料』）、一九六七年五月には同第二回シンポジウムを単独で開催し、諸要求の政策化をはかった（北大院協『大学院制度シンポジウム資料No2』）。その中で、全北大共闘会議（正式名称は大学自治擁護・安保体制打破全北大共闘会議、北大職組を中心に組織）への結集も課題となった（『北大院協ニュース』一九六六年二月一五日）。

一九六五年一〇月の『北大大学院白書』刊行の前から、白書運動のとりまとめに並行して、学内の院生の交流を目的として北大院協「夏の学校」が始まった。第一回は一九六五年七月三一日～八月二日に北大支笏湖寮で開催され、三一人（文三、経四、教一、理一四、工六、農一、獣一、薬一）参加で、宮原将平（理）・岩崎允胤（文）両教授の講演などもあり、交流・学習が深められた（『北大院協ニュース号外』一九六五年一〇月二五日)。白書運動の担い手でもあった松原セツ(経済学研究科DC1、現姓 伊藤、昭和女子大学名誉教授)は次のような感想を述べている。

夏の学校に参加して

二日間でずいぶん多くのことを考えさせられ、本当に楽しい思い出となりました。第一に印象深かったのは三十一人の一人一人が、みんなわれこそはという専門分野をもって日夜研究にはげんでいるという事実そのものです。かけがえのない自分の研究をどのように発展させるかということを真剣に追及している八百数十名の院生のことを考えると、わが院協に課せられている任務の大きさをしみじみと感じました。第二に院生は青年なのだということが今更のように自覚されたことです。こんなあたりまえのことが、ふだんは忘れられているのが不思議でした。第三は、朝夕の食事のおいしかったこと、食事係の配慮の深さについて本当に感心し感謝したことも印象深いことです。第四に、夜、同室の婦人院生の方々といろいろとお話したことも心に残っています。ただ、私は文化系なので他の方々が、自然科学の専門的話に熱が帯びて来た時、不本意ながらまっ先にグーグー寝入ってしまったのは、かえすがえすも残念ですがー。……

このとき、文学部MC1として参加した元専修大北海道短大教授の森山軍治郎(民衆史・フランス革命史の研究者で文筆家、二〇一六年死去)も、感想文を寄せている。

以後も支笏湖寮を使用して開催され、第二回夏の学校(一九六六年八月三〜五日)は第一回と同様に三四名参加で、三班に分かれての班別交流・討論の形式で進められ、理学部物理の田中一教授の「日本の科学技術と大学院の役割」、および文学部哲学の秋間実教授の「研究を進める上でどのような〃物の見方〃が必要か」の講演を受け、研究方法の問題(物の見方・科学技術の現状と方向・共同研究の進め方)や研究条件の問題(大学院の役割・予算・研究災害）が取り上げられた（北大院協『第二回夏の学校討論資料』など)。なお、院生の参加負担・カンパ費とは別に、学生部の負担(補助)は資料集印刷・バス代などで一六万一〇〇〇円であった。

第三回夏の学校(一九六七年七月二六〜二八日)は六三名の参加で、第一日目は専門分野を超えた六班に分けての班交流、第二日目は五分科会(文科系一・文科系二・生命をどのように認識するか・物性系・基礎科学と応用科学)での討議、第三日目は全体集会が行われた(『北大院協第三回夏の学校討論資料』および『第三回院協夏の学校「総括報告集」』。分科会の文科系一は経済分野でテーマは「日本資本主義と農業――戦後を中心として」であり、貧困化理論の貧困、資本主義と農業、農村社会学の新しい展開、国有企業の方法論的問題および林業経済論の五つの報告をもとに討議が行われた。文科系二は計一二人（教育五・文学一・哲学二・社会学一・経済一・農経一・数学一）の参加で、社会科学の方法論的諸問題で括られるものの、多岐にわたる分野でまとめに苦心したようである。生命分科会は計一四人（理七：植四・動一・地鉱一・物一、農一、薬二、獣四）の出席で、家畜病とその対策、作物病、薬物生理、有機化学、生化学、物質代謝、生物物理、古生物などと多彩であった。物性系分科会は計七名（理の化学三・物理二・高分子一、工学一）と実行委員会メンバー二人の特別参加であった。化学からの「電解溶液中での鉄の水素電極反応」、物理からの「金属バナジウムに於ける２００。Ｋ付近での変態」、高分子からの「結晶性高分子の熱振動の状態のＸ線研究」の話が続き雰囲気は盛り上がったが時間切れとなった。「基礎科学と応用科学」分科会は工学部を中心に理学部の物理・地鉱、農経などの参加があり、工学部などでの応用研究のテーマの中で基礎科学への踏み込みの程度・在り方など中心に論議が行われた。総括報告集の末尾「おわりに」では、「全院協の一一月集会をはじめ、北大夏の学校の経験は全国の院生の中に反響をよび、今年は北大に学んで各地の院協で同様の企画が進んでいるとのことです。」とあり、全国的に先導的な役割をはたしていることが述べられている。なお、院生参加費総計五万九〇〇〇円（自己負担）に対して学生部の負担（補助）は資料集印刷・バス代などで一一万七四五〇円であった。

第四回夏の学校（一九六八年七月二七～二九日）は七〇名の参加で第三回とほぼ同様な形式（八班に分かれての交流・討論、研究系列別六分科会および全体集会）で行われ、ほぼ同様な内容で取り組まれた（北大院協『第四回夏の学校―討論資料―』および『第四回院協夏の学校―総括と展望―』）。六分科会の内訳は人文系・経済系・物理系・科学系・生物系・地球科学系であり、地球科学系が新たに設定され、理学部の地鉱・地球物理八名に農学部（砂防工学）一人、工学部（電気・鉱山）二人の参加があった。なお、院生参加費総計六万一三五〇円（自己負担）に対して、学生部の負担（補助）は昨年度までと同様で資料集印刷などで一七万円＋スクールバス使用であった。夏の学校も四回を重ねたということで、総括集の「はじめに」の中では次のように総括されている。

支笏湖畔の院生夏の学校も、今回４年目を迎えた。４年間の北大院協の運動の発展の中で、又、大学をめぐる情勢の厳しさの中では、夏の学校も初期に目的とした内容にいつまでも甘んじているわけにはいかない。我々は、４回目の夏の学校を総括するに当たって、過去の夏の学校を出来るだけ深く検討し、今後の礎としなければならないという視点に立った。それは、第１に、大学をめぐる情勢がこの４年間にどのように変わって来たか、第2に、北大院協の運動はどのように発展して来たか、第3に、夏の学校は、その中でどのような役割を果たして来たか、最後に、夏の学校の相対的に独自の運動の性格をどう考えるか、という四つの視点に立つ必要があると考えた。

初期の夏の学校の目的といっても、実際の〝学校〟の中ではきわめて曖昧のもので、毎年の夏の学校を総括する中で、次第にその性格が浮きぼりにされて来た感が強い。一方で、マンネリズムということが言われているが、ともあれ、夏の学校が今までの総括をし、今後の展望を見通しておくことは、きわめて重要な課題である。我々は、その展望を夏の学校の相対的な独自の方向として、ブロックを重点とした研究交流の充実ということに求めた。今や、我々は、「自主的、民主的科学研究活動を発展させよう」という院協の柱の一つに夏の学校の全勢力を注ぐ必要があると総括し、今後の展望を見た。これ自体は、決して新しく言われた事ではない。又、その課題の非常に困難なことも知っている。しかし、大学の古い制度的側面が次々と批判され、「大学問題」として浮かびあがっている時に、我々はそれが単に制度のみならず、研究の方法すらも蝕んでいると考えることはできないであろうか。

非常に困難なこの課題に対して、我々は「新しい型」の研究者をめざして、真剣に取り組む必要があると考える。我々は、「夏の学校」をその課題に対する運動の一つの形態と考えたいと思う。この総括は、以上のような視点を持ちながらも、かなりの努力しながら必ずしも全院生の十分な意見を反映しているとは言えない。諸般の事情で、実行委員の意見の範囲を出ていないので、今後、活発な批判と、討論をお願いしたいと思う。

この期に北大では一九五四年一〇月以来、三期にわたって学長を務めてきた杉野目晴貞の退任により、一九六六年九月の学長選挙で古市二郎理学部長が選出されたが（北大職組推薦の堀内寿郎とは最終決戦で一票差）、同氏の病状悪化による逝去（一九六七年二月二二日）に伴い、一九六七年四月に学長選挙が行われ、堀内寿郎が選ばれた。堀内学長の誕生により、学内からの学内・学部運営の民主化および諸要求（待遇改善・研究条件改善）実現の気運・運動が高まりを見せることになった。その一方で、全国的には一九六八年には東大では医学部のインターン制度問題をめぐるストライキの処分に端を発した抗議行動が全学的な民主化運動に広がり、いわゆる東大闘争が展開することになった。そのような中で、一九六八年八月に東大院生協議会は『東大闘争に関する東院協討議資料』を公表した。北大では、一九六九年一月二一日、全北大共闘主催による「東大闘争支援など全北大人集会」が開催された（『北大院協ニュース』一九六九年一月一七日、二〇日）。なお、北大院協は一九六八年五月の全学総会で拡大する組織運営に対応するため、「規約改正を含め組織改正（主な骨子は総会に代わり代議員会の設置）」の問題提起を行い（『北大院協一九六七年後期総括書』三〇～三五頁）、一二月の総会での決定を経て、一九六九年二月末の第一回代議員会で新規約を発効させている（『研究交流誌'79、特集；ＯＤ問題をめぐって』八三～八四頁）。

六　大学運営民主化闘争と研究からの疎外（一九六九年四月～一九七一年三月）

この二年間は、東大や日大などの民主化・学内改革の闘い（東大闘争・日大闘争）が全国に波及する中で、自民党政権・文部省による大学管理法案の強行に反対する運動と重なり闘争の高揚期であった。北大におけるその闘いの全容は二〇二一年発行の『北大１９６９―あのころ私たちが求めていたもの―』に詳しい。教養部・学部の学生の闘いが主体であるが、院生の運動については北口久雄（一九六三年理類入学）の『「大学変革」の裏方としての思い出』および平田文男（一九六五年理類入学）の「大学の自治と学問の自由を守る北大院生協議会の闘い」がある。この二年間に北大の院生が置かれた立場には二つの側面があったように思われる。一つの側面は大学管理法の制定に抗して、大学の民主化と諸要求（生活と研究条件の改善）の実現の闘いを進めるという能動的側面であり、もう一つのそれは全共闘系・革マルなどの封鎖戦術による直接的な研究の場から疎外される側面で、学生の教育を受ける権利からの疎外にも通ずるものである。

前者の側面については、北大院協でも全北大共闘会議に結集しながら、闘いに立ち上がり、一九六九年六月二三日の全北大一万人集会を頂点として闘いは高揚したが、同年八月三日に参議院を通過・成立し七日に公布されることになった。その中で、北大院協は北大の民主的改革のために何をなすべきか、何ができるかを議論し、「大学解体」のスローガンに抗して、理論的な討論資料の出版を計画した。それが、北大大学院生協議会・討論資料編集委員会編『大学変革―その闘いの理念―戦後・北大変革の課題と展望』（一九六九年一〇月）である。前述の北口久雄の文によれば、編集委員長は農学部農経の増田洋（当時ＤＣ３、その後北大水産学部教授、94年没）で、編集・執筆には北口久雄・平田文男（理）、岩佐茂・森山軍治郎（文）、神田光啓（教）などが関わった。特に編集委員長の増田はこの本刊行の最大の立役者であった。このことは、類似した内容を『第５回夏の学校討論資料』の中で「農経ＤＣ３Ｍ生」の名称で「大学立法と大学院構想」で公表し、農学部大学院生会の雑誌『穂波』第六号（一九六九）の中で「戦後大学・大学院の現状とその性格―その簡単なスケッチ―（農業経済学科名だが増田文責)」および「大学論序説—科学技術研究発展の論理と研究者の姿勢—」、『穂波』第七号(一九七〇)の中で「大学論序説(その2)—『「戦後大学』の存立基盤と大学改革の基本視点—」として示していることから、明らかである。その他、ガリ版刷りが主であるが、このような理論・宣伝活動は単位大学院会でも取り組まれ、教院協(教育学部大学院協議会)では『旗はやかれても』シリーズのビラ、経済大学院有志の冊子『「荒廃」の中に科学的認識の確立を!!』、文院協(文学部院生協議会)文学部の理念と制度に関する小委員会の『新しい文学部建設のために=文学部に於ける講座制に基づく教授会自治体制を我々の力で打破しよう!!=』、「大学の危機を憂う理学部大学院有志」による冊子シリーズ、理学部の「化学民主化会議連合」による『化学の民主的変革のために』、同じく地鉱大学院会の『地球科学の一層の発展のために(地球科学論文集 その一)』などが公表された。

研究の場からの疎外の面については、教養部(棟)内の講座・研究室所属や法文系学部所属の院生のように、長期封鎖により研究室立ち入りのシャッタアウト、封鎖阻止のための対応で研究・実験時間の減少、図書館の封鎖による資料の検索・閲覧の阻害、一部の機材・資試料の損壊などが挙げられる。教養棟は一九六九年六月二八日〜一九七〇年一月四日、法文系棟は一九六九年八月一七日〜一〇月三〇日、図書館は同年七月一〇日〜一一月八日の間、それぞれ三ケ月弱〜約六ケ月間封鎖された。このような封鎖は教養生を始めとする学生の教育・学習権を阻害するだけでなく、院生・教官の研究の推進を妨害する行為に他ならなかった。北大院生協議会を中心に、封鎖推進のセクトなどを批判する論述・アピール活動は大いに進められたが、このような取り組みへのエネルギーの発揮は本来、不必要なものであり、今から考えると消耗と虚しさを感じさせるものであったとも言えよう。なお、法文系棟の封鎖とその解除の経緯については『北大1969』で越野誠一により語られている。このような中、北大院協として取り組む予定であった第五回夏の学校(北大支笏湖寮・七月二六〜二八日予定)は九月に延期となり、それもかなわず結局、中止の止む無きに至った。ただし、準備過程で中身の濃い『第五回夏の学校討議資料』(Ⅰ文教政策と大学院、Ⅱ安保体制下の科学技術政策、Ⅲ大学院をめぐる諸問題と大学改革の課題、Ⅳ研究体制変革の方向、Ⅴ新しい研究者像と院協運動、全九八頁)が作成された。

一九七〇年度の北大院協の活動の詳細は不明であるが、夏の学校は開催できなかった。北大院協・各単位院協のニュース類・議案集などの発行数がもともと少ないようで、かつ保存も悪く、具体的に活動状況を知る手掛かりが少ないが、活動の低下・疲れが生じていたように思われる。農学部院生会の『穂波』もこの年度は発行がない。北大院協の活動を知る手掛かりになる資料として、『一九七〇年度前期北大院協活動総括）』、『院協ニュース』一九七〇年一〇月三日、『一九七一・二北大院協第五回代議員会七〇年度前期総括（案）・七〇年度後期方針（案）』などがある。活動として特筆できるものとしては、院生寮の獲得（有島寮の実現）がある。『有島寮閉寮記念誌　白樺』一九八三年によれば、北大院協による一九七〇年三月以降の取り組みにより、学生部交渉を重ね、七月に学長（堀内学長）が「既存の職員独身寮の有島寮への転用」を認め、その後の紆余曲折を経て一九七一年四月に評議会での転用決定・第一期生一三名入寮・開寮式となり、初代寮長は佐々木忠（農学研究科）となった。このことの詳細については、本書第Ⅱ部で阿部哲也の「院生寮建設運動（『記念誌　白樺』からの再録）」に述べられている。さらに、北大院生経済実態調査（アンケート）が統一要求運動推進委員会によって進められた。この調査は医学・法学研究科所属、長期欠席者・休学者、長期出張者および海外留学者を除く一一四一人を対象として、三月九日〜三一日間に行われ、五六・四％の回収率を得た。『北大大学院白書』以来、全学的な調査は長らく行われず盛り上りに欠ける心配があったが、比較的高い回収率があり、当時の院生の生活状態の厳しさが反映されたものと評価されている。この調査の解析結果は一九七一年一二月刊行の北大院協『北大院生実態調査報告書』（B5判六四頁）として取りまとめられた。なお、そこに、一九六一年〜一九六九年の北大院生数の推移および調査票の回収状況の表が示されているが、院生の総数が一九六一年度〜一九六九年度の間で五四一人から一四一五人へと二・六倍に増大したことが注目される。

七　北大院協運動の継承期（一九七一年〜一九八〇年）

（一）この時期の特徴

この期の前半は「北大紛争」がピークを越し、丹羽貴知蔵が学長選挙で堀内寿郎に僅少差で勝って、学長に就任した時代（一九七一年〜一九七五年）であった。この結果学内では杉野目体制を継ぐ傾向が強まった時期である。この時期の特徴について書かれた資料として、筆者の手元には「北大の情勢の推移と院協活動の特徴」と題された個人によるメモ書きの幹事会報告書資料（一九七七年）がある。これには、一九六五年から一九七七年までの動きを「全国情勢」、「大学・大学院をめぐる情勢」、「北大をめぐる情勢」、「院協の闘い」に分類し、時系列に沿ってまとめた表二枚が付されている。この時期の院協運動の特徴を把握するために、この資料を紹介したい。

この資料は一九六五年から始め、その後の十五年間を、①一九六五〜一九六九年、②一九七〇年〜一九七五年、③一九七六年以降の三期に分けている。第二期と第三期がここで扱う時期に該当し前節と重複するが、まずその第一期からみていくことにする。

第一期は、堀内寿郎が学長（一九六七年～一九七一年）に就き、「民主化闘争」が高揚した時期と重なっている。一九六五年後期総括書では、院協運動の三本柱（科学を発展させる課題とそれを妨げる障害物をはねのける課題、要求実現のための統一と団結の課題）が定式化されていた。「その運動が追求されつつも、相対的重点が大学民主化におかれ、」（中略）「学部長選挙への参加をはじめとした管理運営の民主化が追求され、一定の前進が見られた。他方、夏の学校の開催、大学院シンポ、農学シンポ等、研究活動でも前進が見られた。」さらに堀内学長の尽力で、すでに見たように院生寮として有島寮を利用できるようになった。

しかし丹羽学長誕生以降の第二期は、全体として北大の反動的再編が進行し、第一期の民主化の成果が形骸化されていく時期であった。こういう雰囲気の中で一九七二年六月の学生山下逮捕事件、北大学連・寮連への弾圧に続き、九月に農院生佐々木逮捕事件が発生した。山下は最高裁にまで上訴したが、様々な要因が加わり敗訴した。後者では、逮捕後の素早い反撃と対応で起訴に至らずに済み、佐々木の釈放が勝ちとられた。

しかしこのような厳しい情勢下において院生運動は地道な活動を続けていた。これが一九七一年北大院生の統一要求となり、さらに一九七五年の「北大院生の統一要求項目の提案」に繋がっていった。また同年「夏の学校」が第六回目として再開された。ただし要求運動は、「下からの要求という点で弱点をもっていた。特に――MC院生の要求を汲み上げる点では弱点」があった、という評価もなされている。

次の第三期は、今村成和が学長に就任した時代（一九七五年～一九八一年）であり、北大の反動的再編に一定の歯止めをかけた時期であった。全国的には大学院設置基準の改訂、科学技術会議六号答申が行われた。しかし「研究創造活動では院生シンポや日本科学者会議シンポへの参加で前進しつつも、運動の大衆化は克ちとられていない」という不十分さも指摘されている。この時期には、一九六〇年代後半から大学各階層が参加して実施された学部長選挙の制度が全学的に次第に反故にされた。この背後には政府の文教政策と北大文部官僚によるこのような制度を破壊しようとする動きがあり、この流れに全学的に充分対抗することが出来なくなったからである。このような中で、実態調査を含む要求を掘り起こし、付加価値税や洋書の為替差益の利用を政策化し、生協や職組へ働きかけることなどの具体的運動も提起された。

（二）大学院をめぐる状況と北大院協の活動

1　一九七二年の状況と統一要求運動

一九七二年六月に確定した政府の科学研究予算は、中教審路線にもとづき、財界寄りの性格を明確にした。「開かれた大学」、「共同利用研究所の設置」、「研究と教育の分離（ＭＣとＤＣの分離）」、「先端技術者の養成」を目指すものであった。

このような情勢下で北大の統一要求運動が進められた。これは一九六五年以前から始まり、『白書』運動を経て全国的に定式化され高揚した。その後の「大学立法」反対運動、学舎封鎖を含む「北大紛争」の中で一時的に弱体した。しかし一九七二年一〇月に「北大院生統一・六項目要求」がまとめられ政策化された。この中では院生寮建設予算化を経て、有島寮が実現されるに至った。

これ以降学長交渉や大学院問題懇談会、及び評議会オルグが展開され、運動の一定の前進が見られた。一九七二年度の課題としては以下の項目が挙げられている。①奨学金、②研究旅費の支給、③ＯＤ問題の解決、④研究災害に対する補償制度の実現（健康管理問題）、⑤新院生寮の実現、⑥高校非常勤講師料の引上げ、⑦院生会館の実現（古川講堂の転用）。――全学幹事会・統一要求推進小委員会、「統一要求運動における丹羽学長・当局と我々のとの対決点は何か？」（統一要求ニュースＮｏ2、一九七二年十月六日）

2　一九七五年の状況と統一要求項目

既存大学院については、一九七四年「大学院設置基準」の省令化で学則内規が改訂され、①修了単位を五〇から三〇へ削減する、②大学院三年在籍でＤＣ１でも博士号取得を認定することが可能とされた。これによって、自由競争と能力・業績主義にもとづく研究体制の「合理化」、「指導軽減」が行われた。新設大学院については、学部なき大学院設置が認可され、北大では環境科学研究科の設置に至った。しかしこの構想は秘密裏に進められ、「計画書」が文部省に提出されていることも隠されていた。学部を持たない大学院、研究科の設置に対しては、全院協や北大院協の様々な文書で反対意見が述べられている。北大は、これらの抵抗を全国に先駆けて押し切ったといえよう。

学内の「管理運営体制」の点では文部省による事務局を通した統制が強化され、職員、院生・学生の意思表明を前提とする選挙制度が攻撃対象となった。各教授会はこの意向を受け、各部局長選挙制度の改定に向けて動いた。農学部では選挙参加の機会を失った院生が自主投票を行ったが、経済学部でも、教授会は学部長選挙「申し合わせ事項」を一方的に破棄した。その他にも、人事・予算をテコとした教育・研究予算と職員定員の削減、図書館本館と部局図書の利用条件の悪化が進行した。

しかし堀内元学長の意向を引き継いだ今村学長（一九七五年―一九八一年）が選出されてからは、それまでの丹羽学長時代（一九七一年―一九七五年）とは異なり、学内の各層と話し合う姿勢が見られた。ただし北大の自主的・民主的改革という点では必ずしも確固とした立場を取ってはいないため、この弱点の克服の面では運動の難しさがあったことも指摘されている。

この時期の院協運動の特徴を理解するために、一九七五年に提案された「北大院協の統一要求項目の提案」の内容を見ておく。最初に「前書き」では「当面する三つの課題」として、①大学民主化（講座・研究室・研究科の運営）、②大学財政（本部予算・決算公開）、③既婚者・女子院生問題が挙げられている。それに続いてⅠからⅣの四分野での要求項目が整理されている。（全学幹事会「統一要求のとりくみ特集」、「北大院協ニュース」、一九七五年十月二七日）

Ⅰ院生の生活条件改善（学費値上げ、授業料・入学金免除等）

Ⅱ①大学院厚生制度の整備充実（院生寮建設、学生部の「学寮問題中間報告」の公開と説明

②研究災害補償制度の充実

③精密健康診断の拡大

Ⅲ大学院研究教育体制の改善充実

①研究教育内容改善

②大学院制度の充実

Ⅳオーバー・ドクター（OD）問題の解決

①問題の位置づけの明確化、文部省・学術振興会・育英会への要求（第三次定員削減の中止）

②研究奨励研究員の増員

③育英会奨学金返還免除制度、返還猶予条件の大幅緩和

④当面の学内処置

北大院協はこれらの要求にもとづき、全院協が主催した中央行動に参加した。また独自に北海道選出国会議員（多田光雄議員）と共に中央交渉を行った。

同時に学内では職組、北大学連、生協と「教育と暮らしを守る北大連絡会」を結成した。この中で、宣伝、院生学生統一行動、地域署名、学内諸団体と一九七六年二月二一日統一集会を行っている。（全学幹事会、「院協運動の新たな発展をめざして」、一五回代議員会への議案、一九七六年六月一二日）

3 学生部部長交渉と学長交渉（一九七七年）

A 一九七七年前期学生部長交渉

北大院協「前借り委員会*」は学生部委員会へ次のような交渉申し入れを提出した。

①奨学金をめぐる情報の提供（イ 北大のDC、MC入学者数、ロ DCの奨学金一次推薦者数、ハ「内次枠」の導入基準）

②DCに対する全員貸与、MC貸与率拡大

③北大における院生生活実態調査と具体的対応の要求

さらに「当面の方向と活動」という北大院協の八月二二日と九月二二日幹事会報告のメモ書き（一九七七年八月三日）では、次の点に触れられている。

①夏の学校の総括
②全院協による「全国院生調査」への協力（アンケートの配布と回収）
③奨学金・研修旅費問題での中央交渉への派遣
④若手シンポへ向けたレポート作成、代表派遣カンパ、全院協ニュースの配布と院協費（五十円）の回収
⑤今村学長交渉準備

B　一九七七年後期の活動と学長交渉

今村学長との交渉は一一月二日に行われ、事前に代議員会で検討を経て作成された「申し入れ書」で次の要求がまとめられた。（全学幹事会「今村成和学長に対する学長交渉申し入れ書」より）↓以下は学長の回答である。

①日本医育英会奨学金のＤＣ内示枠導入停止、貸与枠と貸与月額増要請
　↓国大協として大蔵省へ要請中
②大学院生に対する旅費の支給
　↓七帝大学長会議で文部次官、大学高等教育局課長と意見交換中だが、文部省は消極的である。
③ＯＤ問題への対応。北大に五百人いるといわれる研究生の実態調査、授業料免除と国鉄・市交通の学割発行の要請、奨学金返還免除期限の延長と条件緩和、学術振興会奨励研究員の定員拡大
　↓旧七帝大学長会議、学術会議で問題として取り挙げている。
④国立大学授業料の値上げをしない働きかけ、授業料免除枠の拡大
　↓国大協は「受益者負担」を考えていない。
⑤院生寮に関する学生部・寮委員・院協間での「院生寮建設合同委員会合意書」の検討促進
　↓概算要求段階で、前向きに院生寮建設を考えていきたい

なお学生部長からは追加で以下の回答があった。③ＯＤ・研究生への学割の支給は国鉄道総局では行いえない。④授業料免除は院生の四・七五％に対し実施済みである。⑤院生寮に関する一九七二年「合意書」は今の学生部長に引き継がれていないため、院生寮についてフォーマルな形で話し合われていない。これからステップを踏まえ、考えるということであった。

＊「前借り委員会」は、すでに言及されているが、北大が独自で行った奨学金前借り制度のためのものである。一九七六年に学生部長が奨学金被貸与者の「一括保証人」となり、生協から資金を前借し、六月の貸与の二ヵ月前に貸与する制度が実現した。三月三十日の学生部長との交渉では、前年度と同様に学生部長が「前借り」実施を確約していた。しかしその後の全国情勢の推移により、学生部委員会でこれを実現することが難しくなったことが表明された。このため、これに対応した申し入れ書となっている。（北大院協五二年度「前借り委員会」、「学生部委員交渉申し入れ書」、一九七七年四月二十日）

（三）研究創造活動

1　全院協の研究創造活動の流れ

第五回若手研究者問題シンポジウム（若手シンポ）では、このシンポの発案経過とそれまでの到達点が、以下のようにまとめられている。

このシンポは「日本科学者が『七十年代の科学のあり方』シンポジウムを開催したその運動の一環として提起したものある。また、世界科連が主催した国際シンポジウム『若手研究者と現代社会』の企画にも触発されたものであったが、そのねらいは、若手研究者が日本の科学の創造活動・研究体制・科学運動のなかでいかなる役割を果たすかを明らかにするものであった。」（日本科学者会議・全国院生協議会・全商工労働組合技術連絡会主催、日本教職員組合大学部協力、『第五回若手研究者問題全国シンポジウム』での基調報告、第五回若手シンポ実行員会編「科学の継承と今日の若手研究者問題」、一九七五年九月）

その後全国院生協議会理事会は一九七八年の第三回全国代表者会議で研究創造活動史について、次のような報告をしている。一九六〇年代の若手研究者集団の形成に伴い、旧制アカデミズムを克服し、「民主的科学研究体制」を発展させる目的で、「新しい型の研究者」規定を与えた。続く一九七〇年代にMC、特に工学系院生が増加し、私学院生運動が発展する中で「研究を進める前提条件の問題に議論を集中」した。（全国院生協議会一九七八年度理事会報告「研究創造活動の意義と課題」、一九七八年四月一四日～一五日）

このようにして若手研究者問題全国シンポジウムは一九七一年から開始され、またこれに関連した全国集会が開催された。そこでは次の点が議論のキーポイントとされた。

①第二回シンポ一九七二年―「研究力量とは何か」についての定義づけ

②第五回シンポ一九七五年―「研究創造活動」と「院生の成長課題」を運動の主軸とすること

③一九七六年三月集会―若手を「次世代へ科学研究の継承・発展の問題」として把握すること、及び教育・研究体制を形成する「指導体制の問題」

④第六回シンポ一九七六年―「課題意識形成の重要性」―批判的研究、研究動向分析、集団討議

⑤一九七七年三月集会―「院生の研究力量形成をめぐる諸問題」―ゼミ・研究室、研究指導と自主的研究

⑥一九七七年一二月集会、「大学院の研究体制と院生の成長」―MC、DCで習得すべき研究力量の明確化、研究活動・科学運動の発展と主体形成、研究内容そのものの発展

⑦一九七八年第三回全国代表者会議、「MCの位置づけ、DC研究指導（五年一貫性）」

最後に、大学における科学技術政策と研究に関する全国

情勢が歴史的転換点にあること、また個別大学で政府政策の具体化が進行し、大学側・研究指導側における対応の混乱と無展望状態が院生の成長にとって多くの困難をもたらしていることが指摘されている。そして、将来計画として一九七八年度の主要課題が以下のようにまとめられた。

①様々なレベルでシンポジウムの実施
②ＭＣ、ＤＣ、ＯＤの位置、要求される力量、修論・研究指導に関するアンケートの実施と調査分析、
③自主的・共同的研究組織（学会等）への参加と組織化

2　北大院協の研究創造活動

これらを踏まえ、一九七八年に行われた北大院協主催の懇談会では「マスター論文・マスター教育とその後の研究過程・研究力量について」と題するメモが残されている。そこで問題として取り上げられたのは以下の諸点であった。

a　学位規則にもとづく「修士の学位規定」と「博士の学位規定」
b　修論作成のテンポと執筆技術①手順、②テーマ選択
c　ドクター論文のあり方
d　学会活動
e　研究過程一般での問題
①文献・資料収集
②学会誌購読
③実験・抽象化
④データ整理・理論化・総合化
⑤集団的討論[*]

＊なお参考までにこの時に参考文献として挙げられたのは以下の資料であった。
・教育学基礎理論研究会「論文執筆について」、全院協ニュース一九七八年八月三〇日、九月二五日、一一月　五日、一一月一五日。
・同右「研究者の資格と研究の方法」、全院協ニュース一九七六年五月二〇日、六月十六日、七月十四日。
・柴田進午「研究主体のあり方と若手研究者問題」、同上一九七八年八月三十日。
・田中一「研究過程の合法則性」、前掲第五回若手研究者問題全国シンポジウム報告

3　北大院協「夏の学校」―全研究科合同開催から各研究科での取り組みへ

北大院協が開催した「夏の学校」については、次の記録がある。

・「一九六五年に第一回目が行われて以来、六九～七〇年に中断されたのみで（第五回は中止）、一九七一年に第六回目として再開され、以後、毎年行われている。」（中略）「夏の学校の意義づけは」、（中略）「1院生相互の理解、親睦をはかること、2研究条件の改善（指導、研究室運営）、3研究創造の方向の追求（テーマの探求、セミナー活動）という教訓的な三つの柱に、その年毎の課題を意識しながら開講するというやり方である。今後もこの視点を貫く必要があるだろう。」

・「学部ごとの夏の学校という形態を初めて採用した一九七一年には、『院協運動の第二の柱（自主的・民主的研究創造活動）実践の一形態として位置付けられ』、第二に研究力量を伸ばすうえで必要な、カリキュラム問題等の要求を実現する取り組みと結びつけられる。」（一九七四年度後期全学幹事会編集冊子「第九回北大院協夏の学校」、「Ⅰはじめに」及び北大大学院生協議会一九七六年度全学幹事会編集『夏の学校』のまとめと院協運動の歩み」、第一部一九七六年より）

このように「夏の学校」は全学的に取り組まれた。その後一九七一年の第六回以降、各学部・研究科、学科等、個別単位での取り組みへ展開し、全学的な開催は取り止められた。

（四）この期のまとめ

これまで見てきたように、この一九七〇年代の十年間は一九六〇年代末の紛争の盛り上がり、学部長選挙へ学内各層が参加する制度改革等の民主化が前進した後の、揺り戻しの時期であった。具体的には一九七〇年代初頭に堀内学長が選挙で敗れ、前半期は丹羽学長による反動攻勢に直面した時代である。また七〇年代半ばから学内各層参加の学部長選挙制度は文部省の方針により、時期の違いはあるが、各学部で次第に反故にされていった。

ただしこういう情勢下においても北大院協は職組、学生自治会とともにこのような動きに対して抵抗し、抗議の声を上げ続けた。またこのような情勢下で紆余曲折し、かつ弱点を抱えながらも、北大院協の要求運動は学長・学生部交渉を経て前進した面もあった。さらにその後半期には今村学長のもとで北大再民主化に挑み、その後一九八一年から有江幹男学長体制のもとでの運動に続いていく。

なおこの時期は生活防衛のための経済闘争と並行して、研究創造活動が全国的潮流の中で北大においても高揚した。「若手研究者」規定が確立し、研究制度と研究内容の両面での政策化と各研究科、研究室での改善が目指された。日本科学者会議、全院協、北大院協等の各種シンポジウムと集会が一年に数回連続して開催され、これの動きが推進力となった。結果として、具体的研究内容を前提として研究方法、研究過程、研究課題についてまで討議されたことは、この時期の輝かしい成果と言えよう。

八　八〇年代以降の北大院協運動（一九八〇年〜）

一九八〇年代以降の北大の院生協議会あるいは院生会（院協と略記）の運動の展開を規定する要因としては大学院の変貌と大学院生の構成変化を挙げることができる。

第一の要因により、修士課程（在籍者）から博士後期課程（在籍者）への連続性が徐々に喪失し、それがまた院協運動の担い手減少と継承の難しさにつながっていったといえよう。さらに大学院における外国人留学生と社会人の増加は、そもそも院協運動への参加者の減少と院協運動の困難性の増加につながったといえる。

本章ではこの期の大学院の変貌と院生の構成変化について『北大百二十五年史』の通史と統計を基に述べる。その上でこの期の院協運動について可能な限り言及することとする。

（一）北大における大学院の変貌

1　大学院の改組――学部と切り離された大学院の発足

一九七七年に、北大に学部組織を持たない独立の研究科として、環境科学研究科が新設された。これは七四年制定の大学院設置基準によるものであり、学部の組織から独立した組織編成を持つ大学院を設置することにより、学部学生の教育と切り離した大学院専任教官と専用施設を可能にするものであった。環境科学研究科の設置は丹羽学長の強い要求の下で七三年から具体的な検討が進められていた。その結果、四専攻による研究科設置の予算要求が行われることとなった。

七五年には環境計画学専攻が工学研究科に、七六年には環境構造学専攻が理学研究科に設置された。翌七七年度には当該二専攻を移行し、社会環境学と環境保全学と合わせた四専攻の環境科学研究科が発足した。同研究科の設置により北海道大学大学院は一二学部一三研究科の構成となり、修士課程は医学・歯学を除く一一研究科、博士（後期）課程は一三研究科という体制となった。

その後、獣医学部の六年制移行により八七年を最後に獣医学研究科修士課程への入学は終了し、八九年度からは一二学部一三研究科、修士課程は一〇研究科、博士（後期）課程は一三研究科となった。

2　大学院改革と組織の見直し――九〇年代への入口

八〇年代の終わりに入ると、大学院改革の動きが強まっていった。文部大臣の諮問「大学等における教育研究の高度化、個性化及び活性化等のための具体的方策について」を受け、文部省に置かれた大学審議会は八八年三月に大学院部会を設置した。同部会では大学院制度の弾力化、学位制度の見直し、大学院の量的整備目標の策定、大学院生の処遇、大学院認可システムの見直しと評価システムの確立、留学生の教育体制充実等に関して調査・審議を行うこととされた。

北大では同年に大学院問題懇談会が設置され、人文・社会科学系、理工学系、医・歯・獣医学系の専門委員会で研究科・専門領域ごとの検討を始めた。同年末には国の大学審議会から「大学院制度の弾力化について」が発表され、学外からも意見取りまとめに対する圧力が強まっていた。

八九年に北大は大学院問題懇談会に代えて大学院整備構想検討委員会を設置し、三専門委員会と企画調整委員会によって具体的検討を進めた。九〇年には同検討委員会は中間報告「北海道大学における大学院改革整備構想」をまとめ、①大学院重点化と研究基盤の整備、②全教官の大学院参加、③国際化と留学生の受入体制、④多様な形での社会人受け入れ、⑤情報科学の推進を掲げた。九一年に大学審議会は大学院の整備充実、量的整備、学位制度の見直しと大学院の評価に関する三答申をおこなったが、大学院の重点化については触れらなかった。

しかしこれ以降、全国的には上記三答申とは直接関連しない大学院の重点化が進み、北大においても九三年度概算要求で独立研究科としての地球環境科学研究科が、また理学研究科に生物科学専攻が認められ、以後続々と大学院研究科の組織見直しにかかる提案・実現が進んでいった。

(二) 北大大学院生の構成変化

1 続く修士課程院生の増加と女子院生の急増

次に大学院生数の動きを見ておく。七六年の環境科学研究科新設以前の大学院入学定員は修士課程六八五人と博士(後期)課程(以降博士課程と略記)四二七人であり、新制大学院発足時(修士五三年、博士五五年)に比して修士課程では二・四倍、博士課程では二・二倍となっていた。周知のとおり、これは日本社会の高度経済成長過程を背景とし、またそれを規定する要因でもある工学系を中心とした科学技術者増員計画によるものである。

ここで八〇年以降の大学院在籍者を修士課程と博士課程毎に見ておく。修士課程では八〇年九七三人(うち男九三〇、女四三)、八五年一一七八人(うち男一〇八八、女八八)、九〇年一五一一人(うち男一三六七、女一四四)となっている。また博士課程では八〇年七一六人(うち男六八六、女三〇)、八五年七〇四人(うち男六五六、女四八)、九〇年八一二人(うち男七二九、女八三)となっている。

修士課程在籍者は八〇年以降も高い増加傾向を示しており、八〇年の九七三人から九〇年の一五一一人へと一・六倍増加した。これを男女別にみると、男性は九三〇人から一三六七人の一・五倍、女性は四三人から一四四人の三・四倍となった。八〇年では男性が女性の二一・六倍、九〇年では男性が女性の九・五倍というように、女性の実数は依然として少ないが、増加の割合は著しい。これに対し博士課程在籍者は八〇年の七一六人から九〇年の八一二人へと一・一倍の増加であり、修士課程のそれに対して低い割合で推移している。これを男女別にみると、男性は六八六人から七二九人の一・一倍、女性は三〇人から八三人の二・八倍となり、修士課程でのそれに比べるといずれの増加率とも低い。しかし、八〇年では男性が女性の二二・九倍であったのに対し、九〇年では男性が女性の八・八倍と、博士（後期）課程では修士課程に比して女性の占める割合が大きくなっていることがうかがえる。

また、修士課程在籍者と博士課程在籍者を医学・歯学研究科（九〇年は獣医学研究科を含む）の在籍者を除いた数で比較すると、八〇年は修士課程九七三人に対し、博士課程六一〇人となり、修士課程が博士課程の一・五倍である。これを九〇年でみると修士課程一五一一人に対し博士課程五七二人で、修士課程は博士課程の二・六倍となる。修士課程在籍者は一〇年間で五三八人増加したが、博士後期課程在籍者は三八人減少した。

博士課程への入学者は北大大学院のみならず、他の大学院の修士課程の修了者も含むこと、修士課程に二年を超えて在学する者に比べ、博士課程に三年を超えて在学する者のほうが多いことなどを踏まえると、修士課程終了後に博士課程に進学しない者が八〇年からの一〇年間で倍増したという推定が可能であろう。

参考までに八〇年代の修士学位と博士学位の授与者数をみておく。八〇年度から八九年度の修士学位授与者は五三八一人、課程博士学位授与者は一一〇四人、論文博士学位授与者は一八二三人である。

2　外国人留学生と社会人大学院生の増加

北大における外国人留学生の受け入れは八〇年代以降増加の傾向をとった。学部学生・大学院生（修士課程）・大学院生（博士課程）・研究生の合計は、八〇年五一人、八五年一五五人、九〇年二六二人となり、八〇年から一〇年間で五倍を超えた。修士課程の留学生の院生は八〇年八人、八五年四五人、九〇年六一人で、八〇年に比べ、九〇年は八倍弱となり、博士課程の院生は八〇年九人、八五年五六人、九〇年一四〇人で、同様に一六倍弱と大幅に増加した。留学生の院生数にかんしては博士課程が修士課程を上回り、北大全体の構成とは全く異なる傾向を示している。

修士課程と博士課程の在籍者に占める外国人留学生の状況を見てみると、修士課程では八〇年〇・八％、八五年三・八％、九〇年四・〇％であり、博士課程では八〇年一・三％、八五年七・八％、九〇年一七・二％である。八〇年代に入って博士課程での留学生の位置づけが大きくなり、在籍者の二割近くを外国人留学生が占めるようになった。このことは、海外の大学で修士号を取得した者が留学生として北大大学院の博士課程を選択し、限定された期間で一定の研究成果を挙げ、母国や他国で研究者として就職していくという一連の流れがこの時期に一般化したためといえよう。

本稿の対象とする期間からは外れるが、二〇〇〇年現在の留学生を学費負担別でみると、国費留学生が約四三％、私費留学生が約五五％であり、全国レベルでの国費留学生の割合は約一〇％程度といわれ、北大での国費留学生の割合は非常に高い。

さらに近年では社会人院生が増加し、院生の構成変化と大学院授業のあり方に大きな影響を与えてきたといわれている。北大では社会人院生の数を公表しておらず、この傾向を統計数字から明らかにすることは困難であるが、「北大時報」で二〇〇七年度から公表されている博士課程修了者の就職状況から近年の傾向を推計してみる。

博士課程修了者のうち有職者を博士課程の社会人大学院生修了者と仮定すると、二〇一〇年では全体の一六・二％、二〇一五年では一五・二％、二〇二〇年では全体の一二・八％となる。（なお、修了時に有職者であるもの以外も社会人大学院生である可能性は高く、博士課程大学院生のなかでの社会人大学院生の地位を示すものとはいえないが、二〇〇〇年代以降には社会人大学院生が博士課程で少なくとも一割以上を占めるようになったということはいえよう）。そのため、博士課程における留学生と社会人大学院生の増加による大学院生の構成変化が、大学院生の研究と生活の条件を確保・獲得するための大学院生の連帯と運動に少なからず影響を与えてきたといよう。

（三）八〇年代における北大院生協議会活動の展開
――七〇年代までを継承し九〇年代以降につなぐ

この節では八〇年代における北大院協の全学院協と各研究科における院協あるいは院生会の活動について、いくつかの資料によりトピック的に記述する。

1　北大院生協議会の活動

北大院生協議会（全学幹事会）の運動は、それまでの理論と実践の蓄積を踏まえ、主として七〇年代から連続したものとなっていた。運動の提起と報告は、主として「全学院協ニュース」によって院生間に広げられていった。ここでは八〇年二月から三月の全学院協ニュースを取り上げる。これらでは大学院生を取り巻く諸条件の多岐にわたる変化と規定要因の複雑化に対し、院生運動が十分対応できていないという反省に立って、八〇年代への運動の中心課題が三点挙げられた。

第一に科学技術政策の根本的転換であり、経済政策に従属した政策の矛盾は深化している点、第二に就職問題＝経済生活の悪化は研究生活への桎梏となっており、それを除去する必要がある点、第三に学園民主化闘争で勝ち取ってきた民主的諸権利（とりわけ学内自治への参加）が大幅に形骸化しており、その回復をすべき点である、という点が挙げられた。

当面の行動提起としては学費値上げ反対闘争が挙げられ、各院協で反対意思を表明し反対署名を進めることがめざされた。この提起に対し、一カ月後の続報では、署名が文学院協で一二九、農学院生会で四九、経済学院協で一五、理学研究科の地鉱大学院で四二と報告された。

次に重視されたのは新たな院生寮の建設に関する運動である。新院生寮設置については七〇年代を通じて大学当局と交渉し続けていたが、一九八〇年三月の学生部交渉の結果、定員五〇人の院生寮とすることが決定された。これは、建設される新学生寮の一部を院生寮とする内容であり、八二年から入寮が開始されることとなった。同様に女子院生寮も新女子学生寮の一部として建設されることとなった。全学幹事会ではすべての研究科に新寮実現に向けた討議を訴え、そこでの要求を集約して大学側と交渉することとした。

全学幹事会の活動は八〇年代を通じて続けられており、大学側との交渉・対話は九〇年代に入っても継続されていた。

2　研究交流誌にみる北大院生の課題と運動

次に北大院生における研究交流について触れる。北大院協全学幹事会では「夏の学校」の報告誌に始まり、七〇年代以降は毎年「研究交流誌」をまとめており、冊子印刷の費用は大学事務局から支出されていた。

八〇年度の『研究交流誌'80』は、特集として研究創造活動の到達点と課題をまとめており、院協の研究創造活動の要として、夏の学校の意義と実践を評価し、これは全国に先駆ける実践であると振り返っている。当初、全学レベルの開催であったものが七一年からは研究科ごとの実施となった。その上で、夏の学校は単なる院生間の交流というレベルでは長続きしないと総括し、成功のカギを①科学（研究）方法論、②研究過程論、③研究組織論を基底に据えたテーマ・内容とすべきことに求めている。

誌面の大半は①各研究グループからの一〇年間の総括と今後の研究方法提示をまとめた教育学院協の報告、②理学院協による五専攻ごとに行われた'80年度夏の学校のまとめ、③教育学院協による夏の学校のまとめ、④理学研究科地鉱大学院会における研究創造活動が占める。

他の院協、院生会からの報告は①農学部院生会における要求運動の実施と成果、ＯＤ小委員会の立ち上げ、②薬学研究科院協における研究災害に関するアンケート結果報告がある。さらに理学研究科院協による第五次定員削減報告と大学院改革案の報告では、教育と研究の分離・教授専決の鮮明化とのコメントが付されている。同様に農学研究科院生会によって農学研究科大学院改革案について、専門分野拡充と教官配置見直しという小手先の改革であるとコメントされた。最後に女子院生の会から女子院生の実態調査中間報告があり、女子院生による理系を中心としたＤＣ進学希望の減少傾向が示され、その背景はＯＤ問題ではないかという問題提起がされた。

次に七〇年代から顕在化し、八〇年代に入って深刻していたＯＤ（オーバー・ドクター）問題について北大の大学院生がどう対峙し、どう展望したのか。八一年度の研究交流誌では、北大ＯＤ白書として当時のＯＤ問題を明らかにした。

はじめに北大における院生の実態の全体像を明らかにすることを課題として設定している。それは、第一に大学民主化闘争の成果と教訓を改めて確認・明示し、院生の要求や権利の到達点と課題を全研究科に即して明らかにすること、第二に研究者としての院生の地位はますます不安定化している中で、院生の研究実態を明確化することである。

次にOD問題発生の背景として次の三点を確認している。一点目は科学技術政策と研究・教育体制の再編成であり、それは研究体制のスクラップアンドビルドとして現れていること、二点目は、財政・定員削減によって研究関係機関における新規採用者が減少していることであり、三点目には、就職対応などをほとんど無視して高度経済成長と科学技術振興政策を安易に受け止め、長期的見通しを欠如させた研究者の育成をめざしていることである。

さらに北大におけるOD問題の特徴=特殊性として、第一に全国に比して長期化・深刻化していること、第二に研究科ごとに不均等な現れ方をしていること、特に理学研究科、農学研究科、文学研究科で顕著であり、農学研究科などでは専攻によって極端な差があることが挙げられ、加えて、早晩、OD問題が多くの研究科・専攻に広がる可能性があることが指摘されている。

また、この号では水産学研究科院協における研究創造活動として、科学ゼミナール活動が報告されている。この活動が広がり定着してきたのは、そのテーマを①科学論・科学観、②自然観、③若手研究者問題、④現場研究者からの提言という四点に設定し、講演を企画してきたことによるとみなし、院生は、自分の研究を位置づけるための広い視野と、研究者として育つための確かな立脚点を求めており、科学ゼミナール活動はこれに応える活動とみなしている。

その他に農学研究科OD問題小委員会の大学院制度に対する教官の意識アンケート報告や北大女子院生の会による女子大学院生・研究生の実態調査報告があり、後者では、就職における男子優先や周囲への懸念など女子院生の不安定さが指摘されている。さらに有島寮院生へのアンケートでは、経済的に困窮している大学院生は多く、新寮への入居希望者は多いと報告されている。

3　八〇年代から九〇年代以降へ

このように八〇年代は七〇年代までの北大院協活動の成果を踏まえた運動が全学的に継続されており、研究創造活動は研究科・専攻ごとの院協や院生会で続けられ、その成果は北大院協の研究交流誌に取りまとめられ、院生のあいだで共有化されてきたといえる。

さらに八〇年代を通じて広範化したOD問題は、(二)で述べた外国人留学生院生の急増と、九〇年代からの社会人院生の増加を背景に、博士課程への進学が減少することによって量的側面では「小さく」なったといえよう。しかし、少子化の進行による大学進学者の減少と大学そのものの縮小化、研究・教育機関の体制的弱体化、行政による理系文系格差の拡大画策など、ＯＤ問題を規定する要因はむしろ拡大・深刻化しているといえよう。これについては補論において明らかにされることとなっている。

北大院協（全学幹事会）の活動がいつまで続いたかは、残念ながら明らかにならなかった。ただし、二〇〇一年度と二〇〇二年度の研究交流誌が北大文書館に所蔵されており、『二〇〇一年度研究交流誌（二〇〇二年三月発行）』には、北大院協は文学・教育学・経済学・理学・薬学・農学・水産学の七研究科の院協、院生会で構成されているという記述があり、全学幹事会のメンバーは教育学研究科と農学研究科に加え、水産学研究科と経済学研究科の担当幹事から構成されていたことが示されている。しかし翌二〇〇二年度研究交流誌には、二〇〇一年度と同様に七研究会で構成されるとの記述はあるが、全学幹事会のメンバーは教育学研究科と農学研究科のみで構成されたと記載されている。

また、全国大学院生協議会（全院協）が発行する「全院協ニュース二五七号（二〇一九年七月）」の「全院協とは？」という記事には、「全院協の活動を担う理事校」として「北海道大学、一橋大学、早稲田大学、中央大学（商・経）、名古屋大学、京都大学、大阪市立大学、立命館大学の八校、九院生協議会」が挙げられている。さらに「同二四三号（二〇一四年一二月）」には、二〇一四年一〇月の第三回理事校会議に理事校として北海道大学から参加があった旨の記載があり、二〇一六年度に発行された「同二四八号（二〇一六年七月）」、「同二四九号（二〇一六年一一月）」、「同二五〇号（二〇一七年三月）」には、二〇一六年五月、八月、一〇月に開かれた理事校会議に北海道大学が事務局として参加した旨の記載が見られる。しかし、二〇一七年度以降は理事校会議への北海道大学の参加という記載は全く見られない。さらに二〇二〇年以降は理事校としての記載もなくなっている。これらのことから、北大院協と全院協との関係は形式的には二〇一九年までは続いていたが、二〇一七年からは全院協活動への参加ができなくなったと考えられる。

二〇〇二年以降の北大院協（全学幹事会）は教育学研究科と農学研究科のみでの構成であったと思われる。全院協との関係は二〇一六年まで続いていたが、それまでの全院協活動への関与が北大院協（全学幹事会）としてのものなのかどうかは明らかではない。ただし、二〇一〇年代の半ばまでは何らかの形で北大を代表する院生組織はあったといえそうである。なお、二〇二三年現在では教育学大学院（教育学院）と農学大学院（農学院）に、院生会が存在しているようである。

九〇年代以降の北大における院生会・院生協議会の活動については、その時代を大学院で過ごした者による新たな院協史を期待して筆を置くこととする。

【通史補論】

一九九〇年代以降の大学院の動向――一九七〇～八〇年代の経験の意味

一　一九七〇～八〇年代の大学院の歴史的位置

（一）大学院史における七〇年代の位置

本書では一九六〇年代～九〇年代の北大の院協運動が対象となっているが、記録と証言が多いのは一九六〇年代後半～八〇年代前半の運動である。本稿では視野を全国と一九九〇年代以降へ広げ、今日の大学院のあり方にとってのわれわれの経験の意味について考えるための一助としたい。

今日の大学院は危機的状態にある。博士課程の入学者は二〇〇三年をピークに激減し、進学率も一九六〇年代の三〇%から大幅に低下し、近年では一〇%前後となる等、若い世代の研究離れが進行している。七〇年代の大学院の厳しい状況を特徴づけるのはオーバードクター（ＯＤ）の増加であるが、二一世紀には多数のポストドクター（ＰＤ）が深刻な問題となった。ＯＤの増加とＰＤの増加は六〇年代と九〇年代の無計画なＤＣ生増加政策の歪みである。歴史は繰り返すといわれるが、このことはここでも当てはまる。

もちろん四、五〇年も立てば、社会の変化に伴い、さまざま要素が大学院にも付け加わるので、かつての状態と今日の状態を単純に比較することはできない。しかし、七〇年代の大学院において生じた課題の根本的解決がその後も先送りされ、今日の事態に至ったという面もある。この意味で七〇年代の経験から学べるものは少なくないであろう。

（二）一九七〇年代におけるＤＣ生数の増加と進学率の低下

大学（学部）の入学者は六〇年代の後半三二%増→七〇年代前半二二%増→後半四%減→八〇年代前半横ばいとなった。修士課程（ＭＣ）と博士課程（ＤＣ）への入学は大学への入学とのあいだでそれぞれ二年、五年のタイムラグがあるが、それぞれ独自の動向を示した。

ＭＣの入学者数は六〇年代後半四四%増→七〇年代前半一七%増→七〇年代後半三%増→八〇年代前半三二%増であり、七〇年代に増加率は低下した。大学からのＭＣへの進学率は、六〇年代後半の平均四・八%→七〇年代の四・四%→八〇年代四・八%とほぼ横ばいであった。ＤＣの入学者数は六〇年代後半横ばい→七〇年代前半二五%増→七〇年代後半一七%増→八〇年代前半二三%増であり、七〇年代に増加率は上昇した。しかし、ＤＣへの進学率は六〇年代後半の年平均三一%→七〇年代二七%→八〇年代前半一八%と大きく低下した。

　七〇年～八五年の大学院入学者数の推移を学問分野別に見れば、DCでは保健医療の増加が著しく、理学は微減、社会科学は横ばい、その他はやや増加した。分野間の比較では、理学は保健医療に次ぐ比率であるが、比率の下降が著しく、工学を下回るようになった。MCについては入学者は農学、工学で二倍以上に増加し、理学でこれに次いで増加した。分野間の比較では工学の比が最も高く（四〇%代）、これに対して保健医療の比は低い。

(三)　DCの就職の悪化

　DC修了者の就職率は七〇年代後半に悪化し、この傾向は八〇年代前半まで続いた。就職率は年平均で、六〇年代後半六一%→七〇年代前半六三%→七〇年代後半六〇%→、八〇年前半六一%→八〇年代後半六四%と変化した。七〇年代後半にDC修了者は微増したが、高度経済成長の行き詰まりによって就職者数は横ばいとなり、就職率が低下した。

　就職先としては「大学教員」（短大、高専の教員を含む）が最多である。それへの就職者は、七〇年一・一千人→八〇年一・五千人→八五年一・一千人であるが、就職率は、七〇年三〇%→七五年二二%→八〇年一九%→八五年一七%と急減した。「自然科学者・社会科学者」*（大学教員以外の研究者に相当）への就職は、七〇年〇・三千人→七五年〇・四千人→八〇年〇・七千人→八五年〇・六千人であり、就職率は、七〇年三%→七五年五%→八〇年七%→八五年の六%であって、いずれも八〇年代前半には増加から微減に転じた。「技術者」への就職は七〇年〇・七千人→八〇年〇・八千人→八五年〇・七千人と横ばいであり、就職率も七%前後で横ばいである（文部科学省の各年の「学校基本調査」に基づく）。

　分野別に見れば、「大学教員」への就職の比率が高いのは社会科学、人文科学であり、理学、農学、工学がこれらに続くが、理学の比率はかなり低下した。「自然科学・社会科学研究者」への就職の比率が比較的高いのは農学と理学であり、いずれも増加した。「技術者」への就職の比率が高いのは工学であり、理学、農学がこれに次ぐが、理学では大幅に低下した。

　MC修了者の就職率は、六五年五一%→七〇年五三%→七五年五九%→八〇年六四%と上昇した。就職先については技術職の比重がきわめて高く（理工系では約二／三）、研究職（大学教員とそれ以外の研究者）の比重が低い。

＊　「学校基本調査」では名称は「自然科学・社会科学研究者」→「科学研究者」（一九八二年から）→「研究者」（二〇一一年から）と変化している。

二　大学院政策の推移

（一）　教育政策の破綻と手直し

一九五〇年代から開始された高度経済成長に対応して、大学入学者は五七～六〇年には「大学生八千人増計画」によって理工系を中心に五・〇千人（一一％）増加し、また六一～六四年には「大学生二万人増計画」によって三八千人（一二％）増加し、さらに六五～六八年には第一次ベビーブーム対策によって七六千人（一三％）増加した。大学院については六〇年代～七〇年代の科学技術政策や文教政策で具体的な言及はなかった。七〇年代には高度経済成長の行き詰まりに伴い、科学・技術政策、教育政策も一定の転換を迫られ、七一年の中央教育審議会（中教審）の答申では大学生増員の抑制、量から質への転換が、大学院については学部からの大学院の独立が主張された。

大学院にかんする大きな出来事は、七四年に大学院設置基準が制定されたことである。（それまでは、各大学によって構成される大学基準協会の「大学院基準」が標準とされていた。）同基準で大学院の目的や組織が明確化されたが、修士課程の目的に高度専門職業人の養成が含められた。同基準では独立大学院の設立が可能とされたが、七六年に改定され、大学院大学、独立研究科の設立が可能とされた。これを先取りし、七三年には研究・教育分離方式の筑波大学（東京教育大学の後身）が開学した。北大では七七年に環境科学研究科が設立された。

八四年には、戦後教育の転換をめざす臨時教育審議会（臨教審）が発足し、競争原理の教育への導入という路線に従い、公務員（国公立大の教職員を含む）の削減、私学への援助の抑制・削減、奨学金の有利子化を求めた。大学院については一九八五年～八七年の四回の答申をつうじて、専門職能人の養成、社会人入学の促進、留学生受け入れの拡大を主張するとともに、大学助手のポストドクター奨励制度（Post Doctoral Fellowship）へ置き換え、特定プロジェクトへの活用を提案した。

（二）　院生の急増と大学院重点化

臨教審答申のあと大学審議会（一九八七年発足、二〇〇一年から中教審の大学分科会となった）は「大学院の量的拡大について」を答申した。八〇年代に院生は急増したが（MCは一・七倍、DCは一・六倍）、九〇年代には大学院修了者への社会的ニーズがいっそう高まるという予測に基づいて、二倍化をめざした。これによって大学院入学者は九一年～二〇〇〇年にMCでは三四・九千人→七〇・三千人、DCでは八五千人→一七〇千人となり、いずれも二倍増となった。

さらに院生増加計画と連動し、大学院重点化が実施された。これによって大学は種別化され、研究大学となったところでは大学院予算が増額されたが、大学院担当教員の増加はわずかであり、急増する院生の指導・援助に困難が生じた。この政策はその後の大学院に大きな歪みをもたらした。さらに二〇〇一年に国立研究機関が独立行政法人とされ、二〇〇四年に国立大学が法人化されたが、これらの組織では基礎的資金としての運営交付金が削減され、競争的資金の比重が高まった。国立大学での助手、助教の削減、若手教員の採用者減は大学院修了者の就職をいっそう困難にした。

(三) 留学生、社会人の急増

大学院における外国人留学生、社会人の増加も院生増加策と密接に関連する。留学生増化計画はすでに一九八四年の「留学者受け入れ一〇万人計画」から出発し、高校以上の教育機関（日本語教育機関、専修学校を含む）における留学者は一九八三年の一・〇千人が二〇〇三年には一〇・九千人となった。さらに二〇〇八年には「留学生三〇万人計画」がスタートし、留学生は一九年には三一万人に達した。留学生の大学院への入学者数については、ＭＣでは〇三年の五・五千人から一八年の九・六千人に増加し、全入学者に占める比率は一〇％から一三％に増加した。ＤＣでは〇三年の二・六千人から一八年の二・五千人へとほぼ横ばいであるが、留学生の比率は一四％から一七％に増加した。

九一年の大学審答申に基づく院生増政策の一環として社会人の大学院入学の増加もめざされた。ＭＣでは社会人入学者は九九年まで急増した後、微増となり、〇七年の八・五千人をピークに、全体としては下降傾向にあり（一八年は七・九千人）、入学者全体における比率は一一％前後で横ばいである。ＤＣでは九五年の一・五千人↓二〇〇三年の四・〇千人↓一〇年の五・五千人↓一八年の六・四千人となり、入学者全体に占める割合は〇三年の一九％↓一八年の三七％と大幅に増加した。分野別には社会人入学者が多いのは一八年にはＭＣでは保健、社会、教育、人文であり、ＤＣでは保健、工学、社会、教育である。

三　ＯＤ問題の歴史的射程

(一) ＯＤの実態

七〇年代の大学院の危機の典型はＤＣ修了者（博士号取得者および、博士号未取得で所定の単位を修得した満期退学者）の就職（とくに研究職への）の悪化と、オーバードクター（ＯＤ）の増加に現れ、ＯＤ問題は八〇年代初めに社会的にクローズアップされた。ＯＤは狭くはＤＣの修了後（博士号取得後、あるいは満期退学後）、就職をめざしながら、研究活動を行う人びとを指す。さらに、博士号取得あるいは就職をめざし、ＤＣに残留する人びとも多く、これは〈在学ＯＤ〉と呼ばれ、広義のＯＤはこのようなＯＤ

を含む。文科省の「学校基本調査」では毎年の「最低在学年超過」のDC生（三年を超えてDCに在学）の数が示されており、その多くは在学ODと思われる。

日本科学者会議によれば、七〇年代後半〜八〇年代初めにおける狭義のODと在学OD、および両者の合計はつぎのようである（日本科学者会議編『オーバードクター問題』一九八三年）。七五年（一・二千人＋一・九千人＝三・一千人）→七七年（一・四千人＋二・四千人＝三・八千人）→八〇年（一・五千人＋二・六千人＝四・一千人）→八二年（一・四千人＋二・五千人＝三・九千人）。ただし、広義のODの実数は八二年には五千人に昇ると推定されていた。

八一年に全国大学院生協議会（全院協）等の諸団体が発行した『オーバードクター白書』によれば、OD（広義）の平均年齢は三〇・二歳、期間の平均は二・五年である。狭義のODのかなりの部分は研究生や研究員として大学で無給で研究活動を続けた。日本学術振興会（学振）の奨励研究員（DC修了者を対象）の採用率は七九年で二一%にすぎない。多くのODは大学の非常勤講師等のアルバイトによって生活を支え、親の援助や配偶者の収入に依存するばあいも少なくなかった。

（二）OD問題の解決をめざす院生の運動

ODの実態把握と問題解決のための全国的運動の出発点は七一年の「若手研究者問題シンポジウム」（全院協、日本科学者会議、日教組大学大学部等の共催）である。八〇年には「OD問題の解決をめざす若手研究者団体連絡会」（全院協、科学者会議、若手研究者問題委員会等が参加）が結成され、パンフレット『オーバードクター問題の解決をめざして』が一万部以上発行された。八一年にはアンケートに基づいて、『オーバードクター白書』が刊行され、大きな社会的反響を呼び起こした。関係団体は政府、政党、日本学術会議等への働きかけを精力的に行った。学術会議は八〇年に政府に対して「研究者養成の振興策について」を要望し、八三年にはこの内容をより強い勧告に切り替えた。そこではポストドクター奨励制度（PDF）の創設、研究組織（大学と公的研究所）での教員や研究者の計画的採用が求められている。政府はようやく八〇年代にOD問題の深刻さを認めるようになるが、学振の奨励研究員の増員等をめざすにとどまり、大学教員や研究者の計画的採用を大学や研究所の努力に委ねる姿勢であった。後述のようにこの姿勢は二一世紀でも大きくは変化していない。

（三）OD問題とPD問題

二〇〇〇年代にはポストドクター（PD）が急増し、〈高学歴のワーキングプアー〉として社会的に話題になった。博士号取得者および満期退学者のなかで大学や大学共同利用機関で任期付きで研究業務に従事する者を文科省は「P

D等）と呼んでいる（「等」が付加されるのは、満期退学者を含むため）。この意味でのPDは「博士研究員」と呼ばれることがある。文科省の「大学、公的研究機関等におけるPDの雇用状況調査」（二〇一八年度実績、二〇二一年公表）ではPDの数は、二〇〇四年一四・九千人→〇八年一七・九千人→一二年一六・二千人→一八年一五・六千人と変化し、その後は横ばいである。（〇九年以降はそれ以前と調査方法が異なり、前後を単純に比較することはできない。）一八年にはDC修了者は一五・七千人であるので、PD総数とほぼ同数である。学問分野別には一八年では理学が最も多く（全体の三七％）、工学（二一％）、保健医療（一七％）、さらに農学（七％）が続き、人文科学、社会科学では少ない（合計一〇％）。

二一世紀にはOD問題はPD問題に置き換わった（OD問題からPD問題へ）としばしばいわれる。たしかにPDは大学や公的研究機関に所属し、雇用契約に基づき経済支援を受けているが、公的支援を受けられないまま、就職をめざすDC修了者もかなりいる。このような人々は〈隠れPD〉とも呼ばれるが、従来のOD（狭義）に相当するであろう。実際に文科省の「学校基本調査」ではOD数は、八六年一・九千人→九一年一・五千人→〇〇年一・七千人→〇五年一・八千人となっているが（〇五年以降のデータは見当たらない）、〇五年の数は八二年の一・四千人よりも多い。さらに〈在学OD〉もかなりの数に昇る。「学校基本調査」における「最低在学年超過」のDC生数は八〇年代後半に一時減少したあと、再び増加し、一〇年以降は一・三千人前後で横ばいであるが、これも八二年の一・一千人を上回る。PD数はOD数よりもはるかに多いが、ODが急減し、消滅に向かっているのではなく、OD問題とPD問題が同時に生じているというべきであろう。

DC修了者とPDの研究職への就職が厳しいため、PD総数が蓄積され、年齢も上昇し、一八年では平均三七・五歳である（文科省の『ポストドクター等の雇用と進路に関する調査』二〇二一年）。PD全体における新規のPDは一八年では約三〇％を占める。DC修了後の平均年数は約六・五年と推定される。

政府もPD問題を研究者養成の危機としてそれなりに深刻に受け止め、九三年から「ポストドクター等一万人支援計画」を実施した。その一つは学振のPD向けの特別研究員（八五年に奨励研究員に替って登場）であるが、採用率は二〇％以下にすぎない。それぞれの研究組織におけるPD支援のための財源を政府は支出しているが、そのうちで基礎的経費（国立運営費交付金、私立大学等計上経費補助金等）の比率が低下し、競争的資金（科研費、二一世紀COEプログラム等）の比率が上昇する傾向がある。それぞれの組織では外部からの競争的資金（文部省関連の競争的資金およびそれ以外の競争的資金）の導入も増加している。

全国大学高専教職員組合、日本国家公務員労働組合連合

会、全院協等六団体は二〇〇八年にシンポジウム「科学・技術の危機とPD問題～高学歴ワーキングプアーの解消をめざして」を開催し、二〇一〇年には「ポスドクフォーラム」での議論を踏まえ、「若手研究者問題の解決に向けた提言」を行い、文科省にも申し入れた。日本学術会議も二〇一一年に「生命系における博士研究員」等の現状と課題」を提言し、さらに一四年に「若手アカデミー」を発足させ、二二年には「若手研究者をとりまく評価に関する意識調査」を実施した。

(四) DCとPDの就職状況

政府は、DC修了者の就職率が二〇一〇年代に上昇したことを強調している。就職率は一九八〇年代前半まで下降したあと、上昇したが、九〇年代後半にまた減少し(九〇年六五%→二〇〇〇年五六%)、二〇〇〇年代中ころから上昇に転じて、二〇一〇年代末に七〇%に接近した(一〇年六二%→一九年六九%)。しかし、研究職(大学、公的研究機関、企業などの)の就職率は増加しておらず、このことが大量のPDの発生の基本原因の一つとなっている。

「学校基本調査」によれば、DC修了者の就職の職種としては「大学教員」が長年最大であったが、大学教員への就職者数は一九九〇年代後半の微増から二〇〇〇年代には減少に転じ、就職率は九五年二二%→〇五年一五%→一八年一六%と低下した。大学教員の新採用のうちでDC修了者の新採用は一八年で三八%にとどまる。国立大学の法人化によって教員の採用が抑制され、そのしわ寄せはDC修了者やPDの採用に及んだ。このため、若手教員層が急減し、教員の年齢構成に歪みが生じ、大学の発展の重大な障害となっている。

「研究者(あるいは科学研究者)」(主に公的研究機関と企業に所属)への就職者数は九〇年代後半から急増し、大学教員への就職者と並ぶようになった。九五年、〇五年、一八年の就職率は八%→一三%→一五%と上昇し。「技術者」(主に企業に所属)への就職者数は九〇年代後半からかなり増加したが、就職率はほぼ横ばいである(一〇%→八%→一〇%)。

文科省の科学技術・学術政策研究所「民間企業の研究活動に関する調査報告」(二〇二一年実施、約一六五〇社が回答)によれば、企業におけるDC修了者の比率は二〇一〇年代に六・五%前後で増減を繰り返し、近年では中途採用者が増加している。DC修了者を採用した企業は九%強にすぎない。企業における新採用の研究者のうちで新採用のDC修了者は一〇年代には三・五%前後を上下し、近年は減少傾向にある。*

DC修了者の大学教員への就職の比が高いのは人文科学、社会科学であるが、それぞれ大幅に低下した。「研究者」への就職の比が比較的高いのは理学、次いで工学であり、いずれも大幅に上昇した。「技術者」への就職の比が高いのは工学であるが、減少した。次いで理学が高いが、大幅に低下した。**

　PDの就職については、文科省の二〇一八年の調査（「ポストドクター等の雇用・進路に関する調査」）によれば、就職したPDは一三%にすぎず、七一%がPDを継続している。就職先は大学教員が三七%、公的研究機関が六%、企業九%である。（なお、「PD等」は研究機関と雇用契約にあるばあいは、それ以降の就職は「職種変更」の扱いとなる。）

　PDの総数は毎年のDC修了者数に近く、これらの人びとのあいだで就職（とくに研究職への）をめぐる競争は苛烈になっている。また、DCやPDが研究職に無事就職できても、その多数は期限付き採用であり、短期のプロジェクト研究に拘束されて、生活と研究の中長期の展望をもちにくい。

*この文科省調査によれば、企業の研究開発者におけるDC修了者の比率は九%強である。日本経済団体連合会の調査（「博士人材と女性理工系人材の育成・活躍に関するアンケート結果」二〇二二年実施）では、DC修了者の採用がゼロの企業は二四%であり、文科省の調査よりかなり少ない。経団連の調査へ回答した一三三社の多くは大企業であり、採用者は新規採用と中途採用（経験者の採用）を含む。なお、DC修了者の採用は採用全体の三・一%、その新採用は新採用全体の一・六%とされる。

**今日、研究における開発研究の比重、技術における開発技術の比重が高まり、科学と技術の中間に位置する両者の区別は相対化している。「学校基本調査」では二〇一一年度から技術者が開発技術者と非開発技術者に区分された。中教審大学分科会の資料「博士人材のキャリアパスの全体像」）では「研究者」と開発技術者が研究者と見なされ、研究者がより広く、技術者がより狭く理解されている。技術者の多くは企業に所属すると思われるが、「研究者」の公的研究機関と企業への所属への割合は明らかされていない

（五）DCとPDの生活実態

　政府がDCとPDへの援助としてまず重視しているのは学術振興会（学振）の特別研究員である。これは一九八五年に設けられ、DC向けとPD向け（奨励研究員の後身）を含む。DC向けの採用率は二〇二〇年で二〇%に満たない。政府はDCへのそれ以外の支援として各大学での独自のリサーチ・アシスタント（RA）のための支出を増加させてきた。しかし、RAへの支給単価は低く、近年ようやく社会的水準へ引き上げられつつある。RAへのDC生の参加については全院協の二〇年の調査では年間二五〇時間（年収約三五万円）以下が四〇%、五〇〇時間（年収約五〇万円）以上が約二〇%である。RAへの参加による収入は生活費の一部に相当するにすぎない。

　奨学金については九九年から貸与の実施機関が日本育英会から日本学生支援機構に変更になり、貸与額の引き上げ、貸与条件の緩和と貸与の対象の拡大が行われたが、院生は返済の負担の増加を懸念して、借入を抑制し、不足分をアルバイトで補うようになった。学生支援機構の二〇二〇年

の調査によれば、年間の生活費はＭＣ生で一七五万円、ＤＣ生で二二五万円である。全院協の二〇年の調査によれば、奨学金の返済額は（ＭＣ生とＤＣ生の区別はない）三〇〇万円以上が六〇％、五〇〇万円以上が三五％である。アルバイトの時間は週一〇時間未満が三五％、二〇時間未満が二八％、三〇時間以上が一六％である。

　ＰＤの身分はさまざまであり、その生活実態は十分に把握されていない。文科省の〇八年の調査（「ＰＤなどの研究活動及び生活実態に関する分析」）によれば、ＰＤの一カ月の平均給与（大学や公的研究機関から支給）は三〇六千円であるが（学振の特別研究員は三三二千円）、自然科学分野と人文社会科学分野のあいだには一一〇千円の格差、公的研究機関と大学のあいだには一二〇千円の格差がある。この格差は研究組織における競争的資金の導入の格差と関連している。公的支援を受けない〈隠れＰＤ〉やＯＤは非常勤講師の掛け持ち等によって生活を維持しており、まさに〈ワーキングプアー〉といわれるに値する。

四　大学院の変質と科学・技術の危機

（一）研究者養成の危機

　ＤＣの研究生活の厳しさ、ＤＣ修了後の就職難は若い人びとの研究離れを引き起こしている。とくにＤＣ生の減少、ＤＣの進学率の低下は研究者養成に、ひいては日本の将来の学術、科学・技術の発展に重大な打撃となる。ＤＣの活動は研究全体を下支えするだけでなく、注目度の高い研究に寄与してもおり、現実に研究の重要な戦力となっている。

　ＤＣの入学者は社会人入学者の急増にもかかわらず、二〇〇三年の一・八千人をピークに減少し、二〇一〇年代後半は一五千人前後で横ばいであり、これは一九九七年の水準である。社会人と留学生を除く入学者数は〇三年一一・六千人→一〇年八・三千人→一八年六・〇千人と実に半減した。ＭＣからＤＣへの進学率も一九八五年一七％→九五年一六％→二〇〇五年一七％→二〇一〇年一二％と急減し、一二年には九％を切った。ＭＣの入学者は二〇〇一年の八・二千人をピークに減少し、一〇年代後半は七・二千人で横ばいである。大学からＭＣへの進学率は一〇年の一三％をピークに減少し、一五年には一一％となり、以降微減の傾向にある。

　しかし、若い人びとの大学院へのニーズは潜在的には高い。二〇二二年に文科省が実施した「大学院進学の動向及び経済的支援に関する意識調査」（一五大学の四学年生三千人を対象）によれば、大学院への進学希望者は全体で六三％、理工系では八四％である。大学院進学を希望しない理由のうちの三八％が経済的負担（家族の負担、奨学金の返済の負担）への懸念であった。また、文科省は同年に人文社会科学系を中心に、より多数の大学生を対象にした調査を行っている（「人文社会科学系の学部学生における大学院進学の意向調査」二八九大学、人文社会科学一三二〇〇名、理学・工学・農学二八〇〇名から回答）。それによれば、大学院進学希望者は人文社会では一五％、理学・工学・農学では五九％である。大学院進学を躊躇する学生についてはその理由として経済負担が人文社会では八三％、理・工・農では六一％であり、就職への不安が人文社会では七三％、理・工・農では五九％である。これらの調査においては、大学院進学への潜在的ニーズを引き出すためには、抜本的な経済的支援が必要であることがあらためて示されている。

（二）「役に立つ」研究者、エリート研究者の養成の優先

二一世紀には大学院の新政策があい次いで出された。二〇〇五年の中教審の答申「新時代の大学院教育」の直後に大学分科会は「グローバル化社会の大学院教育」について、一五年には「未来を牽引する大学院教育改革」について審議まとめ行ない、さらに一八年の中教審答申「二〇四〇年に向けた高等教育のグランドデザイン」を受け、一九年に大学分科会は「二〇四〇年を見据えた大学院教育あるべき姿」について審議まとめを行った。

これらでは大学院の質の向上が重視され、このための適正規模の確保が主張されている。また学部と大学院との、教育と研究との分化・分離による学内資源の重点的配分（機能分化の促進）の方向が示されており、大学院重点化のいっそうの推進がめざされている。博士課程が大学教員養成に偏り、社会の多様なニーズに応じていないと批判され、このニーズに応じた教育課程編成の体系的、組織的推進の必要性が強調され、とくに人文・社会科学系大学院での改革がクローズアップされている。

さらにグローバル化に対応するため、特定の科学分野にかんして世界的に最高水準の研究・教育を行う「ＣＯＥ（卓越研究拠点）プログラム」、「リーディングプログラム」、「卓越大学院」の構想がスタートし、そのために重点的な財政支援が行われ、これをめぐる大学間の競争が激化している。全体として、目先の「役に立つ」研究者、国際競争に勝ち抜くエリート研究者の養成を優先させる方向が強まっている。政府は「テニュアトラック制」の導入と称して、ＤＣ修了者は三〜七年間の有期雇用（あるいはそのままにＰＤを経て）のあと准教授や教授などへ進むというコースを全般的に想定しているが、そのさいに准教授や教授にも有期雇用を拡大することを前提にしている。

多数のＰＤの出現の原因となった大学院修了者の需給アンバランスにかんしては、大学や院生の努力が強調され、大学、公的研究機関、企業における受け入れの拡大については簡単にしか言及されていない。政府は具体的な政策として国立大学における四〇歳未満の教員（おもに助教や講師）の比率の三〇％への引き上げ、企業での理工系のＤＣ修了者の採用の六五％増加を目標に掲げているが、これら

の実現は遅々としている。また、政府はDC生の二〇%（MCからの進学者の半数）の生活費相当額（年間一八〇万円）の支援を計画し、さらにPDに三～五年間の任期を保障し、高度の業務にふさわしい給与を保障する構想を示しているが、これらについても実現は先送りされている。

政府や財界は応用科学（とくに技術に直結する開発研究）を偏重し、科学的研究を企業に依存させる傾向を強めている。そこでは基礎科学と応用科学との、人文社会科学と自然科学との調和的発展という視点が弱く、研究者養成、大学院修了者の扱いについても同様の立場がとられている。*今日の「知識基盤社会」においては、社会諸分野で高度の研究成果を生かすことが重要になっているが、これらは、基礎研究を踏まえた学際的研究の発展によって可能であろう。

＊二〇一九年には研究者の所属の比率は大学二〇%、公的研究機関四・五%、企業七四%であり、西欧諸国より企業の比率が高い。（企業における研究者のなかには開発技術者が含まれ、かつての技術者から研究者へ分類を変更された。）社会全体の研究費支出の比率は基礎研究は一五%、応用研究は一一%、開発研究は六五%であり、西欧諸国より基礎的研究の比率が低い（文科省・科学技術学術政策研究所『科学技術指標２０１９』）。

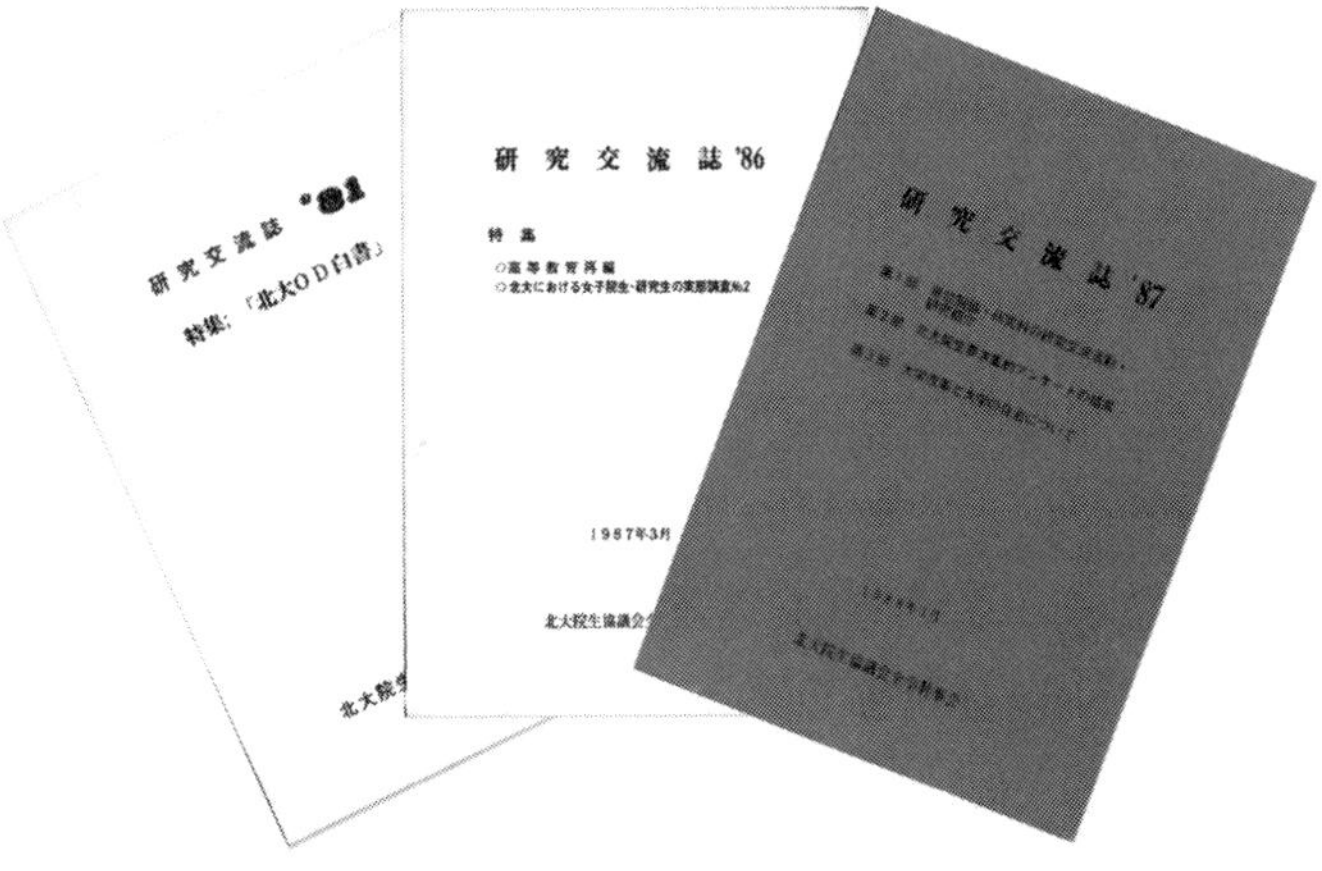

80 年代北大院協「研究交流誌 81、86、87」

第Ⅱ部　各研究科と個別分野における北大院協の活動

総合博物館・現理学部本館（岡孝雄撮影）

1　理系各研究科の院生組織と活動

北大理院協の設立と活動の経過

岡　孝雄

一　理学部と理学研究科のはじまり

『北大百年史　部局史　理学部』によれば、昭和の始まり（一九二六年）頃、わが国には東京・京都・東北・九州・北海道の五つの帝国大学が存在したが、そのうち理学部がおかれていたのは東京・京都・東北の三大学であった。総合大学として基礎科学を担う理学部は必要不可欠ということで、設立運動が実った結果、一九三〇年北海道帝国大学に理学部が、数学・物理学・化学・地質学鉱物学・植物学・動物学の六学科・一一講座で発足した。初年度の学生は定員八〇人に対して、入学者七一人および聴講生三人であった。一九三一・一九三二・一九三三年講座の増設があり、数学三講座・物理学五講座・化学五講座・地質学鉱物学四講座・植物学三講座、・動物学二講座の、計二二講座体制となり、厚岸町に附属臨海実験所が、室蘭市に海藻研究所が設置された。なお、一九三二年四月段階での学生総数は定員二四〇人に対して、一九三〇年入学五九人、一九三一年同四九人、一九三二年同五七人の計一六五人で、大幅な定員割れの状況であった。なお、一九四一年に数学科一講座、戦後になり一九五五年動物学科一講座、一九五八年に物理学科から独立する形で地球物理学科四講座が設置され、学部発足当初に構想された学科・講座の体制が実現することになった。

同じく、『部局史　理学部』によれば、大学院については、一九三三年に第一回の学部卒業生を送り出したが、同年六月には大学院に入学する者、六学科に数名ずつあり、中には選ばれて「特選給費生」となる者も若干名存在した。在学年限に制限はなかったが、二～三年の在学で退学し、副手や中等学校の教員となる者もいたが、民間に就職するものが大部分であった。第二次大戦末期に「大学院特別研究生」制度が敷かれ、それは戦後になり一九五一年から「大学院特別奨学生」制度に切り替えられ、それまでの完全支給の奨学金が貸与となった。新制大学の発足後、その四年生の学部卒業に合わせて、大学院（理学研究科）の体制が、六学科に対応した六専攻として整えられた。一九五三年三月に最初の入学試験（修士課程）が行われた。次年度（一九五四年度）に向けての入学からは、秋と翌年の春（三月）の二回に分けて行う専攻が多くなった（一回目不合格でも再チャレンジ可能）。その後、専攻は新たに発足した学科（地球物理学・高分子学・化学第二）に対応して、一九五七年に地球物理学専攻、一九六三年に高分子学専攻が、一九六七年に化学第二専攻が加わり、九専攻で構成されることになった。理学研究科の発足とともに研究科委員会が設けられ、その構成や審議事項などに関しての委員会規定が制定され、新制の博士課程の修了者の出現に先行して、一九五九年には学位授与手続きについて申し合わせも決定され、一九七五年にさらに整備された。

二　理学部院生協議会（理院協）の発足から一九八〇年頃までの活動について

理院協の活動状況を知る資料として収集できたものは、一九六〇年前後については、『北海道大学大学院白書（以後、北大大学院白書と記述）』が、一九六四年～一九七三年については、理院協ニュース、幹事会各期の活動報告（議案）、ビラ類・調査報告などが断片的に存在する。一九七四年以降については、理院協独自のものは手元には全く存在しない。全体を通して、北大院協による、院協ニュース、全学幹事会各期の活動報告（議案）、夏の学校の各年度の資料集・活動報告、研究交流誌および調査報告書などが補完資料として存在し、一九七四年以降については、特に毎年の北大院協研究交流誌が理院協の活動を知る唯一のものとなる。

『北大大学院白書』二二一頁によれば、新制大学院発足後五年目の一九五八年に「理学部大学院生協議会（理院協）」が創設されたとなっている。当時の院生の要求は「石炭手当の支給ないし貸与」、素粒子論グループ若手、地団研（地学団体研究会）などとの提携の下にすすめられた「ＰＤＦの拡充」などであった。これらの運動につづき、翌年三月には「大学院生の生活と研究の実態調査」が行われ、研究室の民主化、大学院制度および院生の待遇改善要求の声が集約され、理院協はこの結果に基づき「寮問題」、「奨学金の前借り」運動に着手した。しかし、発足の詳細な経緯は具体的資料が入手できず不明である。この以前に院生の組織が存在したかどうかという点については、戸苅賢二が『地鉱大学院雑誌会一〇〇回記念論文集』の中で、「一九五五年より前には大学院生は研究者としては、教官と同格であるが、身分上、形式的には教官と学生の中間で、特別研究生時代から特別奨学生への移り変りを含んだ時期で、学内の民主機関である、教職員組合にも組合員として正式加盟が可能であった（ただし、組合役員への選出はできない）。院生のみの特殊の立場もあることから、院生協議会が結成せられて居り、石炭手当の要求、旅費の要求などの経済要求も強力に出され、成果をあげていた。」との内容を述べており、詳細は不明であるが、理院協の前進的組織が存在したようである。

『北大大学院白書』によれば、白書のアンケート実施の一九六三年に理学研究科の在籍院生数は全学五五八人中二〇〇人（三六％）で、調査可能実員数一八四人で回収数は一七一人（九三％）となっており、全学における理院生の割合が高く、院協活動においても牽引者的役割を担っていた（同　四頁）。各専攻単位でも二〇人程度以上の構成数となることから、各学科（専攻）単位でも大学院会が組織され、特に理院協の中でも、物理学専攻（以後、物理）と地質学鉱物学専攻（以後、地鉱）の活動が活発で、一九六〇年代後半からは化学第二学科の増設で化学系専攻の活動が活発化してきた。そのため、次の三において専攻単位での院協活動についても説明する。理院協の運営は各期（年度）の六～一一月が前期、一二～五月が後期とし、各専攻から二名ずつの幹事を出し幹事会を構成し、互選で三役候補（議長・副議長・会計）を決め、全構成員の信任投票に付す方式で進められた。資料から各期の課題・取り組みなどを羅列すると次のようになる。

一九六四年：奨学金問題（DC前借り問題）、高校時間講師料値上げ問題、原子力潜水艦寄港反対行動、札幌科学シンポジウム、日中国交回復三千万人署名など。

一九六五年：「日韓条約」批准阻止闘争、院生の研究災害保障保険制度確立に、日本科学者会議結成、大学祭関連学内警官隊導入問題など。

一九六六年：白書運動（北大院生白書の成果を活かす）・白書の普及販売、化学専攻DC（博士課程）入学問題、二・二五理学部長選挙など。

一九六七年：各専攻のカリキュラム（北大院協夏の学校）、夏の学校で理系三分科会（生命をどのように認識するか・物性系・基礎科学と応用科学）、奨学金前借問題、大学院制度問題など。

一九六八年：全院協統一要求運動、理学部運営の民主化闘争・学部長選挙問題、第二物理学科新設問題、北大院協規約修正提案など。

一九六九年：院生の関わる諸問題についての「理院協実態調査委員会」、「理学部助手・院生共闘会議（準）」に反論する、反全学連諸派の理学部襲撃の事実経過（理学部三者共闘会議）、五・三〇理院協総会、「大学立法」阻止闘争、封鎖阻止・封鎖解除、北大院協第五回（一九六九年度）夏の学校中止など。

一九七〇年：機動隊管理下の入試に反対、統一要求運動・北大院生実態調査（アンケート）、北大の民主的改革、夏の学校の再開に向けてなど。

一九七一年：研究室における諸問題（研究室の運営と研究指導のあり方）、修士課程の変質とDC入試問題（化学専攻）、就職問題・オーバードクター問題、北大院生経済実態調査報告書の発行、夏の学校（理院協単位で開催）など。

一九七二年：理院協による院生実態把握のためのアンケート調査、農院生不当逮捕事件、統一要求運動（院生寮である有島寮実現、奨学金の増額が実現した）、理学部民主化の実現、北大院生研究生活実態調査（アンケート）、夏の学校（理院協単位で開催）など。なお、一九七二年の夏の学校の資料は収集できていないが、一九七三年三月刊行の『理学部総合雑誌「底流」第一〇号』によれば、この年の理院協夏の学校では高分子学科の中川鶴太郎教授に「井のそとの蛙—私的経験—」からと題して講演を得たとのことである。さらに、同じ「底流」一〇号では、学部生と院生とが「大学で何を学ぶべきか」の座談会を計一三頁で掲載しており、院生側出席者として、数学DC2山内和也、物理DC2沢谷雄一、地物DC1江原幸雄、化学DC2平田文男・伊藤洋行、地鉱MC2山本尊仁、高分子MC1山科直利の名がある（当時の理院協の役員か）。

一九七三年：北大院生研究生活実態調査報告書の発行、環境科学研究科の設立をめぐる問題についての公開質問状、災害対策委員会への要望書、筑波大学法案問題、インドシナ人民支援、学部運営の民主化・学部長選の現行規定の改悪、研究者として成長していく上での諸問題、夏の学校（植物・物理・化学・地鉱専攻で開催）など。

一九七四年：夏の学校（植物・物理・化学・地鉱専攻毎に開催）、一九七四年全院協一二月集会（理院協から「奨学金運動と院生規定」および「理学部院生の生活実態」報告）。

一九七五年：全院協中央行動に向けての北大院生実態調査報告書、夏の学校（植物・物理・化学・地鉱専攻で開催）、第五回若手研究者問題全国シンポジウム（第一・五分科会で化学院協の小島一光、物理院協の小山正孝が報告）、第一回北大院協院生シンポジウム（物理学専攻における「院生の研究上の諸問題についてのアンケート結果」報告）など。

一九七六年：七七年度概算要求へ統一要求署名、夏の学校（植物、物理、化学、地鉱専攻で開催）、日本学術会議物理学研究連絡会提案の教育研究奨励員制度（仮称）について討議しよう、第二回北大院協院生シンポジウム、理学部院生研究実態調査など。

一九七七年：夏の学校（植物、物理、化学、地鉱専攻で開催）、第六回若手研究者問題全国シンポジウム（化学院協からの参加）、全院協一二月集会（理院協から二人参加）、オーバードクター問題に関するアンケートと懇談会。

一九七八年：夏の学校（植物・物理・化学・地鉱専攻以外で、高分子学専攻でも開催、北大院協全体の参加人数一五九人のうち理院協関係一二三人の参加）、学費値上げ反対運動、理院協の活動と生活実態調査など。

一九七九年：アンケート調査にもとづく理学部オーバードクター（OD）の実態と問題点、博士課程大学院の社会的機能とオーバードクター問題、地鉱セミナーの発足・地学系院生（全国）ニュース発行の取り組みなど。

一九八〇年：夏の学校（植物・物理・化学・地鉱と数学でも開催）、第五次定員削減、理学部大学院改革案について（一九八〇年七月　理学研究科将来計画委員会報告など）。

一九八一年：全国的なOD問題の高まりで行われたアンケート調査結果を北大院協ではOD白書として取りまとめたが、農学研究科・文学研究科と共に、理学研究科でも深刻であることが改めて確認された。

一九八二年：資料なし。

一九八三年：理院協の活動は年度を前期と後期に分けて、続けられているが、幹事会は人が集まらないこともある。前期では夏の学校が専攻毎に開かれ、後期では研究科長交渉が主な取り組みとなっている。

一九八四年：資料なし。

一九八五年：全国的・全学的に問題となった「授業料免除制度改悪問題」が大きな課題となった。理院協ニュースを発行し、問題点や理院協の主張を広めた。その中で、物理・地鉱の大学院会が反対決議・アンケート調査など独自の取り組みを行った。

一九八六年：昨年度に引き続き「授業料免除制度改悪問題」が大きな課題となり、理院協としてアンケート調査を行い、研究科長交渉に臨んだ。院生間の交流を目的として、ソフトボール大会を行い、単位院協（物理・化学・地鉱）が存在しない専攻も含めての交流を行った。

一九八七年：研究交流誌では理院協全体の活動報告はなく、地鉱大学院会の報告があるのみである。一九八七年度前期に行われた北大院協の要求集約アンケートにはMC五三、DC一六、OD六、研究生一一の計八六人が回答しており、理学研究科の院生総数から見て、極めて少なく、院協活動の低下傾向が伺える。

一九八八年以降：資料なし。

三　専攻単位での院協活動

（一）化学院協

a．化学院協の成り立ち

一九七三年『第八回北大院協夏の学校―総括と展望1―』の「化学院生夏の学校」報告によれば、理学部化学院生とは、「化学科、化学第二学科、触媒研究所、」応用電気研究所の化学・電子機器・生体物理部門の院生の総称で、その数は約一三〇人とされ、正式には「大学院理学研究科化学系専攻」に所属する院生である。したがって、化学院協は理院協の中で、もっとも大きな組織であった。理院協の運動の中で、化学系の存在が示される確かな証拠は、『北大大学院白書』の理学部集約分資料（一九六三年一一月）に示される。ほとんどの理学部院生が参加したとされるアンケート調査回答数一七六人のうち化学が三二人であったとされる。この当時はまだ、化学第二学科は存在せず、大きな存在ではなかった。その後、化学第二学科ができ、学生数の増加に見合って、院生数も増加するが、化学院協の名称が資料の上で確認できるのは、大学紛争時の一九六九年五月の『四・一〇、四・二八に関する資料集（化学院協発行）』である。さらに、一九七〇年四月の『討論資料　今回のDC入試制度と研究および研究者の評価の問題（化学院協幹事会発行）』であり、この頃までに理院協内の単位院協としての化学院協が成立したようである。

b．化学系の民主化の闘い

化学系の母体となった化学科は一九五四〜一九七五年の二〇年間に北大学長を三名、杉野目晴貞（一九五四・一〇・二五〜一九六六・一〇・二四）、堀内寿郎（一九六七・五・一〜一九七一・四・三〇）、丹羽貴知蔵（一九七一・五・一〜一九七五・四・三〇）を、輩出した特筆すべき学科（教室）であったが、堀内が全階層に立脚した民主的運営を志向したのに対して、杉野目・丹羽の両人（理学部長も経験）は大学の自治形骸化・文部省直結の運営・管理を推進する反動的な志向であった。理学部化学系はそのような対立的側面を内在していたため、一九六九年を頂点とした大学紛争時には化学系の民主的運営が問題となり、院生・学生が中心となり、「化学系民主化会議連合」が結成された。

c．DC入試問題

この化学系内の非民主的運営状況が顕在化したのは、一九六九年度末（一九七〇年三月一二〜一三日）DC入試であった。化学系のDC進学定員枠は二四人に対して応募一三人であったが、二人が不合格となった。この件に対して一九七〇年四月二二日の化学院協幹事会発行の『討論資料今回の入試制度と研究および研究者の評価の問題』で詳細が示されている。bの化学系民主化の闘いとDC入試問題に関わっては、本書第Ⅱ部の中で平田文男が「大学の自治と学問の自由を守る『化学院生協議会』の闘い」として詳しく述べている。

d．化学院協夏の学校の取り組み

北大院協夏の学校は、第六回（一九七一年）、第七回（一九七二年）は学部（研究科）単位で開催されたが、第六回には化学院協として研究分野ごとに四つの分科会を設け参加している。第七回は化学として独自パンフレットを作成して参加している。第八回以降は専攻毎に行われることになり、順次、説明する。

第八回（一九七三年度）：七月二三〜二五日、小樽市朝里川温泉センターで開催（『第八回北大院協夏の学校―総括と展望―』）。参加者は三七人、階層別ではMC1一一人、

ＭＣ２九人、ＤＣ１五人、ＤＣ２四人、ＤＣ３三人、ＯＤ五人で、所属別では化学一人、化学第二　一六人、応電研一二人、触媒研六人、その他二人で、締め付けの厳しい化学科からの参加はほとんどなかったが、ＭＣ１が一一人参加したことが、今後の期待を抱かせるものとなった。六月に実行委員会が発足し、主テーマを「講座の壁を越えて自主的研究活動の発展を」とし、あらかじめ研究交流のために、「院生論集」（二六論文）が作成され、夏の学校ニュースやポスターで宣伝・周知が行われた。一日目は午後レクリエーション（海水浴）、夕食後に四班に分かれて交流会がもたれ、多岐にわたる化学系内の講座を主体とする研究体制・研究生活・指導の内容が質疑応答形式で話し合われ、講座及び研究科・研究所毎でのちがいが明らかにされた。二日目は午前に八グループに分かれて基礎論文（英文）の講読で、数回の予備ゼミを経てきたグループが多く熱心な討論が行われた。なお、その論文の一つは堀内寿郎の一九四八年「反応速度論の統計学的取り扱い」の基礎となるものであった。午後、海水浴、夕方以降コンパなど。三日目は、九時から院生論集に基づき、ＤＣ上級の院生二人の講演が行われ、一三時から反省会を行って解散。

第九回（一九七四年度）：七月二二～二四日、小樽市朝里川温泉センターで開催（『第九回北大院協夏の学校（一九七四）』）。参加者三五人、階層別ではＭＣ１・ＭＣ２・ＤＣ１・ＤＣ２各五人、ＤＣ３二人、ＯＤ九人、助手一人、三年生三人、所属別では化学一人、化学第二　一三人、応電研一〇人、触媒研八人、免疫研一人、工学部二人。実行委員会で七回会合をもち、「院生論集」第二号（六編）を発行し、その中から三人（ＯＤ）が講演を行った。その他、基本的論文の講読ゼミ、コンパおよび海岸でのレクリエーションが取り組まれた。

第一〇回（一九七五年度）：七月二〇～二二日、小樽市朝里川温泉センターで開催（『ともに生きともに研究する院協運動の新たな発展をめざして’75』）。参加者三一人、階層別ではＭＣ１・ＭＣ２各三人、ＤＣ１六人、ＤＣ２五人、ＤＣ３四人、ＯＤ八人、学生二人、所属別では化学六人、化学第二　九人、応電研一三人、触媒研七人。第一回実行委員会で「講座の壁を越えて自主的研究活動の発展を」のスローガンを確認し、事前に自己紹介を兼ねた討議資料を作成した。一日目は午後レクリエーションの後、夕食後に自己紹介・班別交流。二日目は午前に二ゼミ（応電化学部門などの論文講読など）、一分科会（生物化学）、研究交流（「院生の成長と今後の研究のあり方」）、午後はレクリエーションとジンギスカンコンパ。三日目は午前に触媒研の浅田の講演と全体討論。

第一一回（一九七六年度）：七月二〇～二二日、小樽市朝里川温泉センターで開催（『「夏の学校」のまとめと院協運動の歩み’76』）。参加者三六人、階層別ではＭＣ１七人、ＭＣ２五人、ＤＣ１四人、ＤＣ２五人、ＤＣ３四人、ＯＤ

八人、学生三人、所属別では化学六人、化学第二　一三人、応電研六人、触媒研一一人。実行委員会で八回会合をもち、一日目は午後レクリエーション（忍路）の後、夕食後に自己紹介。二日目は午前に五分科会（分子構造Ⅰ・Ⅱ・物性部門・生化部門・有機反応部門・触媒部門）、午後にレクリエーション（蘭島）と浜なべコンパ。三日目は午前に講演（沢田・知原・三好、三好はOD問題）と反省会。

第一二回（一九七七年度）：七月一八〜二〇日、小樽市忍路臨海実験所で開催（『北大院協研究交流誌'77』）。参加者四〇人、MC１一一人、MC２四人、DC１六人、DC２三人、DC３四人、OD八人、四年生三人、助手一人。一昨年以来の「院生の研究過程の合法則性」の議論にもとづき、「研究テーマの獲得について」が主テーマとされた。一日目は午後レクリエーションの後、夕食後に自己紹介・自由討論。二日目は午前にレクリエーション、午後に四分科会（触媒研究法・分子軌道法・散乱・液体論の基礎）とコンパ。三日目は午前に全体討論。

第一三回（一九七八年度）：三六人参加で、修士課程教育などを取り上げたが、詳細不明。

第一四回（一九七九年度）：主テーマは「八〇年代に向けて何をするか」だが詳細不明。

第一五回（一九八〇年度）：七月一八〜二〇日、小樽市忍路臨海実験所で開催（『北大院協研究交流誌'80』）。実行委員会を作り進めたが、化学院協三役未選出のため準備が遅れた。参加者二二人、階層別でMC１・MC２各四人、DC１三人、DC２四人、DC３一人、OD六人、所属別では化学三人、化学第二　六人、応電研七人、触媒研三人、教養部院生三人。「新しい化学・化学者像を求めて」を主テーマに、一日目は午後レクリエーションの後、夕食後に三班に分かれて自己紹介・研究紹介。二日目は午前に朝マラソンの後四分科会（溶液物性・電子分光・固体表面・有機化学）、午後レクリエーションの後コンパ。三日目は全体会（量子化学の博士号取得者から研究生活の紹介とJSA化学院生の会からのODパンフレットの説明）。

（二）物理院協

『北大百年史　部局史　理学部』によれば、物理学科（教室）は、理学部発足（一九三〇年四月）当初から存在し、学部全体の教授増員を経て、一九三三年五月までに五講座の体制が整った。『北大理学部五十年史』の林正一の「戦時中の研究・物理」によれば、戦時中（一九四一年当時）の教授陣は第一講座（実験物理学：茅誠司）、第二講座（実験物理学：池田芳郎）、第三講座（実験物理学：中谷宇吉郎）、第四講座（実験物理学：堀建夫）および第五講座（理論物理学：梅田魁）であり、この中には後の地球物理学科の内容も含まれていた。

a．戦後における民主化とグループ制の成立

戦後における物理学科（教室）の状況については、『北大理学部五十年史』の星野了介「戦後の物理学教室における研究と教育」にも紹介されるが、『北大大学院白書』の第三章「研究室運営と院生」の中で研究室運営の事例「理・物理教室（講座制を廃止して研究グループ制とっている場合事例）」および一九六九年九月の『第五回夏の学校討論資料』の「北大物理教室の研究グループ制の歴史（一九六四年北京シンポジウム北大物理実行委員会の「北大物理学教室の戦後史からの二、三の教訓」）からの引用」の中で、詳しく論じられている。後者によれば、次のようになる。

Ｉ．教官会議の成立

物理教室は１９３０年に創立された。それ以来、１９５３年まで講座制のもとで運営されてきた。しかし、終戦とともに日本に起こった民主化の嵐は物理教室を大きくゆさぶった。

１９４６年の秋から「大学のあり方」について講演会、座談会、討論会がもたれ、そこでは封建的な講座制などが批判され、戦争に対する深い反省にもとづき、社会に対する反省を自覚して、大学における研究を再建しなければならないことが強調された。この運動を背景にして、１９４７年には全学的な大学制度審議会が組織された。この会は、教育と研究は別々のものだと言う従来の考え方に対して、教育者は同時に研究者でなければならないという思想を学内に広めた。新たに生まれる教養部の設立の際には、この思想にもとづいて教官の選考が行われた。このような時、物理教室では、戦争から解放された若い研究者達が、自由な研究に対する強い意欲をもって活発に研究活動をやり始めた。

彼らは当時の民主化の嵐に助けられながら１９４７年、教授、助教授、助手を構成メンバーとする教官会議を成立させ、助教授、助手も教室運営に参加できる道を切り開いた。ここに講座制を打破する第一歩が踏み出された。これは核物理をはじめとする新しい近代物理学を北大で育て発展させるために必要であった。

こうして、１９４８年には北大の物理学者の会合で、新たに発足する教養部の物理教官の人事が民主的に決定された。このような前進面を持つ一方、新しい動きを理解しようとしない人達の不参加で１９４７年には教官会議が開かれていない。この改革はかなり不徹底なものであったようだ。

Ⅱ．研究グループ制の成立

１９４９年の新制大学の発足を前にして、前に述べたように、全学的な大学制度審議会において、教養部を立派な教育を行えるものにするために、教養部と専門学部の一体化の原則が打ち出された。物理教室はこの原則を推し進めることによって新制大学の理念を積極的に具体化しようとした全国でも数少ない例である。

しかし、実際に教養部が発足した時、この原則の実行は今までの特権を守ろうとする学部所属の教官達によって阻害され、学部所属教官と教養部所属教官との間には次のような不平等があった。すなわち、教養部教官は（1）教官会議、教授会に出席できない（2）実験器具を自由に使えない（3）学部教官よりもかなり少ない予算の配分　といった扱いを受けた。

当時、教養部の教官達は、核物理学その他発達しつつある新しい近代物理学の推進者であって、意欲的に研究を遂行していた。上述の不平等は彼らの研究の発展を大きく阻害するものとなった。彼らは若い研究者と協力して、これらの不平等を撤廃し、新しい物理学を開拓しようとして、講座制を温存しようとする勢力とたたかった。同時に、名古屋大学物理学教室がとっていた「研究グループ制」の精神を教室内に広めた。この過程の中で、教官会議が実質的に教室の最高決議機関となった。

こうして、1953年11月の教官会議で「グループ制」が成立した。その基本的内容は、
（1）教室の研究者（複数）はいくつかの研究グループを作り、これを研究を進める単位とする。
（2）教官会議が決議をすれば、新しい研究グループを作ることができる。
（3）予算は教官会議の決定により、グループ単位に公平に配分される。
（4）教養と学部の教育を教養部と学部に属する全教官が平等に行う。
……

―と言うものであった。同時に、物理学教室は講座制を廃止し、従ってそれは文部省との関係において形式的に存在するのみとなった。又1955年には博士課程の大学院生が教官会議のメンバーとして認められた。

「グループ制」の成立が、研究体制の大きな前進であったことは明らかである。しかし、グループ制のかなめとなる各グループの民主的運営を保証するものは何もなかった。これは「グループ制」を作った目的が主に当面の不平等の解決という点にあり、講座制の非民主的側面、学問の発展を阻害する側面を徹底的に批判して、民主的な研究制のあるべき姿を追及する姿勢が2、3の場合を除いて全体として欠けていたためである。

「グループ制」はあくまでも物理教室の内部だけに通用する制度であって、大学全体は依然として講座制が支配しており、大学当局及び文部省との関係が講座制の枠にはめられ、予算、スタッフの数、大学院生の定員など重要な研究条件は大きな制約を受けた。

そして、「研究グループ制」は現在（一九六六年当時）

大きな曲がり角にきているとして、グループ制のもとでの一三年間、教室がどのような成果があり、欠陥が生じたことを具体的に分析する必要があるとしている。

b．物理院協の活動について

『北大大学院白書』の中では理院協成立の推進役の一つとして物理学科「素粒子論グループ若手懇談会」の存在が指摘されている。同懇談会は物理学科の素粒子論・原子核理論・宇宙物理の各研究室の大学院生から構成されたが、実質的に物理院協の中心的存在であった。物理学専攻の院生の数は学部誌『北大理学部』二号によれば、一九六〇年四月時点で研究生など除き正式所属院生は二七人（MC一七・DC一〇）となっている。『一九六四年一月二二日理院協ニュース』では、一九六三年度後期理院協幹事会メンバーとして上田昭平（MC1）・穀山滋（MC1）の名がある。一九六三年一一月の『北大大学院白書』作成のアンケートへの対応は四八人（MC三〇・DC一八）で、理院協への結集の高さが伺われる。

物理院協の活動を直接的にとらえることのできる資料は少ないが、夏の学校関係の取り組み報告・資料などの中で活動状況を知る手掛かりがある。まず、『第三回夏の学校の総括報告集（一九六七年度）』によれば、総参加者六〇名あまりのうち物理院協からの参加は五名あまりで、分科会・全体集会での発言記録をみると、主導的役割を果たしていた。『第一七期理院協活動報告（一九六八年度前期）』によれば会費納入者数は五四人となっており、物理院協の活動報告を見ると、教育問題（物理学専攻における大学院教育）、科研費問題、原水禁運動および統一要求問題が課題であるとし、理院協・全学院協（北大院協）をリードするような活動に取り組んでいることが伺える。『一九六九年五月二七日理院協ニュース』によれば、在籍六三人中会費納入は五八人（九二％）である。一九六八年一〇月の理学部長選挙にあたっては、物理学科教授の宮原将平が候補となったが、満二〇歳以上の教官、事務官・技官（理学部勤続満三年以上の選挙）による第一次推薦会では丹羽貴知蔵一〇五票（三五・一％）、宮原将平一四四票（四九・八％）、その他二候補二二票であったにもかかわらず、教授会では丹羽六三票、宮原三七票、牧野四票で物理学科の宮原教授は選出されなかった。

北大院協は北大紛争後に全院協の統一要求運動の一環で、院生のアンケートの取り組みを進め、一九七〇年三月に北大院生実態調査を、一九七二年一二月に北大院生研究生活実態調査を行ったが、それらの取りまとめ報告書（『北大院生実態調査報告書（一九七一・一二）』および『北大院生研究生活実態調査報告書（一九七三・二）』）によれば、前者での物理の回答は在籍院生七二人中四九人（六八・一％）、後者でのその回答は在籍院生六六人（調査時実数六一人）中三〇人（四九・二％）である。一九七一年度の夏の学校は理院協単位で取り組まれたが、その中で素粒子研究グループの院生である平野雅宣が院生の就職問題・オーバードクター問題として、物理大学院生の就職状況について報告を行っている（『第六回夏の学校討論資料（一九七一）』）。一九七二年度からは物理院協単独で夏の学校は開催されることになり、一九七二年度は助手二人を含め約二〇名の参加で研究紹介・研究交流が行われた。一九七三年度は七月一四・一五日に支笏湖寮で開催され、参加者は一五人（MC一〇・DC四・OD一）および助手二人＋教授一人（講師：宮原将平）で、一日目に宮原教授の講演「北大物理の現状の中での院生の成長と研究の進め方」があり、大学院のとらえ方についていろんな例をあげながら、院生規定は国民の「教育権」を軸に考えるべきであると話された。講演後および夜（助手を囲み）、院生の成長などの討論が行われた『第八回北大院協夏の学校―総括と展望―（一九七三）』）。

一九七四年度は教室内でのプレ討論会と厚田村海の家での「夏の学校（一泊二日）」で行われた（『第九回北大院協夏の学校（一九七四）』）。前者では三井惟靖教授「マスター教育の在り方」および渡辺昂助教授「若手研究者の成長と大学院」の講演を受けて話し合いを行った。後者では一日目は研究室紹介を兼ねたトピック紹介およびコンパが行われた。二日目は一九六〇年代中頃の北京シンポジウムが開かれた頃の教室内に進取の気風があふれていた頃に学ぶということで、「物理学の精神―歴史的経過と現状―」と題してテーマ討論が行われた。

一九七五年度は七月一八～二〇日に小樽市忍路臨海実験所で開催され、参加者は二二人（MC七・DC一五）および助教授一人＋他学科講師二人であった（北大院協『〃ともに生きともに研究する〃院協運動の新たな発展をめざして'75』）。一日目は一六時から元学長の堀内寿郎の講演「一科学者の成長」および研究室紹介、二日目は午前に高山一（助教授）・永田正一（院生）の研究体験談「若手研究者の成長」、一三時から長谷（植物学専攻院生）による野外実習（忍路湾）、一六時から須藤喜久男（小樽小樽潮陵高校教諭）の「北海道における科学史研究の現状・電磁場の歴史」、一九時からコンパ、三日目は反省会・討論およびレクリエーションであった。総花的ではあったが、個々の研究室の問題が物理学教室全体の在り方との関係で再度見直されたとのことである。一一月二二日に全学院協（北大院協）主催で院生シンポ「院生の成長と魅力ある研究室づくり」が開かれたが、物理院会（物理院協）ではこのシンポジウムに向けて「院生の研究上の諸問題についてのアンケート結果（物理院協）」として、DC二一人・MC七人からの回答結果を報告している。

一九七六年度の夏の学校は忍路臨海実験所で七月一六～一八日に開催され、二六人が参加したが、内容的には一九七四・一九七五年度の夏の学校と類似で、物理教室と研究室の歴史の講演（宮原教授及び物理学科出身で教育学部高村教授）と討論、アンケートをもとにMC教育の現状の議論、研究交流などであった（北大院協『「夏の学校」のまとめと院協運動の歩み'76』）。その後七月二二日には、学校での取り組み内容にも関連して、「物理学教室の将来計画に関する」第一回（教室）懇談会の開催があり、院生も院生連絡会で調整を行いながら、参加することになった。一九七七年度の夏の学校は忍路臨海実験所で七月二二〜二四日に開催され、二〇人（MC八・DC一二）が参加した（北大院協『「夏の学校」とオーバー・ドクター問題の現状七七』）。学校の企画は、物理教室の将来を考える（教室懇談会などへの院生の取り組み、実験グループ二研究室の現状と計画）、MC時代をどう過ごすか？（教官アンケートをもとに）、研究交流（宇宙物理学院生の西村雅樹の話をもとに核物理学について）などであった。一九七八年度の夏の学校の詳細は不明であるが、『研究交流誌'78』からは、二七名参加で、内容的には「MCとDCの研究交流」および「研究グループと若手研究者の役割」などであった。一九七九年度の夏の学校の取り組みは不明である。『研究交流誌'79』によれば、理学部物理学科OD問題ワーキンググループ名で、「博士課程大学院の社会的機能とOD問題」と題して、物理学分野を中心にしたOD問題についての分析、報告を行っている。一九八〇年度の夏の学校は忍路臨海実験所で七月二四〜二六日に開催され、企画の一つは研究交流「八〇年代の物理」で、光物性、原子核理論、素粒子論及び極低温物性の話があり、討論会として、社会は物理学研究者をどれだけ必要としているか（OD問題も関連）、若手研究者の成長がテーマとして取り上げられた（北大院協『研究交流誌'80』）。

一九七〇年代後半から顕著になってきたOD問題について、『研究交流誌'81（特集：北大OD白書）』では、最もこの問題が深刻な学科（専攻）の一つとして物理が取り上げられ、一九七〇〜一九八二年度間のMC終了者がDCに進学する人数の比較の変遷が示されている。一九七五年度まではMC終了者一一〜一四人に対してDC進学者が八〜一一人に対して、七六年度以降は八〜一〇人に対して一〜七人となり、DC進学者が半数程度となっている。このような状況はMC終了者の就職状況が良いこともあるが、OD数の自然消滅による問題の解決は研究の継承やMCの教育・研究指導など新たな問題を生み出しているとされている。

なお、一九七〇年代〜八〇年代初頭における物理院協の活動については、本書第Ⅲ部の中で酒井源樹、羽部朝男が紹介している。

（三）地鉱大学院会

『北大百年史　部局史　理学部』および地学雑誌第九四巻の原田準平『北海道帝国大学理学部の創設と同学部地質

学鉱物学教室の草創のころ』によれば、地質学鉱物学科（教室）は、理学部発足（一九三〇年四月）当初から存在し、四講座体制（第一講座：地質および岩石学、第二講座：地史学および古生物学、第三講座：応用地質学、第四講座：鉱物学）で出発し、一九三二年までに、各講座の教授が就任した（第一講座：鈴木醇、第二講座：長尾巧、第三講座：上床国夫、第四講座：原田準平）。戦後になり、第三講座は鉱床学講座となり、第五講座が燃料地質学講座として新設された。さらに、教養部の教養課程の地学担当の教官のうち地質学関係部分が、理学部地鉱教室に所属し、教養部に研究室を有しながら、大学院生の指導も行うという学部講座と同様な形で存在した。

a．大学院会の始まりから大学紛争まで

地鉱大学院会の始まりについて関係者から直接確認することは極めて困難であるが、一九六八年三月刊行の『地鉱大学院会雑誌会一〇〇回記念論文集（B５版一一〇頁）』に収録の投稿文から知ることができる。そのため、本論文集は重要であり、目次を紹介する。

［一九六八年三月刊行の『地鉱大学院会雑誌会一〇〇回記念論文集』の目次］

★出版にあたって（記念論文集編集委員会）

★大学院会の歩み

・近藤務：地鉱大学院会発足の経過、趣旨および院協との関連・塩沢孝之：第１００回大学院雑誌会にあたって・助教授　戸苅賢二：院生が教室の中で果してきた役割　・小松正幸：「全国地学大学院生連絡会」の発展のために　・芝草英彦・佐竹俊孝：空沼合宿の意義　・三木昭夫：地鉱大学院雑誌会と白書運動　・岡田尚武：奨学金基金制の現状　・大橋晴夫：修士論文要旨集について　・教授　石川俊夫：昔の雑誌会

★創造活動の発展のために

・開発局土木試験所　野地正保：北大プルトニズムグループの歩み　・渡辺暉夫・芝草英彦：結晶片岩の研究から　・渡辺浩：堆積グループと共に　・宮坂省吾：シュマの会（旧称・化石研究会）の経過と現状―活動総括のために―　・崔東龍（訳）：現時期において、地質及び地理学部門研究者達の前に提起された課業―朝鮮民主主義人民共和国科学出版「地質と地理」８巻１号１９６７年より―　・伊佐田剛：思いっき少々　・江川良武：地球物理学科院生との交流について　・近藤務：イ・ペ・パヴロフの手紙　・教授　湊正雄：将来への展望　・在田一則：〈紀行文〉ネパールの旅

★よりよい研究生活のために

南孝雄：いわゆる〃戦後教育〃の理念はどのように破壊されてきたか（特に教科書検定問題に関連して）・在日朝鮮人科学者協会北海道支部　許成基：

在日朝鮮人の民族教育について　・教授　八木健三：大学院の講義について　・安藤重幸：大学院控室について　・佐藤岱生：教室談話会について　・吉田勝：院生の結婚問題—その背後にあるもの—　・安藤重幸：病床に臥して思ったこと　・矢島淳吉：あるフランス人の日記　・佐藤岱生：研究生雑感　・小林武彦：「科学技術基本法」案について　・渡辺暉夫：日本学術振興会法に関して　・院のつく字をたずねれば・・・・・
★地鉱大学院会年表（1963.12.3 ～ 1967.11.27：雑誌会講演題目・大学院活動・院生数など）
★編集後記

論文集が取りまとめられた頃、地鉱教室助教授であった戸苅賢二は『院生が教室の中で果してきた役割』の中で、戦前には大学院生は皆無で、初めて院生が誕生したのは一九四六年一〇月で番場猛夫（一九六八年当時、地質調査所北海道支所鉱床課長）、富坂武士（同　山口大学理学部教授）の二名と述べている。一九四八年二月に旧体制が一変し、名古屋大学理学部物理学教室の教室会議を範にとって、形式的には民主的な教室会議が成立した。院生の状況は一九五五年を境として、大きく二つの時期に分けて見ることができる。その前期には院生は研究者としては教官と同格であるが、身分上は教官と学生の中間で、最初は特別研究生として、その後は特別奨学生へと変わっていたが、教室では教官とほぼ同格に扱われていた。研究、予算、教育、学生指導、人事に至るまで平等に参画し、講義、学生実験、修業・卒業論文指導も直接関与していた（ただし、形式的には教授、助教授の責任指導）。その当時の院生の数は少なく、最大一〇名以下で、常時数名という状態で、教職員組合にも組合員として正式加盟が可能であった（組合役員への選出は不可）。その後期においては新制大学発足と同時に学生身分の院生が法制化され、経済的基盤は特研生時代の無償貸与から育英会の有償貸与に変り、院生自体も、学生としての要求が強く打ち出されてきたことである。出発当時は特研生との混在という条件もあって、院生の指向が教官と同格待遇が主要目標であったが、時間の経過と共に特研生の消滅と大学院生という階層化が明確となり、その後の体制が出来上った。

一九五八年に理学部大学院生協議会（理院協）が結成されたが、『北大大学院白書』によれば、その際には素粒子論グループ若手（物理）とともに地学団体研究会（地鉱）などの役割が大きかったことが記されている。そのため、地鉱にも大学院の学科単位の組織が当然存在したと思われるが、直接的な文書は残されていないため詳細は分からない。『一九六三年一月二一日の理院協ニュース』によれば六三年度後期理院協の地鉱選出の新幹事として土屋篁（DC1）・渡辺浩（MC1）の二名の名前があり、理院協の構成組織として存在していたことは確かである。先の『一〇〇回記念論文集』の中で、三木昭夫は「地鉱大学院雑誌会と白書運動」の中で、地鉱大学院雑誌会が一九六三年一二月三日に始まったとしている。始めるに至った要因として、消滅した教室雑誌会に代わり研究の交流の場が必要とされたこと、行われたことのない大学院講義を多少とも補うものを自主的に行うこと、講座制の縛りを超えた院生間の交流が必要とされたこと、外部から院生に向かう問題には院生の団結が必要であったことなどを指摘している。以来、四年間続き、遂に一〇〇回に達した。この雑誌会の始まりが実質的な地鉱大学院会の始まりとみなされるようで、同じく、芝草英彦、佐竹俊孝は『空沼合宿の意義』の中で次のように述べている。

戦後、日本の科学研究の特徴の一つは、科学者の自主的・民主的な研究組織がつくられて、封建的な研究体制をうち破っていこうとする運動が広くおこなわれてきたことである。

地鉱教室においても、戦後から現在までに、地団研を中心として、地質学のそれぞれの分野で民主化をめざした運動が行われてきた。

この自覚的な運動は、当時の若い研究者達が中心となり、教室を支配する少数のボスに対する研究上の反抗、体制上の反抗というかたちでおこなわれた。それは、地質学の近代化・民主化への道をめざした一貫した運動であった。

ではこの運動がどのように、今の地鉱教室に、ある いは大学院生の中に受け継がれているだろうか？

地鉱大学院生が結束して大学院会を発足させ、それは四年を経て、通算一〇〇回を迎えた。当時から現在に至るまでに、大学院の新陳代謝による構成メンバーの入れ換えなどがありながら、大学院会は、現在も継続し進んでいる。

著者は一九六八年秋に理学部地質学鉱物学科へ移行し、一九六九年四月の入学式妨害事件からのいわゆる大学紛争を学部生として経験したが、地鉱大学院会の構成員である院生と共に、理学部封鎖阻止・学内施設封鎖解除・民主化闘争などを共に闘った経験がある。その経緯は『北大１９６９』の中で、「一九七〇年前後の北大理学部の動きと私のあゆみ」で明らかにしたが、闘いでの高揚感がもたらされた反面、学生・院生の生活や教育・研究にも様々な障害・混乱・困難性をもたらした。

b．夏の学校など

一九六八年第四回においては、地球科学系分科会（参加者一一人：地鉱五・地物三・工学二・農学一）が地質学と地球物理学との研究交流を主眼として開かれ、地球物理学専攻との交流が単位大学院会レベルで初めて行われた（『第

四回院協夏の学校─総括と展望─（一九六八年七月）』）。

夏の学校は一九七一・一九七二年度から理学研究科単位で行われた。一九七二年度から、著者も一年間の浪人生活の後ＭＣ一年目になっていたが、理院協の夏の学校に参加した記憶は全くない。

一九七三年度：専攻単位で夏の学校が行われることになり、地鉱大学院会は六月二一日〜二二日、積丹町美国のお寺で開催した。『第八回北大院協夏の学校─総括と展望─（一九七三）』によれば、「アカデミズムとは？」というメインテーマのもとに、大学・大学院制度の歴史的変遷、大学の社会的役割、知的労働の役割、大学・大学院の現状と指向、大学院の位置というサブテーマ毎に延べ六時間以上の討論が行われた。著者もこの時の学校には参加した記憶があるが、その後、八月末をもって修士課程を中退し、道職員（研究職）になったため、夏の学校参加の経験はこれだけである。

一九七四年度：六月二一日〜二二日、浜益、参加者二五人（『第九回北大院協夏の学校（一九七四）』）。テーマは「研究における個体発生と系統発生」で、「研究者として成長したい」という院生としての基本的要求実現の道を、いくつかの実践例をもとに検討して、一般化して行きたいということであった。

一九七五年度：六月二〇日〜二一日、支笏湖、参加者二七人（北大院協『〃ともに生きともに研究する〃院協運動の新たな発展をめざして'75』）。メインテーマは「各分野の現状と院生の成長」であり、分野毎に対応して三つのグループに分け討論を行い、二日目に総合討論を行った。

一九七六年度：期日・会場・参加人数不明。メインテーマは「地鉱大学院会、院生の過去、現在をリアルに描き、その将来を探ってみよう」で、あらかじめ三つのワーキンググループに分け準備して臨み、学校では二日目に総括討論が行われた（北大院協『「夏の学校」のまとめと院協運動の歩み七六』）。第一グループは地鉱大学院会の一九六三年頃から一九七六年までの期間の変遷を三期に分けてとらえた。第二グループは地鉱院生の現実の姿を描くために一〇〇項目のアンケートを行い（回収率九一・五％）、その分析から平均像をとらえた。第三グループは「院生の社会的役割」について、科学技術政策の擬態的反映と実態から検討を行った。

一九七七年度：六月二四日〜二五日、厚田村、参加人数不明。二四日の午後に夕食をはさみ、グループ討論と全体討論が行われた（北大院協『「夏の学校」とオーバー・ドクター問題の現状七七』）。テーマは「院生をめぐる外的条件・内的条件とは何か」で、外的条件グループは院生の社会的役割、大学院制度の流れ、院生運動の歩み、理学部・地鉱教室の将来計画案などを報告し、内的条件グループはアンケート結果などにもとづき、院生の経済状況・研究上の諸問題などを報告した。

一九七八年度：実施され、研究の条件つくりの議論が行われたようであるが詳細不明。

一九七九年度：大滝セミナーハウス（現　伊達市）で行われたが詳細不明。

一九八〇年度：六月二七～二八日に大滝セミナーハウスで行われ、六つのテーマ別グループ（岩石・鉱物、阿武隈・北上・飛騨山地研究、北海道中軸帯、第四紀、第三紀、古生物）での事前討論を踏まえて討論を行い、後述のd．で述べるような問題意識にも議論が及んだ（北大院協『研究交流誌'80』）。

一九八一年度以降の活動：『研究交流誌'83』によれば、全学の院生主体の研究会活動として、五つの紹介事例のうち、地鉱関係で、「北海道変動帯研究グループ」、「北海道構造地質研究会」および「地学団体研究会札幌支部」の活動が紹介されている。『研究交流誌'85』によれば、一九八五年、「授業料免除制度改悪問題」についての全学的な取り組みに呼応して、改悪反対の声明文を決議している。さらに、『研究交流誌'87』によれば、一九八七年の地鉱大学院会の活動が紹介されている。ＭＣ六、ＤＣ五、ＰＤ八の一九人で構成されており、昨年は一人であったＭＣ入学者が四人となり、新歓コンパを行ったこと、定例大学院会（週一回が原則、昔の雑誌会か）が一〇〇〇回に達し、『一〇〇〇回記念論文集』を企画していることが報告されている。さらに、毎年、夏の学校と称して九月に行っていた地鉱院生交流会を今年は、ニセコ五色温泉で一一月に行ったとしている。

ところで、地質学・地学分野では第二次大戦後に生まれた地学団体研究会（地団研）の運動が台頭し全国的に民主化が進んだが、その運動は北海道においては、理学部地鉱教室を中心に道教育大（札幌校・岩見沢校など）の地学教室、公立研究機関（地質調査所道支所・道立地下資源調査所など）および小中高の理科・地学教師、民間会社の地質関係技術者などに広がり、最盛期には全道で二五〇人あまりの会員を数え、全国的にも北海道の地団研（札幌支部）は、地団研運動の拠点の一つになっていた。一九六九年（紛争時）、一九七七年および一九八六年に、地団研の全国総会（第二二回・第三一回・第四〇回）が「札幌総会」として開催されたが、紛争時から一九八〇年代中頃までの支部活動は大学院会とは別の形であるが、地鉱教室の大学院生により、事務局・運営の主体が担われたと言っても過言ではない。このような状況は第Ⅳ部資料一覧（理学部）に示した地団研札幌支部報『ボレアロピテクス』からも伺える。

なお、理学部の大学院重点化の中で、一九九四年に理学研究科の地球物理学専攻と地質学鉱物学専攻が再編成（統合）され、地球惑星科学専攻が設置された。一九九五年に教養部廃止・学部別学生募集と共に、両専攻に対応する学生所属の学科も地球科学科に統合され、実質的に地質学鉱物学科（地鉱教室）は消滅した。このことにより、長く伝統を誇ってきた地鉱大学院会の活動も事実上消滅したと思われる。

c．全国地学大学院生連絡会の取り組み

全国地学大学院生連絡会の発端は、前出の「一〇〇回記念論文集」の小松正幸の投稿文『「全国地学大学院生連絡会」の発展のために』によれば次のとおりである。地学系院生としての研究の見通しや内容については、ゼミなどでの討論活動のもとに、地団研や地質学の研究会に積極的に出て外との連携をとることにしてきた。その結果、どうしても各大学の若い層と緊密な連絡をとっていくことが必要であると思われた。それで、一九六六年頃から北大より全国へ呼びかけを行い、一九六七年の学会（名古屋での地質学会?）で八大学から四五人が参加し、第一回全国地学大学院生集会が開催された。この際に名簿作りのためのアンケートが北大を事務局にして集められ、回答が寄せられるかどうか悲観的にみていた九州大や東北大からも真っ先に寄せられ勇気づけられたという。

その後、大学紛争や北大内の呼びかけ中心メンバーなどの他大学への教官としての転出などがあり、連絡会の活動は中断されたようであるが、北大院協『研究交流誌'79』の地鉱大学院会の報告「地学系院生ニュース発行の取り組み」によれば、一九七三年に地質学会内に院生の声を学会内に反映させるべく、院生用の評議員ポストが設けられ、科研費の民主的配分、研究災害保障制度の確立などの問題などをアピールすることが可能となった。このような中で、日本地質学会年次総会の際に院生独自の集会が持たれたが、それをさらに発展させて全国の地学系院生が恒常的に連携をはかろうということで、一九七八年八月から「全国地学系院生ニュース」が発行されることになり、評議員を送り出している北大地鉱大学院会が事務局となった。資料として収集できたのは創刊号（一九七八・八・一）～第一一号（一九八五・六・二〇）の一一回分（七年間）であり、この間、北大地鉱大学院会が事務局となり、ニュース発行責任は地質学会評議員に選ばれた地鉱大学院会所属の院生、古い順に宮下純夫・木村学・前田仁一郎・土屋信高が担った。第八号（一九八三・六・二四）では「全国地学系院生連絡会」の結成が規約とともに呼びかけられた。第一一号（一九八五・六・二〇）では、院生枠評議員二のうちの北大が果たしていた一枠について北大から他大学（東大）へ移り、連絡会の運営体制やニュース編集委員会をどう扱うかが、規約改正も含めて問題となった。その後は資料がなく不明であるが、ニュース発行の責任体制は他大学へ移行した可能性がある。

d．地球科学分野でのパラダイム転換

『北大１９６９』で著者自ら（岡）が「一九七〇年前後の北大理学部の動きと私のあゆみ」の中で述べたが、地鉱教養部院生グループ（一九六九年北大紛争では一時的に封鎖の被害を経験した）を中心に、日高山脈の形成史を従来の「地向斜～造山運動論」からプレートテクトニクス論で解釈し直す、画期的な成果が打ち出された。それは彼らが関わってきた地団研運動の中では当初「異端的扱い」の雰囲気があったが、やがて主流の考え方になって行った。そのグループの中心にいた宮下純夫は同じく『「北大１９６９」の中で「北大闘争の思い出」と題して、以下のように述べている。

……その当時における地質学は従来の地向斜造山運動というパラダイムからプレートテクトニクスへの転換という大変革期であった。北大は地向斜造山運動の典型としての日高造山運動論のメッカであり、地学団体研究会（地団研）の拠点でもあった。当時の北大教養部地学教室の大学院生を中心とした深夜ゼミを河内晋平助手とともに秘密裏に継続し、新たなプレートテクトニクスへの確信を深めていった。秘密裏に深夜に行ったのには理由があった。北大地鉱教室の大部分はアンチプレートテクトニクスで凝り固まっていたからである。地団研主流もプレートテクトニクスには強く反対の立場であった。

ここに一冊の本がある。一九八五年に北海道新聞社から刊行された『北海道創世記』で、北海道新聞に五〇回にわたり掲載されたものをまとめたものである。この地質学に関わる部分の著者は全て当時の大学院生ないしオーバードクターで、私はその中心にいた。一九八二年に放映されたＮＨＫ『日本列島・動く台地の物語』シリーズの日高山脈編でも中心となった。現在では考えられないが、当時は研究力量において教員と院生・オーバードクターとの間に逆転現象まで生じていたと考えている。こうして当時の教養部地学教室の院生やオーバードクターは地質学における新たなパラダイムへの転換に大きく貢献した。しかし、研究職への道は険しかった。私は学生運動の顔みたいな存在だったので、北大地鉱教室の反地団研（右）から忌み嫌われており、地団研主流（左）からもプレートテクトニクスの信奉者として批判されていた。ようやく新潟大学へ職を得たのは四十歳の時の一九八七年であった。その後は大学でも地質学会でも大いに貢献することができたと考えている。

地鉱大学院会においては北大紛争の真っただ中の一九六九年八月には『地球科学の一層の発展のために（地球科学論集その一）』を発行しているが、これは教室内では小林英夫・舟橋三男両教授、大学内では岩崎允胤（哲学）・宮原将平（物理）、宇佐美正一郎（植物）、国外ではＶ・Ｖ・ベロウソフ（ソ連）の旧著論文などの弁証法的唯物論の立場から自然観を学ぼうというものであるが、舟橋らの歴史性を偏重した岩石学観に対する批判文として都城秋穂の旧著も掲載されているところに、後のプレートテクトニクス論展開の萌芽があったといえる。北大地鉱教室の院生・教官の多くが加入していた地学団体研究会の三一回総会が一九七七年に北大を会場に開催され、三〇回総会の「日本列島構造発達史の諸問題」テーマに引き継いで、「日本中生代以降の造山運動の諸問題」が取り上げられ、その後北海道関係の発表を主体として『地団研専報二一号』が取りまとめられた。その中では、大学院生のみならず当時の教官層を含め新旧の様々な研究者が執筆しており、特に明確にプレートテクトニクス論を打ち出すことは行なわれていなかったが、従来の日高造山モデルでは説明困難な事実も提示された。そこで、地学団体研究会札幌支部（現北海道支部）では『専報二一号』の成果をさらに発展させるために、『北海道地質構造発達史の解明をめざすシンポジウム（世話人会代表：宮下純夫）』が企画された。この世話人会の大半は地鉱大学院会のメンバーで構成され（著者も世話人の一人）、その一連の成果は一九八〇年四月〜一九八四年七月まで計一〇回開催され、『地団研専報三一号　北海道の地質と構造運動（B５版五一八頁）』として取りまとめられ、その内容はプレートテクトニクスを全面的に反映するものになり、一九八六年八月の地団研第四〇回総会（札幌）の取り組みに大きく反映された。

（四）植物大学院会

『北大百年史　部局史　理学部』によれば、生物学としては植物学と動物学の二つの学科（教室）が理学部発足（一九三〇年四月）当初から存在し、一九三二年五月の学部全体の教授増員を経て、植物学科三講座（植物生理学・植物分類学・植物形態学）、動物学科二講座（系統動物学・動物形態学）の体制が整った。同時に、付属臨海実験所（厚岸）が開設され、一九三三年には海藻研究所（室蘭）も置かれることになった。戦後になって、新制大学の制度の発足と共に両学科は統合されて生物学科植物学専攻、同　動物学専攻となったが、それは形の上で、教室体制としては旧体制のまま、別々であった。さらに、教養部生物が学部にも所属する講座扱いとなり、動物学専攻では動物生理学講座が付け加わっている。

植物学専攻の院生の数は一九六〇年一〇月二六日発行の学部誌『北大理学部』二号によれば、一九六〇年四月時点で研究生など除き正式所属院生は一七人となっている。『一九六四年一月二二日付け理院協ニュース』では、一九六三年度後期理院協幹事会メンバーとして松永圭朔（DC１）・安達義雄（MC１）の名があり、一九六三年一一月の『北大大学院白書』作成のアンケートへの対応でも確認できることから、理院協への結集は当初から行われていたと思われる。なお、同白書によれば、一九六四年一二月全学院協総会において、植物大学院会として「研究室運営民主化に関するアピール」を打ち出しているが、教室会議の構成メンバーに教授・助教授・講師・助手のみならず大学院生代表五名も加わるという運営参加が実現されていた。そのような民主的状況は松浦一教授に代表される戦後の北大の民主化を推進した教官層の役割も大きかったと思われる。

植物大学院会（植物院協）の活動を直接的にとらえることのできる資料は少ないが、夏の学校関係の取り組み報告・資料の中で活動状況を知る手掛かりがある。まず一九六五年第一回夏の学校には植物大学院会から三名が参加しＤＣ３の森戸肇が感想文を寄せている（『一九六五年一〇月二五日　北大院協幹事会ニュース号外』）。一九六六年第二回夏の学校では若手研究者の共同研究の組織の事例として北大内の生物科学談話会（理・医・薬・農・獣医・低温研・結核研・応電研・札医大・道教大で構成され会員約二二〇名）と、植物学科関係の取り組みとして植物シンポジウムが紹介されている（『第二回夏の学校討論資料（一九六六年）』）。一九六七年第三回夏の学校では第二回の内容に加えて、生物系三学部交流会（理・獣医・農）の活動が紹介されている（『第三回夏の学校（一九六七年）』）。第一回の交流会は一九六五年秋に開催され、獣医院生から提起され理の植物・動物のかなりの院生が参加し体育館でバレーボールを楽しんだ後、クラーク会館で懇談会をやったとのことである。第二回の交流会は一九六六年一二月に農学部生物を含めて実行委員会を作って行われ、同様にスポーツを楽しんだ後、理学部会議室で討論会が行われたとのことである。夏の学校そのものには、植物学科から第三分科会（一七名参加）「生命をどのように認識するか」に四名が参加した（『第三回院協夏の学校―総括報告集（一九六七年八月）―』）。一九六八年第四回夏の学校は生物系分科会（一〇名参加）「生物界の構造」に植物学科から三名が参加した（『第四回院協夏の学校―総括と展望―（一九六八年七月）』）。このように一九六八年までの植物学科院生の院協活動はどれだけ主体的であったかどうかは不明であるが、夏の学校などを基盤として北大内の生物系院生との交流を前提に進められていたようであるが、リーダー的役割まで果たしていたかということは不明である。『一九六九年五月二七日理院協ニュース』では植物の院生など在席者数二八名のうち会費納入者数は二四名となっている。

紛争後はどうかといえば、紛争のブランクを経て一九七一・一九七二年度の夏の学校は学部（研究科）単位で行われたが、植物学科関係の記録はない。一九七三年度以降は理院協内では夏の学校は化学系を除いて学科単位で行われることになり、植物学科は単独で「植物大学院夏の学校」としての開催が少なくとも一九八〇年まで続けられ、大半は小樽市の忍路臨海実験所を宿舎として行われ、参加者七〇～一四人で（全院生の三～五割）で、当初は三泊四日、一九七七年度以降は二泊三日となった。水泳などのスポーツ・レクリエーションが主体のようであった。特に、一九七三年度夏の学校（八月一五～一八日：忍路臨海実験所：七名参加）では、一日目：院生三名の研究報告・討論、二日目：「カタストロフィー理論」についての学習会（報告者ＤＣ１神田）が取り組まれ（『第八回北大院協夏の学校―総括と展望―』）、一九七六年度夏の学校は遠路、当時の夜行列車「からまつ」に乗り、厚岸臨海実験所で行われた（『「夏の学校」のまとめと院協運動の歩み76』）。一九八〇年度夏の学校（八月五～七日、一二人＋教授一人参加）では一日目：佐々木喜美子教授（一九八二年退官）を囲んでの談話会、二日目：ＭＣの研究発表などが行われた（北大院協『研究交流誌'80』）。

植物大学院会は、小規模の学科を反映してまとまりはよいが、大学院会定例化なども問題となるなど、時に不活発になることもあったようであるが、とにかく理院協の構成組織としての形態は一貫して持続していた。なお、『研究交流誌'85』によれば、理院協傘下の単位院協は物理・化学・地鉱とされており、一九八五年時点で植物大学院会は活動停止をしていたようである。

（五）そのほかの学科（専攻）での大学院会活動

ａ．動物学専攻

生物系として植物学科（専攻）との関係は、（四）で触れた。『北大理学部五十年史』の久田光彦・山田真弓の記述によれば、戦後の民主化の波にのって、動物学教室でも教室会議というものが作られ、教官全員と、当時の大学院特研生がメンバーとなっていたが、新制大学に移行後の新制度大学院生は、学生扱いで外されていたという。動物学専攻の院生の数は一九六〇年一〇月二六日発行の学部誌『北大理学部』二号によれば、一九六〇年四月時点で研究生など除き正式所属院生は三一名となっている。『一九六三年一月二二日理院協ニュース』では、一九六三年度後期理院協幹事会メンバーとして渡辺勇一（ＭＣ１）・榛葉一郎（ＭＣ１）の名があり、一九六三年一一月の北海道大学大学院白書作成のアンケートへの対応も確認できる（二八名回答）。『一九六九年五月二七日付け理院協ニュース』では動物学専攻の院生など在席者数三三人のうち会費納入者数は二四人（五二％）となっているが、一九六九年度前期（第一九期）理院協議長「中村浩之君（動物ＤＣ）」とある。

一九七二年以降は理院協内では夏の学校は各専攻単位で行われることとなったが、動物学専攻としての単独での開催は一回も行われず、兄弟関係ともいえる植物学専攻と比較して、不活発であり、動物院生会としてまとまっての活動は十分ではなかったようで、『一九七三年六月の理院協総会活動報告』の「研究者として成長していくうえでの諸問題」の中で、専攻科単位で唯一言及がない。一九七〇年三月の北大院生実態調査には、対象院生二二人中一七人（七七・三％）が参加しているが、一九七二年一二月の北大院生研究生活実態調査では、対象院生二六人中わずか四人（一三・八％）の参加である。

b．数学専攻

学科は理学部発足時から設置され、一九三二年の三講座から、戦後の新制大学の発足とともに四講座（位相幾何学・幾何学・解析学・代数学）となり、そのほか教養部（一般教養）が講座扱いで関わっていた。『北大理学部五十年史』の安藤毅の「戦後の数学科学生として」によれば、一九四九年新制大学が始まった頃、数学科は不人気で定員二五人に対して学部移行者は五人であった。戦後の混乱の中で内紛が発生し、四講座中三講座の教授・助教授がすべて転出し、残るのは幾何学の河口商次教授と桂田芳枝助教授のみとなったため、非常勤講師による集中講義により一時を凌いだとのことである。同氏は引き続き大学院に五年間在籍し、後に応用電気研究所（北大）教授を経験している。ところで、上記の数学科内紛については、『理学部五十年史』の中で、山元周行の「時潮の波」、丹羽貴知蔵「新制理学部の発足とその変遷」の中で真相が語られている。

学部誌『北大理学部』第二号によれば、一九六〇年四月時点の数学専攻の院生は二二人（MC九人・DC一三人）である。『一九六四年一月二二日理院協ニュース』では、一九六三年度後期理院協幹事会メンバーとして西尾克義（MC1）・福井昌樹（MC1）の名がある。一九六三年一一月の北大大学院白書作成のアンケートには一一人（MC7・DC4）が参加している。その後、北大院協夏の学校が始まったが、一九六七年第三回においては、数学科からの参加は全体六〇人あまりのうち一人（MC1）であったようだが、最後の全体集会の中で、研究現場の状況・院協活動などについて、次のように発言している（『第三回院協夏の学校—総括報告集—』）。

> 数学の状態もよくないんです。院協活動に対する意識も低いですし、研究者ということについても将来に自信がもてない。とくに良い指導者をもてない。数学をやっていくことと社会がどう結びつくのかということは、非常に見出しにくい。自分の研究に自信を持てない。正しい指導がなされていないからです。指導者が海外にいって、講座に助手1人しかいないというようなものもある。そういうのをどうするのかというあたりはMC1年あたりが中心になって考えている。本を読んでいても入ったばかりでは、これがどう発展するのか、具体的事象とどう結びつくのかということが全くわからない。こういう疑問のもっていく場所がない。研究がうまくいかないと講座のふんいきもまずくなる。この点これからがんばっていきたいと思います。

『一九六九年五月二七日理院協ニュース』では数学の院生

について在席者数一二人のうち会費納入者数は一二人となっており、理院協の一九六九年度前期の三役のうち会計に山内一也（ＭＣ）が選ばれているが、紛争後の一九七〇年三月実施の北大院生実態調査（アンケート）への回答は在籍院生一八人中六人（三三・四％）、一九七二年一二月の北大院生研究生活実態調査では、在籍院生二九人中一一人（三七・九％）であり、院協運動への結集が弱くなっていたようである。一九七二年度以降の各学科単位での夏の学校の取り組みは数学専攻単独ではほとんど開かれたことはないが、唯一、一九八〇年度夏の学校（大学院サマーセミナー）を開催している。北大院協『研究交流誌'80』によれば、七月一三〜一五日に忍路臨海実験所において一五人参加（ＭＣ七人・ＤＣ八人：在籍者の半数以上参加）で、全国規模で新人セミナーのような取り組みがあり、その取り組みに見習って、五月末に運営委員会を設け、七月から本格準備を始め、Ａ4版六〇頁の予稿集を作成して取り組まれた。日頃、講座を越えた日常の付き合いは存在するが、専門的には少ないため、「各自の研究紹介」という取り組みになったとのことである。

c．地球物理学専攻

『北大理学部五十年史』の福富孝治の「地球物理学科の設置事情」によれば、地球物理学の講座は理学部創設の時から物理学科の第六講座として予定され、研究室まで割り当てられていたが、講座増設はなかなか実現しなかったということである。そのため、東京帝大から寺田寅彦・藤原咲平・坪井忠二教授、東北帝大から中村左衛門太郎教授などを招いて特別講義が行われたという。その後、一九四一年から物理学科に地球物理学の半講座が認められ、一九四七年には理学部前に大学附置の低温科学研究所（六部門）が新設され、地球物理関係として気象・海洋の二部門ができた。その後、有珠山の活動（一九四四〜一九四五年の昭和新山の形成）、石狩川の氾濫、十勝沖地震（一九五二年）などがあり、物理学科内の講座増設ではなく、学科新設の必要性が叫ばれ、それが認められ、一九五三年四月一日付けで地球物理学科が誕生し、一九五六年までに四講座（陸水学、地震学・火山物理学、気象学、応用地球物理学）が整った。一九五七年三月に第一期生が卒業し、同年四月には理学研究科地球物理学専攻（大学院）がスタートすることになった。新設の学科として研究活動を盛り上げたいということで、学科内の階層を越えての、雑誌会・談話会、理学部紀要とは別に、「北海道大学地球物理学研究報告（邦文）」の発行なども計画され、現在まで続いている。

学部誌『北大理学部』第二号によれば、一九六〇年四月時点の地球物理学専攻の院生は一五人（ＭＣ九人・ＤＣ六人）である。北大院協・理院協の活動として、地球物理学専攻が話題になるのは一九六〇年代前半における日米科学研究と学部・大学院自衛官入学問題（軍学協同）があった。

『北大大学院白書』によれば、日米科学研究は一九六一年のケネディ・池田会談にもとづく「日米科学合同委員会」・「日米文化教育合同会議」が設置されて以降、急激に増大したが、地球物理学教室では「日米科学委員会の資金による研究」により、カルデラ研究、雲の観測実験観測、地震関係の実験観測・深海の地震探査が計画され、教室所属院生全員で日米科学に反対する声明を出し、非協力の態度を明らかにした。自衛官入学問題は地球物理学教室と共に、工学部（研究科）でも問題となり、全学的に取り上げられた。反対運動の中心を担った全北大共闘会議（北大職組中心）は冊子『自衛官入学反対、北大の記録』により、その闘いの経緯を報告している。それによれば、一九六一年一二月八日に理学研究科委員会が聴講生受け入れを決定したのに対して、地球物理教室院生が反対運動にたち、一二月二一日、教室でも受け入れ反対で意見が一致し、一九六二年一月一九日、理学研究科委員会は決定の取り消しを行っている。

『一九六四年一月二二日理院協ニュース』では一九六四年度後期理院協幹事会メンバーとして牧正（DC1）・中村秀臣（MC1）の名があり、牧は理院協議長となっている。一九六三年一一月の北海道大学大学院白書作成のアンケートには一九人（MC一四人・DC五人）が参加している。その後、北大院協夏の学校が始まったが、一九六八年第四回においては、地球科学系分科会（参加者一一人：地鉱五・地物三・工学二・農学一）が地質学と地球物理学との研究交流を主眼として開かれた。『理院協活動報告（一七期、一九六八年度前期）活動報告』および『一九六九年五月二七日付け理院協ニュース』では地物院生の一七・一八期の会費納入者数は〇人となっており、理院協幹事も選ばれず、活動停止状態であったとされている。

一九七〇年三月実施の北大院生経済実態調査（アンケート）への回答は在籍院生三五人中一五人（四二・九％）、一九七二年一二月の北大院生研究生活実態調査では、在籍院生四四人中一六人（三六・四％）であり、一九七二年度以降の地球物理学専攻単位での夏の学校の取り組みも開かれたことはなく、院協活動はあまり活発ではなかったようである。なお、一九七七年度後期から一九七八年度の北大院協の活動を記録した北大院協『研究交流誌78』によれば、地球物理専攻中心の低温科学研究所で院生会が活動を再開したとある。さらに、秋の統一要求運動に向けた理院協の「院生生活実態調査」にも地球物理学専攻で一四人（MC七人・DC七人）が回答している。

d．高分子学専攻

高分子学科の新設は物理学科物理学第一講座を担当していた古市二郎教授（一九六六年九月学長に選出、一九六七年二月急逝）により一九五七年より計画され、一九五九年、五講座（高分子固体物理学・高分子物理化学・高分子溶液物理学・高分子化学・生体高分子学）の新設で認められ、発足した。一九六三年三月第一回生が卒業し、大学院修士課程高分子学専攻は第一回生（定員一〇名）を受け入れた。よって北海道大学大学院白書のアンケート調査実施の際（一九六三年一一月）には高分子専攻MC九人がアンケート調査に応じている。『一九六四年一月二二日理院協ニュース』では、一九六三年度後期理院協幹事会メンバーとして柴田俊之・永田窈子（MC1）の名がある。『一九六九年五月二七日理院協ニュース』では高分子専攻の院生など在席者数三一人のうち会費納入者数は一〇人（三二％）、一九七〇年三月実施の北大院生経済実態調査（アンケート）への回答は在籍院生二九人中一一人（三八％）で、理院協への結集意識は必ずしも高いとはいえなかった。しかし、一九七二年一二月の北大院生研究生活実態調査では、在籍院生二九人中二〇人（六九％）と高くなっている。教室（学科）の運営については『北大大学院白書』八一～八二頁では、一九六三年当時、講座毎に一学年に一人の割合で院生が教室会議に参加する代表制が取られ比較的民主的であったとされている。その事情として、院生側からの要求というより、学科の成立時のスタッフ不足から、事実上院生の参加がなければ運営が困難であったことと、理学部全体の民主的な雰囲気を反映したものであろうとしている。ともあれ、高分子学教室の家族的な穏やかな環境はこのようにはぐくまれていったようである。

一九七二年からの夏の学校は理学部では専攻毎で、地鉱・化学系・物理・植物ではそれぞれ、継続的に取り組まれてきたが、高分子では行われなかった。しかし、北大院協『研究交流誌'78』によれば、唯一、一九七八年度に夏の学校を開催している。それによれば、七月二六～二八日、忍路臨海実験所において最大一七人の参加で取り組まれ、中川鶴太郎教授と助手の参加があった。内容は一日目：中川教授を囲んで交流会、二日目：終日、院生研究発表会、夕食後コンパ。三日目：レクリエーションを行い現地解散。

四　大学院重点化とその後の理学部・理学研究科

a．野口構想と自然科学系大学院構想素案

北大紛争後の理学部における大学院改革は、『北大百二十五年史　通説編　部局史　理学研究科・理学部』によれば、一九七四年九月に提出された、いわゆる「野口構想（野口順蔵理学部長）」（『北大百年史　部局史　理学部』五一四～五一七頁）により始まったとされる。一九七七年四月に理学研究科将来計画委員会が設置され、同委員会は二六回の会合を重ね、「理学研究の実態は学部から研究科に移ったので、大学院に重点をおいた教育研究組織を構築する必要があるが、それは大学院の基礎となる学部教育をも充実できる組織でなければならない」とし、理学研究科内に数

学院、物理学院、化学院、生物科学院、地球科学院と附属施設をもち、教育組織としての理学部各学科は大学院基礎学科の形でおき、学部と修士課程を連続的な一体とみなし、効果的な学部・大学院教育カリキュラムを編成するというものであった。同委員会は報告書（一九八〇年七月）をまとめて解散したが、一九八七年一〇月に改めて大学院問題検討委員会が設置され、大学院の充実が必要不可欠であるという結論に達し、その具体的なものとして一九八九年六月に「大学院重点の理学院構想」の「大学院改革構想素案（理学部素案）」がまとめられた。全学的には「北海道大学大学院問題懇談会」が発足し、大学院改革について討議が行われるようになったが、それにともなって「理学部素案」の手直しが必要となった。検討の結果、学部からは独立した大学院組織を作るのが最善とし、理学研究科を基礎科学研究科と生命・地球圏科学研究科に改組し、学部は八学科からなるとした（一九九〇年三月「自然科学系大学院構想素案」）。この素案は、学部教育などの検討を加えて「同構想案（一九九〇年一二月）」となった。一方、全学的には「北海道大学における大学院改革整備構想――中間報告（一九九〇年七月）」がまとめられ、「環境科学に関する研究科構想特別委員会」が発足し、試案がまとめられ、理学部はそれに対して、「地球環境科学研究科（仮称）構想」として、「基礎科学を担う新研究科への参画は関連ある学科あるいは講座による新しい組織編成とし、整合性のある組織の実現に努力する」としている。その後、理学部は文部省との折衝を経て、構想案に近い改革案をまとめ上げ、大学院重点化に踏み出した。

b．大学院重点化の進展と学部一貫教育のはじまり

同じく『北大百二十五年史　理学研究科・理学部』によれば、理学部の大学院重点化は理学研究科を数学専攻（三大講座・一協力講座）、物理学専攻（四大講座・二協力講座）、化学専攻（五大講座・二協力講座）、生物科学専攻（六大講座・二協力講座）および地球惑星科学専攻（四大講座・一協力講座）に再構成するもので、旧理学研究科の一部が地球環境科学研究科（旧環境科学研究科）の構成員になるというものだった。重点化の実施は一九九三年度の生物科学専攻に始まり、一九九四年度の物理学専攻、地球惑星科学専攻、一九九五年度の数学専攻、化学専攻をもって終了し、同時に大学院カリキュラムの全面的改定が行われた。さらに、重点化と並行して、学部の各学科組織とカリキュラムの再編も行われた。再編された学科構成は数学科、物理学科、化学科、生物科学科（生物学・高分子機能学の二学科目）、地球科学科（地球惑星物質科学・地球物理学の二学科目）であり、大学院の進学については理学研究科と地球環境科学研究科の両方に関連付けが行われることになった（ただし、数学科・物理学科は理学研究科に限定）。

大学院重点化の終了を見こすように、一九九五年四月よ

り、学部別学生募集とともに四年間学部一貫教育が始まった（同時に教養部が廃止され、それに代わり高等教育機能開発総合センターが設置されたが、現在は高等教育推進機構総合教育部となっている）。理学部入学者（推薦入学者を含め定員は一九九八年度以降三〇〇人）は一年次では数理系、物理系、化学系、生物系のいずれかに所属し、一年後に学科（学科目）に分属することになった。各学科（学科目）受け入れは、数理系は主に数学科で一部が物理学科、物理系は主に地球科学科（地球物理学科目が主）と物理学科で一部が数学科・化学科・生物科学科、化学系は主に化学科と生物科学科（高分子機能学科目が主）で一部が地球惑星物質学科目、生物系は生物科学が主で一部が化学科と地球惑星物質学科目である。さらに、推薦入学などによる入学（学科・学科目）、入学時からの学部所属と別に他学部からの三年次編入学制度も少数枠で取り入れられ、理学部入学の経緯は多様化することになった。さら二〇一一年度からは総合入試（学部ごとではなく文系・理系のおおきな括りで入学し、一年間教養科目や基礎科目を学んだ後、本人の志望と成績に基づいて学部・学科に移行する制度）も導入されている。大学院（研究科）そのものの学生選抜も多様化し、一九八九年からは優れた学部生の規定年限を短縮して修了し修士課程へ入学させる制度（いわゆる飛び級）が取り入れられ、外国人留学生や海外で教育を受けた日本人学生に対する修士課程受験資格審査基準が作成された。さらに、修士号をもたないものの博士課程後期（従来の博士課程）入学のための審査、社会人特別選抜制度による博士課程後期入学のための受験資格の各基準を設け、これらに関係する一〇月選抜試験が一九九四年度から始まった。

ところで、北海道大学の大学院重点化がほぼ終了しつつある、一九九六年度において理学部を含め、北海道大学の理系で進行する大学院重点化の現状と諸問題について、大学内に「大学院の博士課程の指導に関する研究会」が設けられ七回の会合を重ねて検討が進められた。研究会の委員は理学・獣医学・地球環境科学研究科、医・歯・薬・工・農学部、低温科学研究所から計一四人が選ばれ、その目的は「理系の大学院の研究指導の問題」を学部（研究科）の枠を越えて横断的に検討することであった。この経緯は『高等教育ジャーナル』（北大）の第二号に「渡邉暉夫：大学院博士課程の現状と問題点―大学院重点化をめぐって―」として報告されている。大学院重点化の方向を評価しつつ、諸問題を指摘し、大学院講義の在り方・スクーリング、博士課程後期の定員問題と研究環境の整備、院生の研究条件の改善、大学院の活性化と研究支援体制の強化、教官の待遇改善、国際化や社会人受け入れなどについて提言を行っている。引き続き一九九七年度には大学院での研究指導、教育の問題のうち博士課程後期のスクーリングの問題を取り上げ、全学共通講義の可能性・意義・効果について検討し、可能な案を提示した。これは、『高等教育ジャーナル』第四号に「野口徹ほか：大学院におけるカリキュラムの在り方に関する研究会—平成九年度報告書—」として報告されている。なお、渡邉暉夫は地鉱大学院会で一九六〇年代末から一九七〇年代中頃にかけてリーダー的役割を果たしていた。その後、島根大学教官を経て北海道大学に着任し、教育・研究と大学改革のために奮闘していたが、二〇〇四年不慮の事故により亡くなったが、親交があったものとしては、さらなる活躍を期待していただけに衝撃的であった。

ところで、二〇〇一年度（二〇〇二年三月）および二〇〇二年度（二〇〇三年三月）には、「北大院協全学幹事会」名で研究交流誌(研究論文を含む)が発行されているが、『二〇〇二年度交流誌』によれば、この頃、全学幹事会に幹事を派遣し、実質的に活動しているのは、教育学研究科と農学研究科の二つに過ぎないのが現状であるとしている。このことは、理学研究科では理院協の活動が停止していることを意味している。おそらく、理学研究科については、一九九三〜一九九五年度に進行した大学院重点化にともなう組織・研究体制の大幅な改編の中で理院協の活動が極めて困難になったと思われる。

C．国立大学法人化以降

その後、二〇〇四年四月の北海道大学の国立大学法人化を経て、さらに改革がすすめられ、現在、大学院としての旧来の理学研究科は、骨格となる研究組織（教員等組織）としての理学研究院（四部門・一五分野と附属センター・施設・技術部など）と教育組織（学生組織）としての理学院（四専攻）から成る。それらに理学部の五科—六学科目（旧地球科学科は地球惑星物質科学・地球物理学の二学科目で構成されていたが、地球惑星科学科目に一本化された）が結びついているが、理学部生の約八五％が大学院に進学するとされ、進学先としては理学院以外に、生命科学院、総合化学院、環境科学院などがあり、それらのバックにある研究組織（教員等組織）としての、先端生命科学研究院、総合化学研究院、環境科学研究院などとも教育・研究面で相互に密接な関係があり、大学附置の低温科学研究所、電子科学研究所、遺伝子病制御研究所、触媒化学研究所や共同研究・教育施設の北方生物圏フィールド科学センター。総合博物館などとも関わりがある。

北大工学部、薬学部および獣医学部の院協活動について

編集委員会（文責：岡　孝雄）

工学部は北海道大学設立時に農学部、医学部に次いで発足した学部であり、戦時中の要請と戦後の高度経済成長に従って規模が大きくなり、学内最大の学部であった。一方、薬学部は戦後に医学部内の学科として誕生し、獣医学部は札幌農学校時代にルーツがあり、戦後、農学部内の学科として出発した。工学研究科は院生層の多くの割合を占めており、薬学研究科および獣医学研究科は小規模研究科としてのユニークな存在となっていた。これらの学部の研究科は北大の院生活動（北大院協）の全学的な展開で大切な役割を果たしてきており、ここに編集委員会として、過去の記録・資料からそれらの活動をまとめる。

一　工院協の活動

（一）工学部と工学研究科のはじまり

『北大百年史通説』及び『同　部局史　工学部』によれば、一九一八年四月に北海道帝国大学は農学部と医学部の二学部体制で始まったが、工学部はそれに遅れること一九二四年九月に設置が行なわれ、翌一九二五年四月に第一期生総勢九四名を迎えている。発足時の教室（学科）・講座構成は土木工学科六講座、鉱山工学科五講座、機械工学科四講座及び電気機工学科五講座と、工学基礎教室としての学生定員のない応用力学三講座および理学二講座の総計二五講座であったが、第二次大戦中における軍需産業の促進や、戦後の新制大学の発足に合わせるように学科が増設され、一九四九年五月末の新制北海道大学（工学部）の発足時には、上記学科に加えて、応用化学科、生産冶金工学科、建築工学科の七学科の体制が整った。なお、一九三九年四月に設けられた燃料工学科は一九四六年三月に応用化学科に改称された。太平洋戦争の遂行の中、学徒出陣・勤労動員により大学の研究教育機能が疲弊してくると、政府は大学院の充実を図るべく、給費生の大学院特別研究生（一期二年・二期三年）の制度が設けられることになった。北大工学部でも一九四三年一〇月に鉱山三名、電機一名、燃料一名の計五名、一九四四年七名、一九四五年一〇名が入学し、この中から後に多くの教育・研究関係者が出たとされる。新制大学の発足に合わせて、その四年生の学部卒業に合わせて、大学院（工学研究科）の体制が整えられることとなったが、学部教育と重複する形で発足することとなり、第一期（一九五三年度）の入学者は学部（研究科）全体で三二名、定員に対して四割程度の少数であった。このような傾向は一九六〇年度頃まで続いた。一九五七年四月〜一九六七年四月の間に、衛生工学、精密工学、電子工学、合成化

学工学科、機械工学第二、応用物理、原子工学の各学科が順次開設され、それと共に修士課程入学定員（一学年）も急増し、一九六五年頃には一五〇名程度となり、実際の入学者がそれ以降定員を上回るようになった。

（二）工院協の発足とその活動（一九八〇年頃まで）

『北海道大学大学院白書（以後、北大大学院白書）』によれば、北大院協（全学院協）が発足したのは一九五九年一二月であるが、その頃、工学部での院生運動は低調であり組織化もほとんど進んでいなかった。運動が顕在化したのは、一九六二年四月に現職自衛官が工学研究科修士課程に四名が入学したことに端を発した。全学院協はこの反対運動では、北大職組・学生自治会との共闘会議に結集し、工学部教官への説得活動を行い、工学研究科委員会へ質問状を提出し、工学部長との団交を行っている。全学的には、一九六一年の理学部の地球物理教室への大学院委託聴講生入学問題が先行していたが、それに続くように反対運動が高まり、その中で、一九六三年三月に「工学部大学院生連絡協議会（工院協）」が結成された（同白書　二二四頁）。ただし、一九六三年一月の北大院協の規約確定・承認に基づく正式発足の際には加盟には至らず、以後、オブザーバー加盟として継続した。一九六三年一二月調査で一九六五年一〇月発行の「北大大学院白書」の作成に当たっては正式加盟ではない工院協がアンケート小委員会に委員一名を参加させ、アンケートについては在籍院生数一一一人（調査可能実員数九九人でMC九三人・DC六人）で回収率は八九・一％であった。

その後の工院協の活動を知る手掛かりは少ないが、夏の学校などの関係資料と白書以降の院生生活・研究実態調査報告書および北大院協各年度前期・後期総括書などから伺い知ることができる。第一回北大院協夏の学校（一九六五年度）には工学研究科から六人（全学計三一人）が参加し、MC1年の稲村光郎が「工学研究科から参加して」と題して感想文を書いているが、他学部（研究科）に限らず、工学研究科の参加者の話を聞けて有意義であったとしているのが印象的である（『一九六五年一〇月二五日北大院協幹事会ニュース号外』）。『一九六五年度後期北大院協総括書』では各学科（専攻）連絡委員会があるとの記述がある。第三回夏の学校（一九六七年度）では事前資料集（『第三回夏の学校（一九六七年）』）において、最近、工学分野で問題になっていることとして、社会的に要請されていることに対して絶えず対応して行かなければならないとして一九六六年度のアンケート調査に基づいて論じ、院生を中心とした自主的活動として、二〇名程が参加して隔週で談話会活動を行っていることが紹介され、三専攻（応用化学・土木・機械工学）のカリキュラムが示されている。夏の学校そのものには第五分科会「基礎科学と応用化学」に多数が参加し、学校参加の感想文をMCの三人が寄せている（『第三回院協夏の学校―総括報告集―』）。第四回夏の学校（一九六八年度）では事前資料集（『第四回夏の学校（一九六八）』）において、班交流資料で、工学部大学院生協議会が「工学部における大学院生の研究の推移」として、過去一〇年間の修士論文・博士論文の調査・分析を行い、そこから工学、技術の動向、研究課題の推移、研究方法の推移を探りだした結果を報告している。夏の学校そのものには約一〇名（全学計七〇人）が参加した（『第四回院協夏の学校―総括と展望―』）。このように、北大紛争時前の一九六〇年代後半においては、専攻（学科）毎の活動状況は不明であるが、研究科全体での談話会活動による学習・交流などが地道に取り組まれ、全院生を対象とした調査活動なども行われていたようである。

　北大紛争終息後においては、一九七〇年三月の北大院協による北大院生経済実態調査に工学研究科では定員四四五人（調査時数四四五人）で回収数二五〇人（回収率五六・二%）、一九七二年一二月の北大院生研究生活実態調査には定員四三九人であったが、回収遅れで結果は調査報告に盛り込まれなかった（『北大院生実態調査報告書（一九七七・一二）』および『北大院生研究生活実態調査報告書（一九七三・二）』）。一九七一年度から夏の学校は研究科単位で行われることになり、第六回夏の学校（一九七一年度）は工学部でも工院協として開催したが、事前資料集（『第六回夏の学校討論資料（一九七一）』）の中で工学研究科院生名の『工学研究科における大学院生の位置と研究推進上の問題点』として、一四頁の報告が公表された。これは一九六九年五月の『工院協会報Ｎｏ３（工院生白書―中間報告）』、一九七一年五月の『工院協会報Ｎｏ４（工院生の生活と研究）』および日本科学者会議北大工学部班「北大工学部における若手研究者の現状と問題点」を参考にしてまとめたものであり、「この一〇年間の工院生の量的変動が六〇年代の政府の諸政策とどういう関連を有していたか」および「院生のまわりの研究体制が、現代の科学技術の水準を、新たな段階に推進しうる状況に果たしてあるのか」を論点としたものであった。

　工院協夏の学校（または夏季セミナー）はその後、一九七五年度まで続けられたが、以降開かれなくなった。一九七三年度の夏の学校では堀内寿郎元学長の「一科学者から見た日本の大学、大学院」という講演が含まれ、一九七五年度のそれでは低温科学研究所の若浜五郎教授の「0℃付近の氷の挙動」の講演を聴き、分科会（塑性・破壊、流体、原子・半導体・情報）で研究交流が取り組まれた（『ともにいきともに研究する　院協運動の新たな発展をめざして'75』）。その他、『北大院協　夏の学校のまとめと院協運動の歩み'76』によれば、北大院協第二回院生シンポジウムにおいて、「工院協一九七六年度（六～七月）生活実態調査報告」が、総数に比べて集計数（一〇〇人）が少なく客観性は乏しいとの条件付きで紹介されている。その後、『北大院協研究交流誌'78』によれば、「工学研究科院生の現状について」の簡単な報告があるのみで、『同　研究交流誌'79、'80』では工院協の活動については全く掲載はない。一九七九年六月に開催の『北大院協の第二一回（一九七八年度後期）代議員会議案』によれば、組織活動未加盟院協などについての項で「工院協で幹事が選出されず、個人的な連絡しかとれない」という記述がある。このように、工院協の活動は一九七八年度頃までは続いていたようであるが、その後、事実上停止した。ただし、『研究交流誌'87』によれば、北大院協の「一九八七年北大院生要求集約アンケート」にＭＣ一八五人・ＤＣ一五人・研究生二人の計二〇二人が回答を行っている。ただし、工学部には院協組織がないため、調査員が直接、研究室に出向きアンケート用紙の配布・回収を行ったとのことであるが、北大院協への期待は高かったと思われる。

なお、本章で「院生寮建設運動」執筆の阿部哲也は一九七〇年代前半の工院協運動のリーダー的存在であった。

(三) 大学院重点化とその後の工学部・工学研究科

『北大百二十五年史　通説』、『同　部局史　工学研究科・工学部』によれば、一九七五年度に工学研究科規程の一部が改正となり、研究科の課程が博士課程一本となり、前期二年の課程（修士課程）と後期三年の課程（博士後期課程）に区分され、授業科目配当表が大幅に改正となり、大部分の科目は修士課程に入り（三〇単位以上）、博士後期課程の科目としては一〇単位以上を習得すればよいということになった。一九七〇年代に入るとオイルショック、公害問題の顕在化、産業構造の重厚長大型からの変換を受けて、新しい工学を担う新学科などの設置が続くことになった。一九七三年に情報工学専攻が設けられ、引き続き一九八七年に情報工学科が設置された。一九七九年四月に学科をもたない生体工学が専攻、一九九一年四月には情報図形科学講座（大講座）が設けられた。後者は一九四九年六月に理学部に開設された一般教養等学科目「図学」に端を発し、旧教養部で講義が行われていたものであるが、その後工学部に所管が移り、新たにＣＧ・ＣＡＤや情報処理などのコンピューター演習が取り入れられ、内容が一新されたものである。工学部は学内最大の学部であったが、既存の学科・専攻も種々の改革・変遷を経て、一九九〇年頃には一五学科・一五専攻、一専攻、三〇共通講座、一大講座と関連する関連施設を有することになった。

一九八〇年代後半になると大学院重点化を前提とした工学部の改革が、学内に工学部教育研究機構調査会、工学部機構改革特別委員会および工学部改革推進委員会で順次、検討が進められ、一九九一年三月には「北海道大学工学部機構改革案」が次の五つの系専攻としてまとめられた。社会工学系専攻：土木・資源・環境・建築など一一専修四〇講座、情報エレクトロニクス系専攻：一二専修四八講座、材料・化学系専攻：七専修二五講座、物理工学系専攻：一〇専修三九講座、生物・生体工学系専攻：四専修一四講座。その後、この改革案は手直しが図られ、生物・生体工学系専攻は情報エレクトロニクス系専攻などに取り込まれ、専攻（専攻群）毎に大学院重点化の改革が決行された。一九九四年度に材料・化学系専攻群、一九九五年度に情報エレクトロニクス系専攻群、一九九六年度に物理工学系専攻群、一九九七年度に社会工学系専攻群の改革が順次、行われた。

その後、二〇〇四年四月の北海道大学の国立大学法人化を経て、さらに改革がすすめられ、現在、大学院としての旧来の工学研究科は、研究組織（教員等組織）としての工学研究院および情報科学研究院、教育組織（学生組織）としての工学院・総合化学院および情報科学院となり、旧来の学部生が所属する工学部は、四学科体制で、応用理工系学科（三コース）、情報エレクトロニクス学科（五コース）、機械知能工学科（二コース）および環境社会工学科（五コース）で構成されている。大学院について言えば、研究組織（工学研究院）は九部門で構成されるのに対して、学生すなわち院生組織は工学院が一三専攻、総合化学院が一専攻（三コース）に分かれ、部門との対応が複雑化しており、これに工学系事務部門を加えると極めて分かりづらい組織構成となっている。

二　薬院協の活動

（一）薬学部と薬学研究科のはじまり

『北大百年史　部局史　薬学部』によれば、薬学部の前身は一九五四年四月に設置された医学部薬学科（完成時七講座、一学年四〇名）である。一九五八年三月に第一回の卒業生送り出しと共に、四月から大学院薬学研究科が発足した。薬学部として発足したのは一九六五年四月で、この時、薬学科と製薬化学科（六講座）の二科体制（一学年八〇名）となった。独立した新生薬学部の施設を充実させるために、一九六六年九月に新館建築が始まり、それが竣工したのは一九六八年六月であった。薬学研究科は修士課程一学年一四人の定員に対して、一九五八年度最初の修士課程進学者は七人を受け入れ、続いて博士課程一学年定員七名も設けられ、一九六三年第一回の課程博士四人（うち女性一人）が誕生した。研究科は一九六九年に製薬化学専攻が加わり、定員は修士課程二六人、博士課程一三人となった。

『北大大学院白書』によれば、北大院協または全学院協（北大全学大学院生協議会）は一九五九年一二月に結成されたが、その主体となった理学・農学以外の院生の少ない研究科（薬学・法学・教育・獣医・経済）や文学・医学研究科の一部でも研究生活改善の運動が展開されたとある（同二二二頁）。一九五八年に発足した薬学研究科は当時、修士課程在籍者のみであったが、早速、大学院会の活動も始まったようであり、一九五九年七月の全国院協シンポジウム・第四回全院協全国代表者会議への北大からの参加者七人の中に薬学からの一人が含まれていた。六〇年安保闘争を経て一九六二年五月に池田内閣が打ち出した大学管理制度に対していわゆる大管法反対闘争が盛り上がる中で、薬学大学院会でも奨学金、健康保険、学会旅費など身近な問題と大管法問題について調査を行い、一〇月に結果を公表している（同　二二四頁）。北大院協は結成時に規約原案を示していたが、ようやく一九六三年一月までに農学、理学、文学、教育、獣医の六つの研究科の大学院会と共に薬学大学院会も規約を承認し、北大院協が正式に発足することになった（同　二二四頁）。薬学関係の全国組織として助手なども含む「若い薬学者の集い」があり、それに参加する中で、学部内で研究費、図書・機器購入、講演会などの問題を教室全体で話し合う場を作る努力も続けると共に院生全員による年二回のコンパや野球大会で大学院会全体の親交を深めた。一九六三年のアンケート委員会結成・調査回収に始まった大学院白書作りについては、薬学からも委員一名が参加し、薬学研究科内のアンケート集約が進められた。白書によればアンケート実施の一九六三年一一月段階で、薬学研究科の院生数は四五名（男性三九人・女性六人；MC二六人・DC一九人）で、アンケートの回収率は一〇〇％であったが、「大学院協議会（北大院協）があってよかったと考えたことがありますか」という質問には五五％（全学五〇％）があると回答しており、一方、「大学院会を必要であると思いますか」という質問には、九一％（全学八五％）が必要であると回答している（同　二二七頁）。これらのことから、薬学部（薬学研究科）において大学院会の活動は、少なくとも一九六五年頃までは、院生全体の意向を反映しながら活発に行われていたと思われる。それには、教室の創立が若く、全国各地から新進気鋭の若い研究者が教官として集まり、古い因習にとらわれず、学部運営が比較的民主的に進められていたという背景の存在も指摘できる。

（二）一九六〇年代後半から八〇年代の薬院協の活動

一九六〇年代後半においての、薬院協の活動については北大院協夏の学校の資料集・報告集および北大院協各年度前期・後期総括書などから伺うことができる。夏の学校には第一回の一九六五年度から一九六八年度まで毎回数名が参加している。一九六七年度第三回夏の学校においては、事前の資料集（『第三回夏の学校（一九六七年）』）で各研究科のカリキュラムが提示されている。薬学研究科では、修士課程については週三日の午前に必修六科目・一二単位の講義（一一の特論・特別講義）が行われている。博士課程については八特論・特別講義が設けられているが、特論は名ばかりで、講座毎のゼミと院生中心の自主ゼミで教育が行われているとされている。学部が発足から間もないこともありスタッフ不足などの状況もあるが、院生の意向をアンケートなどで把握しながら、学外講師による集中講義や他研究科の講義の聴講などの工夫も含めて教官と話し合いを重ねていることが述べられている。夏の学校そのものについては、分科会「生命をどのように認識するか」などに参加し、MCの二人が感想文を寄せている（『第三回夏の学校―総括報告集―』）。『一九六五年度後期北海道大学院生協議会総括書』によれば、北大院協の方針に準じての大学内外の活動にも参加しながら、地道に活動が続けられていたことが伺えるが、『北大院協昭和四二年度後期総括書』では、さらに独自活動として、奨学金三原則の実現までの一つの手段としてプール制を開始したこと、交渉により院生控室の備品を整備させたこと、卒業生追い出し・新入生歓迎コンパを行ったことや、大学院特別講義、薬学研究の方向と方法論について学部全体でのシンポジウム開催の希望が出ていることなどが紹介されている。

大学紛争後、再開された北大院協夏の学校は一九七一年度からは、研究科毎に行われることになり、薬院協でも取り組まれたが、レクリエーション委員会を設け、レクリエーションやスポーツを中心に取り組まれたようで、研究科内の講座・研究室を越えた交流が主眼であった。その中でも、一九七四年度三つの分野（有機化学系・生物化学系・物理化学系）に分けて報告を出し合い、セミナー方式で討論を行っている（『第九回北大院協夏の学校』）。しかし、それが取り組みとしては最後で、一九七五年度以降は開かれなくなった。北大院協は全院協の統一要求運動の一環で、院生のアンケートの取り組みを進め、一九七〇年三月に北大院生経済実態調査を、一九七二年一二月に北大院生研究生活実態調査を行ったが、それらの取りまとめ報告書（『北大院生実態調査報告書（一九七一・一二）』および『北大院生研究生活実態調査報告書（一九七三・二）』）によれば、薬学研究科では前者では定員五九人（調査時数五四人）で回収数は三九人（回収率七二・三％）、後者では定員六六人（調査時数六五人）で回収数は四八人（回収率七三・八％）であり、紛争終息間もない頃でもあり、院協活動への関心が高かったことが伺える。後者に関連しては、薬院協代議員会・実態調査小委員会名で取りまとめを分析し、研究災害・健康管理、研究旅費および就職問題について論じている。『北大院協研究交流誌'78』によれば、全学院生ソフトボール大会で薬学チーム優勝（学長杯かちとる）、『同 '80』では薬院協代議員会・実態調査小委員会による「研究災害に関するアンケートのまとめ」の報告があり、七八人回答（MC四四人、DC二一人、その他一三人）とある。『同 '83』では、薬院協は小規模ながら、会費納入率は九五％以上で、ほぼ全員が参加しており、OD問題、授業料・奨学金問題など北大院協全体の問題には、署名・カンパ活動で協力し、研究紹介のセミナーや四年生相手の講座紹介の取り組みを行っている。『同　'85』では全学的な運動に呼応して、授業料免除制度改悪に対する「意見書」を提出している。『同　'86』でもほぼ同様な活動状況が報告されている。『同　'87』によれば、北大院協の「北大院生要求集約アンケート」にOD・研究生を含む七四人が回答を行っている。これらで明らかなように、少なくとも一九八七年頃までは、薬院協の活動は続いていたことは確かである。

(三)　大学院重点化とその後の薬学部・薬学研究科

『北大百二十五年史　通説』、『同　部局史　薬学研究科・薬学部』によれば、一九九二年に学部改編があり、二科体制が総合薬学科（一学年定員八〇人）に統合され、一方、生体分子構造学講座が新設され、一四講座体制となった。一九九四年北海道大学は従来の教養課程を廃止し、学部一貫教育を行うことを決定した。薬学部でもそれへの対応が検討され、研究者養成の姿勢を明確にするとし、将来大学院に進学しようとする学生に推薦入試制度を積極的に進めることとし、推薦入試枠一五人が設けられた。この際、これらの枠での入学生は最初から薬学部に入学したことになり、カリキュラムは従来の教養課程のものに加えて、有機化学・物理化学などの専門基礎科目の講義を一年目から受けることになった。一方、薬学とは、本来患者に安全で確実な薬事療法を目的とした学問領域と位置付けられ、創薬を目的とした高度・最先端の科学の推進と医学現場との結びつきの両側面を有している。その意味では薬剤師の役割が大きく、その養成も薬学部重要な役割である。そのため、一九九七年度から薬学研究科の修士課程に臨床薬学コース（各学年四名）が設けられ、その入学には薬剤師国家試験の合格が義務付けられていた。大学院重点化に向けては、薬剤師教育標準カリキュラムの作成が問題となったが、一九九八年に北大薬学部の大学院重点化が大阪大学薬学部とともに実現した。薬学研究科は二専攻から三専攻（生体分子薬学・創薬化学・医療薬学）となり、一四講座は統合して三つの大講座（一六分野）とし、医学部附属病院薬剤部を医療薬学専攻の協力講座とした。その結果、修士課程の定員は二六人から四三人に、博士課程のそれは一三人から二〇人になった。

その後、二〇〇四年四月の北海道大学の国立大学法人化を経て、さらに改革がすすめられ、薬学部には二〇〇六年に薬科学科（四年制、定員五〇名）と薬学科（六年制、定員三〇名）の二学科が設置された。薬科学科はライフサイエンスおよび創薬科学分野において、国際的に活躍できる研究者・技術者の養成を目的とするとし、卒業後は、大学院に進学して研究者としての能力を高めることが望まれるとされている。一方、薬学科は医療の現場に適合する医療薬学・臨床薬学を修得して、医療現場での指導的な立場で活躍できる薬剤師、あるいは医療薬学研究者を養成することを目的とし、将来的にはより高度の研究能力取得のための大学院博士課程への進学課程が設置される予定とのことである。大学院としての旧来の薬学研究科は、研究組織（教員等および大学院生組織）としての薬学研究院（創薬化学部門・医療薬学部門、触媒化学研究所と遺伝子病制御研究所の関連部門）と生命化学院臨床薬学専攻（四年生博士課程）で構成されており、工学部や理学部のような大学院生の所属組織としての「薬学院」という形式的組織・名称は存在しない。

三　獣医院協の活動

（一）獣医学部と獣医学研究科のはじまりから一九八五年代前半まで

『北大百年史　獣医学部』によれば、獣医学部は一九五二年に農学部内の一学科であった獣医学科が分離独立したものであり、札幌農学校初期から続いた長い前史を経ている。当初は単に獣医学の講義が学生に課せられているだけであったが、一九一〇年以降は獣医学講座が設けられ、その後の東北帝国大学農科大学において畜産学科第二部の獣医学講座（後に獣医学第一講座・同第二講座）となり、北海道帝国大学において一九二二年までに四講座体制（家畜内科学・家畜外科学・家畜衛生学・比較病理学）が整い、第二次大戦末の一九四四年一二月に家畜解剖学講座が増設され、終戦を迎えた。一九四九年四月これらの五講座は農学部内の獣医学科として統合され、一九五〇年四月に家畜生理学講座が増設され、一九五二年四月に待望の獣医学部として農学部から分離することになった。学部設立に際して、さらに一講座（獣医公衆衛生学講座）が新設され、七講座体制となり、その後、一九六九年五月までにさらに六講座（家畜生化学・家畜伝染病学・家畜薬理学・家畜臨床繁殖学・家畜寄生虫病学・獣医放射線学）が加えられた。学部設立後も学部棟は農学部に間借り状態であったが、一九六三年〜一九六六年三月の間に教養部北側キャンパスにおいて第一期・第二期工事が進み、学部本館・附属家畜病院が完成した。

一九五三年度から北海道大学でも新制大学院が発足したが、獣医学部においても獣医学研究科に予防治療学専攻および形態機能学専攻として修士課程・博士課程が定められた。修士課程最初の卒業生は一九五五年三月に前者の専攻で四人、後者の専攻で二人、博士課程のそれは一九五八年九月で前者の専攻で二人であり、最初の頃、大学院進学者は極めて少なかったことが伺える。獣医学部の場合、獣医師免許の取得が多くの卒業生の課題となるが、一九四九年六月に新しい獣医師法が公布され、新制大学の卒業生は国家試験に合格しなければ獣医師免許を取得することができなくなった。獣医師として働く事例の多かったことが大学院進学の少なさにも反映していた可能性がある。一方、獣医師として社会的責任を果たすために獣医学教育年限の六年への延長が新制大学の発足の頃から問題となっていた。農学部内の獣医学科の場合には学部四年生の中で獣医学部門だけ六年生とすることには問題がある、当面は修士課程の二年枠を活用して修士積み上げ方式をとってはどうか、その場合、獣医師国家試験の受験資格を修士課程修了者とするための獣医師法の改定が必要であるなど様々な論議が行われた。『北大百二十五年史　部局史　獣医学研究科・獣医学部』によれば、一九八三年五月、「獣医学教育に関する調査研究会議」の答申を受けて、一九八四年四月一日から獣医学教育の六年への延長が施行され、合わせて獣医師国家試験の受験資格も実質的に変更となった。なお、このことのより、獣医学研究科は博士課程のみとなった。

(二) 獣医学部院生協議会（獣院協）の活動

『北大大学院白書』によれば、北大院協の結成時（一九五九年一二月）、院生の少ない研究科であった獣医学研究科でも院生の生活の運動が展開されたとある。さらに、北大院協は結成時に規約原案を示していたが、ようやく一九六三年一月までに農学、理学、文学、教育、薬学の六つの研究科の大学院会と共に獣医大学院会も規約を承認している（同　一二四頁）。一九六三年に始まった大学院白書作りについては、獣医からも委員一名が参加し、獣医学研究科内のアンケート集約が進められた。アンケート実施の一九六三年一一月段階で、獣医学研究科の院生数は一九名で、アンケートの回収率は一〇〇%であったが、「大学院協議会（北大院協）があってよかったと考えたことがありますか」という質問には五三%（全学五〇%）があると回答しており、一方、「大学院会を必要であると思いますか」という質問には、八四%（全学八五%）が必要であると回答している（同　二二七頁）。白書取りまとめの一九六三年末から一九六五年四月頃、獣医大学院会では、白書アンケート調査で附属家畜病院の診療その他研究条件の劣悪に対する不満が顕在化し、研究科単位でのアンケート集約において全学の先陣を切って進め、他研究科の院生に多くの影響を与えた。その際、大学院会で合宿（定山渓シンポ）も行い、研究交流と講義・六年制の問題などを含めて、論議を深めた（同　二三五頁）。

一九六〇年代後半、北大院協夏の学校には獣院協からは第一～三回には一～数人が参加したようである。事前討論資料（『第三回夏の学校（一九六七年度）』）では、獣医研究科の修士課程カリキュラムに対する院生（MC一七人）へのアンケートの結果が紹介されている。現行のカリキュラムに対して過半数が不満を示しており、理・医・農など他学部でのスクーリングを希望するなど、講義内容への不満や要望が多いことが伺える。『北大院協昭和四二年度後期総括書』でも、獣院協として月一回の大学院会例会を行いながら、上記の取り組みに加えて、獣医学教育六年制、新館移転での大学院関係控室の設備・使用などの問題に取り組み、一一月に定山渓シンポジウムをもったことなどが報告されている。なお、夏の学校の生物系分科会への参加から、農（生物）・理（植物）・獣医の院生交流会も行われた。

一九七〇年代になると、一九七一年度から研究科毎に取り組まれることになった夏の学校の取り組みは一九七一年度のみで、その後の開催実績は認められない。ただし、『北大院生実態調査報告書（一九七一・一二）』および『北大院生研究生活実態調査報告書（一九七三・二）』には、それぞれ定員二四人（調査時数二四人）で回収数一二人（回収率五〇％）、定員二一人（調査時数二一人）で回収数一四人（回収率六六・七％）となっている。後者については獣医院生会（獣院協）としての研究科アンケートの分析結果も報告されており、修士課程の受験者数は多いが合格者は半数以下であること、研究指導が十分でないことなどから、博士課程進学者は大幅に減少するとし、獣医学教育研究の混迷も指摘している。一九七五年一二月六日付けの『北大院協第一四回代議員総会議案書（一九七五年度前期）』を見ると、組織強化と財政の章で分担金納入の実績がないことから、この頃には獣院協の活動は停止していたと思われる。

（三）大学院重点化とその後の獣医学部・獣医学研究科

『北大百二十五年史　部局史　獣医学研究科・獣医学部』によれば、世界的な食料問題、新興感染症の発生、地球環境汚染の進行などグローバルな課題や社会的課題に対応するために、生物科学的研究が益々必要とされる。北大獣医学研究科はそのような研究を担う獣医学的知識と技術を担う人材を養成する必要があり、そのために大学院組織の改革が必要とされた。一九九二年一月に学部内に点検評価委員会を設け、教育研究活動について調査を開始した。一九九四年度に新しい教育研究組織の構築が試みられ、一九九五年四月から新たな獣医学研究科が発足した。その概要は、①獣医学部の教官組織を獣医学研究科に移行（研究科の部局化）、②研究科二専攻を獣医学専攻の一つとする（獣医学の総合的教育研究）。③研究科の講座は大講座（比較形態機能学・動物疾病制御学・診断治療学・環境獣医科学）で大講座は四～五教室で構成、④教授二名の研究科専担教官を配置である。

現在、旧獣医学研究科は教官等の組織としての獣医学研究院があり、大学院生の所属組織として博士課程獣医学院および同　国際感染症学院がある。獣医学研究院は一九教室（研究室）、先端創薬分野（産業創出部門）、国際連携推進室および附属動物病院などで構成されている。

大学の自治と学問の自由を守る「化学院生協議会」の闘い

平田文男

一九六〇年代から一九七〇年代は我が国の大学および学術・研究のその後の方向を決定する重要な時代であった。戦前の学術・研究体制はドイツのそれを範として作られ、「教授―助教授―助手―大学院生」という階層構造の下でその頂点に立つ「教授」に研究室運営に関わる全ての権限が集中していた。（現在もドイツの一部の大学やわが国の医学系大学ではそのような研究体制が引き継がれている。）我々が大学、大学院時代を過ごしたのは戦後一五〜二五年経過した時期であるが、その頃、大学の学術・研究体制は概ね戦前からのそれを引き継いでいた。そして、そのような学術・研究体制が学問や研究だけでなく政治・経済を含む社会の発展に取って重大な「桎梏」となりつつあることは明らかであった。ただ、その「桎梏」の意味は社会認識の異なる「二つの立場」によって大きく異なっていた。

その立場の一つは、戦後、「新植民地主義」の盟主として世界に君臨した米国に追随し、そのアジアにおける拠点として、政治的、経済的発展を遂げようとする自民党政権およびその大学における代弁者達の立場である。彼らは日本を市場原理主義（新自由主義、「ハゲタカ」経済）のアジアにおける拠点と位置づけ、そのための人材育成、供給の場として大学および大学院制度の「改革」を目論んでいた。その「改革」の正体は国立大学の民営化（法人化）として約三〇年後に明確な形をとることになる。

戦前の封建的な学術・研究体制からの脱却を目指すもう一つの立場は、米国の「新植民地主義」支配から抜け出し、真の独立と民主主義を目指す勢力と連動する立場であった。彼らは「大学の自治」と「学問の自由」の確立による真に民主的な学術・研究体制の確立を目指していた。

本稿では、筆者が所属した北大理学部化学教室における「大学の自治」と「学問の自由」を守る「院生協議会」の活動を振り返る。約五〇年前の出来事であり、当時の「資料」もほとんど手元に無い状態なので、筆者の記憶の断片をつなぎ合わせた個人的な「追想」に過ぎないことをあらかじめ断っておきたい。

北大における「大学自治」と「学問の自由」をめぐる闘いにおいて理学部化学教室は特別の位置にあった。化学教室は、当時、理学部だけではなく二つの研究所（触媒化学研究所、応用電気研究所）および教養部に合計二四の講座を擁する巨大な教室であった。そして、大学内の政治において重要な位置を占めていた。その理由は単にその規模が大きかったからだけではない。それは、「大学自治」と「学問の自由」をめぐる闘いにおいて相対立する勢力の代表が同じ教室に所属していたからである。その一方を代表するのは有機化学の杉野目晴貞教授であった。杉野目教授は北大学長として長年君臨し、文科省（当時の文部省）と太い「パイプ」を持っていた。そして、その「パイプ」を使ってキャンパスの校舎を次々と建て替え、「土木学長」の異名をもっていた。その「盟友」あるいは「配下」には後に学長になる丹羽貴知蔵教授や同じく理学部長を務めた神原富民教授がいた。

もう一方の勢力の代表は堀内寿郎教授であり、触媒研究所の所長を長く務めた後、大学紛争当時に北大学長を務めた。堀内教授は第二次世界大戦前夜にドイツに留学して、ヒットラーとナチス党による「大学自治」と「学問の自由」の破壊を目の当たりにした経験から、その生涯を「大学自治」と「学問の自由」に捧げた研究者である。筆者が学生だった当時、化学教室には堀内教授に関する次のような「伝説」が残っていた。太平洋戦争で勝利を収め、日本に進駐してきた米軍が北大の触媒研究所の接収を要求してきたことがある。堀内教授は米軍兵士の銃口の前で、その要求を頑として拒絶したそうである。

そのような教室内の政治環境を背景にして、「大学自治」と「学問の自由」をめぐる戦いは熾烈なものにならざるを得なかった。以下に、いくつかのエピソードでその一端を紹介したい。

【実験費闘争】

「実験費」と言っても、他学部（特に、文化系）の卒業生には何のことかわからないだろう。化学系の学科において化学実験の演習は極めて重要な教育・学習項目であるが、その実験演習にかかる経費の一部を学生が負担するよう教官側から提案された。すでに、記憶が曖昧になっているが、その負担の主な仕方は「実験器具」や「装置」を壊したら、その修理や購入にかかる費用を壊した学生本人が負担するという「制度」だったと思う。

当時、自民党政府は「受益者負担原則」を標榜し、国立大学の学費値上げをはじめとして後の「法人化（民営化）」に道を拓く様々な教育・研究行政を打ち出していた。当時の文部省と太い「パイプ」で繋がっていた杉野目学長のお膝元である理学部化学教室においてはその政府文部省の方針を忠実に実行する必要があったのだろう。当時の化学教室の学生達は「実験費徴収」の裏にある自民党政府の意図を正確に感じ取っていた。そして、この問題を「国民が学問を受ける権利に対する侵害」と受け止め、「実験費徴収」に反対する大闘争を巻き起こしたのである。この闘争をリードしたのは、筆者の二学年上の先輩達だったと記憶している。その中には斎藤海三郎さん（後、神戸製鋼部長）、相川雅之さん（後、北海学園大学教授）、など後に院生協議会で指導的役割を果たす学生達が含まれていた。自治会に結集する学生達を中心に度重なるクラス討論を行い、また、教官との交渉を行った。最終的な決着は記憶にないが、間違いなく言えることはこの闘争によって、化学教室の多くの学生が自民党政府・文部省の学術政策に疑問を持ち、学生自治会の隊列に参加してきたことである。何を隠そう、筆者自身もその一人であった。

【「ドクター入試」問題（A）】

その「事件」が起きたのは筆者が大学院に進学した年だった。博士課程への進学を目指していた大学院生二人が進学試験（口頭試問）で落とされたのである。それまで、博士課程への進学はほとんど「資格試験」であり、指導教授の同意と修士課程での一定の「研究成果」があれば、ほぼ、問題なく進学できると誰もが思っていた。このため、二人の大学院生がDC進学を拒否されたことは大学院生全体に大きな衝撃を与えた。さらに、問題だったのは、その二人の大学院生が先に述べた「実験費闘争」の先頭に立っていた学生だったことである。「この進学拒否は活動家に対する狙い撃ちではないか?」という疑問が教室内に沸騰した。

この「事件」当時、化学院協議長は触媒研究所の松島龍夫さん（後、北大教授）だったが、二人の入試不合格を撤回させるために数ヶ月間ほとんど「不眠不休」の活動を行った。大学院に入学したばかりの筆者や応用電気研究所の北村倫夫さん（故人）も、全力で松島さんを助けた。さらに、化学院協議長を引き継いだ斎藤軍治さん（後、京大教授）も粘り強くこの戦いをリードした。斎藤さんは、その後、電導性を有する個体有機化合物を初めて合成し、その分野の草分けとなった。結局、この闘いが実を結ぶことはなかったが、二人の院生のうちの一人（松永さん）は、その後、京都大学工学研究科（福井研究室）の博士課程に進学し、学位（博士号）を取得後は実業家として大きな成功を収めた。まさに、「研究能力」以外の「政治的動機」で大学院生の進学を妨げた化学教室の教授達の間違いを自らの人生をかけて証明したのである。

【「ドクター入試」問題（B）】

次のエピソードは筆者自身の経験である。筆者は、学部時代、「理学部学生自治会委員長」、「北大学連書記長」を歴任し、さらに、大学院に入学した後も化学院生協議会の副議長、北大院生協議会の幹事として活動を行っていた。当然、化学教室内においても先に述べた「実験費闘争」を含めた様々な活動に関与していた。したがって、博士課程進学に際して先に述べた「反動教官達（我々は、当時、そう呼んでいた）」のブラックリストに載っていたことは疑いない。筆者の他にも北大教養部自治会委員長だった金田次弘くん（後、名古屋国立病院主任研究員）、三好永作くん（後、九州大学教授）など、DC進学を希望していた数人の仲間達も同様の立場にあった。すなわち、例の「反動教官」達を含む化学系教授二四人の前での「口頭試問」をパスする必要があったのである。ところが、この試験を目前に一つ「予期せぬ出来事」が起きた。それは、金田くんの進学を巡る教官内での一種の「取引」だった。すなわち、名古屋大学大学院博士課程への推薦を前提に、北大での金田くんの進学を断念させたのである。これは北大における当時の我々の隊列にとって大きな損失だったが、逆に日本の基礎医学の発展にとっては大きなプラスだったと筆者は考えている。何故なら、金田くんは、名古屋国立病院に職を得た後、エイズウイルスの研究で重要な成果を発表し、エイズ研究の国際的なリーダーの一人になったからである。

さて、話を筆者自身の経験に戻そう。そのためには、筆者が大学院に入学した一九六九年当時の北大の状況を話す必要がある。その頃、北大では「全共闘」を名乗る暴力学生集団の蛮行が猛威を振るい、理学部も彼らの戦術の一つである「バリケード封鎖」の脅威に晒されていた。理学部教授会はその「バリケード封鎖」を防ぐために、夜間だけの「逆バリケード封鎖」を決定し、学生自治会および院生協議会にその実行を委託した。筆者もその「逆バリケード」に参加したが、その中で応用電気研究所（応電）に所属する一人のDC大学院生（清原さん）と知り合いになった。そのことが、筆者の大学院における研究に大きな転機となった。実は、その当時、筆者は化学第二学科のある研究室に所属していたが、大きな悩みを抱えていた。その研究室の教授はそれまで一人のDC院生も育てたことが無く、しかも、当時、アメリカの大学に一年間の「留学」中だったのである。例の「DC入試」のことを考えると、DC進学はほとんど絶望的だった。筆者は清原さんにその悩みを打ち明けた。清原さんは筆者に「応電」における彼の研究指導者とその研究テーマについて親切に説明し、その研究指導者に相談するよう勧めてくれた。その研究指導者こそ、当時、「道大教組」の委員長の任務にあった荒川泓助教授（当時）だったのである。

荒川助教授は水溶液の研究において日本の草分け的存在であり、特に、「水の統計力学理論」では国際的にも独自の境地を切り開いていた。[引用、化学会総説集」こうして、筆者は修士課程の途中から荒川研で研究を始めることになった。荒川助教授は「道大教組」の委員長として忙しい毎日を送っていたが、午前中は必ず研究室に顔を出し、大学院生に対する研究指導を行っていた。特に、新しく加わった大学院生に対しては、毎週数回（院生によって異なる）一対一の「セミナー」を約一年間続けるという指導方針を貫いていた。筆者は一も二もなく荒川研に移ることを決断した。

荒川助教授から与えられた研究テーマは「四級アンモニウム塩水溶液の……」だった。四級アンモニウムイオンというのはアンモニウムイオンの四個の水素原子をアルキル基で置き換えたイオンである。そのアルキル基の長さをメチル、エチル、プロピル、ブチルと変えることによる水溶波の熱力学量（圧縮率）の変化を超音波の音速の変化として検出するというものだった。さらに、その圧縮率の変化からイオンの周りの水の構造（水和と呼ばれる）を推測するというのが筆者に与えられたテーマだった。筆者は指導教官を修士課程の途中で変えたため約一年半足らずの時間しか残っていなかったが、ほとんど連日徹夜のような奮闘の末、何とか実験結果とその解析も終了し、学術論文の「ドラフト」まで書き終えていた。

そして、ＤＣ入試の「口頭試問」を受けることになった。ＤＣ入試は二四人の化学系教授の前で行われる。（当然、その中には筆者の指導教官（荒川助教授）は含まれていない。）「口頭試問」は、まず、受験者による五分間の研究発表の後、教授達の質問とそれに対する応答という形式で行われた。筆者に対する数名の「質問担当者」が決まっていたようで、その中心は神原教授だった。その最初の質問は今でも鮮明に覚えている。「その式、導出してみい」。神原教授が「その式」と言ったのは、筆者が実験の解析に使った「超音波の音速と圧縮率を関係づける式」のことだった。その式は音波のダイナミクス（波動方程式）と熱力学を結びつけることにより得られる数式で、専門書でも数ページを使って記述されている式である。流石にその質問を「理不尽」だと思ったのだろう、別の教授が神原教授をたしなめてくれたので、その場は事なきを得た。しかし、質問は執拗に続き、結局、筆者の口頭試問が終わったのは開始から「二時間後」のことだった。口頭試問が終わって筆者が控え室に戻った時にはすでに窓の外には夕日が差していた。先に試験を受けた大学院生達が皆残っていて、声をかけてくれた。本当に嬉しかったことを今でも鮮明に覚えている。（ちなみに、三好くん（後、九大教授）も「一時間」の口頭試問に晒された。）

余談になるが、神原教授が「導出してみい」と要求した数式を筆者は約五〇年後に全く別の道筋で導出した。院生のころ筆者が音速実験の解析に使った理論は「連続体の力学」と「熱力学」に基づく現象論的理論であり、分子レベルでの「水溶液の構造」については直接の情報を含んではいなかった。筆者は、最近、自身が開発した二つの統計力学理論（「拡張ＲＩＳＭ理論」および「サイト－サイト一般化ランジェヴァン理論」）に基づき、この数式を分子レベルで導出することに成功した。［引用、Life Phenomena］【夏の学校の取り組み】

【あとがき】

本稿では、北大理・化学教室の当時の状況を筆者の個人的体験を中心にエピソード的に振り返ったが、最近になって明らかになったことがある。それは、化学における「大学の自治」と「学問の自由」をめぐる闘いにおいて、他の政治的要因が働いていたことである。その「政治的要因」とは、北大における「統一教会」の活動である。

　当時、筆者は知らなかったのであるが、我々が大学院で研究活動を開始した前後は、「統一教会」とその関連団体が我が国において活発に活動を始めた時期でもあった。全国の大学に「原理研究会」を組織し大学生や大学院生を勧誘すると同時に、学者・研究者を「世界平和教授アカデミー（?）」に組織し、大学教員の間に統一教会の影響力を広めていた。北大においては、当時、大学評議員だった数名が「世界平和教授アカデミー」に名を連ねていた。特に、理学部・化学においては、後に学長となった丹羽貴知蔵教授、理学部長になった神原富民教授が「世界平和教授アカデミー」の指導的なメンバーであった。（参考資料1、2）これらの教授達が自治会や院生協議会のメンバーに対する陰湿な「弾圧」の先頭に立っていたことについて先に述べたが、筆者はそれらの行為を自民党の政治と利害を共有する学者達の保守的な動機に基づく行動だと思っていた。しかし、今にして思えば、それは極めて甘い「分析」だったと認めざるを得ない。それは単に「保守的」な動機に基づく行為ではなく、文鮮明の邪悪な思想に共鳴する行動だった。まさに、「反共」と「宗教」の皮を被った外国の謀略組織による我が国の「大学の自治」と「学問の自由」に対する重大な侵害であり、それを手助けする行為だったのである。

　二二年に起きた安倍元首相殺害事件の背景を巡って「統一教会」の反社会性と反日性が次々と明らかになりつつある。北大の桜井義秀教授が著した論文「統一教会の研究（Ⅱ）―教説―」［文学研究科紀要一二八（二〇〇九）］によると、「統一教会」の教義は次の諸点に要約することができる。

（1）エバ（イブ）がサタンと姦通したことによって人間は原罪を負った。（旧約聖書）

（2）その原罪をなくすためには、〃メシア〃によって血を洗い清めていただく必要がある。

（3）文鮮明こそがその〃メシア〃である。その根拠を旧約聖書に書かれている「メシアは東方の国に生まれる」という文言に求めている。それを都合良く解釈して、「東方の国と言ってもどこでも良いわけではない。朝鮮半島でなければならない」とし、その理由として、「中国やロシアは共産主義になったのでメシアの降臨地ではあり得ない」とする。一方、日本については、古代のエジプトやローマ帝国になぞらえて、「日本は韓国を植民地にして、暴虐の限りを尽くした」ので降臨地ではあり得ないと断じている。

（4）日本は〃エバ〃国家として〃アダム〃国家である韓国に永遠に服従しなければならないとし、日本の信者が韓国に多額の献金を送らなければならない根拠としている。

そして、最後に

（5）文鮮明を〃メシア〃あるいは「王の王」とする統一国家によってのみ真の世界平和は実現できると宣言する。

さて、その「教義」を忠実に理解すると、真に原罪を負っているのは、朝鮮半島を日本の植民地にし、「慰安婦問題」や「強制連行問題」に象徴される朝鮮人抑圧政策を実行した戦前の日本の政治家たちであり、その二世、三世たちである。現在の自民党政治家の多くはそうした「原罪」を負う政治家達であり、岸信介、安倍晋太郎、安倍晋三の三代の政治家達はまさにその代表と言えよう。ところが、「統一教会」の教義は真に「原罪」を負うべき自民党の政治家達ではなく一般の日本国民、特に、女性達にその「原罪」を押し付け、「マインドコントロール」によって多額の「献金」を贖罪として略奪している。日本の一般国民はむしろ日本軍国主義の犠牲者である。現在の自民党政治家の父や祖父達が引き起こした侵略戦争によってあるいは肉親を殺され、あるいは家を焼かれた人たちの子孫である。彼らもまた原罪を負う自民党の政治家達に贖罪を求める権利を持っているといえよう。しかし、その自民党の政治家達は一般国民に自分たちが負うべき「原罪」を押し付けるだけなく、「選挙応援」の見返りとして統一教会の暴虐を様々な仕方で助けているのである。

例の北大理・化学の教授達が、文鮮明の荒唐無稽な妄想に真に共鳴して様々な「アカハラ」や「パワハラ」行為を働いていたとはとても思えない。それは岸信介をはじめとする自民党政治家達の強力な指導の元に行われた行為だったであろうことは容易に想像がつく。そして、そのさらに背後にはアメリカを中心にした「市場原理主義」の政治的、経済的世界支配のどす黒い野望が働いていたと想像するのは筆者だけだろうか？

【参考資料】

(1)北大学生新聞、縮刷版Ⅰ、昭和五七年八月発行
(2)ウィキペディア「世界平和教授アカデミー」

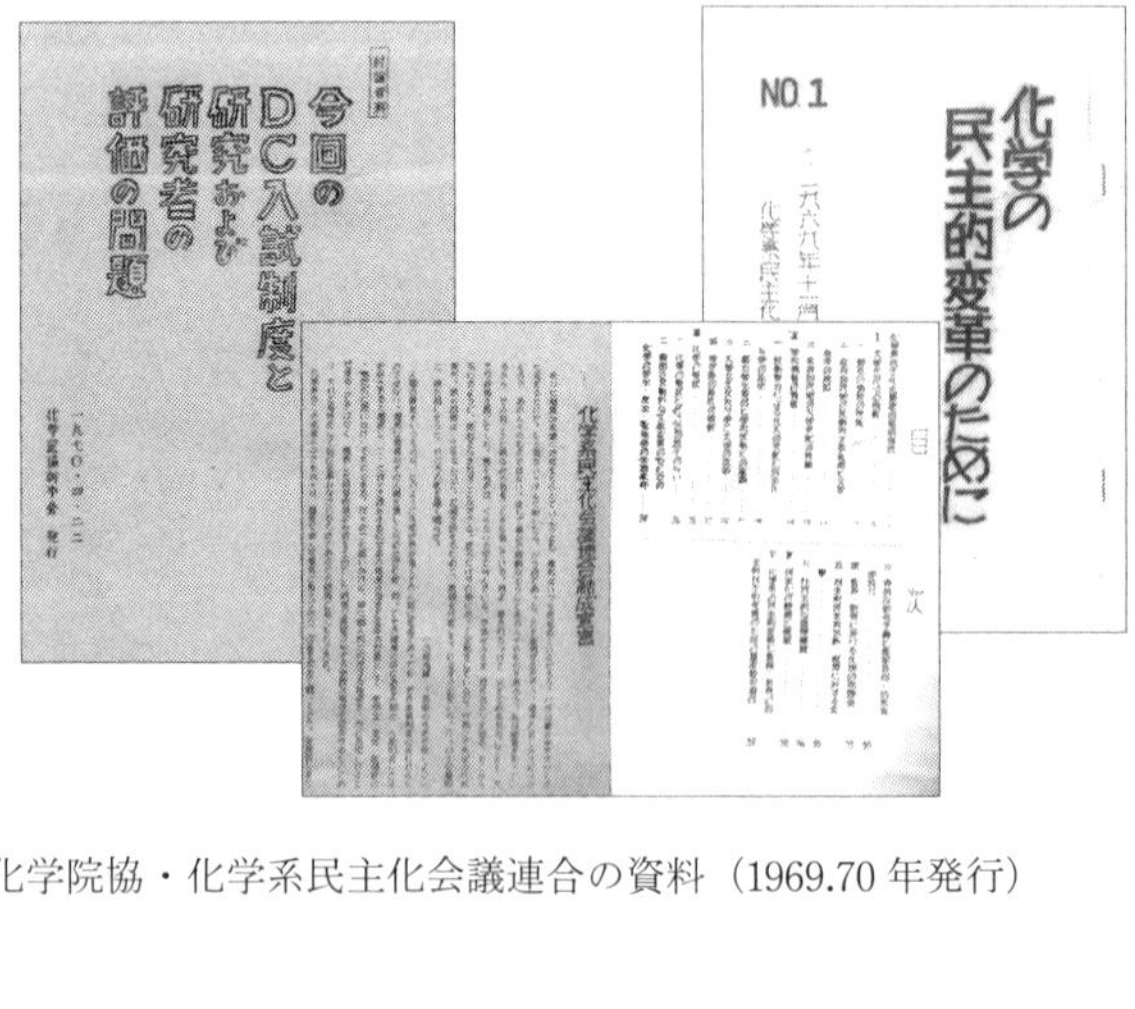

化学院協・化学系民主化会議連合の資料（1969.70年発行）

大学紛争以前の農院協運動について
――私の経験から――

石井　寛

私が大学院に在学していたのは昭和四〇年四月から四五年七月までの期間である。その時は今（昭和五一年）からみるといわゆる高度経済成長の真只中にあり大学院の進学者が増えはじめ、以前の〝一学科一学年一名の進学〟という状態から、一学科一学年に数名の者が進学するようになった時であり、また旧七帝大以外の大学にも大学院が設置されはじめた頃であった。そして全国的に大学民主化の闘いが広範に起こり、その闘いを経験した後に私は大学院を卒業したのである。またその時期は北大においても院協運動の高揚期であり、現在からみても古典的な意味での院協運動の開花期であった。

私はこうした時期に院生として生活し、院協運動にも参加したのであったが、年齢的にみてちょうどその時が私の思想形成期でもあったので、院協運動からは多くの影響を受けたと思っている。ここでは紙面の許す範囲内で当時の運動についてふりかえってみたい。

私が大学院に入った昭和四〇年当時で、農学部の院生数は六〇～七〇名程度であったと思う。四五年には百二〇～百三〇名と増えたが、当時院生会はそれぞれの学科にあり、農経、生物、畜産、プロパー（農学）、林学、林産の院生が農学部院生会に加わっていた（一～二年後に農工が加わり、農化の院生は全員ではなかったが参加した）。その時の農学部の院生間にはなんとも表現のしようがないが、強い仲間意識があり、それがひとつの基盤となって、院生会の活動がおこなわれていた。例えば半年に一回開かれる総会には、出席できる状態にある院生はほとんど参加したので、総会の成立のために特別に苦労するということは余りなかったと記憶している。

［大学院白書の販売・学習……］

私がはじめて加わった院協運動は北大院協が総力をあげて作成した〝大学院白書〟の販売と学習、討議の活動であった。この北大院協作成の白書は全国的に高く評価されたものであり、全学の院生のほとんどがなんらかの形で、その作成から出版・販売までの活動に加わり、全院生の力で、文字通り大衆的に作られたものである。農学部のある教授がこの白書をみて〝ドクター論文以上の価値がある〟と評したものである。私はこの大学院白書の討議のなかで戦後新制大学院の性格と院生が実質的に研究者として活躍していることを知ったのであるが、北大の院協運動は大学院白書の作成を画期として、白書が示す院生の状態、要求とその理念に沿ってその後展開をみたのである。

「奨学金闘争……」

当時の院生会がとりくんだ運動についてみると、諸要求実現の闘い、とくに奨学金闘争を中心にしていたと思う。今はどのように要求されているかわからないが、当時、要求は奨学金三原則として定式化されており、「全ての院生に、貸与ではなく給付で、額を大幅に増額して支給せよ」とされていた。この三原則の支持を訴えて、随分署名に回ったものである。時には教授と激論をたたかわすこともあったが、かなりの支持者を得たようにおもう。この他に奨学金の前借り問題があった。現在ではすでに問題がなくなったようであるが、ＭＣからＤＣへの進学時に、奨学金の事務手続き上の問題で、四ケ月ほど奨学金の支給が遅れ、これが院生の生活上の問題となり、大学として学内措置を講じて、奨学金を前借りができるようにしてほしいという強い要求があった。ところが、昭和四一年から四二年にかけて当時の学生委員会が前借りは適当でないとして、この制度をやめるとしたことから、大問題となった。全学院協は数度にわたって学生委員会と交渉を持ち、負担区分論、教育の機会均等、戦後大学の性格等をめぐって激しい議論をおこなった。結局院生の要求の切実性と論理の前に、学生委員会は譲歩をしたのであったが、こうした努力に支えらえて、前借り制度は存続し、その後支給の仕方が改善されるに至った。

奨学金のプール制の問題は昭和四二年頃から議論されたと思う。現行の制度では奨学金が全員に支給されないので、奨学金を院生相互でプールし、少なくとも個々の院生の経済的負担を軽くしようとする趣旨であったと思う。農学部の院生会でもこの問題を全体でずいぶん議論したが、実施にふみきったのは記憶では、農経、畜産、林学、動物であった。農経と林学ではいまでもプール制を続けているそうであるが、そろそろ十年になるわけで、随分続いたものである。こんなに続いているところは全国でもあまりその例をみないのではないか。

「新しい型の研究者……」

ところで、当時の院協運動では戦後大学院を研究者養成機関であり、同時に一つの研究機関でもあるとし、自らを〝新しい型の研究者〟としていた。最近、この研究者規定について再検討されはじめたようであるが、私は当時この規定で納得し、〝自分は新しい型の研究者として成長し、自立した研究者たらねばならない〟とする使命感をこの規定から感じたものである。たしかにこの規定は多様な院生の現状規定としては背伸びしている側面があるが、院生自身が使命感と成長の展望を自ら持つうえで、この規定には捨てがたい面があることも事実であると思う。ぜひ院生会の中で充分にこのことについて議論してもらいたいし、私共にもその議論の内容について知らせていただきたいと思う。

また院生の要求を体系付けて三本柱の要求としてまとめていた。すなわち第一の柱――研究条件の改善と充実の課題、第二の柱――自主的創造活動の発展、第三の柱――全国民的な課題の三つである（少し言葉がちがうかもしれない）。ここでとくに述べておきたいのは当時の農学部の院生会が全国に先がけて三本柱の要求の相互関連性について理論的な定式化をおこなったことである。つまり〝新しい型の研究者〟として、第二の柱が中心的な課題であり、この柱を軸として、それを発展させるために第一の柱の課題を闘い、あわせて国民とともに歩む者として第三の柱の課題を闘う必要があるとした。この定式化は当時全国的に風靡して農学部院生会による全国への貢献として我々は大いに自慢したものであった。

「農学シンポと夏の学校……」

農学部院生会が第二の柱の具体化としてとりくんだものに、農学部シンポジュームと夏の学校の開催とがあった。記憶によれば全学の夏の学校の開催の方が早かったが、農学部シンポジュームの第一回目は昭和四三年にひらかれ、その後三～四回続いたのだと思う。このシンポジュームにはいつも沢山の参加者があり、教授や学生の参加もみて、活発に討論がおこなわれた。私はこの中で農学研究、林学研究に対する見方がいかに多様であるかを知り、驚いたものだが、石塚先生のシンポでの発言、すなわち「研究方向は研究者個々が決めるべきであり、その点で価値からの自由でなければならないが、私個人は農業との関わりを重視したい」には深く感銘をうけた。まさに「北海道農業に育まれた」方の発言であったと思う。農学部院生会主催の夏の学校は全学の夏の学校の持ち方ともからんで、学部独自で開くことになり、昭和四五年七月に第一回がひらかれたのだと思う。

「大学紛争と院協の役割……」

昭和四四年度春に起こった「大学紛争」、そしてその過程で種々に織りなされた人間模様には強いショックをうけた。とくに農学部の院生会は圧倒的な多数の院生の参加をかちとっており、運営は院生の総意にもとずいておこなわれていたのにもかかわらず、一部の院生から院生会解体論、無用論、果てには罪悪論までとびだし、強力に主張がなされ、農学部の院生会がために一時とはいえ解体の危機に立ち至ったこと、そしてそのような主張をする院生の中に、これまでともに院生会活動を主体的に取り組んできた信頼できる者さえいることを知り、激しい精神的ショックをうけた。しかし長年の院生会活動の実績の積みかさねの故に院協運動の重要性を認める院生が多数を占め、院生会が存続しえたことは幸いであった。ただ「大学紛争」のいわゆるしこりがその後色々な形であらわれ、残ったわけで、その点では止むを得なかったこととはいえ、悔いが残る点である。

ところで「大学紛争」時に当時の院協は沢山のことを主張したが、そのなかで今では余り知られていないが、重要なことだと思う点について、ここで触れてみると、その一つに院生は学内共闘の要であるとする議論があった。周知のように大学は教官、職員、院生、学生の層から構成されており、この四者の共闘の要に院生があり、その役割を積極的に果たさなければならないとされた。学生層には若干未熟な側面があり、教官層では仲々学生の気分が理解しえない、そこで院生がその間の媒介的な役割を果たそうとするものである。いわば全国の大学民主化闘争のなかで院生が、そして院協が実際に果たした役割からして、当然の主張であったと思う。もう一つの議論、つまり大学の民主化の目的は何かという議論である。闘争の過程で「大学解体」路線か「大学民主化」路線のどちらをとるかのかが主として争われたという面が強くでたので、大学民主化の目的、目標、大学の民主化をおこない、そのうえで、どのような大学作りをおこなってゆくのかという点が必ずしも具体的にかつ鮮明には浮きあがってこなかった。その点での欠陥に気付き、大学民主化の目的、我々の大学像、大学院生像、そして研究者像を一層明確にしなければならないとする課題意識がすでに当時においてもあり、克服のための若干の努力がなされていたということをここに述べておきたい（民主化のための民主化ではだめだということ）。

最後に一～二。

私が卒業してから、全国的には大学院論、院生論の展開というよりは、院生問題を含めた若手研究者の問題、「国民のための大学論」が前面にでて議論されているように見受けられる。とはいえ若き研究の担い手としての院生問題の重要性はますます高くなって来ているのであって、私は先に述べたように当時の「新しい型の研究者」規定の不充分性を含めて、院生像、大学院像の具体化のために、これまで以上に活発に議論していただき、創造性を発揮してもらいたいと心から思う。

また最近の農学部の状況をみると、かなり時代逆行的な、全国的なファシズム化の動きと照応するという点では現代的な動きが教授層の一部にでてきているので、ますます農学部民主化のために闘わなければならないし、民主化の担い手としての院生に期待されることが多いと思う。

（林学科助手）

【付記（編集委員会）】右の石井論考は七六年刊「穂波」一二号に掲載されたもの。

なお同号には中嶋信が「農院生会活動の転機」で紛争期の院生会を高橋興威が「昭和三十年代の院生として」院生会成立期について論述している。

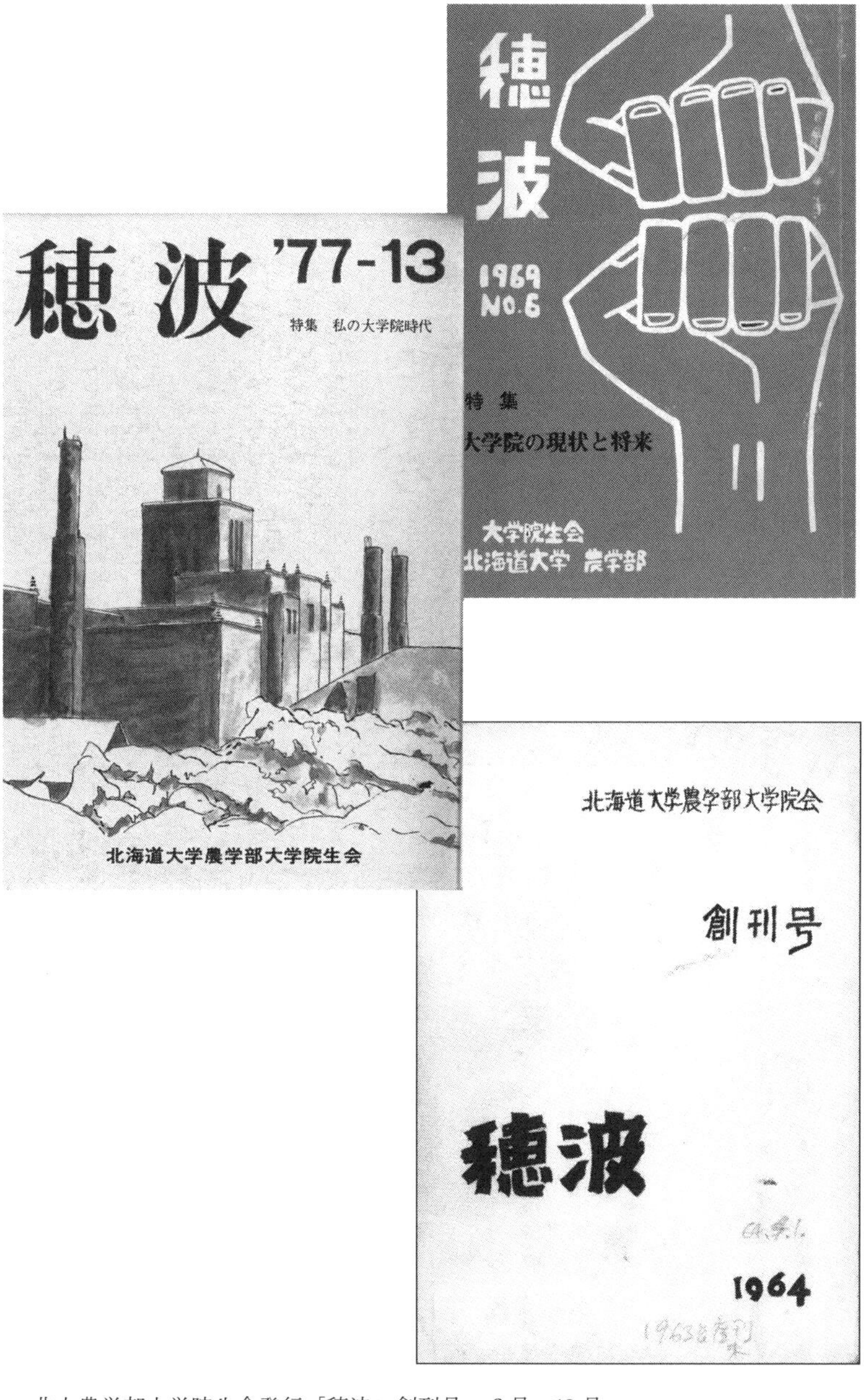

北大農学部大学院生会発行「穂波」創刊号・６号・13号

農院生会誌「穂波」一八巻に見る院生の生活と運動

佐々木　忠

〈はじめに〉

北大大学院農学研究科では、院生会が六四年三月末に「穂波」創刊号を刊行した。以来、八〇年代まで、二〇数号が刊行された。

いま筆者の手元には、六四年の一号から八一年の一七号、八六年二一号の計一八冊がある。これらはいずれも、弘前大元副学長だった神田健策（二〇・四・五急逝）の旧蔵書である。（神田旧蔵書については『北大1969』資料編六四頁参照のこと）。

大学院農経で一年先輩だった縁で、二〇年九月に弘前の神田邸で富恵夫人の了解をえてお借りした史料であった。故人の遺志を尊重し、五〇年以上昔の貴重な史資料の概要について紹介し、農院生の生活と運動を顧みることにした。

1　農院生会誌「穂波」創刊六四年

創刊号は、A4・四五頁。研究科長と二八人が執筆参加している。在籍四〇人位のところ七割の方が筆をとっているのは、僕には驚くばかりだ。

自己紹介欄もあり、林学の新谷融、有永明人が寄稿している。有永は、研究テーマは「林業における地代論」、三年程やってますが、まるで難しい。性格「オンコウ」にして平凡。理想――一見急進的にして人情もろく、マルキシズムとロマンティシズムが雑居して、時々ニヒルになる。でも本質的には楽天家……。

有永は筆者が学部移行した時はすでに林学科の助手、のちに山形大教授。助手会々長、組合農学部班長など歴任。以来七年位、お付き合いいただいたが、「非凡」極まる人。温厚とは真逆に近い人で、教えられる事多数。

農経の大高全洋は、「だから」と『だが』の対話――として前年最高裁判決の出た白鳥事件を検証している。人権に造詣の深い大高らしい批評を展開している。

ユニークなのは「農化ヨイトコ」葛西隆則の散文と詩である。「穂波一〇号」に、農経助手の太田原高昭は「穂波創刊のころ」を寄稿している。葛西の作品を初期の「最大のヒット」、としている。同じ助手葛西の「007屋」シリーズをあげる。

太田原は「穂波」企画について、条件の悪かったあの頃の大学院の部屋、学費、奨学金の問題を穂波に吐き出したが出来た。……条件の改善……何よりも多くの得難い友人を得ることが出来た。あの頃の自分達が何を悩み、何を思い、何を訴えていたのを確かめるのが、今も必要だ……研究のプロセスや発想の源泉を伝える場の方が必要……心情の吐露もいい、不満のはけ口もいい……青春のあかしをおおいに「穂波」に刻み込んでほしい――などと熱く院生諸氏にエールを語っている。

「穂波」の命名者は、農経川端俊一郎。適当に詩的で、農学的で「こいつはいい！」と一同で手を叩いた、とある。

2 「穂波」二号〜石城、藤巻、うさみ

穂波二号は、少し遅れて六五年六月に発行された。編集後記には「けなみ」はそろっていませんが「ほなみ」はそろいました――として「よくもまあ、いろいろなものが集った。あきがこないなあ。それで冷害なのでしょうか」――と書き込まれている。前年の六四年が歴史に残る大冷害だったのと対照的に、「穂波」の豊作を誇示しているかのようです。本号も三〇人が寄稿している。

農業生物学科から七人が参加。僕的には後に演習林長で活躍されたM2、石城謙吉「勿体ない話」に魅せられた。「勿体ない話」は渓流魚の研究を始めてから、採集旅行に出掛けるたびに閉口する事がある――と切り出している。

見事なアメマスやヤマベが沢山とれた時「いやどうも有難とう」と採れた魚は全部、用意しておいたホルマリン液にぶちこんだ。それ以来僕の採集に対する彼ら（孵化場職員）の協力はさっぱり。釣りマニア達も同じだ……僕は実に心苦しい説明をしなければならない、すぐ了解してくれたが最後に「だけど研究ってものは一寸ばかし、勿体ないもんだ」と……同僚の院生たちはジロリと魚を睨んで言う「勿体ない。たまには食わせろ」

「然し僕にとって見れば話は全く逆である。この数年僕はとった魚を一匹も食べた事がない。勿体なくて食べられないのである」――と。

岩波新書の名著『イワナの謎を追う』を書いた石城の希代の名随想と言えよう。

また農生D3の藤巻裕蔵（後に帯畜大教授）は、「野鼠の生態学的研究」をしていた。そして1号、2号に「鼠・ねずみ・ネズミ」のを各々に書いた。「その2」は副題に「ある日の会話」を掲げ、問答集になっていて、野ネズミ研究の裏舞台が楽しく展開される。

農経M2のうさみしげる（宇佐美繁―後に宇都宮大教授）は一年間もアンケート委員をやった。「アンケート雑感」と題して、北大院白書作成のためのアンケート調査活動を紹介している。

「北大の院協活動史上でこれだけ広範な院生を巻き込んだ運動は初めて」「非常に画期的なこと」「農学部アンケート集計なるものが全院生の手元に配られ〝アンケート集会〟が開かれた……北大白書試案が出され再び在籍四〇名のうち十数人の参加者が三時間にわたり熱心に討論……全学の中でも一つの先進的事例と評価された……白書は我々院生全員の共有できる資産を与えてくれる、一つの終点であると同時に一つの出発点を為す…農学部白書の作成は非常に重要な意義をもつ――と強調する。でも農学部白書作成は

どうなったのか、不明にして筆者は知らない。

農工Ｍ２の塚本忠は前年の「冷害に思う」を寄稿した。――「悲惨、冷害の開拓農」の見出しで空知の開拓農家二一六〇戸のうち夜逃げ二五戸、離農七〇戸、離農希望二〇〇戸、営農継続不能四〇〇戸との報道――を紹介した。冷害は天災か人災か、と問いかけ人間の力で災害をくいとめられたのにそれを怠ったために起こったなら〃人災〃だとして我々は深く考えねばならない――と説く。当時の過酷な大冷害を機に農学徒としての有様を問いかけているこ とに深い考慮がみてとれる。

池田均（後に北海学園大教授）も「冷害」を寄稿した。

3　「穂波」三号〜大学院白書によせて

三号には、矢島武研究科長はじめ三二人が投稿している。農化Ｄ２の葛西隆則の「００７屋シリーズ〜寒い国にとばされたスパイ〜」が目を引く。

編集を終えて、には作田が「今回もいろいろな原稿が集まりました。カタいのもあり、ヤワラカいのもあり、大きいのも、小さいのもあり、青いのも赤いのもある……でもこれでいい、裸の人間に親しみをおぼえる如く、考えを率直に述べる人に融和感を覚える」――としている。農作物に例えているのか。

農経Ｄ１の太田原は「帰りなん、いざ、田園まさに荒れんとす」を寄稿した。

協同組合短大の美土路達雄著『出稼ぎ』（日経新書）の中の詩（酒田市小学生）を引用して後「出稼ぎが強いられる農村と農民に何が起こっているか、農業はどうなっているか」生々しい報告と告発ぶりを、農学を学ぶ者として院生として読むことを強く勧める。

「荒れた田園を前にして僕たちはどこに帰ればいいのか」。美土路先生の勤務先では「美土路を追い出せ」の声があがっている。先生の信条と研究態度が唯　の原因で。

「農学は荒れてないか、農学部は荒れていないか」と問いかけている。

三号の特集（初めて）は「大学院白書によせて」である。これに農学Ｄ１安藤桜、農化Ｍ２横田勝徳、林学Ｍ２八木俊彦、農経Ｍ１増田洋、林産Ｄ１太田路一――の五人が寄稿している。八学科に期待したが五学科に留まる。

安藤は「白書」と題して、院生のほとんどの人がこれに参加した。夜もろくに寝ずにがんばった最終編集委員の人々の手でこの膨大な白書はできあがった、とする。

「三八年二月、私がＭ１の冬だった。農学部からアンケート委員を一人出さなければならないから、やってくれないかと頼まれた。各学部から一人づつ、週に一回づつ集った」「最初の委員会の中心だったＴさんは毎週みんなにアンケート委員会をはじめますと電話をかけたり……会合の回数を増すに従って、委員一人一人が白書の必要を自覚し、義務でなくやらねばという気になって来た」

「立派な京大白書が届いた……何度も予定表がつくられ、三九年三月までに仕上げよう……七月に入るとみんなの都合が合わず日曜日に集った時もあった……八月に入ると週二回集まるようになった」――などその経過が詳しく記録されている。

集計に入ったが、二三〇項目のいずれにも「その他」があり、そのままにぬき出した（転記）……ついに四〇年一〇月、白書はできあがった。最終編集委員と初期の頃からのアンケート委員が集まって完成を祝った、という。安藤は「さあ、これからだ。白書を作ることが私たちの最終目的ではない！」と力強く筆を置いた。（本書第Ⅱ部3の一七一P）

農化横田によると、下校中にふろしき包みをもつ辻君に会い、一二時までならと彼について行ってアンケート集計を手伝い、深みに入り込んだ。「院生が世に問うた積極的な仕事」をなした、とした。

林学M2の八木は「北大全院生の血と汗と涙により大学院白書が生れた。誠に喜ばしい」と胸を張った。「皆で作った白書、皆で愛して活用してゆきたいものですね」と結んだ。

農経M1増田洋（後に水産学部教授、夭逝）は、白書の冒頭には「明日の科学を担う意欲」と院生のおかれている現状に対する激しい怒りと苛責なき告発がある――と僕は捉えた。白書は、真の意味の科学者たらんとし自らの条件を創り上げようと闘い、運動してきた先人の世界観でもあろう――として、白書の思想に学ぼう、と呼びかけた。

また農学M1の戸張は院協主流派に対抗して「君はいま何を恐れる」と非合理主義、急進主義的な政治評論を書いた。或る春の日に自ら死んだ友に訴えた「プロレタリア解放に生きて……」にも注目したい。

4　特集「大学院生と政治」四号、「研究と農業」五号

四号の「序」には、院生会が発足して七年になるとある。農院生会は六〇年に発足した。その頃は院生数は四〇人前後であったが、六七年には一二〇人を超えている、とされる。留学生も数人になった。

農化ヨハネス・スギャントは「インドネシアの教育の進歩」を投稿している。嚆矢をなす。

「私の研究」は小特集として、農学河野和男「稲の研究と育種学」、林産M1平嶋「筆ぶしょうの記」、林学M2石井寛「修論を書き終えて」、農経M1鶴巻大陸「文明と衣服」。これらは五号で全面展開され、特集「われわれの研究と農業」には一一本の報告が九つの全学科を網羅することになる。

林業経済を専攻した石井論文は、先行する研究への根本的不満として、①林業の経済現象を林業内部だけで理解しようとする傾向が強かった、②研究者の研究態度――国有林に対する追随主義と、客観主義的態度をあげる。自らの

修論は、客観主義でなく、林業の法則的理解の上にそれを変革する立場に立脚した、とのこと。修論タイトルは「戦後における紙パ産業の発展とパルプ原木市場の変化」。後に北大林政学教授を勤めた。

鶴巻は開発論の立場から「文明と衣服」と題して「ニューギニア高地人はペニスケースをとるべきか」と問いかけるというユニークな論述を行っていく。鶴巻はD課程の六九年末から七一年末まで二年間青年海外協力隊を経て、後に新潟経営大学に勤めた。

研究科長の矢島武は巻頭で「大学院生と政治」と題して、自覚的な存在として形成された主権者としての国民のあり方は研究者にも問われると説く。政治の実際的手段としての暴力を内容とする直接行動をもキッパリと否定している。恰も二年後の封鎖などの暴力行動を予期してたが如くに。「我々の政治行動の原則は、憲法である」と断言する。戦時中治安維持法違反事件で投獄された経歴がズシリと重くひびく。

他方でペンネームの伊見有三が「赤旗にみる革命論」として、四ページにわたり特定政党（共産党）批判を堂々と全面展開していることが注目される。また農経D３川端は六頁にわたり「院協を大いに批判しよう」と果敢に呼びかけている。

農経D２の太田原は「大学人の思想と行動」としてまず「管理人」研究者たちの人間像として①学費問題を例に、一見紳士風の孤独と頽廃を問う、ついで②選挙内規問題を例にして研究失業者の職さがし運動を、③奨学金前借り問題を例に、雪だるま式の転落、を問うた。「旧いものと新しきもの」では、大学人の落ちいる「危険な傾斜」を活写して「発展させる新しい研究者群像」を説く。

さらにD３太田原は5号において「日本農業と農学研究――北大農学部の発展のために」を一〇ページにわたって全力展開している。新しい農学部改革ビジョンを初めて問いかけた、画期的労作となっている。

5　「大学院の現状と将来」六号、「大学問題と院生」七号

六号は、六九年三月末に刊行された。六八年からの日大闘争、東大闘争など「学園紛争」時代の最中にあたる。林産D１松倉紀男は「異端の研究者達の普遍的な問い〜東大闘争が突きつけたもの〜」六頁に「根底となるべき研究論理」が東大闘争でどう問われてきたかを問いかける。青年医師達の新しい運動論理は、体制に矛盾を感じてる助手・院生を鋭く覚醒させた……資本側のエリート集団としての自己の「加害性」「犯罪性」を知り、特権的集団の自己否定することから、真の学問研究の自由に立脚した研究者として再生しうる……永続闘争を……研究論理をシッカリと築き上げることが急務――と強調している。「研究室封鎖も苦痛に充ちた自己表現」と肯定される。「大学解体」封鎖派の論理を展開した。

農化D1嶋村岳郎は六、七号に「とりのこされそうな私」「続・〜」を寄稿している。「少々保守的に物事を考える傾向」「研究継続」と「未知の世界いどむこと」目的に進学した」としている。

続は「民話風」に、革マルの守、全共闘の守とともに「民黄の守」「無職組の守」が夜に戦いをしかけた――などとし、自らはノンセクトラジカル（NR）と立ち位置を示す。NRには、封鎖派と反封鎖派があったが…

六号の力作は何といっても、農経D2増田洋「大学論序説――科学技術研究発展の論理と研究者の姿勢――」二二頁建てである。これは①大学問題の現代的性格、②科学技術研究発展の論理と大学、③現代社会における教育研究、④大学における教育研究と研究者の課題――の四章建て、本格的・包括的秀作である。武谷三男の科学論も踏えた労作であり、六九年八月に編集された北大院協の『大学変革』の基礎をなすものと言える。

増田論文のあとには突如として〈研究条件アンケート〉と〈生活条件アンケート〉が組み込まれている。

六九年三月における農学部院生はM一〇三名、D五五名の計一五八名に膨れた。アンケートの回答数は一二四名（七八％）と高回収率を示した。

研究条件では①学会調査旅費②複写機、③消耗品、④本、器具購入、⑤施設・備品、⑥事務員協力度、⑦講義の満足度。生活条件では①月の収入、②アルバイト、③支出内訳、④衣服費、⑤健康管理、⑥院生寮ができたら――である。

当時の院生会議長・北川良親（農生・後に秋田県立大教授）は「現実的問題からの出発」と報告した。

特集「現状と将来」には全九学科から報告が出された。その中で、農経からは増田の「戦後大学・大学院の現状とその性格」が八頁展開された。副題は「その簡単なスケッチ」というが①制度保障が皆無の貧困放置②大学再編論、③大学院それ自体の変質・ゆがみが七枚の図表も含めて析出されている。

当時アメリカのベトナム侵略が社会問題化していたのを受けて農院生会ベトナム人民支援小委員会が九一名からの「カンパ活動を終えての小報告がある。また前年一二月に復職した「太田（嘉四夫）先生復職再審議実現実行委員会報告」を石井が寄稿した。

七号特集「大学問題と院生」には、農経からは四人D1田畑保、D3増田、D3角井穆、豊田八宏が報告。

林学は「院生から見た学科の学問研究」を小野寺（後に山形大教授）が林学院生会での議論をレポートしている。

畜産は「研究体制の現状と問題」をまとめ、農化は、教官院生の交流の場として「連絡委員会」がもたれて自由討議をメモにした。

農経D1田畑（後に明治大農学部長）は「わが農学部の体質を考える〜その歴史的概観から〜」で①はじめに〜支配体制の強固さと突き崩す力は、②戦前農学部〜植民地経営に必要な人材養成機関、③戦後どう変ったか―研究教育の停滞と封建的非民主的運営の存続、④もう一つの変革への模索と、反動との対抗により重大な岐路、旧い体制打破の力を――としている。

農経増田は「大学論序説その2」二二頁建てを寄稿した。三章は大学問題の現段階的性格と北大闘争の位置――大学の種別化、教育研究組織の分離を案として「大学制度改編の再編成の本格的転換」と性格づけ、北大闘争の苦悩として①暴力による集団の出現はその歴史的必然性が希薄であり、②自治組織の崩壊現象をあげる。第四章は「大学改革の視点と北大闘争の課題」であるが、主に大学における教育・研究者の質的側面であり、教官の質に目を向けていく。何よりも「我々が日常最も切実に突き当たっている課題で闘うこと、学科講座おける全面的闘いである――などとする。

6　「穂波」七二年八号、七三年九号

八号は、研究科長の足羽進三郎が「農業の社会的意義」として、戦後の増産メカニズムから「農村空間の開発整備」構想が登場する。しかし足羽は、いま農家が痛切に感じているのは産業としての農業の前途に対する不安である、としてこれに答えずに農業の役割を論ずるのは本末転倒だ、工業生産に都合のように農業を変化させる立場からの主張、それは現実の農業問題の解決には役立たぬ、と締めた。

退官する三教授、矢島武、田川隆、斉藤雄一が寄稿した。各々に北大農の実証主義、明治のダンディズム、ラバウル戦争体験など実に濃密な匂いを感じさせてくれる。

林学M1の神沼公三郎（のちに北大農教授）は「学費値上げを考える一視点～中教審路線の再認識のために」の力作を寄せた。四号における農生教授滝沢の「何事も政治にすえかえ」るとの批判にも及ぶ。考えてみると当時の授業料は月千円、入学金一万円であったから、住民税非課税の貧窮世帯でも、誰でも国立大学に進学卒業できた。が、七二年一月閣議以降は「自己負担」主義の風が吹き荒れて様相を一辺させていく。それへの警鐘としても意義深い。

林産D1の飯島泰男（後に秋田県立大教授）と農経M1村岡範男が期せずして「モーツアルト雑感」「モーツアルトの美」を寄稿。音楽評論を展開し、文化の香りを漂わせる。

農生M2の小川厳（自然保護運動のリーダー）は「ヒグマは本当に怪獣なのか」を問いかけ、既成の風説を検証して科学的ヒグマ像の構築をめざす。

愁眉をなすのは「第二回農院生夏の学校」をふり返ってが七頁にわたり描写された。七一・七・二八～三〇、雨竜演習林（朱鞠内）に二六人が参加した。学科講座の壁を取り払っての宿泊研修には筆者も参加したが、とても有意義であった。林学小野寺の執筆が輝いている。参加感想文四人の思いが初々しく清々しい。

九号では、特集「今日の農業と農学の課題」である。まず明道博研究科長が、農業と生活環境を説き、畜産八戸芳夫は、畜産界の動きには息苦しいまでの切迫感を感ずる、とした。

農院生会は、新入院生歓迎講演会を企画してきた。七三年の講師は農化田中明教授であった。土壌肥料学を専門にしてきた田中の研究過程から、イネの増産と肥料を根本的に究明し、研究者は何をなすべきかを問う。

また農経D2の工藤英一（後に酪農大教授）は「人類と農業」と題して包括的思索を展開した。

農化D1の藤原一也は「思うまま」のタイトルで院生生活の実態を浮彫りにし、設立五年目の新講座（農薬化学）の苦悩を描き、結びで①講座が研究集団ならテーマ設定には相互理解を、②院生層の横のつながり――を挙げる。

異色な寄稿として「畜産院生会における高橋興威氏問題――闘いの経過と今後の運動」を畜産D2の服部昭仁（後に北大教授）が寄稿した。助手高橋の助教授昇任を教授会が誰一人の異議表明もなく七三・二・二九不承認（四・二〇も再度一票差で否決）したことを取り上げた。（高橋事件、その後一年してようやく昇任承認となった）

7　一〇号環境問題、一一号ODなど生活問題

七四年七月刊の穂波一〇号は唯一の横書。環境問題をテーマにして研究誌的交流をめざした。

編集後記において、林学餅田治之（のちに筑波大教授）は「院生は失業者予備軍としての性格を濃くする一方です。飯食えずして学成り難し、という状況が来ないことを祈ります」としている。

農経亀井大は「世の中の明るさのみを／吸うごとき／黄金の穂波／今も眼にあり／こんな歌を心から歌える時代を作りたいと思う。どんな困難があろうと、人間はそれを克服してきたのだと思う――人間の歴史はそれに満ちている……我らが〝穂波〟も――と。

特集には、教授側から林学の小関隆祺と東三郎、林産の里中聖一が力作を寄稿。院生からは農学D3浅川昭一郎、林学D3梶本孝博（のちに道水産林務部長）、農経D2佐藤了（のちに秋田県立大）、農生D3小川巌が出稿している。

梶本は、農外資本による土地集積の支庁別実態とそのパターンを鋭く分析し、土地買占めの諸影響を告発した。

佐藤は、規模拡大が土地利用をなぜ合理化しないか?と問いかけ、悪循環を強いている＝市場条件、それ自体の変革以外に根本的解決の方法はない、として主体的な努力の方向を明示した。

農経D3の中原准一が「私の寅さん論」、同D2村岡範男が「私はカラヤンから何を学んだのか」を寄稿した。

七五年の八月刊一一号の特集は「院生の研究と生活問題」であるが、その中心に位置するのはいわゆるオーバードクター「OD問題」である。

七五年五月、農学研究科のＯＤ八人が「ＯＤ問題懇談会」を発足させた。その初会合が出された赤裸々な話をふまえ、①生活問題、②ＤＣ論文、③就職問題に分けて記述されている。

さらにペンネームＭＯＤが「Ｏ・Ｄ問題」序説として、①三人のＯＤの諸相——無権利状態と精神的苦痛、②北大で三ケタのＯＤ問題の基本視角、③脅されている「研究継続の自由」の正当性——を浮き彫りに描いた。

またスズメバチ研究を専攻する農生Ｄ１の山根正気（後に鹿児島大）が「一怠慢院生の反省」を寄稿している。「学科コーナー」が設けられて、各学科・講座の紹介がされている。

農経は「御座所雑記」として、戦時中昭和天皇が北海道演習時に使用した「御座所」が置かれた大部屋八人の生活、特に食料生産が詳述される。筆者は「農経Ｍ生」とされるが、中嶋信でないかと推量される。

応用動物学講座はＭ２諏訪将良が執筆した。一〇人も在籍、ダニ屋、トリ屋、リス屋、クモ屋などその多様さに驚かされる。

林学はＤ３の神沼公三郎。院生数が五年前一〇名から二二人に急増していることに驚かされる。林学院生会は七回の「現地研修会総括集」を発行した。

また林学Ｄ１菊間満（のち山形大教授）は「研究上の問題意識の基礎にあるもの」として、先行した林業経済研究史をふまえて、研究の基礎をなす問題意識を再検証している、歴史的理論的労作である。後年、山形県で『資本論』研究サークルを主導した。

８　一二号農学研究科の歩み、一三号私の大学院時代

「穂波」一二号は、北大創基百周年記念号であり、「北大農学研究科の歩み」特集した。

特集では、戦後の院生運動を歴史的に四区分して、①農学科助教授今河茂「新制大学院発足当時をふり返って」、②畜産高橋助教授は「昭和三〇年代の院生として」、③林学石井「〃大学紛争〃以前の院協運動について」、④元農経（名寄短大講師）中嶋信「農院生会活動の転機」が各々、四つの時代での院生の意識と運動を論述した。

石井は、初めて加わった院協運動は、北大院協が総力をあげて作成した〃大学院白書〃の販売と学習、討議の活動であった、とする。諸要求の運動の中で特に奨学金（三原則）の闘争、六七年頃からプール制が議論され、実施は農経、畜産、林学、動物であった。また農院生会が全国に先駆けて三本柱の要求（①研究条件の改善と充実、②自主的創造活動の発展、③全国民的課題）の相互関連性について理論的な定式化を行なった。〃新しい研究者〃として②が中心的課題、この柱を軸として、その発展のため①を闘い、あわせて③を闘うことが必要、と定式化した。これが全国的に風靡して、農院生の全国貢献をなした。

第二の柱の具体化として、六八年第一回農学シンポ開催(後に三〜四回)と夏の学校があった。

中嶋は、六九年春に弘大から農経ＭＣに入学したが「集った先輩の醸し出す和やんだ雰囲気はたまらなく魅力的だった」「わが良き友よ」の時代としている。「学園紛争」になり「和やかな院生会が崩されるがその牧歌的な体質は強力に残存していた」と。Ｍ１後は代議員となり代議員会議長になり各学科研究室をまわる日々に。

学園紛争下での院生会活動がリアルに叙述された。七〇年以降、研究・生活が総点検が重視され、研究生の実に即した運動を経て、院生の消耗品費、図書費、学会旅費等の保障が実現された、と。

石井・中嶋論文は六〇〜七〇代の時代状況をリアルに論述した傑作といえる。

「自由論題」では、農経Ｄ３守友裕一(のちに宇都宮大)「農協論講座における共同研究」、ＯＤ懇談会から「ＯＤ懇の一年」。

随筆文芸には、林学坂東忠明「私の体験的写真論」農経村岡「音楽会批評」、農経Ｄ２神田健策「映画・蜂須賀の残雪」、農経Ｄ３小田清(のちに北海学園大)「わが研究室の住人」など……。

数々のカットは、畜産高橋秀。素人はだしの良品。

ついで一三号。特集は「私の大学院時代」で二作品。林学坂東「私の研究余禄より」、農経玉真之介(後に岩手大教授)。坂東は、学部、修士、博士と三つの大学を経た。七年の東京生活と別れて七二年に故郷北海道に来た。名寄出身だが北大を見る瞳が純心である。

さらに一三号には「記録・農学部長選挙と院生参加の歴史」がＹＡ生によって残されている。院生の信任投票権の実施は、七三年、七五年、七七年九月と行われた。

七七年は有権者一八九、投票一四五、信任七一、不信任三五、保留三五、無効三であった。

興味を引くのは、農経美土路知之(後に網走東京農大)『当世食道楽考』である。ここにいう道楽とは放蕩三昧の「道楽」ではなく「道」を生きることをさす。即ち生きる事を楽しみ謳歌する上の一手段と考える。「我々消費者は、もっと食べることとの重要さをいのちとの係りで考えなくてはならない」と「食道楽」をすすめる。

研究会紹介で武田哲男が畜産学科のゼミ、林学では金永漠が「科学論ゼミ」、坂東が「北林研の活動と役割」、野村一高が「ＰＥＮ」研究会――を寄稿した。

さらには、農経Ｄ１のＴ・Ｈ「優雅な院生生活」Ｍ１山尾政博「街並み」、Ｄ３神田健策「一九七七年・盛夏」、村岡範男「知性派のひとりごと」。また農化Ｍ１「遺言は早めに用意した方がよいのでは」という話――。林学の野村一高「イワギキョウ」の題の山岳紀行文がある。

9　一四号院生と結婚。一五号院生の成長。一六号ＯＤ問題

七七年の農学部には、晩婚院生二七名、全院生の二割になる。穂波編集委員会では「晩婚院生の生活及び研究状況に関する調査結果」をまとめた。

特集「院生と結婚」の冒頭に、調査結果の全容が紹介される。質問は①経済面の変化、②研究面の変化、③精神面の変化、④未婚者への一言、⑤その他――である。その他では「就職問題が不安」がほとんどの既婚院生の考えで、未婚の人より切実だった。

畜産Ｄ３の武田哲夫は「大学院生活と結婚」で、Ｍ修了とともに結婚した、その体験談である。

北見工大に就職していた神田は「院生と結婚～子どもが生れてから」を報告。妻の仕事確保から産休あけ保育所の困難と「強烈な意欲的精神」を強調している。

さらに七七年一二月は「北大農学部院生アンケート」を実施した。院生会アンケート委員会では七七年北大院協の「夏の学校とＯＤ問題の現状」をレポートした。アンケートには、①大学院入学の理由と大学院像、②研究条件～研究スペース、研究資材、学会調査旅費、研究の実質指導者、③経済生活～月平均収入、収入の内訳、親からの仕送り、④保健衛生、⑤就職、⑥院生会――である。

また林学院生会は七六年、全国の林学系大学院のＤＣ系五、ＭＣ系一六学院に対してアンケートをおくりまとめた。それを「林学系大学院生のかかえる研究と就職問題」の寄稿となった。専攻別な全国アンケートはおそらく全国初ではなかろうか。極めて貴重な調査報告書といえよう。

また応用動物学教室の就職アンケート委員会では「学生・院生の就職状況に関するアンケート調査報告」を提出した。

農芸化学教室では、ＯＤ２、ＤＣ、ＭＣの四人での座談会を開き、要点筆記で再現した。

また農生の植物Ｄ１佐野慎亮は「豊平川のイカダ下り」を、動物ＯＤの小川巌は「院生の社会的認知」を報告した。筆者もインセイというと少年院生と間違いられた体験をもつが、ガンさんも同種の体験を気軽に語り笑いをさそった。

一五号には特集「院生の成長問題」だが、代議員会のあいさつと北大教育学部教授山崎真秀の講演「新制大学院制度の成立との理念」である。

七九年度の院生会は、活動の一つの柱を「大学院を問い直す学習活動」として出発した――と農経玉真之介は「ある院生会議長の手記」で書き残した。久しぶりの議長手記である。

大学院改革が進行する中で、大学院が持つ意味を系統的に学習を、と呼びかける、また学部長選挙との遭遇、夏の学校のテーマ「転換期の科学・技術」、全講座・院生実態調査を報告した。

また七九年六月北大院協幹事に選ばれた、農経Ｄ１坂下明彦（のちに北大農教授）は、全学的運動を寄稿した。北大の院生一八〇〇人、ＯＤ二〇〇人――としている。

一六号の特集は「ＯＤ問題」である。まず座談会「ＯＤ時代をいかにすごすか」で、畜産助手の服部と、農経・林産・畜産のＤ２とＯＤ、計七人で懇談した。気晴らしになる〝なに気ない対話が重要〟とのこと。

「私のすごしたＯＤ時代」として、畜産服部、農経黒河功、林学ばんどうの三人が寄稿した。ばんどうのタイトルは「超越博院生、Ｔ君のこと〜エルムの森は語らず」で①終焉、②宿舎、③視線、④責任、の四節で論述した。

農学増田哲男は「〝ＯＤ—三〟雑感」を寄稿した。林院生随想として、畜産Ｄ３石下真人「オヤジの道楽」林学Ｍ１山本牧（のち道新記者、ＮＰＯ）が「航空写真」を、誰もが愉快に読めるエッセーとして寄せた。

次は——「女子院生の会」が初登壇している。「女性特有の問題が……アンケートで実施把握めざす——とされる。「ジェンダー平等」の先駆的取り組み。

これは林学ＭＣ橘井潤が「女子院生の会」川上（農化）にインタビューしたもの。八〇年当時女子院生は全学で七〇人くらい（農で七人）。会の活動は一年前から知った、という。アンケート回答率は全学で九〇％（農で一〇〇％）。

ある学部ではつい最近まで「女子だから大学院は受けさせない」という慣例があった、という。「女子院生の会の活動も実は月に二時間です」。皆んな忙しいからその後でないと集まらない。本書第Ⅳ部で全文紹介。

今でも日本のジェンダーギャップは、ＯＥＣＤで最低というが、戦後五五年のこの頃でも、ひどく遅れていたんだ。

一六号の締めは、代議員会議長佐久間亨だ。「八〇年院生会活動をふり返って」。秋は全国署名運動、暮は農院生要求署名と研究科長交渉——など研究条件の劣悪化に抗して充実を求めた。ＯＤ問題のとりくみで「ＯＤも皆んなでなれば恐くない」と、連帯をつくる運動へ、と諦めない。

10　八一年一七号ＯＤ特集、八五年二一号

神田旧蔵書には、一八〜二〇号が欠番である。（誰か発掘して下さると幸いです）

一七号では特集一にＯＤのアンケート分析、特集２に自主的研究会組織をあげている。

全院協と全国組織・ＯＤ連絡会は八一年一一月に「オーバードクター白書」を刊行。マスコミを始め大きな反響をよんだ。

巻頭は、農学部ＯＤ小委員長の高木均と玉真之介が報告した。農学部には八一年五月、ＯＤが四一名（ＤＣの四割）いたが回答は三六名（八八％）である。九ページにわたる本格的報告文である。

自主的研究会組織の紹介では、林学Ｍ１比屋根哲が「林業・林学を考える討論会」、農学科が「作物系セミナー」、農化では「化学系説話会」、農業機械学助手の端俊一が「Ｓｏｉｌゼミナール」で土関係ゼミを７回開催、農機Ｍ１竹中秀行が「農業機械院生自主ゼミ」、農生ＯＤ巣瀬司が「昆

虫分類学若手懇談会」、林産高木が「院生の現況」、農経昼食会丸山明が「農経大学院自治活動」を報告した。農経在籍三二名のうち一〇名がODであった。

　随想で愉しく読めるのは林学DC柳井清治（のちに石川県立大学教授）「有珠山のタライ」である。有珠山の火口原にトラッパーとしてタライ九個を設置、四〇キロもの水をかつぎあげた。そこにヤナギ、ドロノキ、白樺などの種子が付着し蚊・ハエ・ハチなども。

　二一号は八六年三月刊行。特集「農学部最前線」に六本、また「院生雑感」に九本、さらに「院生会活動」に七本も寄せられ、編集委員は作況指数一五〇の「大豊作」に悲鳴をあげ頒価は八〇〇円にもなった。

　特集の解題は、編集委員・農経M1吉野宣彦（後に酪農大教授）は、臨教審らから「開かれた大学」が言われる中で、「研究者の探求心」を交流してみよう、とその目的を語る。

　土壌肥料学の大家、岡田秀夫農学部長は、生物と環境の関係はブラックボックスが多く、演繹的手発想に陥りがちだが、特殊な環境での特殊な例を解析することが逆に一般原則を知る（解明）道になる、と農学研究の帰納的発想の重要性を強調している。

　あと林学助手藤本征司、畜産D2森匡、農工M2中村和正「土地改良学講座」、植物M1佐藤敦が植物ウイルス学について寄稿した。


「雑感」では、農経研究生・李商栄が「留学生の独身生活」を寄稿した。ゴールデンウィークは毎日ほっかほっか亭に通った。いつもは生協食堂（学食）に依存している、と。

「院生会活動」という特集も、今なら「よくぞ！」と思うが……。林学D1の植木達人は〃多様化の意味のはき違い〃を長く論述した。

　農経D1小野智昭は「ある院生会議長の反省」を報告している。農院生会代議員会は、畜産、林学、農経三学科から各二名の計六名で開かれた。任期は一年。今期は奨学金と授業料（免除制度の改悪）に追いまくられて活動。

　今季八五年度の「院生会ニュース第一号（五月三〇日）は「DC奨学金を全寮に貸与せよ」。八四年に育英会奨学金の学生枠に有利子制度の導入、無利子枠の削減――の改悪がなされ、政府の教育費削減姿勢は明確になり、八三年にはDC非貸与が他で起り、農学部でも全員貸与原則が破られる恐れから、全国署名に取り組んだ。「授業料免除改悪」阻止も。植物学科院生会では独自に学習会も。

　農学部では（だけ）院生に自動車・バイクの通行証未発行――にとりくんだ。（アンケート集約を転載）新入院生歓迎ソフトボール大会は、畜産優勝、林学連、植物、生物化学、動物、農経の計六チームで親睦の輪を広げた。

　あと林学M2肥後睦輝、農経D1山本康貴、植物M1秋野聖之、畜産M2鈴木透、農学D3石川枝津子が作物セミナーの活動として院生会活動を報告した。

11　貧困な生活と成長する研究者群像

農院生の総合雑誌としての「穂波」一八巻を読んだ包括的な感想をまとめていきたい。

第一に、院生の総合雑誌として二〇数年（六四～八五？）にわたり発行継続したことの持続した精神性である。そして四半世紀を超えて保持してきたことも驚かされる。発行した継続と長期の保全に感心させられる。この種の自主的雑誌の編集発行物はその代がわりもありとかく短期に廃刊に陥り、保管も不備をきたすことになる例が多いが、「穂波」の持続する志は特筆されるべきであろう。

院協運動の歴史記録にも貢献をなしえたともいえる。全国的にも稀有な刊行であり、貴重な文化遺産である。

第二に、スタートの六四年には構成員は四〇人位であり、二〇年後はその四倍にもなるが、それでもなお農院生としての共同体性が確保されたことである。旧来からの共同体は、「大学紛争」やOD問題など、貧困な大学院政策の中でその瓦解・崩落の危機がせまったが、かろうじて存続してきた。それは、大学封鎖派の台頭など、歪んだ「大学解体」の思想と行動は、院生の分断の要因でもあったが、それを最小限に抑える鷹揚さと努力が編集上にも十分に配慮された足跡が見て取れる。

第三に「成長しつつある研究者」という院生の性格づけに沿って、各院生は切磋琢磨して努力するとともに、自主ゼミ、読者会、共同研究などの手法を通して努力し研鑽していた。「穂波」にはそれらを交渉し励ます営為がよく反映されていることである。

その中で院協三つの分野での関連性を定式化した農院生会の役割と貢献も明らかにされている。

最後に日本の研究者養成のあり方論、貧困な院生支援にふれたい。

総合研究大学院長谷川真理子学長は「博士課程、院生への支援」（二一・二・二〇「毎日」）をよびかける。修士課程MCから博士課程DCの進学率は一九八一年一九％だったがどんどん減少し、二〇一八年には九％になってしまった、という。博士号をめざす若手研究者は学生でなくて給与が出るのは欧米では当たり前だったのに。「日本には純粋に学術を尊敬するという文化的土壌はあるのだろうか」と厳しく問いかける。学術は「個人の趣味」なのか。「知る」ことに貢献する仕事は、人類全体にとって重要な貢献だ、という共通認識はあるのか？―と力強くよびかけている。

穂波一八巻を読み終えて、この提案への共感をいま一層強くしている。また、農院生会の多彩で多様性を包摂した取組みに感心している。

（二一・三・二一　初筆脱稿。敬称略）

水産学研究科における院生協議会の要求と活動

―一九七〇年代後半から八〇年代前半を振り返って―

大泉　徹・宮澤晴彦・西　友夫

一　はじめに

北海道大学の院生協議会の歴史を記録する本書の意義は、今日の大学問題や研究者の育成を考えるうえでも大きいように思われます。本稿では一九七〇年代後半から一九八〇年代前半に水産学研究科に在籍した者として、当時の院生協議会の活動を振り返るとともに、現在の院生が置かれている状況との関連についても考えてみたいと思います。ただ、当時の記録のほとんどは消失していますので、関係者の記憶をたどり、議論しながら纏めたものであることをお断わりしておきます。

最初に一九七〇年代の後半から一九八〇年代の前半はどのような時代であったのか、学生・院生の生活との関連で見ておきたいと思います。日本経済は未だ高度成長の中にありましたが、二度にわたるオイルショックのなかで、企業の新規採用が減少して就職難が広がっていました。その影響は一九九〇年代後半から始まる就職氷河期と言われるほど大きなものではなかったかもしれませんが、それでも学生の進路に一定の影響は及ぼしていたように思います。また、オイルショックを背景として、教育・研究費の削減による研究環境の劣悪化が全国の大学で広がっていました。大学院の授業料については、一九七五年の年間三万六〇〇〇円から一九八五年には二五万二〇〇〇円に大幅に跳ね上がり、院生の生活に大きな打撃を与えていました。一方、多くの院生の生活を支えていた日本育英会（現在の日本学生支援機構）の奨学金は、一九八四年に有利子の制度が導入されています。大学自治や民主的な運営に対する文部省からの介入が強まったのもこの時期でした。水産学部の例をあげると、一九七六年に学部長に選出された辻田時美教授と一九七七年に選出された石田正巳教授は、文部省から正式に発令されず、「事務取扱」として職務にあたりました。その理由は事務職員が学部長選挙の選挙権を有している選挙制度にありました。また、この時期には院生も間接的に学部長選出にかかわることも認められており、このことも問題視されていました。このような状況の中で、水産学部では学部長選挙の有権者を教員のみとすることで一九七九年に秋場稔教授が学部長として正式に発令されています。

二　水産学研究科と院生の状況

次に水産学研究科と院生の状況について見ていきたいと

思います。

当時の水産学研究科は、漁業学専攻、水産増殖学専攻、水産食品学専攻、水産化学専攻の四つの専攻から構成されていました。これは水産学部の学科の構成と同じです。各専攻の院生は講座に所属していました。講座は教授、助教授各一名と一～二名の助手のスタッフと院生・学生が在籍していました。講座の運営は、講座ごとにかなり異なっており、教授がトップダウン的に運営する講座もあれば、助教授・助手が比較的自由に活動している講座もありました。今日では多くの大学では准教授以下の職位でも大学院担当の資格があれば、博士論文の主査になれるようになりましたが、当時は主査になれるのは教授のみでした。指導教官が助教授の場合には、教授に主査をお願いすることが必要でした。

水産学部の卒業生の大学院への進学率は現在よりもかなり低く数%でした。在籍する院生には、東京水産大学（現東京海洋大学）、鹿児島大学、長崎大学などの全国の水産系学部・学科の出身者も含まれていました。その理由のひとつは、当時北海道大学水産学研究科が唯一水産学博士の学位を授与できる研究科だったことにあるように思います。学生の自治活動への参加経験をみると、北海道大学出身者については、教養部の学生自治会が革マル派の学生による非民主的な運営によって永らく不正常な状況に陥っており、水産学部の学生自治会もすでに活動していなかったので、全員加入制の自治会活動の経験は皆無でした。恵迪寮出身者の中には寮自治会における要求実現活動に参加した経験のある者も含まれていました。水産学部の学生寮である北晨寮の自治会の執行部も永らく革マル派の影響下にありましたが、一九七八年に自治会の民主的運営と寮生の要求実現を掲げる寮長が誕生し、本格的な自治会活動が開始されつつありました。他大学出身者の自治活動の経験は出身大学によって異なりますが、多くの水産系学部・学科では北海道大学出身者と同様であったように思われます。このようなことから、多くの新入生にとって全員加入制の院生協議会の活動は未知の世界であり、「よくわからない」というのが正直なところではなかったかと思います。

三　院生協議会の組織と運営

院生協議会は四月から九月までと一〇月から三月までの半年間の任期の役員を中心に活動していました。役員は幹事会と議長団です。幹事会は委員長を中心とする執行機関で、議長団は議長を中心に総会と代議員会を主催していました。これらの役員は、前の期の役員が推薦・依頼することで引き継がれてきました。それぞれ多忙な研究活動の中で次期役員の選出にはかなり苦労しましたが、研究室を訪問しながらお願いしたことを記憶しています。幹事会と議長団のメンバーはそれぞれ、小委員会（研究条件、生活条件、スポーツ・レクレーション、科学ゼミナールなど）に割り振られ具体的な活動にあたってきました。

議決機関は代議員会と総会でした。総会は年二回、代議員会も総会の準備の過程で開かれていました。いずれにしても総会・代議員会には成立要件があるので、議長団は定足数の確保のためにかなりの力を割いていました。

研究科との交渉は年に二回（各期ごと）に「いわゆる団交」として行われていました。この呼び方は院生側が「団体交渉」と主張したのに対して、研究科側が「話し合い」だとしたために、双方の妥協で落ち着いたものです。この「いわゆる団交」は半年間の協議の取りまとめとして行われるもので、研究科は研究科長が出席し院生も全員が出席できることになっていました。これに至る過程で、幹事会・議長団と研究科は事前の協議を進めていきます。

前期を例にあげると、四月と五月には研究科との連絡会議、そして六月には予備折衝を経て「いわゆる団交」に臨むことになります。連絡会議と予備折衝には、研究科側は各専攻の主任クラスが出席し、院生側は幹事会・議長団のメンバーが参加していました。連絡会議、予備折衝、「いわゆる団交」については詳細な議事録が作成され、次回の会議で確認するという手順で進められていました。

このように組織的で定式化された院生協議会の運営方法がいつごろから定着したのかについては明らかではありませんが、一九七〇年代の前半にはすでに確立しており、先輩院生の努力によって引き継がれてきたものと思われます。このような全員加入の活動の継承のために修士課程の入学時には「院協ガイダンス」が開催されていました。研究科のガイダンスの中で研究科長が紹介することが慣例となっており、かなりの数の新入生が参加していました。修士一年生のころには、院生協議会の活動の細かい決め事に戸惑いつつも「非常にきっちりやられているな」という印象を持ったことを記憶しています。

それでは、当時の院生協議会が具体的にどのような活動をしていたのかを振り返っていきたいと思います。

四　院生協議会の要求と活動

(一)　授業料と奨学金

先に述べたように一九七五年には年間三万六〇〇〇円だった国立大学・大学院の授業料は、毎年のように値上が繰り返され、我々が在籍した一九八〇年代半ばには二五万二〇〇〇円となりました。その後もさらに値上げが続き、二〇〇〇年に入って五〇万円を超えて、現在に至っています。これは、国立大学と私立大学の授業料の格差を是正するという理由で行われてきたものですが、そうだとしたら私立大学の授業料を下げるべきであるとの声が院生・学生の中から出たのは当然のことでした。また、「受益者負担の原則」という考え方もことあるごとに持ち出されました。

これについても、高等教育で益を受けるのは学生・院生ではなく、国や社会であろうと議論していました。今日の高等教育における学費無償化の動きの国際的な広がりは、このような主張が的を射たものであったことを裏付けています。授業料は入学年度によって決まるので、在学中にその影響を被ることはありませんが、優秀な後輩が進学を断念する、入学後も授業料の確保のためにアルバイトを増やすなどの苦労を強いられることから、授業料値上げ反対と授業料減免枠の拡大は院生協議会の大きな要求でした。

日本育英会の奨学金で何とか研究生活を維持できている院生が数多くいるなかで、奨学金の枠の拡大も院生要求として取り上げられていました。一九八四年には有利子の奨学金の制度がスタートしますが、これについても反対の立場をとり、要求として掲げました。有利子奨学金の奨学金全体に占める割合は「無利子が原則」との立場から低く抑えられていましたが、一九九九年以降大きく拡大し、現在では「教育ローン」の様相を呈していることは周知の事実です。

授業料値上げや奨学金に関しては、全国的な問題なので全国院生協議会が大きく問題にしていたように思いますが、研究科内部でも院生の要求として、「いわゆる団交」に向けた課題の中に取り上げ、研究科長（学部長）に授業料値上げに反対の立場を表明してもらうことや、大学評議会を通じて国立大学協会としての反対の声明を出すよう働きかけることなどを求めました。これらの授業料や奨学金に関する要求の多くは、新自由主義がもたらした今日の格差社会における院生・学生にとってますます切実なものとなっており、大きな運動の再構築が求められているように思います。

(二)　研究・教育条件の改善

次に研究・教育条件をめぐる要求について、いくつか紹介します。

◇大学院の講義と研究指導

まず、大学院の授業や研究指導の充実に関する要求です。修士課程では、修士論文の作成にかかわる実験と演習以外に「特論」と呼ばれる授業科目があって、ある程度の単位取得が修了要件となっていました。専攻や担当教員よって異なっていましたが、十分に実施されていない例がみられ、院生の中からも「これでいいのか」という声が上がっていました。「特論」が実施されない背景には「大学院は研究するところで授業を実施して教えることは必要なく自分で必要に応じて学びなさい」という空気があったように思われます。これは多くの教授陣のなかに「院生を育てる」という視点が育っていなかったことを示す事例の一つでした。

研究指導に関しても、博士課程の三年間での学位取得に向けた指導・援助が十分になされていない事例も見られました。このことを連絡会議で問題にした際に、ある教授から「学位は勝ち取るもので、与えられるものではない」との発言があったことを今でも覚えています。確かにアメリカの大学では学位審査の試問を「defense」と言いますので、研究成果と学力が学位にふさわしいことを証明するという意味では「勝ち取る」という表現は正しいのかも知りませんが、後継者育成という観点が欠落した発言だと思いました。

このような特論の実施や研究指導の充実という要求に関しては、何か成果が得られたというわけではありませんが、大学院の在り方を考える上で極めて重要な議論だったように思います。

今日では多くの国立大学で大学院博士課程が設立されて、院生の数も大きく増加しています。修士課程で修得すべき講義科目の単位数も増加していますが、その内容についてはなお、議論が残されているように思います。研究指導に関しては、多くの院生が研究プロジェクトの一員として研究を行うようになりました。院生にとってはプロジェクトに参加することは研究の励みにもなり、その過程で実力をつけることができるのですが、院生の真の成長につながっているか、相互に問い続けることが必要であるように思います。

◇大学院生の旅費

修士論文や博士論文のテーマによってはフィールドでのサンプリングや調査が不可欠となることがありますが、それらにかかわる交通費を院生が自己負担するケースが多くみられました。また、研究成果の発表のために学会等に出かける費用についても、院生が負担せざるを得ない状況がありました。このような中で、「旅費・交通費の自己負担を減らしてほしい」という要求が出たのは当然のことだと思います。しかし、研究科との交渉では「院生に公費で旅費を支給することはできない」の一点張りで解決の糸口が見つかりませんでしたが、「講座費に大学院生の人数分×一万二〇〇〇円程度を研究改善費として傾斜配分すること、その使途は院生と話しあって決めること」などが認められました。もちろん院生に旅費として支給することはできないのですが、研究室内での研究や教育の補助業務に対する謝金として支給し、旅費をまかなうことは可能でした。しかし、この研究改善費の趣旨は必ずしも研究科内部で徹底されず、院生協議会では交渉のたびに趣旨を徹底するよう要求していました。今日では大学によっては院生に直接旅費を支払うことも可能になっていますし、教育・研究の補助業務についてもティーチングアシスタントやリサーチアシスタントとして院生を雇用し謝金を支払うことも制度化されています。このような状況を考えると、当時の院生協議会の要求は極めて妥当なものであり、先駆的であったと考えられます。

◇博士論文製本費

当時の水産学研究科では、学位論文の申請にあたって提出する論文の様式が細かく定められており、論文題目や申請者名を金文字刻印した上製本で主論文と参考論文各３部を提出することになっていました。かなりの費用（一万円～二万円程度）がかかりますが、これについても院生の自己負担でした。これに対して「簡易製本での提出を認めてほしい」との声がだされ、研究科との交渉の課題となりました。研究科も当初は「一生に一度のことだし上製本のほうがいいのでは」という意見もが多数でしたが、簡易製本を認めることで決着がつきました。現在では電子ファイルでの提出とされている場合もあり、製本費用について問題になることは少なくなりましたが、印刷物の提出が求められる場合は院生の負担となっていることがあると思います。その根拠は「あくまでも個人のものだから」ということですが、授業料を支払い、その修了要件として提出する論文の印刷費用を公費で賄うことはできないのかという点については議論が残されているように思います。

㈢　科学ゼミナール

科学ゼミナールは、院生協議会が研究科の予算を使って主催した一連の講演会で、年に数回行われていました。講師の人選から当日の運営に至るまで院生協議会の科学ゼミナール小委員会が担っていました。まず、アンケートによって院生からの講師の推薦や要望を調査して講師を絞り込みます。そして、九・一〇月ごろから講師に対して、「突然のお手紙を差し上げるご無礼をお許しください」の書き出しで始まる依頼状を送り始めます。学会等での講演を聞き、雑誌や書籍を読んでお名前は知っているが、実際には面識のない講師がほとんどですので、実際に来ていただけるのかどうか、不安に思いながら依頼状を書いていたように思います。来ていただけることになれば、日程の調整や当日の送迎についての段取りも必要ですが、メールのない時代の連絡手段は手紙や電話なので、調整にはかなり苦労しました。

講師の顔触れは、水産・海洋分野の気鋭の研究者や関連する生物学の研究者だけでなく、分野の異なる方々が含まれていました。後にノーベル賞を受賞された物理学の益川敏英先生、哲学の真下信一先生、歴史学の浜林正夫先生にもお話しいただいたと記憶しています。

ある時、講師の先生が「依頼状を受け取ったときに今どきこんなゼミナールをやっている院生協議会がまだあるのか、ぜひ顔を見てみたいと思って引き受けた」という話をされました。当時としてもこのように院生が自主的に運営するゼミナールは少なかったのかもしれません。一人ひとりの院生にとっては、専門分野だけでなく、幅広い分野の話題にふれることで、多面的なものの見方を養うことができたこと、また講師の先生とのやりとりを通じて社会人として必要な常識を身につけることができたことなど、極めて有益であったと思います。

五　スポーツ・レクリエーション

院生協議会の活動の中で最も人気があったのは、六月から七月ごろに開催されるソフトボール大会でした。院生の多い講座では講座単位で、少ないところは連合チームを組んでトーナメントで研究科長杯を争いました。チームには学生や若手の助手も加わっていましたので、学部全体としても大きな交流行事となっていました。試合は昼休みの時間帯に実施するので五回表裏くらいまでで、時間制限もあったように思います。水産学部のグランドに二面をとり一日二試合行いました。二週間程度で全日程を消化したように思います。会場の準備から審判なども院生が交代で行っていました。大会が近づくと講座ごとに研究の合間を縫って練習が始まり、講座内の交流が深まるとともに、講座や専攻をこえたつながりも広がりました。

六　全学院生協議会への代議員派遣

全学の院生協議会の代議員会（年二回）には数名の代議員を派遣し、その成立に貢献しました。院生の自家用車に分乗して札幌まででかけることが多かったように思いますが、往復の時間を含めると、ほとんど一日仕事となりますので、大変だったという思い出があります。

他の研究科の院生協議会との交流はこの代議員会に限られていました。今の時代なら、リモートの会議システムを活用して、いろいろ交流を深めることができるでしょうが、当時は問題意識や活動の現状について深く意見交換することは難しかったように思います。

七　まとめに代えて

以上述べた水産学研究科における院生協議会の活動のほとんどは、一九七〇年代の前半までに定式化されたもののように思います。我々の時代には定式化された活動を継承したことがほとんどでしたが、それでも自らの研究を取り巻く社会的な状況を考え、研究条件の改善に向けた不断の取り組みの重要性を知るには十分であったように思います。院生協議会でのこのような活動の経験は大学院修了後、研究者、技術者あるいは教員として、それぞれの場所で研究環境や職場環境にかかわる問題を考えるうえできわめて貴重なものでした。一九八〇年代の後半以降、様々な理由で活動が難しくなり、活動が継承されていないことは残念なことだと思います。

今日の大学院生は、新自由主義がもたらした格差社会の中で、高額の授業料の納入を余儀なくされ、家庭からの支援も受けられず、多くの困難を抱えています。また、就職に関しても限られたポストをめぐって激しい競争にさらされています。さらに就職してからも多くの若手研究者が任期制ポストにおける非正規雇用とされ、不安定な研究環境のなかで奨学金の返済を強いられています。このような大学院生と若手研究者が抱える問題は一九七〇年代後半から一九八〇年代前半の我々の時代よりもさらに深刻であるように思われます。大学院生と若手研究者が伸び伸びと研究に打ち込める環境をつくることは、日本の学術の発展においても重要であり、我々ＯＢも含めて社会が力を尽くす必要があることは言うまでもありません。しかし、何よりも重要なことは大学院生自身が声をあげて仲間を作り、社会に働きかけることでしょう。院生と若手研究者が抱える問題の解決に向けた院生の活動が再構築されることを願ってやみません。

研究交流誌'81に掲載された水院協報告

水院協における研究創造活動

「科学ゼミナール」—その歴史と意義—

北海道大学大学院水産学研究科
院　生　協　議　会

は　じ　め　に

北大大学院水産学研究科は北海道の南端函館市にあり、北大のほかの学部・研究科がある札幌市から遠く離れている。そのため、広い視野に立って豊かな学識を養うという大学院の趣旨や、院生の知的要求を満たす点で、学問的交流を行なう条件に恵まれていない。

水産学研究科は１９５３年に日本で唯一の水産学博士課程をもつ大学院として設置され、現在約１００名の大学院生をかかえている。院生協議会には全大学院生が加盟しており、ここ１３年間その活動を発展させてきた。「科学ゼミナール」は１１年の歴史をもち、現在では研究・生活条件改善や学部の民主的改革（学部長選挙問題等）をめざす活動と並んで、院生協議会の主要な活動の一つとして取り組まれている。講演への参加者は大学院生のみでなく、教官・学部学生も多数参加し、全学部的意義をもつに至っている。

「科学ゼミナール」の誕生と発展

１９７０年前後の北大水産学部は大きな変革の渦中にあった。１９６８～１９６９年の大学紛争をき

2　文系各研究科の院生組織と活動

教育学部民主化闘争の回想
―ユートピアを追い求めたあの日々―

明神　勲

■私と院協

私の院協歴は、一九六五年から一九七三年までの八年間である。この間に一九六七年度前期に北大院協全学幹事会議長、一九六七年度後期に教育学部院協幹事会議長をつとめた。

院協の活動についてはもう半世紀以上昔のことで記憶は薄れているが、奨学金前借り、夏の学校、院生寮有島寮のことなどは記憶に残っているし、とりわけ一九六八年―一九六九年の教育学部民主化闘争は強く印象に残っている。ここでは教育学部民主化闘争の回想を記す。

■学部民主化闘争（一九六八―六九年）以前の教育学部
―こぢんまりとしてまとまりの良い自治会、院協、職組

教育学部の一九六八年度の構成員は、「教官三七（教授九　助教授一六　講師四　助手八）、職員一五、院生三三　学生一六〇の総数二四五名」（神田光啓、三二七頁）であり、北大では最も小さな学部であった。

学部には講座制にもとづくさまざまな問題を抱えていたと思うが牧歌的民主主義があり、教授会も比較的良識的であったように思う（その実態は科研費事件によって改めて問い直されることになったのではあるが）。自治会、院協と教授会の窓口になる学生委員会は、学生、院生の声によく耳を傾け要望を実現しようと努力してくれたし、職員も教務係のOさんのように学生の単位取得や卒業の為に親身になって相談してくれた。

当時の教育学部の雰囲気を表すものの一つに学部運動会があった。騎馬戦やリレー、マラソンなどの競技を教官、職員、学生・院生が一緒に楽しむもので、SA教官が肥満の巨体を揺すって走るユーモラスな光景を思い出す。

自治会は伝統的に活発な活動をつづけており、職組には助教授以下の教官の相当数が加入していた。院協は奨学金プール制の実施に示されているように団結力が強くその活動も活発であった。

奨学金三原則（全員支給・貸与ではなく給付制に・支給額大幅増）という言葉は、今でもはっきり思い出せるほど

の院協運動の中心的なスローガンであったが、プール制はそれが実現していないなかで考え出された方策であった。奨学金の給付率は博士課程の場合一〇〇％に近かったが修士課程の場合は五〇％に満たず、対象にならなかった院生はアルバイトに多くの時間を割かなければならなかった。全員に支給されるべきなのにそれを放置できないとして取り組まれたのがプール制であった。われわれの時期には、M1入学者一〇名が支給された全奨学金をプールしてそれを全員に均等に配分するという方式であった。推薦順位をあらかじめ相談して決定して（返還免除となる教職就職希望者を上位に）学部の学生委員会にそれを申し出、学生委員会はほぼそのとおり推薦してくれた。奨学金プール制度は、DCの奨学金前借制度とならび院生の研究生活を現実的に支え、院協の存在を身近なものにし団結を強めるものであった。

■民主化闘争の発端――一九六八年科研費事件

教育学部民主化闘争の発端は科研費事件であった。これについて『北大百年史』は次のように記している。

一九六八年九月一三日、教授会において、S教官の前年度科学研究費の使途に不正があるとの北大職員と称する者の会計検査院への密告（七月一一日）によって同教官は検査員の調査を受け、不正がなかったことがはっきりしたが、不当な密告により精神的打撃を受け、自治を破壊され、学部に汚点をつけられた、と訴えた。次回教授会の討議において科研費の不正使用は事実無根、同僚の密告は自治破壊、教授会及び学部全体の責任で真相を究明することが確認された。（『北大百年史　部局史』、一九八〇年、三九三―三九四頁）

■民主化闘争の第一ステージ――全学部集会の開催まで

教授会において、「教授会及び学部全体の責任で真相を究明することが確認」されるまでには曲折があった。

科研費問題をめぐる教授会での論議は、問題の徹底的な解明と学部運営の改革を求める見解がある一方でこれまでの講座制のもとで教授会と学部運営を支配してきたグループの抵抗があり、事件は些細な出来事として問題をあいまいにしようとするこれらグループとの激しい論争が行われ、時には紛糾することもあったという。教院協機関紙はそれを「良心的な教官の問題解決への努力はむしろ大きな障害を克服せねばならなかった。それは、当時の黒田学部長をはじめとして、この問題を一貫してあいまいにしようとする勢力や、さらには、もみ消しの策動をさえ企らむ黒いグループが存在したことである。」（「旗は焼かれても」第一二号）と報じている。このような中で教授会を真相究明と学部改革の方向に向かわせたのは自治会・院協・職組・助手会の動きであり、とりわけ院協の果たした役割は大きかった。

全階層による真相究明と学部改革を可能にしたのは全学部集会であったが、この開催に至る経緯は以下のとおりである。

［全学部集会開催に至る経緯］

七月一一日　会計検査院に「北大の職員」を名乗る人物から科研費不正使用の通報電話

S教官は会計検査院の検査を受けるが事実無根と判明

九月一三日　S教官の報告により教授会は議題として審議開始

一〇月一八日　教授会、論議紛糾の末に真相を究明するための六項目の決議

一〇月三一日　院協がこの問題をめぐり全階層に問題を提起し取り組みを本格的にスタート

一一月二二日　自治会、院協が科研費問題を審議する予定の教授会会場（大会議室）前に座り込み、教授会の傍聴と意見表明を求める。教授会は休会の形にして意見表明を認める。院協代表は、学部の非民主的なあり方の徹底的改革のために、教授会だけでなく学部全構成員の直接参加による全学部集会の開催を求める

一一月二二日　教授会、院協などの申し入れを容れ全学部集会の開催を決定。教授会に科研費問題の「問題解決委員会」設置。黒田学部長、病気などを理由に学部長辞任、砂沢喜代治教授を学部長事務取扱に選任

院協の教授会会場前への座り込みと教授会傍聴要求という前代未聞の要求と行動は、教授会の動向に不安を抱いていた危機感から選択された非常手段であった。「教授会はこの問題の取り扱いをめぐって数度にわたり紛糾した。黒田学部長は『問題の打切りを提案』すると言われるような状況があったからである。（神田光啓、三二七頁）

その後の経過が示すように全学部集会という教育学部史上初めての試みは真相の究明と学部改革に決定的な役割をはたすことになった。自治会・院協・職組の強い要求とこれを容れた教授会の良識によって生み出された成果であった。

■民主化闘争の第二ステージ―八次にわたる全学部集会

全学部集会の様子について『北大百年史』は次のように記している。

……教授会はこれ（院協等の要求―引用者）を受けて、一二月六日の第一次全学部集会から翌年二月一五日の第八次に至る全学部集会を開催し、またその間の深更に及ぶ教授会によって、科研費問題の真相究明と学部の民主的改革が真摯な討論によって進められた。全学部集会は木造平屋の大教室（現在の大型計算機センターの場所にあった旧医専の建物）の堅い木の椅子

に腰かけ、防寒衣を着込み、毎回八～九時間、時には十数時間に及び、延べ討論時間は約七〇時間に及んだ。この討論は教官、職員、学生、院生代表各一名計四名の統一議長団のもとに学部全構成員の八〇％にあたる一六〇名前後が毎回参加して行われた。（三九四頁）

八次にわたる全学部集会の日程は、私の手帳によると以下のとおりである。

1968年
第1次12月6日　13:00-16:00
第2次12月11日　13:00-22:00
第3次12月13日　13:00-21:00
第4次12月14日　13:00-21:00
第5次12月18日　13:00-21:00
1969年
第6次2月5日　13:30-20:00
第7次2月8日　13:00-
第8次2月15日　10:00-18:00
※他に、第7次と第8次の間の2月10日（13:00）に全学部集会

壇上には教授会、院協、自治会、職組を代表する四名の議長団が並び共同で集会の進行にあたった。会場では背もたれのない硬くて長い木椅子に教官も職員、学生・院生も一緒に座り、まったく対等な参加者として自由で活発な討論が続けられた。

集会は毎回長時間にわたった。上記の私の手帳に記された集会の開始時間はほぼ正確であると思うが、終了時間はアバウトで実際にはこれよりも遅かったと思われる。一九六八年の五次にわたる集会を「延べ約四〇時間」とするものもあり（神田光啓、三二七頁）、「北大百年史」は八次にわたる集会が「毎回八～九時間、時には十数時間に及び、延べ討論時間は約七〇時間に及んだ」（三九四頁）としている。

八次にわたる全学部集会は、①一九六八年一二月の五次にわたる集会において科研費問題を引き起こした学部の非民主的運営の問題点と学生・院生、助手の無権利状態の実態が全面的に明らかにされ、それを克服するためには従来の教授会自治にかわり新しい原理にもとづく学部運営――「全構成員の自治」にもとづく改革が必要であることが確認され、②一九六九年一月から二月にかけての三次にわたる集会では、これを具体化するための制度改革とその実施にかかわる討議、の二段階に分けられる。

全学部集会の第一段階では、講座制のもとでこれまで無権利状態におかれていた院生・学生、助手層から学部運営の非民主的実態や一部教官による不当な扱いを批判する発言が相次いだ。それは「教授会自治」と講座制の弊害を院

生・学生、助手の立場から総ざらいして提示し可視化するものであった。批判は教官の講義内容にもおよび、貧困研究の大家とされ「大教授は年に二、三回講義すればよい」とうそぶいていたK教授が、人類の二本足歩行の原因をスミドロンとかいう怪獣の攻撃を避けるためであったという講義内容が批判の対象とされたことなどを覚えている。公の場での初めての公然たる批判に直面した教官側は、「これは人民裁判だ」と反発する教官（私の記憶では守旧派と見られていた学部長にかわり新たに学部長事務取扱に選任されたばかりのS教授）の言にみられるように当初は必ずしも積極的な姿勢を示さなかった。しかし具体的な事実をもとにした真摯な発言や討論が重ねられるなかで、次第に他階層とともに改革をすすめる姿勢に変わっていき、やがて全学部集会は学部改革の道を全構成員が共同で探求するシンポジューム・共同作業の場に変って行った。時には教官同士のやり取りや論争が行われる場面もあり驚きをもってそれを見守った記憶がある。そして一二月八日の第五次集会においては、それまでの長時間にわたる論議の結論として学部改革の基本原則＝「教授会自治」にかわる「全構成員の自治」の原則と民主的改革の基本内容（学部運営協議会の設置、学部長選挙の改革、助手の教授会構成員化など）を確認するに至った。それはそれまでの長時間にわたる論議の経緯からしてごく自然な結果であった。これを確認した一二月八日の第五次集会の終了は深夜の一時半であった。教院協機関紙「旗は焼かれても」（第一二号）はその様子を、「深夜一時半まで続いたこの集会の帰途、降りしきる雪の中で全員感動していた。」と伝えている。

翌年一九六九年一月二四日、教授会は五次にわたる全学部集会での総意をうけて教授会内規改正（学部長選挙方法の改正、助手の任期制廃止・教授会構成員化）、運営協議会内規制定を行い改革の制度化を行った。この時期には大学改革の運動は北大内でも全国でも行われており、その中で北大教育部の改革がどのような特徴をもっていたのかについて検討する余裕はないが、学部の全構成員が対等・平等な資格で参加し自由な論議によって問題解決の方策を検討する全学部集会という方式と「全構成員の自治」を制度化した運営協議会の設置は最初の試みではなかったろうか。

第二段階の三次にわたる全学部集会は教授会の決定した制度改革の具体化にかかわるもので、二月五日の第六次集会では、運営協議会内規にもとづいて各層から選出された運営委員が満場の拍手のなか紹介された。第七次、第八次集会は新たな学部長選挙方法の具体化にかかわるもので自治会、院協からの各教授へのアンケート、学生、院生の信任をえた上位三名の候補教授の見解表明と質疑応答などが行われ、制度改革が次々と具体化していった。

■制度化された全学部集会

その後、全学部集会は制定された運営協議会内規によって正式に学部の制度として認定され、運営協議会がその招集権を持つとされた。一九六九年二月以降の全学部集会は運営協議会の招集によるものであった。新たな学部長選挙方法によって学部長に選出された砂沢教授に対する文部省の任命拒否や科研費問題など大学の自治の根幹にかかわる問題、新たな研究と教育体制の検討、封鎖解除などについて一九六九年五月以降も全学部集会は継続的に行われている。私の手帳のメモによると以下のとおりである。

1969 年
・第 9 次全学部集会　5 月 30 日 10:00-12:30（封鎖対応）
・第 10 次全学部集会　6 月 2 日 13:00-17:00（封鎖対応）
・第 11 次全学部集会　6 月 4 日 10:30-13:00
・第 12 次全学部集会　9 月 11 日 13:00-17:00（封鎖対応）
・第 13 次全学部集会（クラーク会館）9 月 18 日 13:00-17:00（学部改革プラン）
1970 年
・1 月 27 日 13:00-17:00
・1 月 29 日 13:00-17:00
・2 月 6 日 13:00-17:00
・2 月 12 日 14-:00-16:00（I 教官との話し合い）
・2 月 18 日 14:00-?（I 教官との話し合い）

なお、全学部集会方式の学部あげての集会は、一九六九年の大学立法反対闘争において理学部、経済学部、薬学部などにおいても行われ一万人集会成功と封鎖解除の大きな力になった。

■学部民主化闘争において院協の果たした役割

院協は第一に、前述のように「全学部集会」の開催という「全構成員の自治」にもとづく問題解決の方法の実現という点で決定的に重要な役割をはたした。

さらに院協は、全学部集会において真相を究明し改革の道筋を探る内容面においても主導的な役割を果たしている。

院協は「十二月八日、第一次全学部集会が、百五十名という、かつてない全構成員の参加によって開かれた。院協は全員の徹底した討論を経た二種のパンフ『科研費不正使用讒言事件の経過と本質』及び『学部運営民主化に関する提案—科研費事件の真の解決のために—』を発表し、その後の討論内容と全学部集会のベースを作った」としている。(「旗は焼かれても」第一二号)

院協は全学部集会が終了するたびにいくつものグループをつくり夜を徹してテープおこしをおこない、それをもとに解明された内容を確認し、今後検討すべき問題点を明らかにし次回に向けて準備をするという作業を総出で繰り返していた。それをもとに全学部集会で積極的に発言し、運営協議会の設置、学部長選挙改革、助手の任期制廃止、研究グループ制などの諸改革プランの実現を提起し、その実現に大きな貢献をした。

教育学部民主化の立役者は全階層の構成員であったがその運動を主導したのは院協であったと私は思っている。

他方、全構成員の自治を制度化した運営協議会の構想や講座制にかわる研究グループ制などの改革プランについての構想やアイディアについては、北大物理学教室出身で一九六七年に教育方法学講座の助手に赴任した高村泰雄氏の果たした役割が大きかったのではないかと私は推測している。北大物理学教室では一九五三年から名大や京大の物理学教室の改革に倣い講座制から研究グループ制へ移行し民主化をはかっていた。高村氏は、「私は物理教室の『教室民主化(講座制から研究グループ制への移行を含む)』や『原子核研究グループ造り』で得た経験を準って教育学部の民主化や教育方法学研究グループの戦略的研究課題……などの研究体制を創るように努力しました」(高村泰雄、一〇八頁)と証言している。当時、私は高村氏が紹介された北大物理学教室や京大、名大の物理学教室の教室運営や研究方法の話に強い感銘を受けたことを憶えている。高村氏を介して民主化の最先端の経験とアイデイアが教育学部改革プランに結実した、と読みとることができる。

■民主化闘争の第二段階(一九六九年四月〜一〇月)―「二つの敵」との闘争の日々

学部民主化闘争は一九六九年二月に一段落し第一段階を終えた。その後の時期には二つの課題があった。第一は、民主化の第二段階である講座制にかわる研究・教育体制をどう確立するのかという課題である。第二は、新しい学部長選任方法に基づき選任された砂沢学部長の文部省未発令という問題があり、また大学の自治を奪う大学立法の企てが緊迫の度を増していた。

これらの課題に応えるべく教育学部では運営協議会主催の全学部集会が三次にわたり開催された(第九次全学部集会　五月二九日、第一〇次全学部集会　六月二日、第一一次全学部集会　六月四日)。研究推進にかかわっては教育学部では初めての試みである学部全体の研究交流会の実施が決まり、各講座・グループごとの発表・討論がスタートした。従来は研究発表・交流は講座内に閉じられ身内内のことであったが、学部全体に開かれた検討・批判に備えて各研究室では以前にもまして真剣な論議がなされた。そんなある夜、私の研究室に教育方法学講座の高村泰雄氏がふらっと訪れて私の研究テーマについて話し合ったところ、「それはテーマとしての意味をなしていない。やめたほうがよい」という趣旨の厳しい批判を受けた。その夜は衝撃でまんじりともせず一夜を明かしたことを今も覚えている。これは結果的にはその後の私の研究にとっては大きなプラスになったので、高村氏には感謝しているが、民主化とは厳しく苦しいものだということを実感した一幕であった。

またこの時期に北大では大学立法反対の運動が展開され

た。「理学部人集会」議長団の呼びかけで全北大一万人集会が企画され、教院協も実行委員会に幹事を派遣しこの期の中心課題として積極的に取り組んだ。一万人集会について「一九六九年度前期　教院協活動総括書」は「六月二三日には北大始まって以来の最大の動員（四五〇〇名）をかちとり立法反対闘争は最大の高揚期に入った。以降七・一第二次、七・一二第三次一万人集会を行い、各々三五〇〇名、一六〇〇名をかちとった」と記している。一万人集会はその後も九月一六日の六次まで続けられた。八月二日の第四次一万人集会には「堀内学長も参加し、市内デモの先頭に立った」という。（手島繁一、四三頁）。

我々は一九六九年の春以降、第二段階の民主化の推進と大学の自治擁護・大学立法反対という二つの運動に邁進していたが、同時にこの時期には民主化運動に敵対し妨害しようとする厄介な勢力との対応に大きなエネルギーを費やさざるをえなかった。それは、四月入学式の会場である体育館占拠から始まり本部封鎖（五月二六日）、教養封鎖（六月二八日）、図書館封鎖（七月一〇日）と続く一部集団による蛮行の横行である。このため我々はこの時期には、文部省の学部長任命拒否闘争・大学立法反対闘争と不法集団による封鎖・暴力との闘いという「二つの敵」との闘いの日々を強いられることになった。

■学部封鎖と教院協機関紙「旗は焼かれても」

封鎖の波は八月一七日に遂に文系四学部を襲い、教育学部は占拠され破壊の限りがつくされた。院協室を荒らした徒党は民主化闘争の団結のシンボルとして作成した待望の新しい教院協旗を焼いた。「火を点じられメラメラと燃え上がる院協旗。『お前たちの民主化は焼けたぞ』――ファッシストの手先の声。院生の目にキラリと涙が光る。だが、旗は焼かれてもわが院協の団結はビクともしない。封鎖解除めざして斗いぬく！」――その模様を教院協機関紙「旗は焼かれても」（第一号　一九六九年八月二二日）はこのように描いている。

教院協は封鎖の直後にただちに院協例会を開催し、情宣部、財政部を設けカンパ活動によって封鎖解除に向けて全学に発信する機関紙の発刊を確認した。第一号は八月二二日に発行された。機関紙名は「旗は焼かれても」とされたが、そこには学部民主化に強い自信と誇りをもっていた教院協の、民主化を破壊する蛮行に対する強い怒りとこれに毅然と立ち向かう決意が示されていた。

第一号には、「文系四学部封鎖の本質と早期封鎖解除の展望」という特集を組み「封鎖解除に向けての具体的行動の呼びかけ」を提起している。以降、封鎖解除を目指す全学の動向の紹介、封鎖を擁護する教官グループの批判、封鎖集団の犯罪的役割の糾弾などを報じ封鎖解除にむけて全学の世論の結集につとめた。なお募金の呼びかけに院生はもとより卒業生、教官からも多額のカンパが寄せられ我々を感激させた。

封鎖の解除と解除後の対応については、民主化闘争で培った全構成員の自治の精神が存分に生かされた。封鎖解除のためにクラーク会館で二度の全学部集会（第一二次九月一一日、第一三次　九月一八日）を開催し、学部あげて解除に立ち向かう方策を模索した。また一〇月三一日の封鎖解除後にも、学部あげて自主防衛体制の強化と犯罪集団によって荒らしつくされた校舎の復旧作業を不眠不休で行った。再封鎖を防ぐために廊下に土嚢を積み上げる作業を行ったが、教官もわれわれといっしょになって土嚢かつぎに汗を流していた。その姿をみて、これが民主化なんだ、と感激したのを覚えている。

■われわれは何を求めていたのか――〝ウニベルシタス〟というユートピア

二〇二三年六月のある暑い日、全学部集会が行われた旧教育学部大教室のあったと言われる場所（現在の情報基盤センター南館）に立つ。五五年前にこの大教室に身じろぎもせずに座り続け、大学の現状と未来について語りあい、怒り、共感し、感動を味わった一九六八年一二月の不眠不休ですごした日々を思い起こす。大教室は冬に入り寒かったと思うが参加者の胸の中は熱かった。

井上ひさしは、「芝居の劇場はユートピアを成り立たせる空間なのです。……演劇という装置は人を集めて時間のユートピアをつくりだし、その宇宙で一回だけの集まりが毎晩できてはこわされていくというものだと思うのです」（井上ひさし、六三頁）と述べ、時間を忘れて劇に熱中したり深い感動をみなで共にする体験を「時間のユートピア」と呼んだ。その意味で、大学の現在と未来について時間を忘れて話し合いに熱中した全学部集会という装置はまぎれもなく「時間のユートピア」の場であった。

全学部集会における四〇時間余におよぶ「時間のユートピア」は、一九六九年一月以降の改革において運営協議会という形で「制度のユートピア」として形を与えられた。「運営協議会内規」は、内規としては異例のことであるが〈前文〉が付されている。憲法、教育基本法のひそみに倣ったものであろう。前文は以下のとおりである。


私たち北海道大学教育学部の全構成員は、日本国憲法と教育基本法の示す平和と民主主義のための研究と教育の創造という至高な使命を自覚し、研究と教育の発展にとってもはや桎梏となった従来の大学自治のあり方を厳しく批判し、その弊害を克服することを固く決意した。

大学の自治は全構成員による自治であり、私たち教育学部の全構成員は学部自治の平等にしてかつ共通の担い手である。教官・学生・大学院生の学問研究の自由、学生・大学院生の教育を受ける権利、教官の教育の自治、教職員の労働基本権など民主的諸権利、ならびに教授会・学生自治会・大学院生協議会・教職員組合など諸団体の自治が完全に保障されることによって、学部民主主義は最大限に発揮される。

この立場から、学部の運営に学部の全構成員の意志を十分反映させるため、学部各階層から民主的に選出された委員によって構成される協議機関として本学部運営協議会を設置する。

私たちは学問の自由を守り、研究と教育に対する不当な権力支配に服することなく、日本の科学の進歩に貢献する研究のあり方、真理と平和を希求する人間の育成という大学教育のあり方をこの学部において真剣に追及し、国民に直接奉仕する大学を創造させたいと考え、ここにこの内規を制定する。

これは憲法・教育基本法に基づき国民に奉仕する教育・研究の創造が自らの至高な使命であることを確認し、それを可能にするために「教授会自治」にかわり「全構成員の自治」という大学運営の新しい哲学の選択を謳ったもので、格調の高い大学のユートピア宣言である。

学部の機関として新たに設置された運営協議会は、各層から選出された委員（教授会代表五名、学生自治会代表四名、大学院生協議会代表三名、職組推薦三名の計一五名）から構成された。それはあくまで協議機関であり決議機関ではなかったが、教授会に提出される議題の事前協議権、教授会に対する議題提出権を有し委員は教授会に出席し自由に発言する権利を保障されていた（ただし教官以外は議決権を有しない）。さらに運営協議会は全学部集会の招集権も与えられていた。このように運営協議会は大学の自治の内実を豊かにし自らの使命の完遂を目ざした「制度としてのユートピア」の具体化であった。

田中武雄は、一九六六年早大学費闘争の意義について「学費値上げを端緒としたが、大学における民主主義の確立、大学構成員としての学生の存在を求める闘いであった。それは恰も、大学＝ユニバーシティの起源である中世ヨーロッパ、ボローニヤ大学の〝ウニベルシタス〟を今日的に、『全構成員の自治』として復元させるものであった。」と指摘する論文を紹介している。（田中武雄、二〇四頁）田中の紹介論文に倣えば、学部民主化闘争は、科研費事件という「ディストピア」を端緒に、大学＝〈ウニベルシタス〉の実現というユートピアの物語を紡ぎ（全学部集会）、ユートピアの制度化（運営協議会規定）を図った試みであったといえよう。

戦後新憲法の制定・公布がただちにそこに盛られた理想の実現を意味しないように、運営協議会規定に込められたユートピアの実現もその後の全構成員の「不断の努力」（憲法第一二条　この憲法が国民に保証する自由及び権利は、国民の不断の努力によって、これを保持しなければならない。）を俟たねばならなかった。「制度のユートピア」は構成員の「時間のユートピア」の絶えざる充溢によって初めて保持・実現が可能であり、それが衰退・消滅したときには自動的に崩壊・消滅する運命にあった。

■民主化闘争の歴史的舞台―「大きな物語」の時代

科研費事件を安易に「自重自戒」で済ませることなく民主化闘争に発展させせえた原動力は、これまで述べてきたように大学における正義と民主主義の実現を強く求める学生自治会・院協・教職員組合・助手会の運動でありこれを受け入れた教授会の見識の存在であったことはいうまでもない。同時にこのような運動のエネルギーを生み出し支えていた歴史的背景にも注目する必要がある。

一九六〇年から二〇二〇年の六〇年間を主として経済の動向からみると、①一九六〇年～一九九〇年の「経済成長」の前半の三〇年間、②一九九〇年～二〇二〇年の経済成長が停滞・衰退する「失われた三〇年」と新自由主義路線にもとづく「構造改革」の嵐が吹き荒れた後半の三〇年間、の二つの時期に区分することができる。

一九六〇年代はじめから本格的にスタートした高度経済成長はその後約三〇年間近く続き、一九六九年には日本のGNPはドイツを抜き世界第二位となり、日本は「経済大国」として世界から注目されることになった。一九八〇年のF・ヴォーゲルの『ジャパン・アズ・ナンバーワン』の出版はその一つで、一九八〇年代の日本経済の絶頂期を表すものであった。それは同時に「大企業中心型社会」、「競争型社会」の形成を意味するものであったが、この右肩上がりの時代に労働者の賃金も確実に上昇し格差の縮小も進み、マスコミは「一億総中流社会」とこれをもてはやした。私事ながら私は一九七四年四月に道東のある小さな短大に就職したが、その春の春闘で三四％の賃上げとなり驚いたことを記憶している。格差・貧困は存在したが現在ほどは深刻化しておらず、若者にとって真面目にはたらいていれば将来の生活と人生に希望がもてる明るい時代であった。

経済の右肩上がりと併走するように一九七〇年前後の時期は、一九六〇年安保闘争以来の社会運動の高揚期でもあった。ベトナム反戦運動、七〇年安保闘争、沖縄返還運動、六八年革新都政の実現を起点にした多数の革新自治体の誕生などの多様な運動が展開された。このような状況を背景に日本共産党は「民主連合政府の樹立を、一九七〇年代のできるだけ遅くない時期に達成」するという政治的ユートピア宣言を行った（日本共産党第一一回大会、一九七〇年七月）。

学生運動も高揚期を迎え、一九六五年から六八年にかけ慶応、早稲田、明治、中央大など多くの私学で学費値上げ反対闘争が展開された。また一九六八年の東大医学部、日大の学園民主化闘争を起点に学園民主化闘争が全国に拡大し（一九六九年一二月発表の文部省「大学紛争白書」によると紛争大学合計一二四校）、これに対する政府の大学管理の強化・大学立法制定の動きに対して大学の自治に対する危機感が強まり大学立法反対闘争も共通のスローガンとして掲げられるようになった。大学の自治擁護と民主化を求める学生運動の高揚は、「若者の叛乱」といわれる世界的な風潮に歩調を合わせるものであった。パリの学生、労働者がゼネストを決行、やがて全仏に拡大する「5月革命」は、一九六八年五月のことである。このような社会的風潮の中で、青年・学生たちは人生や社会についてユートピアと「大きな物語」を抱き前向きに生きることが励まされていた。

これに対して後半の三〇年間は「失われた三〇年」、格差・貧困問題が深刻化した閉塞の時代であり新自由主義路線にもとづく構造改革（規制緩和と市場中心主義）の嵐が吹き荒れた時代である。高度経済成長が終焉しバブル崩壊の一九九〇年代初めから現在まで三〇年以上にわたって経済成長がみられず、人口減少、少子化に歯止めがかからず、賃金が三〇年間も上がらない停滞・衰退の時代が続いており、世界における日本の経済的地位は低下した。経済評論家はそれを「失われた三〇年」と呼んでいたが脱出口が見えないまま「失われた四〇年」に向かおうとしている。

また、今日に続く非正規雇用の拡大＝「格差・貧困」問題の幕開けは、規制緩和論と市場中心主義を掲げる新自由主義路線が台頭した一九七〇年代末から一九八〇年代にかけてであった。一九八六年四月の「前川レポート」（経済構造調整研究会報告書）は規制緩和と構造改革の出発点を告げるものであったが、その本格的展開は一九九〇年代後半の時期である（橋本健二、一九四―一九六頁）。また、本格的展開にレールを敷いたのは労働者派遣法でありその指針とされたのは日経連報告書「新時代の『日本的経営』」（一九九五年）であった。日経連報告書は、終身雇用を中心とする従来の雇用慣行を全面的に見直し、終身雇用は一部の管理職に限定し、それ以外の職種は基本的に有期雇用やパート、派遣に切り替えるというものであった。労働者派遣法の改訂はこれに応えるものであり、一九八六年に高度の専門職に限定してスタートした労働者派遣法は次第に対象範囲を拡大し、二〇〇三年には製造業にまで及びこれにより非正規労働者が激増する。現在では雇用労働者の四〇％近くを非正規労働者が占め、正規労働者中心の終身雇用制という日本の労働慣行は崩壊した。「失われた三〇年」と新自由主義的改革にもとづく非正規雇用の一般化は、多くの青年から希望と未来を奪う凶器であった。

また新自由主義的改革の展開は日本の労働組合運動、社会運動の土台を揺さぶりその衰退・解体を促進した。その典型的事例を一九八七年の国鉄分割・民営化とJR差別採用事件に見ることができる。JR差別採用事件は戦後第二のレッド・パージとも言うべき思想差別攻撃であったが、これにより戦後労働運動を牽引してきた国労は弱体化し、それは総評の解体（一九八九年、総評解散・連合発足）、社会党の消滅（一九九六年、党名を社会民主党に変更）に連動した。社会運動の衰退・解体は学生運動にもおよび、全学連は二〇一七年三月に活動を停止するに至っている。

このように「（経済の）失われた三〇年」は「（社会運動の）失われた三〇年」であり「（大きな物語の）失われた三〇年」でもあった。

教育学部民主化闘争は「大きな物語」を描きユートピアを求めることが可能な歴史的舞台で展開された時代の賜物であった。

■未熟さによる苦い思いと一つの疑問符――「讒言事件」というとらえ方は正しかったのか？

全学部集会における討論は『事実と道理』によって真実を把握し問題解決を図る立場を尊重」したものであった、という指摘（神田光啓、三二八頁）には同意するが、いくつかの補足が必要であると考える。

補足の一つは、われわれの未熟さから行きすぎた発言や追及もあり不必要に人を傷つけたことが悔やまれることである。これによって本意ならずして退職をした教官がいたし教育学部を去らなければならなかった教官もいたのである。

第二に、これは重要なことであるが、通報者にかかわる論議において今から思うとわれわれに予断と思い込みがなかったのか、についての再検証が必要ではないかということである。それは「科研費讒言事件」という科研費事件の呼称にかかわっていた。

教院協は、何者かが会計検査院に通報したとされる内容からして、通報者は「教育制度・法制の分野について高度の専門的知識を有した者」で「S教官の研究動向について日頃から関心を寄せ、かつそれを知悉しうる立場にいる」ところの「学部教官」と断定した。そして調査の結果科研費の不正使用は事実ではないことが明らかにされたのであるから、事件は「密告事件」ではなく「国家権力にとりいって大学自治を売りわたすため虚偽の通報を行った」ところの「讒言事件」であると早い段階で指摘していた（教院協発行パンフ「科研費不正使用讒言事件の経過と本質」一九六八年一一月）。因みに、「讒言」とは「［主として競争相手を］おとしいれるために、相手を悪く言い、また有りもしない事をつくりあげ、立場の上の人に告げること。（『新明解国語辞典』）」であり、「密告」とは「その人が知られては困ることを、本人に知らせないようにして、関係当局などに知らせること」。（同前）とされている。

院協パンフでは具体的に通報者が誰であるかについては明言していないが、「讒言事件」という指摘からして当時の教育学部の状況から実質的には名指しも同然であった。私の記憶では、当時教院協の中では「通報者はI教官である」というのは当初から公然の秘密であり、それを前提にさまざまな議論がおこなわれていたし、私もそのように信じ続けその立場からの発言を繰り返していた。

教院協パンフに対して事実上の通報者とされたＩ教官は教院協宛に一七項目にわたる質問状を寄せ（一九六九年四月二五日付）、事実上自分を通報者としていることに反論し争う姿勢を明らかにした。（その後、Ｉ教官は教授会メンバーを名誉棄損で提訴）。その後、通報者が誰であるかは明らかにされないままにこの問題に終止符が打たれることになった。Ｉ教官は讒言事件の通報者という疑惑を背にしたまま事件直後の一九七〇年三月、国立教育研究所に研究主任として転出した。時を経て、文部省が教育基本法の改悪を企図した時に、Ｉ教官は教育基本法擁護の姿勢を明確にして改悪反対の筆陣を張っている。

当時の論議を正確に思い起こすことはできないが、教院協が事件を「讒言事件」と判断したことには相応の根拠があったと思う。しかしそのように断定することは通報者を事実上特定することに直接つながるのであったから、極めて慎重、厳密な調査、検討が求められる事柄であった。事は個人の名誉と将来にかかわる重要問題であったからである。あの時に事の重大性を鑑みてこのような調査、検討が院協内で充分に行われたのかどうか、今にして思うと私は充分に自信がもてない。「事実と道理」によって真実を把握するという観点を貫くためには改めて「讒言事件」というわれわれのとらえ方は正しかったのか？　という問い直しが必要なのではないか。そのためには少なくとも、科研費事件にかかわる教授会の調査委員会資料をはじめとする膨大な教授会資料、教院協のパンフレット（一九六八年一一月発行）をはじめとする発行物、裁判資料などの読み直しが求められると考える（北大教育学部民主化にかかわる文献・資料については、鈴木英一、五六―五七頁参照）。

現段階で私は、讒言事件の可能性があるが、そのように断言するには事柄の性質からしてさらに慎重な検証の必要がある、という意味でこの事件の呼称を、単に「科研費事件」あるいは「所謂科研費讒言事件」とすべきだと考えている。

これまで述べてきた当時のわれわれの未熟さがもたらしたと考えられるいくつかの出来事は、民主化闘争を回想する際に胸を熱くする誇らしい気持ちと同時に、一抹の苦い思いとして今でも私の心の片隅に小さな棘となって残っている。

おわりに

記憶を呼び起こすためにまず手がかりにしたのは埃をかぶった黒表紙の一九六八年から一九七〇年の三冊の手帳であった。そこにはあの時代の多くの院生がそうであったように、研究をわきにおいてアルバイト、集会、学習会、デモ、泊まり込みに明け暮れした日々が綴られている。とりわけ民主化闘争の山場の一九六八年一二月と教育学部が封鎖されその解除と復旧にあたった一九六九年の八月から一一月にかけての時期は文字通り不眠不休の毎日を皆と共にしたことが知られる。慌ただしく追いまわされるつらい毎日であったが、今思い返してみると濃密で充実した日々であり、井上ひさしの言う「時間のユートピア」をみなで共有した幸せな時間でもあった。

本稿は、資料や文献にもとづく実証的な研究論文ではなく、あくまでもおぼろげな記憶をもとにした個人的回想録である。当時、民主化をめぐっては学部内にはそれを快く思わなかった人もいたし傍観する人もいた。そのような中で本稿は民主化の積極的推進という多数派の立場からの、謂わば「勝ち組」の一員の回想録である。I教官やその周辺にいた人たちは民主化闘争についてこれとはまったく異なった物語――それはディストピアしての物語かも知れない、を描くであろう。今後、実証的な研究と合わせて、さまざまな立場からの回想をつきあわせることによって教育学部民主化闘争の豊かな実像が築かれて行くことに期待したい。本稿はそのためにささやかな一助となることを願って記したものである。

なお本書には、本稿とは異なる観点から教育学部「民主化」を論じた羽田貴史氏の論稿が所収されている。本稿と合わせてぜひ読んでいただきたい。

〔参考文献〕

・北海道大学（1980）『北大百年史　部局史』
・鈴木英一「北海道大学教育学部と新しい自治」『教育学研究』第36巻4号
・神田光啓（2011）「教育学部における『讒言・密告事件』と『全構成員自治』への民主的改革」「北大五・一六集会報告集」編集委員会編『蒼空に梢つらねて』柏艪社
・手島繁一（2021）「私論『北大紛争』」「北大1969」編集委員会『北大1969―あのころ私たちが求めていたもの―』メディアデザイン事務所マツモト
・高村泰雄（2023）「田中一さんの哲学～『自然の階層性』哲学の有効性を検証する～」田中一先生を偲ぶ会世話人『核と人―田中一先生追悼文集―』
・田中武雄（2022）「〈研究ノート〉大学における学生の地位―大学の起源〈ウニベルシタス〉から見た一九六六年学費闘争」「1966年早大学費闘争の記録」編纂委員会編『1966年早大学費闘争の記録―学生たちは、なぜこのように闘ったのか』花伝社
・橋本健二（2013）『「格差」の戦後史』河出書房新社
・井上ひさし（2010）『この人から受け継ぐもの』岩波書店

〔参考資料〕（北大文書館所蔵「教育学部自治会・院生協議会関係資料」）

・教院協「1969年前期（4・17～11・20）教院協活動総括書」
・教院協「1969年4月25日付I教官より大学院生協議会あて書簡に対する回答」（1970年1月29日）

・教院協機関紙「旗は焼かれても」

教院協機関紙「旗は焼かれても」は、8月22日発行の第1号から11月5日発行の第16号までが北大文書館に所蔵されている（第9号、第13号、第15号は欠号）。なお第17号以降が発行されたかどうかは不明である。

旗は焼かれても
NO.7
七〇年代斗争と暴力集団の挑発
八月二十八日
教育学部大学院生協議会

旗は焼かれても
NO.12　1969.9.11.
教育学部における民主的変革の経過と今後の展望
北大教育学部大学院生協議会

教育院生協議会機関紙「旗は焼かれても」より

文学研究科院生協議会の運動
―一九六〇年代後半～七〇年代前半

高田　純

一　文学部の顕著な閉鎖的講座制

（一）講座制に基づく閉鎖的な教授会自治との対決

一九六六年以前の文学部（文学研究科）の院生運動については資料が乏しく、一九六〇年代後半から七〇年代までの運動について概観したい。一九六三年に北大院協の前身が結成され、文学部大学院生の代表がこれに参加しており、それ以前に文学研究科大学院生協議会（文院協）が設立されていたと思われる。なお、五六年には文学部で「大学院学生会」が発足したと伝えられる。文院協は全国および全学に共有の課題に取り組むとともに、文学部における研究条件の改善をめざしたが、そのさいに文学部特有の古い性格や体質が桎梏となり、これと対峙せざるをえず、文学部（その運営体制、教育・指導）の改革をも求めてきた。この事情を明らかにするためには、文学部の開設以来の歴史も考慮する必要がある。

文学部においては他の文系学部よりも専門分野が多様で、細分化されており、講座制も閉鎖性を強めた。教授は講座の縦秩序（教授‐助教授‐助手‐院生・学生）の維持をめざし、講座自治の建前のもとに他の分野（講座）や学部全体に無関心になりがちであった。このことは院生の連携と結束と、それに基づく諸権利の実現の障害ともなった

文学部の運営組織は、他の学部にはない矛盾を抱えていた。教養部で一般教育を担当する人文科学系の教員（大部分は語学担当）の多数は文学部に所属していた。教授会は、専門の講座に属す教員から構成される「シニア」教授会と、一般教育担当の教員から構成される「ジュニア」教授会に分かれ、学部全体にかんする事項の最終の判断・決定は、学部の教授のみから構成される教授会に委ねられた。一般教育担当の教員は、講座所属教員よりも多いにもかかわらず、従属的位置におかれた。まず一般教育担当の教員は学科目制のもとで財政的に（研究費、旅費等の面で）劣悪な状態におかれた。また、学部の専門教育に参加する教員はごく一部であり、このことは、学部にとってその専門教育を豊かにする点で、マイナスとなり、大学院生にとっても同様であった。講座所属の教員がローテーションで一般教育を担当する学部もあったが、文学部では一般教育を担当の教員が固定された。

＊教養部教員の文学部所属問題の歴史的背景には旧制の予科の教員の処遇をめぐる複雑な事情もあった。理科系の一般教育を担当する教員の多くは理学部に所属したが、教養部の研究室で院生を指導する理学部教員もいた。教養部が発足のさいに抱えた矛盾は文学部で

最も顕著になったともいえる。

（二）講座の増加と閉鎖性の存続

文学部の前身は、一九四七年に開設された法文学部である。東大の哲学系の教授が中心に準備が進められ、「北方のアテネ」の理念を掲げ、古代ギリシアの文芸・学問の精神を札幌農学校の精神につなげようとした。法文学部は全体で六学科、二一講座（哲学七講座、史学三講座、文学三講座、法律学五講座、政治学一講座、経済学二講座）で出発し、四九年には計三四講座（哲学一〇講座、史学五講座、文学五講座、法律学八講座、政治学一講座、経済学五講座）に増加した。五〇年に文学部と法経学部が分離し、文学部は三学科、二〇講座（哲学科一〇講座、史学科五講座、文学科五講座）、法経学部は一八講座となった。五三年にはさらに法学部と経済学部が分離し、文学部二〇講座、法学部一三講座、経済学部八講座となった。

文学部では五七年に文学科が一講座、六二年には史学科が一講座、六五年、六八年、六九年には文学科がそれぞれ一講座増加し、そのあと史学科のすべての研究室、文学科の多くの研究室が二講座に増加して、六九年では哲学科一〇講座、史学科六講座、文学科九講座、合計二五講座となった。七七年には行動科学科三講座（心理学と社会学）が哲学科から独立し、文学部は四学科となり、八〇年には行動科学科が七講座になり、文学部全体は二九講座に増加した。

このように文学部の講座とスタッフは次第に増加し、充実したが、講座と研究室*の縦割体制は存続し、個別講座の閉鎖性（とくに人事）は維持され、また研究室相互の交流も進展せず、院生もそのもとにおかれ続けた。この弊害は一九六〇年代末に顕著となり、その是正を求める文院協の運動が高揚した。

*以降では「研究室」という表現は二つの意味をもつ。一方ではそれは学問分野に応じた研究と教育の基本単位という体制に関係し、他方ではそれは研究の空間、研究施設（院生用の研究室等）を意味する。

（三）教養部の廃止と大講座制の導入

一般教育と専門教育における教員組織の二重性の解消、専門教育における講座制の改変は一九八〇年代にもち越される。それは皮肉にも文学部の自主的取り組みによってよりも、全学的動向という外的要因によってもたらされた。

教員組織にかんしては、一九八一年に教養部の語学・文学系の教員を中心に言語文化部が設立され、文学部所属の一般教育担当教員の多くが一九九〇年までに段階的にこの組織に配置転換され、それ以外の教員は文学部の三の共通講座の所属とされた。一九九四年には文学部は三一の専門講座と三の共通講座をもつことになった。この結果としてシニア教授会とジュニア教授会の二元性は解消された。

講座制にかんしては、九五年に大学設置基準の大綱化と平行し、教養部が解体されて、文学部と教養部の関係も消減した。[*]同時に文学部の三四の講座（小講座）は一七の大講座に再編された。学部は四学科から一学科に統合され、四つの専修課程が置かれ、学部生の履修コースとして、四つの縦断的コースと五つの横断的コースが設けられた。二〇〇〇年には大学院重点化のため、大学院の一一専攻が四専攻に再編された。

しかし、大講座において以前の講座の閉鎖性や非民主性がどこまで是正されたかは問題である。独法化のあと国立大学への文科省の関与、規制はかえって強まり、管理の集中化によって、教授会の自治は弱化、形骸化しつつある。

＊二〇〇〇年に言語文化部を母体に、「国際広報メディア研究科」が、学部教育に対応しない独立研究科として発足した。

二　藤井事件における文学部の旧体質の露呈

講座制と教授会自治の弊害が露呈したのは一九五六年から六四年にかけての九年半近くにわたる藤井事件においてである。この事件は文学部に激震をもたらし、全国的にも話題となった。

①五六年六月東洋史講座の藤井宏教授が卒業生の他大学の若手教員への立ち入りを禁止し、これに抗議する二名の学生にも七月に同様の禁止を行った（第一次藤井事件）。文学部では専門研究の図書・資料は研究室におかれているため、研究室を利用できないことは勉学や研究にとって重大な障害となる。史学科の学生・院生は抗議し、非を認めない藤井教授の辞任を求めた。しかし、教授会は事件の解決に消極的であった。同教授は五六年六月に辞表を教授会に提出したが、教授会はこの申し出を受理しながら、辞任を求めず、学部長は申し出を保留した。

②一九五七年九月に藤井教授は辞意の撤回を文部省に上申した。先の辞任申し出は学部内の批判の鎮静化のための見せかけであったことに文学部の学生・院生は憤激するとともに、教授会の無能、無責任に対して抗議し、一二月に二回のストライキを行った（第二次藤井事件）。教授会は「徹底的な善処」を主張しながら、これを実行せず、これを学部長に委ねた。学部長は「辞任勧告の理由はない」と見なし、一九五八年四月から東洋史講座（専修科目）の学生を史学科の他講座へ転科させた。藤井教授は陳謝文を発表したが、学生・院生は、東洋史講座で勉学する権利を奪われた。

③一九五八年以降学生・院生の批判の運動は弱まったが、事件は六一年に別の形で再発した。藤井教授のさまざまな独断的な行為は教授会との衝突を重ね、六一年一〇月にこの衝突が極点に至り、教授会は同教授の処分へ向かった（第三次藤井事件）。六二年四月に学部長は同教授の免職を学長に上申し、文部省はこれを受け、六三年五月に分限免職を発令した。同教授は六月に人事院に不利益処分の審査を請求したが、一一月にこれを撤回し、免職が確定した。

教授会は第一次、第二次の事件では藤井教授による学生の学習権の侵害（今日ではアカハラに相当するであろう）に目をつむっておきながら、教授会運営等をめぐる同教授との対立が激化するに至って、免職という〈天下の宝刀〉を抜くことになった。講座制そのものの弊害に目を向けずに、事件を同教授の特異な性格によるものとして、同教授を排除することは、講座制や教授会自治の閉鎖性を温存するための〈トカゲのしっぽ切り〉に等しい。学部の改革を求める院生・学生の運動が強まることを教授会は恐れたという側面もあったであろう。

学部教授会のこのような混乱のなかで、六三年一二月に東大の文学部部長を務めた金子武蔵氏が北大の文学部長事務取扱を兼任するという異例の事態が発生した。六五年一二月に学部長が選出されるまで約一年半のあいだ文学部教授会の自治は麻痺に陥った

三　院生研究室闘争と学部改革の運動
——一九六〇年代後半の文院協の運動

（一）院生研究室闘争の高揚

藤井事件は、講座制にあぐらをかく教授会の閉鎖性、独断性とともに自治能力の欠如、無責任を示すものとなり、これにたいする院生・学生の批判は一九六〇年代後半に展開された。この運動は、院生研究室の配分と使用をめぐる闘争と結合した独自の運動となり、全院協と北大院協における統一要求の実現の運動へ合流した。

文系学部校舎の新設（六七年一一月）に向けた準備過程で院生は院生研究室の確保を求め、六六年春から教授会との折衝が本格化した。この折衝をつうじて教授会は、研究室を図書・資料の保管の場と見なし、これらを利用して研究を行う院生を配慮しない姿勢、院生との折衝を団体交渉とは扱わない姿勢を示した。教授会は院生との折衝が進行中の六七年一〇月に新校舎の配分を一方的に決定したが、院生の研究室や研究スペースは一定程度獲得された。しかし、六八年の夏休みまえに学部事務が研究室の使用時間と鍵の貸出対象学生・院生を制限する通知を行ない、院生・学生の強い怒りを呼び起こした。学生自治会も学生自習室、学生控室の確保を要求する運動を重視しており、部屋の使用制限の撤廃を求め、スト権を確立したが、文院協もストを辞さない姿勢で臨んだ。夏休明けにはこの問題をめぐって、拡大合同学生・教官協議会が開催され（教員は二〇名参加）、これを踏まえ、院生、学生、助手と教員の代表から構成される協議会が設立された。研究室使用問題に限定されてはいるが、学部の全構成員の参加の道が開かれたことは画期的なことであった。この協議会、および教授会と院生・学生との交渉をつうじて研究室使用の方向が示された。

当時文部省は大学の管理の効率化、集中化をめざし、「営造物管理」論を持ち出し、施設の管理を強化していた。国

立大学協会は大学自治＝教授会自治を保持するため、学内での施設使用を「自主規制」する方向をとり、北大でも掲示制限や学生寮の管理強化等をめざし、院生・学生との対立を強めていた。文学部での運動は、「自主規制」をめざす新興の「有力教員」（学部の「近代化」を標榜する）に打撃を与えた。この運動を拡大、発展させ、学部の民主的改革をめざすことがつぎの課題となった。しかし、学園闘争のなかで学部の諸階層のあいだ、またそれぞれの階層の内部で意見の食い違いが生じたため、この改革の機運はそがれる結果となった。

（二）学園闘争の一環としての文院協の運動

一九六八年から全国的に学園闘争が高揚し、各大学の院協も院生の諸権利の実現、学園の民主的改革、院生のニーズに応える教育・指導を求めて運動を展開した。そのさなかに北大では六九年に過激な学生諸派が入学式場封鎖から出発し、学内施設の封鎖・占拠を拡大し、八月には文系校舎を封鎖した。学部改革という地道で厳しい取り組みから遊離した「大学解体」の運動にたいする批判が文院協において強まった。一〇月末の文系校舎封鎖の自主的解除に少なくない院生が参加した。封鎖の自主的解除にはリスクがあり、これをめぐって院生・学生のあいだで議論があったが、参加者のあいだには、封鎖に対して有効な対応をできない教授会への不信から、大学自治の精神に反する機動隊導入を避け、自主的封鎖解を行い、学部改革を推進しようという思いがあった。機動隊の全学への導入によって一一月末から授業が再開されたが、教授会が院生の研究条件、学部改革への要求に背を向けたまま、なし崩し的に授業を再開したことへの院生、学生の不信は強まった。学部長は院協と学生自治会の要求に応じ、説明会を開催せざるをえなかったが、そこでは学部改革にたいする積極的姿勢は示されなかった。

（三）学部改革の方向づけ

文系校舎封鎖の直後の八月末にシニア教授会は声明を発表し（一般教育担当者のジュニア教授会は加わらず）、院生・学生との対話による諸問題の解決、学部改革の方向を（抽象的にであるが）示していたが、一部の教員の努力にもかかわらず、これは実現されなかった。文院協は「文学部の理念と制度に関する小委員会」を設け、一九六九年九月と一〇月に討議資料「新しい文学部建のために」、Ｎｏ．１「文学部に於ける講座制に基づく教授会自治体制を我々の手で打破しよう!!」、Ｎｏ．２「大学自治の理念と団交権」でこの運動を理論化した。これらの資料では、文学部の管理運営体制（教授会等）の改革、講座制の研究室制への転換（教育学部の改革を参照）、研究室会議とその民主的運営の方向、院生予算の明確化と増額、院生の教育と指導のカリキュラムの改革、ＭＣ入試の改善、ＤＣ入試の廃止等が示されている。これらは七〇年代前半の運動の方向づけをめざすものであった。

四　院生予算拡充の闘争の展開
――一九七〇年代前半の文院協の運動

(一) 院生図書費、コピー費用増額の運動

一九七〇年代に研究条件の改善のための運動のなかで中心となったのは、院生用の図書費とコピー費の増額をめざす運動である。図書費とコピー費の枠が七一年に認められたが、調査の結果、文系の他の三研究科と比較してきわめて貧弱であることが判明した。運動の結果、つぎのように図書費とコピー費は徐々に増額されたが、他の文系研究学科とのあいだには依然としてかなりの格差が残った。

図書費については、七一年は一人当たり約五千円（院協の要求は一万円）、七五年は八千円（要求は一万円）、七八年は一万一千円（要求は二万円）となった。コピー費については、七一年は一〇〇枚（要求は五千円分）、七五年は一五〇枚（要求は三〇〇枚）、七八年は三〇〇枚（要求は五〇〇枚）。なお、支給されたのは湿式コピー（商品名は電子リコピー）であり、普及しつつあった乾式コピー（商品名はゼロックス）も要求した。

さらに、学会発表や調査のための旅費への出費が多いため、院生旅費を要求した。その結果、七三年には社会学研究室で調査のための院生旅費が総計八万八千円が認められ、七四年には五の研究室で、七五年には一一研究室すべてでそれぞれ三万円が認められた。配分額は少ないが、枠として確保されたことは重要であった。七九年からは、院生旅費を研究科の内部措置として少額配分するのではなく、予算費目として計上し、充実するよう文院協は要求した。

この間に一九七三年に北大院協と学長との交渉で、院生の研究条件にかんして理系学部と文系学部とのあいだの格差が話題になり、各学部の学部長から要望があれば、全学的措置を検討するという回答が得られた。それは具体化しなかったが、文学部の取り組みに一定の刺激を与えた。

(二) 院生研究室の拡充の運動

院生研究室については、その使用時間制限は院生、学生の運動の結果一九六九年一二月に撤廃され、学部の門限までとされた。文院協は院生研究室の拡充のため一九七三年に具体的調査に基づき、教員研究室の空き部屋の利用、演習室の空き時間での利用を要求した。その検討に前向きの回答を得たが、実際にはほとんど実現に至らなかった。その他にスポーツ施設、院生ロッカーの配備が要求も加えられた。

(三) 学部改革の運動

教授会の改革については、一九六九年一一月の学部長選挙が一般教養担当教員らの反発を受け、不成立となり、そ

れ以降七四年三月まで学部長不在（事務取扱）が四年余も続くことになる。このことは、学部の根本的改革なしの小手先によっては事態は改善されないことを示した。七一年六月に学部長事務取扱は学部長選挙規程を改定し、選挙を実施したが、選挙は再び不成立となった。そのあと文学改革委員会が設けられ、改革の課題を明らかにしたが、次の事務取扱はそのなかから学部長選挙規程の改定のみを抜き出し、学部長不在の異常事態を脱却することを至上命令と見なして、七四年二月に学部長選挙を強行した。これに対して文院協は、学部改革の一環として教授会の在り方の改善と学部長選挙の改善を位置づけるよう要求し、文学部全教員に向けて訴えを発表した。選挙は実施されたが、この訴えの趣旨については、少なくない教員の共感を得た。

先に述べたように（一の（三））、教授会の一元化は文学部の自主的努力によっては実現されず、一九八〇年代の教養部における言語文化部の設立の結果としてもたらされた。また、縦割りの講座制は一九九五年代中ころの全学の次元での教養部の廃止、学部の大学院重点化と連動した大講座への再編によってやはり結果的に消滅した。これらは、六九年の文院協小委員会の討議資料で示された方向――教授会の開かれた自治、構成員の民主的参加に基づく研究室体制――とは異なる方向へ向かった。この点から見ても、文学部の改革と発展にとって一九六〇年代後半から七〇年代の文院協は重要な問題提起を行ったといえるであろう。

大学立法反対をかかげて、1969年8月2日北大1万人集会のあと、デモ行進をする堀内寿郎学長（北大職組新聞第190号、1970年1月25日）

経済学部大学院会の活動
―大学自治への参加と研究創造活動

山口博教

一　経済学部大学院会（経済院会）の自治活動

（一）研究条件を確保する運動

一九七五年四月に経済学研究科に入学したのは私を含め三名であった。それから修士課程（ＭＣ）に二年間と博士課程（ＤＣ）に三年間在籍した。同研究科の入学者は元々一学年数名程度で、十名を上回ったのは紛争時の一度だけ（全員合格）だった。その翌年からは修士課程合格者数は三～四名位前後となり、しかもその三分の一は学外からの合格者であった。これは大学側が「オーバー・ドクター（ＯＤ）」、「オーバー助手（ＯＡ）」対策として人数制限を導入したためである。

その代わり博士課程単位取得退学者で希望する者には、大学の研究助手のポスト（原則二年、ただし一年のみ延長可能）が与えられ、ＯＤ対策として利用された。院生は博士課程履修中または研究助手の任期内に就職することを求められたのである。このためＯＤが発生することはまれであったが、ＯＡ問題は確かに存在していた。ともかく、私の在籍期間中の院生総数は全体でもほぼ二〇名前後で推移した。

この当時経済院会は昼休みや夕方に、大学院生研究室前の廊下で行われた。各自が椅子を持ち出し、相互に向き合う形での話合いだった。入学してすぐの議題は研究室確保に関するものだった。経済学部棟では院生研究室が三階に七室あり、助手用の四室と並び置かれていた。また四階以上は助教授室、教授室が基本で、一九六八年度まで助手室が一室あった。ただ年次により多少変動することがあった。

私の入学時には三階に小会議室（ゼミ室）設置するため、院生研究室の二室削減提案が教授会から出された。これに対して、院会はＭ論文作成のＭＣ二年生を二人部屋とし、院生室を確保していくことを基本に要求作りを行った。しかし翌年度からの廃止通告が出された。これに反対する声明、及びＯＤ・ＯＡが生じた場合、四階以上で臨時的使用を要望する文書を教授会へ院生会・助手会合同で提出した[1]。

次に、一九七八年五月の経済院会のアンケート調査に基づく要求項目及び学生委員の森杲教授からの回答文（↓以下）を紹介する[2]。

①コピー費・図書費増額要求↓図書費予算が少ない中で、一人二万円を使い切らない院生もいるため、特別研究費や共通図書購入を考えてほしい。

②研究室備品の確保―黒板、扇風機、本棚、カードボック

ス、ロッカー、キャビネット↓ひどくなった部品については、個別的に備品番号を学生委員に申し出れば対応する。
③単位認定に関して─修士課程単位認定に必要な単位数の削減、研究会参加を単位認定に加えること。↓回答無し
④研究生（ＯＤ、ＯＡ）対策を拡充してほしい。↓当面現在の制度を変えるつもりはない
⑤院生への研究旅費支給と奨学金増額↓北大単独では難しいが、七大学（旧七帝大）法経学部長会などで主張している。
⑥学部運営に関する以下の点について、院生の声を反映するよう要請する。
一．期成会資金利子と元本の使途について↓別途説明する。
二．共通図書／特別図書の運用について↓意見を出してほしい。
三．教授会議事の公開について↓聞かれれば可能な限り知らせる。
四．学部予算の使用希望について↓意見を出してほしい。

（二）四層参加の経済学部長選挙制度（学部長公選制）

経済学部四層が役割に応じて参加する学部長選挙制度は、一九六〇年代後半からの北大改革の一環として導入された。学部四層とは教授会、教職員、院生、学生であり、がそれぞれの役割に応じて参加する制度であった。その内容は一九七〇年二月二三日に教授会が提案した経済学部学部長選挙規定についての教授会案に示されている。その前文で「大学の自治は学問の自由、研究と教育の発展を確保するために不可欠の原則であり、それは大学構成員全体によって担わなければならないこと」が明記され、以下の規定であった[3]。

［一］推せん制度
（1）教職員は学部長候補者に対する推せん投票を行う。
（2）推せん投票は、学部所属の専任の全教職員（含、常勤臨時職員）によって行い、全員の２／３を以って成立するものとする。
（3）～（7）省略
［二］学部長候補者の選出
（1）教授会は推せん投票結果を参考として、学部長候補予定者1名を、単記無記名投票によって、選ぶ。
（2）この投票の立会人は、学部長が指名する。
［三］信任投票
（1）教授会によって選ばれた学部長候補予定者について、信任投票を行う。
（2）この信任投票は、学部所属の（イ）教職員（ロ）大学院生（ハ）学生によって行う。（略）
（3）信任投票は、学部長候補予定者を信任する場合○、不信任する場合×と明記する形式で行う。
（4）（2）号の（イ）（ロ）（ハ）のうち、二つ以上の層に

おいて×印が在籍者（休職及び休学者を除く）の半数を超えない場合は、その学部長候補予定者は信任されたものとし、教授会は、この予定者を学部長候補者として議決する。

（5）信任が成立しない場合、教授会は再度学部長候補予定者を推せん投票の結果を参考として、（2）にもとづいて選出し、この結果を信任投票にかける。なお、この学部長候補予定者が信任されない場合は、教授会は（三）の（1）号～（4）号によらず、学部長候補者を決定する。

（6）信任投票の管理は、学部四層（略）各二名の代表によって構成される信任投票管理委員会が行う。（以下略）

（7）信任投票管理委員会は、投票に先立ち、学部長予定候補者を含めた学部討論会を主催する。この討論会には、経済学部に所属する全教職員、大学院生、学生が出席することができる。

［四］リコール（略）

なおこの制度については、経済院会のビラでは以下の説明がなされている。[4]

①「一九七〇年五月の「教授会声明」にうたわれ、また一九七一年二月の「学部長選挙に関する申し合わせ事項」の中で具体化された。」そして「全構成員自治の理念は単に学部長選挙に限定されたものではなく、（中略）四層の恒常的な連絡体制を持続して事の処理に当たる」と明記された。

②「七一年二月に初めて実践された現行「学部長選挙に関する申し合わせ事項」は民主的手続きを経て決定されたものである。」

③この制度で「一九七一年二月に新川士郎氏が、また一九七二年二月には酒井一夫氏が（第八代目と第九代目の）学部長に選出された。」

以上の規定に基づいて実施された学部長選挙に、私も学生の立場で意向投票をしたことを記憶している。ただし選出された学部長の任命を旧文部省が拒否し、「学部事務取扱」という地位に甘んじなければならなかった。そしてこの処置は第十代目の大爺栄一事務取扱、第十一代林事務取扱まで続いた。

（三）林善茂学部長アイヌ発言問題を契機とした学部長公選制度の廃止

一九七七年に第十一代目林学部長事務取扱が前期に開講した「北海道経済史」の授業中において、アイヌ民族に対する差別発言を行った。この問題に対し七月二十日に学生・院生が抗議行動を行った。教授会は説得に当たったが、学生が応じなかったため機動隊の導入により学生を排除し、この結果三名の学生が逮捕されるに至った。またこの問題では経済学部ゼミナール協議会が抗議活動を生行った他、アイヌ解放同盟が公開質問状を十二月に林教授に提出し、一月に回答書が出されている。[5]
この間林教授は健康上の理由で入院し、この授業は年末提出のレポート提出で評価が認定されることになった。それに伴い、学部事務取扱職は八月から十二月まで第十二代目として前任者の大爺教授が引き継いだ。
そして経済学部は一九七七年一二月八日の教授会で林教授の辞任に伴う新学部長選挙実施と選挙制度の改編を議題に挙げ、単独で決定し実施に至った。これに反対する学生、院生会、教職組合の抗議活動は無視された。その結果四層参加の選挙規定は廃止され、かつて行われていた教授会単独の選挙に戻されたのであった。この結果松井安信教授が選ばれ、第十三代学部長に就任した。このようにして一九七一年から継続した全階層参加の学部長選挙制度は、他の階層の抗議にも拘わらず消滅することになった。[6]
なおこのような大学自治を象徴する全階層の学部長選挙への参加制度の廃止は、この時期に全学部で進んでいて、経済学部だけの問題ではなかった。

二　研究創造活動（経済院会「夏の学校」）

理系研究科や経済以外の文系、特に教育研究科では院生数も多く研究科独自の「夏の学校」が毎年開催されていた。これに対し経済院会は一九七六年にやっと独自の取り組みを始めた。遅れた原因は、専門分野の違いによる境界の存在（「正統派」と「宇野派」の二つのマルクス経済研学究会、近代経済学研究会、経済史研究会、経営研究会）、個人中心の蛸壺型研究スタイル、及び相対的に良好な研究条件にあったが故の経験不足だった。しかし六月の院会で開催を求める院生が数名存在し、三名の実行委員を中心にアンケートを実施し、準備に入った。[7]
こうして八月一・二日に浜益海岸の民宿で第一回「経済夏の学校」が、十三名中十一名の参加で（一人風邪で欠席）実施された。テーマは「修士論文作成とその指導」で、討論結果以下の点が判明した。
①修論テーマは指導教官の指導で行われ、それ以外の教員のアドバイスが少ない。
②同じゼミ生同志での助け合いはあるが、ゼミを超えた議論の場は研究会以外にはない。
③学部教育とは直接連動せず、MC二年間で基礎的素材と方法を見自分で見つけなければならない。
以上の結果、カリキュラムと研究条件の改善、日本の社会科学との関連性を理解することが重要であるとの結論に至った。その他不況に伴う物価高騰の生活問題も含め、この修士論文作成のテーマは、今後も引き続き課題とすることを確認した。[8]
翌一九七七年に第二回目が積古丹半島余別の飯田旅館で行われ、十六名中半数の八名が参加した（D１一名、D２

一名、D1二名、M2一名、M1三名)。この会の幹事は近経専攻の院生が担当し、以下の報告書がある。

「夕食後夏の学校の主要テーマである各自の研究の進展、現段階、研究の方向について各院生が報告を行いました。まずD3から『修論は博士課程さらに一生の研究方向を決定するので、手抜きせずに、出来るだけ多くの文献とデータに当たること』が指摘されました」と。

そして各自の報告後に、幹事が以下のようにまとめている。

①各個人が研究テーマについての徹底した理解と展望をもっているとは言えない。

②経済学者間では最大幸福を目的としつつも、その手段・方法論で対立がある。

③「経済を歴史的、理論的、規範的に研究しようとするとき、必ず〝商品経済〟(市場経済)より始めなければならない」と。(9)

なお私が最後に参加した経済「夏の学校」は一九七九年に室蘭イタンキ浜の民宿で行われた。この時は初参加の女性を含め六名で、研究交流と海水浴等のレクレーションが実施された。

以上経済院会の夏の学校は指導教授を超えて院生たちが集まり、大学院の研究制度や指導体制について情報交換を行い、各自の研究に役立てることに貢献する貴重な機会ではあった。ただ経済研究科の場合には比較的少人数による交流会であった。現時点で振り返ると、教育・文学・法学という他の研究科と合同した文系全体での「夏の学校」の取り組みも必要だったのではないだろうか、と考えている。

(注)

(1)　経済学部助手会・同大学院会「いわゆる『オーバー助手』問題に関する質問状―助手・院生研究室の部屋割りに関する先の教授会決定に関連して―」、一九六八年六月。同「研究室問題に関する教授会への要望書」、一九六九年三月二三日。経済学部におけるODは数がすくなかったが、「オーバー助手」問題は確実に存在していた。

(2)　経済院会「アンケート集約」、一九七八年五月。及び森杲(前期学生委員)「大学院生の要求に対する解答」、一九七八年四月二七日。

(3)　北大経済学部「経済学部「学部長選挙規定」の改正案について」、一九七〇年五月。

(4)　経済学部大学院会「学部長選挙にあたって　筋を通せ!!」、一九七八年二月。

(5)　経済学部ゼミナール協議会常任院会「12・8教授会に抗議の声を集中しよう―教授会は学生との話し合いに応ぜよ!」一二月発行の日付不明ビラ。またアイヌ解放同盟代表結城庄司の公開付質問状一九七八年一二月(アイヌ解放同盟・経済ゼミ連絡会議・北大狭山共闘「林教授アイヌ解放同盟の公開質問状に回答す！」のビラ）。及び北海道大学経済学部教授林善茂、アイヌ解放同盟結城庄司殿「公開質問状に対する回答」、林善茂「公開質問状に対する回答」一九七八年一月二〇日。

（6）　経済学部大学院会、「学部長選挙にあたって筋を通せ!!」一九七八年二月のビラ。及び経済ゼミナール協議会常任執行委員会、「教授会への要望書」一九七七年一二月八日のビラ。

（7）　『「夏の学校」の取り組み進む─アンケート調査にご協力を─』、経院会ニュース第一号、一九七六年六月二二日。

（8）　経済院会「夏の学校─経済院会」、北大院協全学幹事会『「夏の学校」のまとめ』、一九七六年。

（9）　Y・K『経済院会、夏の学校の思い出─人間と狐の経済学」、北大院協全学幹事会『「夏の学校」とオーバー・ドクターの問題の現状』、一九七七年

経済院会夏の学校 '76 浜益村（山口博教提供）

3　個別分野での北大院協の活動

新制大学院の発足と院生協議会の運動

神田健策

新制大学院の発足

今日、大学院はほとんどの大学が有する教育機関であるが、旧制帝国大学（北大はこの一つ）は研究の中心を大学院に移し、大学院大学になっている。戦前の旧制大学院は旧帝大を中心に学問のエリート研究者を徒弟性的に養成していたので、多くの国民の願いにそった教育・研究をどのように進めるかは大きな課題にはなっていなかった。

戦後の新制大学院は一九五〇年に私立、五三年に国立に設置され出発した。四九年に新制国立大学が発足し、五三年から学士卒業生を受け入れる大学院体制がようやく整備された。しかし、残念なことに新制大学院に対して独自の予算・施設・独自スタッフは手当されることなく、学生経費をほんの少し上回る「院生経費」と教官の大学院制「指導手当」が充当されるだけであった。その結果、院生の生活・研究条件は貧しく、一定の年齢に達しても学部生と変わらない実態の改善が緊急に求められた。と同時に戦前の体質を受け継ぐ古い体質の「講座制」研究室や「教授会の自治」中心の大学運営の民主化が若き院生たちの共通の願いとなった。

全国大学生の団結

このような貧困な大学院政策の無策放任のため、奨学金、院生寮、就職などの要求が全国の大学院生の中に広まり、一九五九年八月に全国大学院生協議会（全院協）が誕生し、北大においても大学院生協議会（院協）が同年十二月に発足した。そして、一九六〇年の歴史的な安保闘争にも積極的に参加し、院協運動の基盤づくりが進められた。当時、北大には五〇〇名近い大学院生が在籍しており、全院協の運動発展に大きく貢献した。院生も全国的に増加するにつれて、自分たちはどのような存在なのかを明らかにすることが問われるようになり、全院協では「大学院生は新しいかたちの研究者である」と規定した。その過程で行われたのが『大学院白書』づくりだった。

今、手元に北大院生協議会発行の『大学院白書　昭和三八年一一月』（一九六五年十月）がある（左写真）。B５版三百頁の同書は、アンケート回収率九五%の高さを誇り、大学当局も推薦文を寄せるなど大学院生の置かれた環境の改善に目を開かせる資料となった。先行した京大院協の『白書』（一九六一年）と並んで若き研究者の成長を感じさせる白眉の出来映えであった。

このような地道な運動を通して北大院協は、一九六三年一月に全院協に加盟した。全院協の掲げた三本の柱は、大学院生の①生活条件・研究条件を守る、②自主的・民主的研究を推進する、③平和と民主主義を守る闘い、を結合するというものだった。

大学の自治と北大院協の役割

一九六〇年代から七〇年代冒頭にかけて、全国的に大学の民主化運動が高揚した時代だった。この背景には政府の貧困な文教政策と新制大学とはいえ教授会の自治に固執する封建的な管理運営の残存物などに対して、真の大学の自治を確立して国民の期待に応える大学変革をいかに実現するかが課題になっていた。

北大院協は一九六九年十月に『大学変革―その闘いの理念―戦後・北大変革の課題と展望』を刊行し、大学変革の方向を示す討論素材を提供した。戦後の北大史を紐解く時、「杉野目時代」「杉野目体制」と呼ばれた言葉が残っている。工学部（編集委：理学部）の杉野目晴貞教授が一九五四年から六六年まで学長を三期務めた時代のことで、わが国が戦後民主化から反動期に移行し、日米共同体制が強まって行った時期と重なる。北大内にも現役自衛官の大学院入学、日米科学資金研究、産学共同研究の浸透などが進み、それに反対する全学的共闘体制ができあがって行った。一九五九年五月、教職員組合、院生協議会、学生自治会など二十団体により、安保改定阻止・大学自治擁護全北大共闘会議が結成され、この中で理論的な中心的役割を担ったのが院協だった。北大では一九六七年四月、大学の民主化を掲げ、共闘会議の推す堀内寿郎名誉教授が学長に就任するなど、「国民に開かれた大学」の創造が前進した。

全国に先駆け院生寮の設置

「院生白書」などの院生のアンケート調査の中で要求度のきわめて高いものは「院生寮」の設置だった。大学当局と院協との長い交渉が続いた末、一九七一年四月から、全国に先駆けて大学院生寮がスタートした。院生寮の建物は、北大の前身、札幌農学校の大先輩である有島武郎の旧邸が院生の宿舎に充てられ、名称も北海道大学院生寮＝有島寮と命名された。この有島邸は黒澤明監督の映画『白痴』（一九五一年）で実際に使われた建物としても知られており、現在、札幌芸術の森に移設されている。この当時、院生千五百余名に対して定員十三名と決して満足できる大きさではなかったが、入寮者は「ここに集いし我等若人十三名、この疾風怒濤の時代を若き情熱と透徹した科学的精神を持って生き続けることを宣言」した（初代寮長・佐々木忠）。

「夏の学校Ⅱ」の開催

北大院生協議会の歩みの中で思い出に残るのは、「夏の学校」の開催がある。二〇一四年五月、「農院生・夏の学校Ⅱ in由仁」が開催された。参加者は二十名を超え、四十年以上前の院生時代に開催した「夏の学校」の再現であった。一九六五年七月末、院協主催の「夏の学校」が各研究科を超えて初めて開催された場所は支笏湖畔の北大支笏湖寮だった。研究面での蛸壺化を乗り越え「成長しつつある」院生像の創造を目指す交流の場として位置付けられた。この時から八〇年代まで「夏の学校」は続いた。上述の「夏の学校Ⅱ」に集った昔の院生たちは今では退職高齢者に姿を変えていたが、行事の一環である研究報告会において示された各自の研究熱意は院生時代と変わらないものだった。

苦悩する大学院生

今日、北大の大学院生数（二〇一八年度）、特に博士課程の院生数は定員（六百六十四名）の七割である。この背景には、二〇〇四年度の国立大学の法人化を契機に国からの運営交付金が大幅に減少し、教員の定員や研究費に覚束ない状況が生まれ、大学院修了後の進路が一段と狭まれていることがある。

さらに、授業料の高騰、奨学金の給付から利子付貸与の増加、授業料・奨学金免除枠の減少など、院生の置かれている状態は今日、極めて悪くなっている。この国の科学技術振興政策が問われている。

参考文献
『大学院白書　昭和三八年一一月』北海道大学院生協議会、一九六五年一〇月
『大学変革―その闘いの理念―戦後・北大変革の課題と展望』、北海道大学院生協議会、一九六九年一〇月

【付記（編集委員会）】

二〇一九年一二月ビー・アンビシャス9条の会・北海道が編集・発行『北大ピースガイド』に掲載の文章を転載した。神田健策氏は北海道大学農学研究科博士課程を修了後、北見工業大学を経て、弘前大学に転じ、農学部（農学生命科学部）の教授や理事兼副学長などを歴任し、二〇一四年退職されていたが、二〇二〇年四月七一歳で急性心筋梗塞のため逝去。農学研究科では農業経済学を専攻し、北大院協の一九七六年度前期の幹事会議長を務められた。「北大1969」および今回の本の編集・刊行に際して、北大の学生・院生運動関係の多数の資料が御家族から提供されている。

白書づくり〜『大学院白書』によせて

安藤　桜

「大学院白書」、院生のほとんどの人がこれに参加した。長い月日だった。そして、その月日の間に、この仕事に参加した多くの人々は大学から新しい職場へと去って行った。ある人はマスター・コースからドクターコースへ。そしてその間にある人は新しい家庭をつくった。新しい人が次々と入り前の人の仕事をうけついで、よりエネルギッシュに活動した。そして、夜もろくに寝ずにがんばった。最終編集委員の人々の手で、ついにこの膨大な白書は出来あがった。白書「あとがき」にこのアンケートの出来るまでの歴史が要約されている。院生の一人一人がこの歴史の一部に入りこんでいる。私もその一人。むかしのことを思い出すままに書いてみよう。

×　×　×

昭和三八年二月、私がM１の冬だった。農学部からアンケート委員を一人出さなければならないのだが、やってくれないかと頼まれた。

どうせ一・二枚の紙にアンケートをとって、それをまとめる位のことだろう、という位で、まあやってみようとひきうけた。

各学部から一人ずつ週に一回ずつあつまった。まず第一は、一体何の実情を知れば良いのかを出さなければならなかった。と云っても、各学部から集まって来た院生には、こんな仕事をしたことのある人なんてほとんどいなかった。最初、どんなことが問題なのか、ということを理学部で以前に出した白書等の項目を参考にしながら各学部の現状を話し合った。ノートを一冊つくり、特別に記録係をおいたわけでもないので、適当に交代で誰かがメモをとる。例えば、ある日のテーマ「アルバイト」。それぞれ自分のアルバイトの経験、自分の身のまわりの例をあげる。そして、〇〇学科はアルバイトが禁止されているとか、実験講座では実際問題としてアルバイトは出来ないとか、それなら親兄弟の援助がない人は大学院には入れないのかとか…。

×　×　×

一回に一つずつのテーマで研究室の問題、研究費、奨学金などと問題は多かった。この段階はみんなの不満を並べる段階だったかも知れない。しかし、この中で自分の学部、自分のわくの中だけに閉じこもっていた私達は、みんなが共通の問題をもっていながら、あるものはあきらめ、あるものは現状を肯定していた。しかし、話してみると、ある学科では院生も研究者としてその意見等を尊重されているところもあれば、別な所では学部の学生と同じ扱いのところもある。要するに「大学院」というもの自体に教授の間でも院生の間でも定まった位置づけさえされていないということがはっきりとみんなの間に意識されはじめた。

　最初の委員会の中心だったTさんは、毎週みんなにアンケート委員会をはじめます、と電話をかけたり、次は何曜日、何時どこでというようにハガキを出した。電話がくるとさぼるわけにもいかず、みんなのこのこと集まった。

　そのうちに、会合の回数を増すに従って、委員一人一人が白書の必要を自覚するようになって、義務だからというのではなくて、やらなければならないという気になって来た。

×　×　×

　四月に入って京大の白書が手に入り、その膨大な、そしてよくまとめられてあるのに驚き、京大ほどのものが出来る自信はなかったが、とにかく我々もがんばろうということで、京大のを参考にしながらアンケートの項目づくりの検討をして行った。

　何度も予定表がつくられた。最初の予定は、少なくとも三九年三月までには仕上げようということだった。その線にそって計画がたてられたが、みんな忙しい身、それに内容が多すぎて計画は思うようにははかどらない。毎週、毎週、なるべく多くの人が出席出来る日と時間を選んで欠かさず集まった。七月に入ると、みんなの都合があわなくて日曜日に集まったという時さえあった。白書の仕事が後半に入ってくると、日曜日はもちろん、夜中まで仕事をするということはあたりまえのことになってしまったのだが……。

　夏休み中も二・三回休んだだけで、定期的に項目づくりの検討はつづいた。八月に入ると週二回は集まるようになった。

×　×　×

　秋になり、それまでは院協からもらったわずかのお金と委員個人個人の紙等の提供でまかなっていた資金面でも、いよいよアンケート実施となると、それをどうするかという問題が出てくる。大学との経済的交渉も委員会としての仕事に加わった。

　この間に、委員の人はそれぞれ研究に忙しかったり、いろいろな都合でかなり入れかわった。

　項目も予定よりおくれたが着々と作られていった。

　十一月、いよいよアンケート実施に追い込みをかけているとき、私は実験の都合で二ヶ月北大をはなれた。

×　×　×

　丹波篠山兵庫農大で、私は送られてきたアンケート用紙に記入した。ああやっと、調査表が出来たというよろこびと、いったいこんなに多くの項目をどうやってまとめるのだろうか、三月までに出来るのだろうかと心配だった。

十二月に北大にもどってきて再びアンケート委員会に顔を出しはじめた。今度は集計のための準備である。大きな問題はアンケートのどの項にもある「その他」と書かれた項である。ここに書かれた様々の回答を内容の同じものを同一とみなして集計を容易にする。この仕事がたいへんで、それぞれ勝手なことを書いてあるのをもれなくとりあげねばならない。

各学部の委員はそれぞれ回答用紙を分担して学部にもちかえり、それに書かれてある「その他」の項をそのまま書かれてある通りにぬき出した。二百三十の項目のほとんどにこの「その他」という項目があるのだからぬき出すだけでもたいへんだった。

アンケートは無記名ではあるが、その回答に学部学科の特徴が出るおそれがあるので、出来るだけ秘密を守るために同じ学部の人の回答の集計をすることをさけた。これはすべて集計用紙に記号化されるまで原則とした。

この頃にはアンケート委員も各学部一人ずつでは足りず、三人位ずつ出ていた。最初からアンケート委員をやっていた人は多くがこの時M2だったので論文を書くためしばらく引退した。私もそうだった。

×　　×　　×

この頃獣医学部の火事でアンケート委員のAさんは研究室をやかれ、それぞれ分担してもっていた回答用紙はどうなったかと心配されたが、机の中に入っていて無事でほっと胸をなでおろした、というようなこともあった。

マスター論文も書き、三月になってまた委員会に顔を出した。まだ集計のための準備ははかどっていない。委員がたいまんなのではなく、あまりにも内容が多すぎて、思うようにはかどらないのである。

三月に白書仕上げなどということはとっくに消え去った。せめて三九年秋までにということになった。四月に入ると、学部ごとに学部アンケート委員会が作られ、「その他」の項の記号化等は学部アンケート委員が各学科から一人ずつ出てもらって仕事をはじめた。

×　　×　　×

集計のための準備としてはこの記号化、次に質問事項で関連のあるものを一まとめにしてカードをつくる仕事。すべてこれらは単に機械的には出来ない。なぜこのような質問をしたか、どうしてこのような回答が出てくるのか、我々は現状を勉強しながら進めなければならなかった。集計のための準備と平行して大きな項目別に班をつくって学習がはじめられた。

大勢の人がこの仕事に参加しはじめ、いよいよ後半に入った時、私はまた北大をはなれることになってしまい、アンケートからも離れた。そして、フィリピンにいる一年間、予定通りだと秋には、遅くとも四〇年の三月には「白書」が出来るはずなのに、出来たら送ってくれてもよさそうなのに、誰からも何の音沙汰もない。四〇年七月に北大に帰って来て、やっと編集が終ったこと、最終編集委員の方々が、自分の実験も研究もしばらくストップして夜もねずにがんばったことをきいた。

×　×　×

四〇年十月、白書は出来あがった。最終編集委員の人々と、初期の頃からアンケート委員をしていた人達が集まって完成を祝った。この白書は院生みんなの手で出来あがった。出来ることなら院生みんなが一同に会して完成を祝いたい気持だった。

さあ、これからだ。「白書」を作ることが私達の最終目的ではない！

（農学科DC・1　※執筆当時）

【付記（編集委員会）】「『大学院白書』によせて」『穂波』三号、一九六六年四月二八日発行から転載。

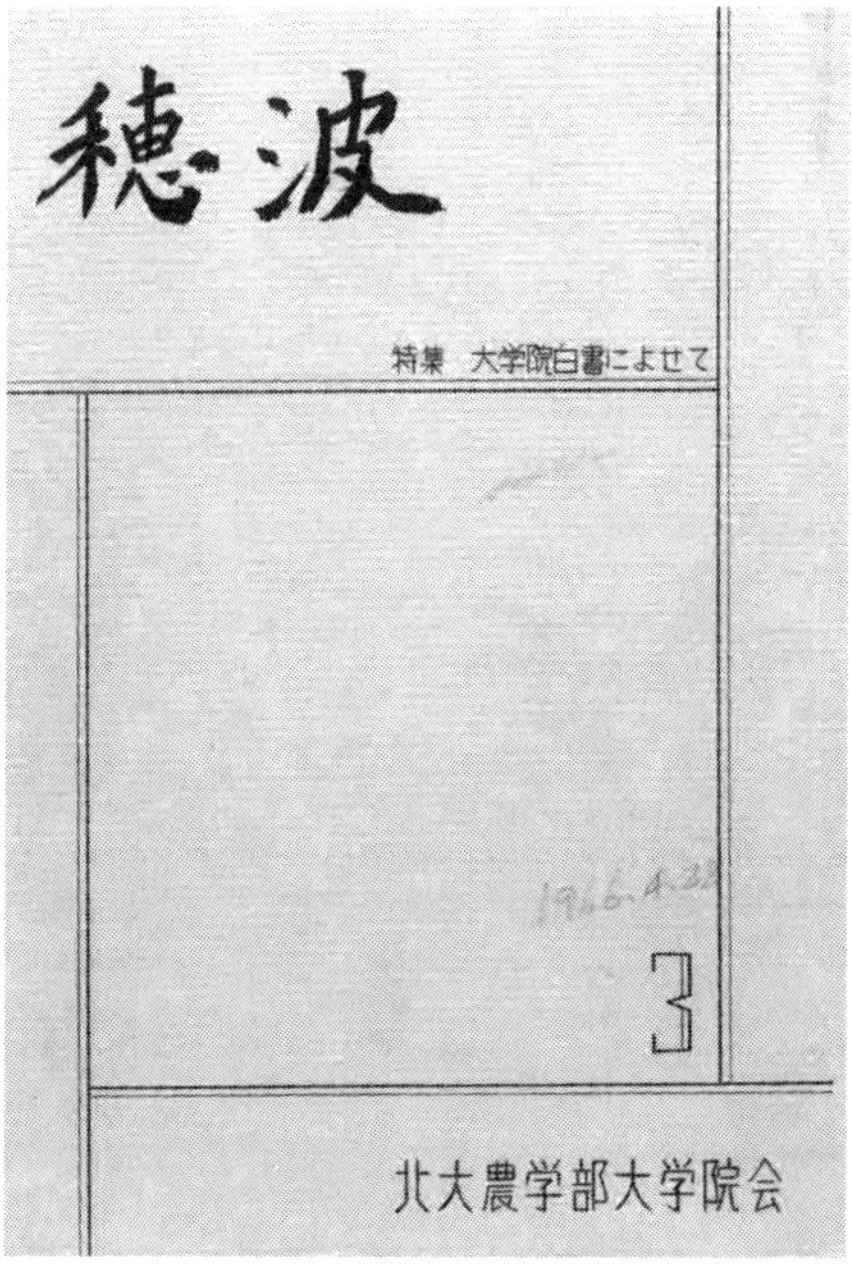

院生寮建設運動

阿部哲也

(一)　胎動期―有島寮成立以前―

北大において昭和三十四年に大学院生協議会（院協）が結成されて以来、大学院生（院生）の研究・生活条件を改善する運動が粘り強く継続的に行なわれてきた。特に昭和三十五・三十八年と二度に渡って行なわれた院生実態調査は大学院生のおかれている極めて深刻な現状を整理し、北大大学院白書として公刊された（北海道大学・大学院白書・昭和三十八年十一月）。この中で、すでに院生寮の必要性が院生の住居問題の当面の解決策として要求されている。さらに昭和四十五年三月に「北大院生実態調査」が全学的に行なわれ、院生の生活実態が科学的に把握された（北大院生実態調査報告書・昭和四十五年十二月）。その結果、支出に占める住居・食費の割合が年々増加し（昭和三十八年五十五・四%↓同四十五年六十三・五%）研究費を蝕んできていることが明らかとなった。

この事実から、院協は奨学金制度の大幅改善を重点としつつも、当面、実現する最重点課題として院生寮の具体的確保をかかげたものである。そのため、院生の実に九十六%が院生寮を切望し、四百三十名弱の自宅外未婚院生が入寮を希望していることを宣伝する一方、具体的に実現する展望を作り出すための調査活動を行なった。当時、いわゆる○管規（○○大学管理運営規則）問題に端を発した学寮紛争が、その後、全国的に起こった大学紛争の原因の一つであるということ、および大学院生寮については予算の柱をもっていないということなどを理由に、文部省は院生寮建設に消極的であった。

したがって、このような文部省およびそれに従う大学事務当局の消極性を、どのように具体的に突破していくかが院生寮を実現する運動を進めていく上での課題であった。そのため、当面の方策として北大本部企画課、管財課、厚生課や住宅委員会などへ問合わせをし、外国人留学生会館の仮入居・外国人教官宿舎の転用・旧歯学部校舎・古河講堂・旧自動車部室・有島記念館・宮部会館の転用、アパートの学生部借り上げ等々の可能性をさぐった。四十五年四月末から五月にかけて連続的に学生部交渉・学生部長団交がもたれ、六月の学生部団交で①院生寮は必要である②学内施設の転用を考える③院生寮の概算要求を行なうように努力する、を確認し、七月に本部官僚の同伴のもとで学長が有島寮等の転用に同意した。その後もいろいろな困難があったが、昭和四十六年に入って有島記念館の転用が本格的に決まり入寮条件の検討に入った。これについても種々の困難があったが双方の歩みよりにより、入寮条件がいわゆる有島寮方式（年譜参照）で合意に達した。

四十六年四月に十三名の院生が有島寮に仮入寮した。三月に院協が公募・銓衡を行ない、希望者四十一名中から選ばれた人たちである。四月十四日北大評議会が正式に有島寮（旧有島武郎邸）の院生寮への転用を決定した。これに先だち、有島寮入寮予定者らは、全評議員をまわって有島寮転用の訴えを行なった。文部省公認全国初の院生寮が北大において誕生したのである。この誕生は、院生のみならず、学生部委員会、学生部担当官および学長、評議員らが大学全体の問題として院生寮の必要性を理解され、何とかしようと努力された結果によるものである。有島寮が院生寮に転用された時点で女子職員四名および管理人兼任の職員一名の計五人が住んでいた。理由はどうあれ、結果として、この先住者の方々は院生と入れ替りに退寮しなければならなくなったわけであり、これら先住者の方々には心から感謝する次第である。

昭和四十六年四月二十五日、有島寮に於いて、堀内学長（当時）、小池学生部長（当時）、大場学生部次長（当時）、学生部委員、学生部学寮掛担当官、北大学生寮代表者および全有島寮生の出席のもと、盛大に開寮式およびコンパが行なわれ、初代寮長・佐々木忠君により有島寮開寮が宣言された（付録）。ここに北大大学院有島寮は開寮したのである。なお有島寮の表札は堀内学長（当時）の揮毫によるものである。

(二)　躍動期―有島寮成立以降―

新生有島寮でまず第一に行なわなければならないことは、寮規約の制定・寮機構の確立であった。寮が自治寮として運営されるためには、自身を律する寮規約、また、この規約に基づき寮運営を行う寮機構が必要である。有島寮規約の制定にあたっては、規約草案作製の段階から法学研究科・若井誠君の労に負うところが大である。規約前文の一節に「……厚生施設である。」という文章を入れたのは、当時学生寮の管理運営に関して、学生寮の性格づけで混乱が生じていた情勢を考慮して取り入れたものである。寮規約は昭和四十六年七月十二日の寮生大会において全員一致で決定され、七月十三日から施行された。

自治寮としての組織形態が整うとともに、本格的な院生寮建設実現に向けての運動を開始した。寮内に常設小委員会として新寮対策委員会が設置された。まず、院生寮建設に向けての討論資料として「院生寮討論資料Ｎｏ・１　院生寮建設のために」のパンフレットを院協と協同で作製し全学的に配布し討論を呼びかけた。この資料はその時点での院生寮建設運動の到達点および問題点を明らかにしたものである。

昭和四十六年の学長交渉で、学長は「四十七年度も院生寮の文部省への概算要求化に努力する」ことを約束し、翌四十七年六月に北大評議会として院生寮の概算要求を決定した。その内容は、国立大学整備計画として四十八年度百名、千五百九十平方メートル、五十年度・五十二年度も同様で最終的に三百名とする計画であった。同年六月二十六日の学生部小委員会（寮問題）との話し合いで、「院生寮建設合同委員会」が発足することとなった。この委員会の目的は院生寮設置要項案を作ることであり、ここで得られた合意事項は各々の組織（大学当局・院協・有島寮の三者）の承認を得たうえで、それぞれの組織は合意事項を尊重するというものであった。この委員会の構成員は、学生部小委員会三名、院協二名、有島寮三名、学生部事務官二名である。本委員会は六～七月にかけて公式に三回開催され、七月八日に「院生寮建設合同委員会合意事項」（年譜参照）が成立した。特に、合意内容で負担区分などについて学生寮の寮運営規則と違う点があるので、この合意内容は院生寮にのみ限定したものであることを附記した。ただちに合意内容について各々の組織で検討が開始された。

有島寮では何回かの臨時寮生大会が開かれ、合意内容について検討が加えられた。寮生大会で出た主な意見は、負担区分と入退寮権に関するものであった。最終的には、「①合同委員会合意事項にのっとって建設された院生寮への入退寮は、学内的には現行の北大院生寮有島寮方式に準ずるものとされたい。②寮生活ならびに寮運営に必要な経費は合同委員会合意事項に準じつつも寮生の負担が過度とならぬような方向で努力されたい。」という要望事項を条件として院生寮建設合同委員会合意事項を承認することが寮生大会で決定された。北大院協も同意見であったので、有島寮・院協の連名で昭和四十七年八月十九日に右合意事項を承認した。また、これに先立ち七月十四日の学生部次長交渉で次の点が合意された。①食堂は作らないが十人前後のものを作る。②「建設後の基本とするもの」は不可欠であるが実際には有島寮方式で運営する。

大学側は七月十七日に函館で開かれた学生部委員会で合意事項を承認した。それに続き七月二十九日に学長、事務局長、施設局長、学生部長・次長の会議で「院生寮問題は、建てるために努力する」ということが確認された。ここに北大当局、北大院生協議会、有島寮の三者による院生寮建設に向けての正式な合意が成立したのである。以後、この合意に基づき、北大として院生寮建設に向けての文部省交渉が開始され、また学内では院生寮建設に向けての学内体制強化、環境作りが開始された。また有島寮および院協は寮の具体的青写真作りへと運動の重点を移していったのである。この時期、有島寮では有島寮誌『星座』を発刊し、有島寮成立までの一連の経緯および日常的有島寮生の生活内容等を紹介した。なお寮誌名『星座』は有島武郎の作品に因んで名をつけられたものである。

（付　録）

有島寮開寮宣言

初代寮長　佐々木　忠

　ここに集いし我等若人十三名、この疾風怒濤の時代を若き情熱と透徹した科学的精神を持って生き続けることを宣言する。

　思えば北辺のこの地に先人が鋤をおろして百余年、厳しい自然とのあくなき闘い。そして札幌農学校の創立。そこに学んだ有島武郎は真理を求めてやまず。又、寄生地主制下で束縛された小作人に「有島農場の解放」を行ったという。しかし、そのヒューマニズムはユートピアに終わらざるを得なかった。その武郎が寝食したというこの寮に住まわんとする我らは武郎に学びかつその限界を打ち破り、悪弊と腐敗に満ちた現代社会を根底からくつがえし真の希望ある社会創造を目指して行くだろう。

　また、激動の七十年代に生き抜く我々は現代社会の歪曲と実用主義が強まる中でそれらに抗して新鮮な問題意識を批判的精神をもって「国民のための科学」発展をめざして日々研鑽しつつある。しかし、差別分断・貧困の文教政策の下で経済的に非生産的消耗を強いられている。この中で全国最初の公認院生寮をこの地に実現したのである。我々はこれに安堵することなく環境整備はもとより、増寮、新寮建設にむけて前進するだろう。

　若いが故に苦しみ、悩みにあえぎつつも、ここに集いし若人十三人はこの地にて「共同」と「批判」と「希望」をもって、疾風怒濤の時代を生き抜くことを宣言する。

　春風の強いこの日に　一九七一年四月二五日

（北海道大学大学院有島寮閉寮記念誌『白樺』の「寮問題の回想」から転載）

【付記（編集委員会）】なお同誌には、羽田貴史「合意書成立以降の寮運動」、永井清司「新寮建設提案があった前後の出来事」が掲載され、その後の交渉と運動の経過が鮮明になっている。

八三年四月、新寮完成・入寮（院生枠五〇名）

院生討論資料「院生寮建設のために」1972 年
有島寮閉寮記念誌「白樺」1983 年

雪解け時期の有島寮と寮生、1975 年か？（羽田貴史氏提供）

北大院協の経験と奨学金闘争

中原豊司

　私は一九七二年、一年の浪人を経て農学部大学院、農業経済学科のMC一年となりました。

　先輩や仲間と共に、一室を与えられ、五講座から二講座を選択、ゼミナールが始まり、また種々の研究会や活動に、一年目の院生も駆り出され、青雲の院生生活が始まりました。

　当時は、いわゆる学生紛争の余韻消えやらず、開明的とされた堀内学長時代から、学内秩序維持の機動隊導入をはばからない丹羽学長体制に移行した時で、学内各層の民主化を求める運動と、学内支配層の対立が、学生間の闘争以上に先鋭化した時代といえるかもしれません。

　その中で、六月山下事件、九月佐々木事件と相次いで学生、院生が官憲に拘束される事件が起きました。私は、農学部院生協議会に関わり、柄にもなく代表（議長）を引き受けて、佐々木さんの救援活動に携わり、また慣れぬ鉄筆でガリ版のびらを作ったり、各学科代表を廻ったりの忙しい日々を送っており、勉学にいそしむという生活とは、ほど遠かったかも知れません。しかしそんな中で社会的視野や、事の是非の判断する見方は、仲間、先輩との交流で鍛えられたと思います。何とか、修士論文を提出し博士課程に進学できました。

　ここからが、本題ですが、なんと私は、誰に説得されたか、北大院生協議会の議長に就任していました。学科廻りが、学部廻りとなりました。記憶は薄れており、明確ではありませんが幹事の方々のお名前として理学部の横澤さん、教育学部の寺岡さん、文学部は小森さんの名前が浮かびます。月に一度か、全国の院協代表が集まる会議にも出席し、その全院協議長は品部さんという方でした。

　その全国の運動課題のひとつであったのでしょう、奨学金闘争に北大でも取組が始められました。当時の貸与額はMCで二万三〇〇〇円／月、DCで三万円／月でありました。研究者としての成長や研究方法論、大学構成員としての院生の役割、それらの論議と交流の場での活動に当時の院生のおかれた経済状況は、決して十分な待遇とはいえず、院生白書の運動は、生活基盤の安定と研究職への道をさぐる我々の率直な実態＝貧困をしめしていました。北大院協としても窮状を打開すべく、奨学金の増額を文部省へ要請することとなりました。

　代表団を結成、派遣して文部省に直訴・交渉するという方針が具体化していきました。

　事は国の予算の問題です。次年度の予算は各省庁が大蔵省に概算要求するということがわかり、七月の各省庁の概算要求の締めの前に、なんとしても交渉を実現という事になりました。

どういう経緯か、これも定かではないのですが、共産党の小笠原貞子参院議員の秘書の大塚さんにお会いすることができました。何度か打合せをし、要請文や日程が確定していきました。議員の力と思いますが、文部省交渉の道が開かれ、北大から代表団数名が派遣されることになりました。七月の初めとおもいますが、我々は国会へ陳情に向かい、それがどこかも記憶は、巡ってきませんが、小笠原議員を先頭に、かなり大きな会議室へ入りました。相手は大蔵省の文部省担当主計官という肩書、役職の方でした。文部省予算の実際を握る人でした。理学部代表の方々が論陣をはっていたと思います。

その結果は、望外のものと言ってよいかもしれません。添付の表にあるように、一九七五年からの奨学金の貸与額は、ＭＣ三万二〇〇〇円、ＤＣ四万二〇〇〇円と、大幅に増額されました。表に見る通り、これだけのアップ額、アップ率は七二年と肩を並べます。その後、十分かは別問題ですが、大学院の奨学金貸与額は、高度経済成長を背景としたものと思われますが、名目はずいぶん増額されて行きます。それと併行するかのように、学生・院生運動も落ち着く、あるいは、それどころでない時代に入っていった様な気もします。

表　1970 年代奨学金の推移

		MC	DC	MC前年増	DC前年増	MC前年比	DC前年比	MC対67比	DC対67比
1967	S42	13000	18000	—	—	—	—	100	100
1968	S43	13000	18000	0	0	100	100	100	100
1969	S44	13000	18000	0	0	100	100	100	100
1970	S45	15000	20000	2000	2000	115	111	115	111
1971	S46	17000	22000	2000	2000	113	110	131	122
1972	S47	23000	30000	6000	8000	135	136	177	167
1973	S48	23000	30000	0	0	100	100	177	167
1974	S49	25500	33000	2500	3000	111	110	196	183
1975	S50	32000	42000	6500	9000	125	127	246	233
1976	S51	38000	48000	6000	6000	119	114	292	267
1977	S52	39000	50000	0	2000	103	104	300	278
1978	S53	43000	54000	4000	4000	110	108	331	300
1979	S54	60000	70000	7000	16000	140	130	462	389
1980	S55	60000	70000	0	0	100	100	462	389

日本育英会50年史（60年史）貸与月額の推移より

第Ⅲ部　北大院協と私（個人回想録）

大学院有島寮（有島寮閉寮記念誌「白樺」より）

1　理系研究科

北大１９６９年・その後—物理院協の頃

酒井源樹

政府による法律を無視した日本学術会議への介入とあからさまな敵視、集中的資金投入で選別される大学（「国際卓越研究大学」）とそれ以外の大学の差別・弱体化、研究者の使い捨て・切り捨て（理研をはじめとする雇止め問題）等々、『北大１９６９』から半世紀を超えた今日、我が国の大学・学術政策は貧困化の一途をたどる。

私にとって『北大１９６９』とは物理の修士課程に入ったまさにその年のことである。

理学部が暴力集団に襲撃されそうな学内状況で、私たち院生も大学の自治と自分の研究環境を守るために研究室に泊まり込みながら、『北大１９６９』の激流と渦の中に身を置いたことは大きな体験であった。ただ、『北大１９６９』の闘いに力を尽くされた方々とは違って、私自身はそれを間近で視ていた一人という立場にすぎない。その点で、今回の論集の求めにふさわしい内容を語ることにはならないが、『北大１９６９』以降、理学部院生協議会の一員として取り組んだことを記したい。

大学変革の波が全国に拡がる中、理学部のいくつかの教室では講座制の旧弊が強いまま残っていた。幸い、物理学教室では研究室制による比較的に民主的な運営が行われていたのだが。実際、当時の物理教室ではＤＣ院生は教室会議に参加し意見を述べることができていた。その中でも三つの理論分野（素粒子・原子核・宇宙）では、それぞれの研究室会議の運営も民主的に行われており、窮屈な研究室予算の中で、大学院生にも学会発表時の旅費や研究会参加費の補助が行われていた。私は原子核物理の理論研究を志し、所属研究室においては熱意ある研究指導も受けて修士課程を送ることができた。

よその学科（教室）の院生から見れば物理の院生は恵まれた研究環境にいたことであったろうが、物理教室の大学院生にもＤＣ進学の壁が目の前にあった。ＭＣからＤＣへの進学希望者が必ずしも受け入れられないらしいというＤＣ入り口の不安である。進学問題に物理院生会の取り組みも行われはしたが、ただ、それは俎板の上の鯉であるＭＣの当事者にとっては如何ともし難かった。進学問題の摩擦は毎年のように生じていたと思うが、私の在籍中には結果的には回避されたと記憶している。

また、進学できても全員が奨学金が貰えるかどうか、経済面で心配も大きかった。他大学の院生協議会では奨学金受給者の支給奨学金を院生全員で分ける取り組みがされた哉にも聞いていた。

そんな関門を越えてＤＣに進学した者にとっては自分が若手研究者としていかに成長を図るのかが次の大きな課題であった。

ＤＣ時代にあって想い起こすのは「若手研究者としての成長」の課題の取り組みである。

思い出深いものが二つある。

一つは、一九七一年度、私は理院協第二五期（渡辺暉夫議長）に幹事として活動した。私の指導教官の田中一先生が「研究過程論」[1]を展開され始めた時期の、その夏、支笏湖畔にある北大の合宿施設に理・院生が集まり、先生からは「研究過程論」をお話しいただき、若手研究者の成長をめぐる討論を行った。参加した同輩院生諸氏との泊まり込んでの議論であった。

もう一つは、当時、核物理（素・核・宇）三分野の全国の大学院生が参加して毎年行っていた「原子核三者若手夏の学校」の準備校としての取り組みである。一九七三年は長野県野沢温泉村で開かれたが、この年の準備校を北大原子核理論研究室若手が担当した。多面的に展開されつつあった日本における原子核研究の現状把握を試みる講演とシンポジウムを企画し、研究室の院生全員（とスタッフの応援も得て）で取り組んだのであった。[2]企画の目的と当時の問題意識を少し長いが手許の記録[3]から引用すると

「広く核物理を見渡したとき、いくつかの分野において日本の仕事が一つの流れとして継続していることは特徴的である。『一体、どのような仕事が、どの時点で、いかなる戦略的方針のもとに組織され、展開されていったのか。そして、その中で、どのような研究グループが形成され、若手がどのように成長していったか』。現在に到る日本の核物理研究の歴史を、このよう観点から把握し、現時点において我々が継承し発展させていかなければならないものは何かを明らかにする。」

この準備の中で基礎物理学研究所（基研：湯川秀樹所長）の運営委員会で、この企画を訴え支援していただいたことを思い出す。夏の学校での議論と交流が私たちの大きな財産になったのであった。

以上のような研究面での充実した大学院生生活の一方で、しかし、ＯＤ（オーバードクター）問題という現実が私たちには将来不安への影でもあった。ＯＤ問題の深刻さは、当時、すでに『大学院白書』[4]とその後の「北大院協第6回夏の学校討論資料」[5]にも実態が報告されていた。経済的困

難から大学院を去っていった同世代の院生を、実際、私の周りから幾人も見てきた。

　私自身、学位の目途が立ち、いずれ研究場所を得られると考えていたが、学位取得後就職できずODとして五年間研究生に在籍した。その間の経済的支えはすべて妻に負うものとなったし、日本育英会から得ていた奨学金の返済免除の猶予期間も超えてしまい、返還することにもなった。長いOD時代を経て、一九八〇年、私はようやく大学院生生活に別れを告げた。その間、沈み込みがちな私に、家族や周りの方たちから支えていただいたことに感謝するばかりである。

　その後一大学人として活動することができたのは幸運であった。とはいえ、その大学も国立大学法人に移行してしまった。退職して一〇年余を過ぎた今、つくづく実感するのは、教育・研究を担う人たちがすり減るばかりになってきていることである。この先、日本の学術研究の先細りするのは必至だ。これでいいはずがない。

注記：当時の資料の殆どをすでに処分し、記憶に頼るだけの記述になってしまうことをご容赦願いたい。

参考資料
[1] 田中一『研究過程論』（北海道大学図書刊行会、一九八八年）
[2]「日本における原子核研究の系譜」（準備校・北大原子核理論研究室若手編【（原子核三者若手夏の学校一九七三年（八月三日～八月九日）報告集】収録、一九七四年一二月）
[3]「夏の学校準備校ニュース」No二（北大原子核理論若手、一九七三年二月）
[4]『北海道大学大学院白書』（北大大学院生協議会・白書編集委員会編、一九六五年一一月発行）
[5] 平野雅宣〝北大原子核理論物理大学院生の就職状況〟（「北大院協第六回夏の学校討論資料」四四頁、一九七一年七月）

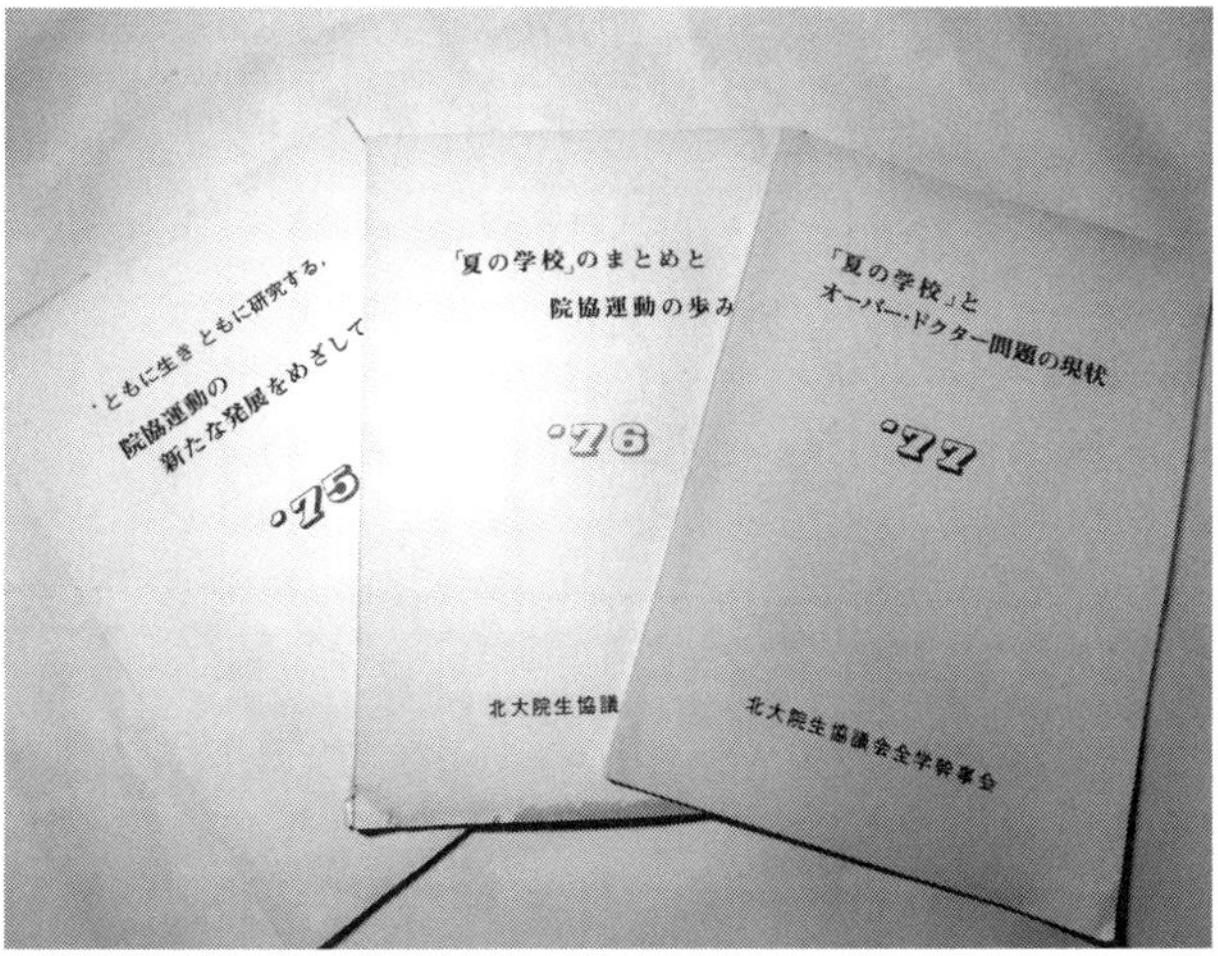

研究交流誌'75, '76, '77

北大物理学科院生会と私

羽部朝男

　私は、物理大学院修士課程に一九七六年に入学した。その後博士課程に進み、一九八一年に博士課程を中途退学して学術振興会の特別研究員となり、その後学位を取得したのちも、大学への就職を目指しながら、研究とアルバイト生活を送っていた。当時は、ＯＤ問題（後述する）が厳しく、大学に就職することは現実味がなかった時代であった。幸運にも、数年のＯＤ生活ののち北大の物理学科助手に採用され、宇宙物理学の研究を続けることができた。私の研究者としての成長と北大院協との関係を振り返りたい。

　当時の物理学科の大学院生は、実験系は修士で大半が民間企業に就職し、理論系は大半が博士課程に進学し、研究者を目指していた。つまり、理論系の修士に入学することは、ＤＣに進学して研究者を目指すのが普通だったのである。当時博士課程では、ほぼ全員が奨学金をもらえ、アルバイトなしで学費も含めて自活できたことも、博士進学をあと押したと思う。研究者を目指すことを国がサポートしているように感じたのである。もちろん奨学金は大学院を出た後で返済しなければいけなかったが、教育職に一定期間就くと返還が免除された。大学院には、北大出身者だけでなく、京大、名大出身者もおり顔ぶれは多彩であった。

　当時、ＯＤ（over doctor）問題があるにもかかわらず、理論物理学を志す学生は博士課程を持つ大学の大学院を目指して、全国的に複数の大学院を受験していた。世の中は、小泉内閣が登場するはるか前であり、勝ち組負け組という考えはなく、研究者になれなければ高校の先生にでもなろうという考えが許されると感じられるのんびりとした時代だった。全国の理論系修士入学試験を数年間受験し続ける猛者もいた。そう考えると、最近は新自由主義の風が吹き荒れ、荒んだ時代だと思ってしまう。新自由主義は、それでボロ儲けた少数者と多数の非正規雇用される貧困者という格差社会を生み出し、福祉制度を破壊し、公共機関を金儲けの対象にして民営化を進め、文化や学術を大事に育てる風潮を壊した諸悪の根源のような気がする。おまけに、新自由主義はそれを実現するための乱暴な戦略も持っているという。社会をパニックにして、既得権を攻撃して破壊し、新自由主義を達成すると言う戦略なのだ（ＮＨＫ『一〇〇分de名著』のショックドクトリンを参照）。つまり、文化的な社会の仕組みを壊すことと新自由主義の実現とは表裏一体なのである。

　ＯＤ問題を説明しよう。ＤＣ３を過ぎても博士の学位を取得できない大学院生や、学位をとっても大学に就職できずに無給で研究を続ける学位取得者が多数いることを、ＯＤ問題と呼んでいた。前者は博士のテーマを持てるように十分な指導ができない指導者あるいは大学院システムの問題であり、後者は若い人が就職できる大学ポストが極端に不足している問題である。のちに、宇宙論の優れたアイデアを生み出し、物理学会の会長を務めた方ですら、学位取得後、数年にわたってODを続けていた。当時の私が所属していた研究室にも個性的なODが複数おり、また物理学科の他の理論研究室にも何人もいて、さまざまな会話の中で出会う彼らの意見は、研究を続けてきた経験に裏打ちされていて強いインパクトがあったと言う印象がある。彼らから、いろんなことを学んだ気がする。

物理学科には、物理院生会があった。院生全員が参加している自治会である。院生は省略して「院会」と呼んでいた。院会役員は各研究室から選ばれていた。理学部院生協議会、そして全学院生協議会の構成単位である。先に述べたOD問題の解決のための取り組みも、院会の重要な課題になっていた。物理院会の主な行事に、ティータイムと夏の学校があった。以下これらを紹介しよう。

ティータイムは、各研究室の院生が研究を交流する場であり、それを院会が主催していた。私が修士に入学する数年前から始まったようだ。参加すると、他の研究室の研究の様子が聞けるし、安いお金で（五十円くらいだったと思う）レギュラーコーヒーを楽しめるということで、院生は喜んで参加していた。名前はティーなのにコーヒーというちょっとチグハグさはあったが。僕は修論の発表をティータイムでも行い、自分の研究室ではないDCやODに基本的で鋭い質問をされたことを覚えている。基礎的な物理学の訓練を受けた他分野の人に、自分の研究の意義や面白さをどのように説明するとわかりやすいのか、考えさせられた。他の研究室の院生の発表も大変参考になった。博士の学位を取ったばかりの人も進んで発表していた。彼らは、自分がどうやって、そのテーマに辿り着いたのか、そのテーマの意義はその分野においてどう言うものなのかなどを、他分野の修士の院生にもわかるように話しており、とても勉強になった。こうした交流をしながら物理学は発展してきたのかという印象を持った。大学院生になることを実感する場の一つだと思った。物理学科の新任教員も自己紹介を兼ねて自分の研究を紹介していた。それに参加することで院生なりに視野を広げ、研究を進めるノウハウのようなものを得ようとしていた。また、議論の仕方を学んだ気がする。北大のような孤立した大学で、視野を広げる必要性を院生は感じていたからティータイムをしていたように思う。研究室の中に閉じこもって、指導教員の言うとおりに研究すれば良い研究ができるとは、当時の院生は思っていなかった。いわばミニ学会を経験することが自分の成長に必要と考えていたのかもしれない。

院会のもう一つの主要な行事は、物理学科夏の学校である。これは、物理学科の院生が泊まり込みで研究紹介を行う合宿である。泊まり込み先は、小樽の先の忍路にある北大臨海実験所が定番であった。建物は帝大時代の古いものであり、質素ではあるが、良い木材を使ったしっかりした建物であり、忍路湾に面したとても綺麗な自然に囲まれた場所にある。目の前の海にはウニがいっぱいだった。付属のボートを借りて、湾の中に繰り出すのも楽しみだった。湾の入り口まで行って、湾の外の波の荒々しさに驚いた記憶がある。岩に砕ける波が夏の強い日差しを受けて、とても綺麗だった。日程は、二泊三日くらいだったと思う。周りは人家が少なく、しかも離れていたので、夜は静かで花火をすると綺麗だった。研究交流とともに研究体制の問題なども討論していたと思う。泊まり込みで、食事は当番で自炊をしてた。これも楽しいものであった。台所の包丁は年季が入った本物の分厚い鋼《はがね》を使った恐ろしく切れるものだったことを覚えている。ゲストで新任の教授に来てもらったこともある。普段の大学での愛想のない態度とは打って変わって、大学院生が研究者へ成長する上でのノウハウを僕らに伝えようとしていたことがとても興味深かった。

物理学の分野では、全国夏の学校が素粒子、原子核、宇宙物理学、物性物理学の各分野で行われており、それにも参加して、研究交流や各分野の研究体制の問題を話し合っていた。今から思えば忙しい夏休みであった。

大学院生は物理教室会議メンバーでもあったので、自分の意見や見識を持つ必要を感じていた。教室会議への院生参加は、教員には筋の通った意見を言わせるような効果があったと思う。もちろんそれを嫌がる教員も少なからずいた。教室会議に院生が参加するのは、京大や名大の物理学科で行なわれていたと思う。さまざまな理由から、教室会議がなくなったのは残念である。

当時はＯＤ問題が解決しておらず、当時の院生は自分が大学に就職できるとは考えてもおらず、とにかく研究を続けられることに意義を見出して日々を送っていたように思っている。その生活の中で、物理学科院生会は、上で述べたように大学院生の生活に根付いていたように思う。

大学院生からの出発

三好永作

私が大学院生や研究生という身分で研究のまねごとをしていたのは、ほぼ半世紀前のことになる。学部を卒業して理学研究科・化学第二専攻に進学したのは一九六九年の四月であった。したがって、当時のことの多くは忘れているし、大切なことでもなかなか思い出せないこともあるように思う。そこで乏しい記憶力を頼りに本稿を書かざるを得ない。なるべく曖昧なものは避けて確かと思われるものを中心にして書きたいと思うが、思い違いもあるあるかもしれない。その点は、ご容赦願いたい。大学院生の頃に考えていたことの中心は、将来の仕事として自らの意志で自由に研究が出来るポジション、出来れば大学の教員職に着くということであった。

大学院に進学したのは一九六九年四月で、修士課程を二年で修了し、博士課程は六年で単位取得退学した。それから研究生として一年数か月を費やして学位論文を仕上げた。当時は、オーバードクター問題が深刻で学位（博士号）を取っても、自由で安定した研究条件を有するポジションを得るのは難しい状況であった。私より数学年先輩の優秀な多くの人が学位を取得しても、心ならずも一般の会社に就職せざるをえないということが頻発した。同じ分野で研究している海外の研究者の下でポスドクのポジションに着任するということも選択の一つであったが、結婚していて、予備校の非常勤講師という比較的高収入のアルバイトをしていたことから、私は引き続き同じ研究室で研究を継続するという道を選んだ.

大学院生のD１かD２の時、化学系院生協議会の議長を一年間務めた．当時はオーバードクター問題など深刻な問題がありながらも、やはり大学院生として研究能力をどう付けていくかということが中心であったように思う。「院生論文集」や夏の学校に取り組んだ。夏の学校では、朝里や忍路、積丹などで毎年夏の学校を開いて研究交流とレクレーションを楽しんだ。私はもともと「あがり症」で学会発表が苦手であったが、夏の学校での研究交流はいくらか役に立ったように思う。私の「あがり症」は年を重ねて誤魔化す技を少々身につけたが、基本的には治らず今に至っている。夏の学校で今でも想い出すのは、美国（積丹）の食堂で食したウニ丼である。確か二〇〇円か三〇〇円であったように思う。アルバイトと奨学金で細々と生活している大学院生でも手が出る値段であった。これが絶品であった。一度のみならず夏の学校以外で美国に行った時を含めて数度食することができた。幸せとはこういうものであるのかとも思った。

福岡市の私立大学に助手として就職できたのは一九八一

年の五月である。北海道大学に学生・大学院生・研究生としてお世話になったのは一二年に及ぶ。数年後に九州大学の教養部・物理教室に四名の教授が同時に退職するということがあり、その補充人事があった。人事枠が四と大口であることもあり、私も応募させてもらったが、全国から数十名の応募があったという。後で聞いた話しであるが、物理関連学科以外の出身者は選考対象から外してはという点が議論になったという。競争相手を大幅に減らすには有効である。そうなると化学科出身の私は、当然選考対象から外れることになる。当時、私の指導教官である大野公男先生は、丁度物理学会の会長を務めていた。物理学会の会長の弟子が物理学を教えられないことはないだろうということで、私が選考対象から外れることはなかったという。絶妙のタイミングであった。おかげで私は最終選考まで残り、一九八九年四月から九州大学の教養部で物理学を教えることになった。

その後、教養部の廃止・改組で工学部に移籍したり、さらに九州大学大学院の改組で総合理工学研究院に移籍したりで、二〇一〇年三月に六三歳で定年退職するまで九州大学で研究・教育活動を全うすることができた。大学院生の時に考えた「自由に研究が出来るポジション」で仕事を終えることができた。それももう一三年前のことになる。その当時、ある学術誌（『日本の科学者』二〇一〇年九月号）の「扉のことば」という欄に「定年退職後の人生設計」というタイトルで書いた文章がある。以下にそれを記しておく。

＊＊＊＊（ここから）

今年の三月末日で定年退職を迎えた。大学を卒業して、大学院において研究のまねごとを始めてから四一年になる。この日を迎えるための、普段からの心の準備をまったく怠っていたこともあり、「もう私が退職する番なの？　まだ心の準備ができていないのですが……」という気持ちが強かった。あたふたと退職金や年金の書類を書いて提出したりしても退職の心構えができていなかったのは、在職中に研究や教育を十分やり尽くして、やり残しはないという気持ちが持てなかったからであろう。現に、研究についてまだやり残しがあり、退職のあとそのやり残した研究を完成させたいと考えている。

そのあとは、自分の自由な時間を研究以外のことで大いに楽しみたいと考えている。あと二〇年は生きる予定にしている。世間一般では退職後の生活を余生と呼んだりするが、この二〇年は余生ではなく「本生」と考えている。「本生」という言葉は辞書にはないが、余りの人生ではなく、本当の意味の人生という意味で「本生（ほんせい）」である。まず、まる一日（二四時間）を自分の喜びのために使える。したくないことは、やらなくてよい。そして「本生」では、自分の喜びが多くの人びとの幸せに繋がるようになることが肝要である。自分の喜びが多くの人びとの不幸になるのは最悪だ。

若い頃からあまり記憶力のよいほうではなかったので、記憶力が悪くなったという自覚がない。ただ、椅子から立ち上がった瞬間に何のために立ち上がったのかを忘れていることが時にはある。確かにこのようなことは若いときにはなかったように思う。しかし、これはたいしたことではない。また、座り直して元の状態に戻れば何をしようとしていたのか思い出す。そんなに急ぐこともない。思い出さないときもあるが、そんなときはたいしたことではなかったということであろう。体力、特に、瞬発力は若いときに比べて落ちていると感ずる。しかし、持久力はそれほど落ちているつもりはない。知識や知恵は若いときに比べれば、随分と付いてきたように思う。時間を上手くコントロールしながら使っていく技も身につけた。これらの記憶力や持久力、知力、技を使って大いに「本生」を楽しもうと考えている。

そしてこれからは、退職時にあった、心の準備不足のような失敗は繰り返さないようにしたい。二〇年後に「死神」が迎えに来たときに「もう私の死ぬ番なの？　まだ、やりたいことがあるのですが……」ということにならないようにしたい。「はいはい、これでもうやり残したことはありません。いつでも連れていってください」と言えるほど、この「本生」を充実したかたちで生きたいと考えている。そのために、いま「本生」二〇年をいかに過ごすかのプランを楽しく設計しているところである。

＊＊＊＊＊（ここまで）

先ほど、定年退職時に「研究・教育活動を全うすることができた」と書いたが、この「定年退職後の人生設計」を読むと、「研究・教育活動を全うすることができた」というのは、やり残したものがある点では一種の自己欺瞞であり、また大学院生の時に考えていたことが一〇〇点満点ではなくとも、七〇、八〇点程度には実現できたという、ある意味では妥協的な自己満足を表しているのであろうと思う。

この文章を書いて、残りの「本生」二〇年の六五％（一三年）が過ぎてしまった。今となっては、定年退職時の「本生」二〇年という見積りが間違っていたように思う。いまは人生一〇〇年時代である。一三年前の「本生」二〇年という見積りを「本生」四〇年と見積り直す必要があるかもしれない。これからの残り「本生」であれば、二〇数年ということになる。残り「本生」二〇数年の設計を新しく練り直したいと思案中である。

院協活動にかかわっての思い出

江見清次郎

私は、一九六七年北海道大学理類に入学しました。一九六八年理学部化学第二学科に分属になり、一九七一年何とか理学部を卒業。大学院進学を試みましたが合格せず研究生という形でとどまり、翌一九七二年大学院理学研究科修士課程に入ることができました。研究は触媒科学研究所で行い、一九七四年には博士課程に進みました。三年の在籍後、単位取得退学で工学部の助手に採用されます。以下半世紀前の記憶で書いているので、記憶違いのこともあるかもしれませんがご容赦ください。

私が院協で印象に強く残っているのは、夏の学校についてです。多分理学部の化学院協の主催だったと思いますが、小樽朝里に夏の学校で出かけました。その時私は博士課程一年で実行委員長だったと思います。初めてそのような役をやったので参加者にうまく指示を出せず、参加者の一部は勝手な行動をして困った記憶があります。朝里の海岸は海水浴場になっているので海水浴や釣りなどをして楽しみました。遊んだ後は朝里川温泉に行き勉強をしたり、温泉に入ったりして次の日に帰ってきました。

院協の勉強会だったと思いますが、田中一先生の「研究過程論」について先生に来ていただいて講演をしていただいたことがありました。先生の研究過程論の重要なところは研究のアイディアの生成であって、どのようにしてアイディアが生成するかを説明していただきました。二〇二三年札幌唯物論研究会の例会で加藤幾芳さんがこの研究過程論について講演をしました。あらためて学びましたが、私は質問でこの研究過程論を学んで大学院生時代などに研究に生かそうと考えたが、なかなかうまくいかなかったのはどうしてでしょうかと問いました。すると加藤氏は、人によってこれがうまく作用する場合と行かない場合があるような話であった。私の場合は後者に当てはまったのかもしれません。

院協活動で重要なものの一つに研究科長交渉、学生部長交渉がありました。私は院協の幹事だったからか、何回か理学研究科長や学生部長との交渉に出たことがあります。研究科長交渉ではいろいろ要求を出していたと思いますが、理学部本館と新館のあいだの渡り廊下の設置を求めていたことが思い出されます。研究科長は教授会でも設置に向けて動いているとの回答だったと思います。何年か後に渡り廊下は設置されました。学生部長交渉では、院生寮の設置を要求していたと思います。これはのちに有島寮として実現しました。

以上回想しますと、自分の研究だけを行っているよりも、院協活動に関わって幅広い知識が身につき、自身の組織活動能力向上にも役立ち、その後の人生に有意義に働いたと思います。

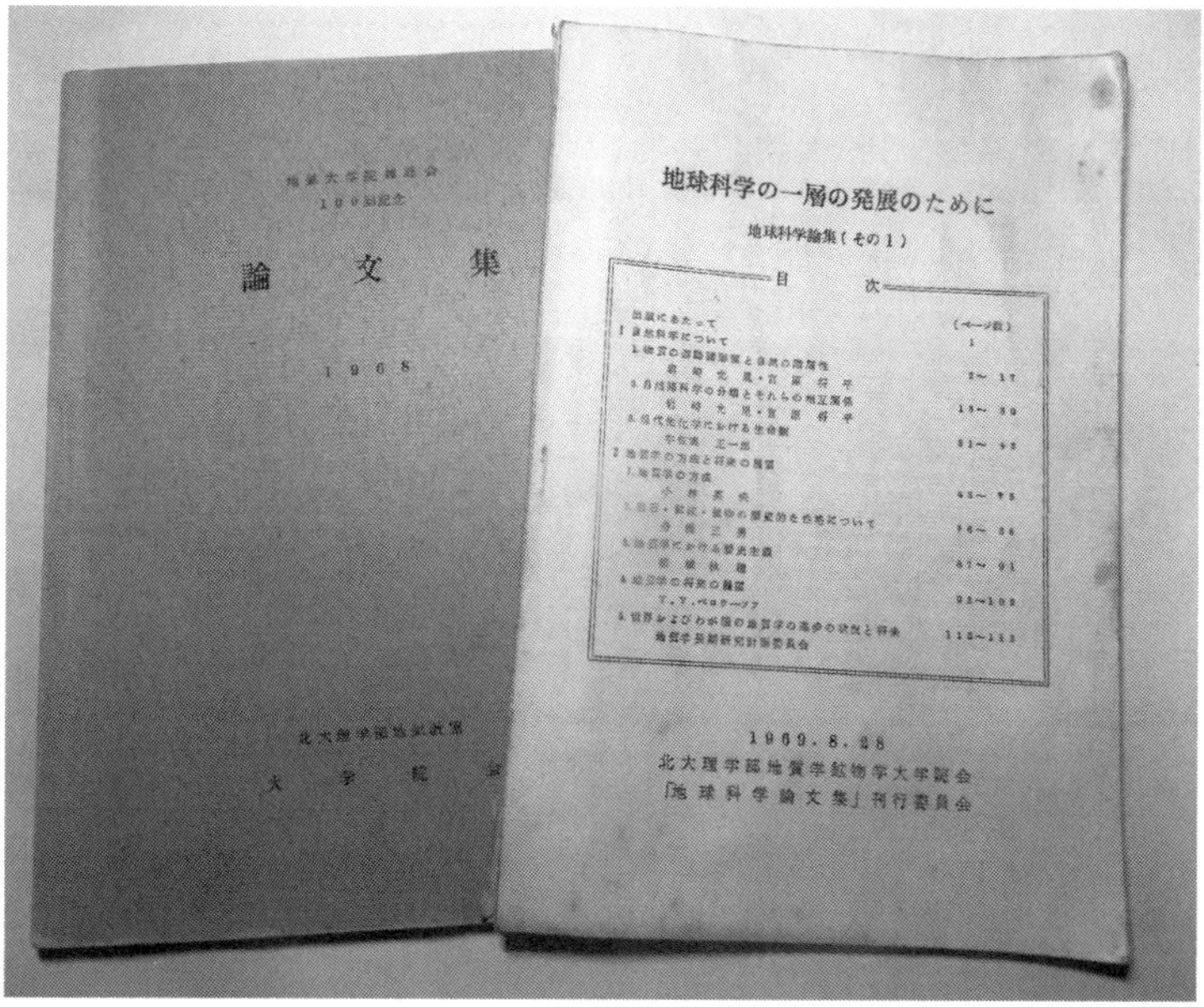

地鉱大学院会の「雑誌会100回記念論文集（1968年）」および「地球科学論集（1969年）」

大学院の先輩増田洋さんの思い出、奨学金前借り問題、農院生夏の学校のこと等

田畑　保

僕が農経の大学院に入ったのは一九六七年。そのころ農経の大学院には太田原高昭さん（D３）、宇佐美繁さん（D２）等研究でも院協活動でも活躍していた錚々たる先輩達がいた。当時D１だった増田洋さんもその一人だった。

増田さんは、学部は函館にあった水産学部の出身だったが、農経の大学院に進んでからは農業問題、主に農業金融のこと等について研究されていた。僕とは講座は別だったが、研究会等で一緒になることも多く、そこでいろいろ教えていただいた。

農村調査にもさそっていただき、根釧やオホーツクの酪農地帯での調査にも何度か一緒させていただいたこともあった。農林漁業金融公庫の委託調査でのオホーツクの興部町での酪農調査もその一つで、調査メンバーがそれぞれ手分けして酪農家を一戸ずつ訪問して聞き取り調査を行うのは、緊張もするが楽しい作業であった。大変なのは大学に戻ってからその調査結果を期限までにまとめる作業であった。増田さんが大学で、その取りまとめに格闘していた様子を観察していた佐々木忠さんは、その様子を、「増田洋さんは凄い方でした。農経の広い会議室、教官一五人くらいが会議する部屋を、農村調査報告書を書くために夜一八時から朝八時くらいまで借り切って、膨大な資料、調査票を持ち込んで、うんうん、いいながら二〇〇字詰め原稿用紙を埋めていくのです。その情景が今も浮かびます」と述べている。こうした農村調査と、その取りまとめでの苦労は、我々院生にとっては学びの過程であり、それを通じてすこしづつ成長していく過程でもあった。増田さんはそれを我々後輩にしっかり教えてくれた。

増田さんからは、こうした研究面だけでなく、院協活動、とくにその理論面でいろいろ教えてもらったことが多かった。僕がDCに進んで院協活動に関わるようになった頃は、増田さんは『穂波』等に「大学論序説─科学技術研究発展の論理と研究者の姿勢─」等の優れた論考を発表する等当時の北大の院協活動をリードする注目すべき存在であった。

僕がDCに進み、院協活動にも関わるようになった頃は北大でも「大学紛争」の真っ最中。そうした中で、大学のあり方等に関して優れた論考を発表されていた増田さんや増田さんと同期の文学部の森山軍治郎さんの存在は、「大学紛争」の中での大学のあり方、院協活動のあり方を提起してくれる理論家として、当時の我々院生にとって大変頼りになる存在であった。

当時の院協運動の全体像や理論面については、当時院協活動の理論的なリーダーであった増田さんの論考（『穂波』

掲載の「大学論序説」その一やその二）や森山軍治郎さんの論考、さらに増田さんと同期の林学の石井寛さんの論考（「大学紛争以前の院協活動について―私の経験から―」『穂波』一二号）等を参照していただくことにして、ここでは、当時私自身が少し関わった奨学金の前借り問題や農院生夏の学校について思いつくままに述べることにしたい。

当時ＭＣを終えてＤＣに進むとき大きな問題になったのが、奨学金の前借り問題だった。ＤＣに進んで四ヶ月ほど奨学金をもらえない期間（支給が遅れる）があったからである。当時、院協では奨学金がもらえない期間の奨学金の前借りの確実な実施が、ＤＣに進んだ院生の生活に関わる問題として院協運動の課題となっていた。そのために各研究科から選出された前借り委員会が組織されていた。僕も農学部の院生会から奨学金の前借り委員に任命されていた。

当時、この奨学金の前借りに関わって重大な懸念が生まれていた。当時の文部省の奨学金の予算が削減され、前借りどころか、奨学金そのものがもらえないＤＣ院生が多数発生するのではないか、という懸念が生まれたからである。そこで奨学金の枠の増額を文部省に求めようということになり、北大からも、当時の堀内学長と地質鉱物学科の八木先生（学生部委員会第三小委担当）が文部省に掛け合ってもらうことになった。我々院協の前借り委員会のメンバーも数名それにつきそわさせていただくことになった（もっとも、文部省の事務方には我々院生がそこに同席することには強い拒否反応が生まれたが）。なお、奨学金が借りられない院生が多数生まれるのではないか、という我々の心配は、大学紛争の影響もあってか新たにＤＣの院生となる院生が見込みほど多くなく、結果として杞憂に終わった。

もう一つ、農院生夏の学校について、その前段の農経院生夏の学校のことにもふれておきたい。

私がＭ１だった夏、四年先輩の太田原さんから、全国農経院生夏の学校が、長野県の塩尻市であるので行ってこいといわれたことがあった。当時塩尻市は共産党の市長が誕生して注目されていたところでもあった。夏休みに親元に帰る機会を利用して僕はこの全国農経院生夏の学校に喜び勇んで参加させてもらった。

当時全国院生協議会の事務局長を東大の農経の院生が務めていたこともあり、この塩尻市での夏の学校には、東大で院協活動に関わっていた農経の院生達が多数参加、さらに京大からも経済学部の中野一新さんや村田武さん等が参加していた。今にして思えば、全国の農経関係の研究活動や社会活動、院協活動を担ってきた錚々たるメンバーが集まっての「夏の学校」であった。僕も幸運にもそこに参加させていただきいろいろ勉強させていただくとともに、現在にも続くつながり、付き合いが生まれる機会となった。

その翌年、今度は北海道で２回目の全国農経院生夏の学校をやろうということになった。北大の農経の院生が全員参加でその準備に取り組んだ。洞爺湖の湖畔にある北大水産学部の臨湖実験所の施設を借りて実施ということで準備を進めた。この第2回全国農経院生夏の学校の開催について、東大の農経をはじめ主立ったところに開催の案内を何度も伝え、参加を呼びかけた。しかし、東大からも京大からもうんともすんとも返事がなかった。仕方なく、北大の農経院生だけでの「夏の学校」ということになってしまった。今にして思えば、「大学紛争」が東京だけでなく、関西にも広がり、その真っ最中。「夏の学校」どころではなくなっていた。その翌年には北海道にもそれが広がり、「大学紛争」が激しく闘われるようになっていた。

でも、当時そのことに思い及ばなかった我々は、洞爺湖畔で北大だけでの「夏の学校」ということになったが、宇佐美さんや増田さん達先輩のリードもあり、それなりに充実した議論が行われたことを記憶している。そうしたことも含め思い出に残る「夏の学校」となった。

そうした経緯を経て、その三年後（小生がD3のとき）、農院生夏の学校が雨竜の朱鞠内湖畔にある北大の雨竜演習林の施設を借りて開催されることになった。今度の農院生夏の学校は、農学部のほとんどの学科の院生が参加し、文字通り「農院生夏の学校」として実施された。この朱鞠内湖畔の夏の学校では、参加者がそれぞれ研究発表を行うなど文字通り学科の壁を越えた研究交流を行い、実のある、大変有意義で楽しい「夏の学校」になったことを記憶している。湖畔での魚釣りも楽しい思い出として残っている。

この「農院生夏の学校」はその後も継続して開催されたようである。

最後に、砂川の増田さんの実家を訪ねてお世話になったことについて述べておきたい。

増田さんの実家は、砂川の農家だった。その砂川の増田さんの実家にお邪魔し、増田さんと一緒に泊めていただいたことがあった。増田さんのお父さんや妹さん等ご家族の方たちと楽しい語らいのひとときを過ごさせていただいたことを記憶している。増田さんのお父さんは、空知で活躍していた農民運動のリーダーであった。その増田さんのお父さんからどのようなお話をお聞きしたか、今となっては記憶は定かではないが、僕自身の修士論文のテーマが戦前期の北海道の農民運動の歴史であり、その後さらに空知の水田地帯の農村集落の歴史研究に取り組むようになったこととも無関係ではなかったと思っている。もしかしたら増田さんが僕を実家に誘っていただいたのもそのことと関係があったのかもしれないと勝手に解釈している。

増田洋回想――焼酎とリンゴ箱

宮﨑隆志

増田先生とのお付き合いは、一九七九年に当時の水産経営講座に所属した時から始まった。その頃、村岡夏雄先生は資本論をテキストとされ、増田先生と鈴木旭先生は大内力の『日本農業論』をテキストとされていた。水産経営講座で学ぶことを絶対条件として水産学部に移行した私にとって、この一年間は至福の時間だった。宮沢晴彦さんや加藤守克さん、池田修さんという先輩諸氏とも出会い、研究の世界にかかわることができた喜びと緊張がみなぎっていたように思う。

増田先生は、その頃イカ釣り漁業の生産構造に関する調査を行っておられ、一九七九年の初夏には乙部町での漁家調査に学生も同行した。早朝に水揚げを終えた漁家にお邪魔し、午前中の就寝まえの「晩酌」に付き合いながらのヒヤリングだった。持ち帰った漁家台帳を暑い旅館で転記する作業は結構な仕事だったが、シャツ一枚の姿で至極当然に作業を進める増田先生を前に学生は弱音を吐けなかった。乙部町から函館に戻る途中でバスに乗り継ぐ際、バス停近くの店舗で売られていたゆで卵を増田先生が私達に「食うか?」と言って買い与えて下さった。確か、「俺ゆで卵が好きなんだ」と仰っていたように思う。私はゆで卵に執着していたわけではなかったので、このことが強く印象に残っているのは、増田先生との距離が縮まった瞬間だったからだろう。

その後、増田先生の「農業最盛期おける農業金融の構造と性格」(『現代農業と市場問題』所収)に刺激を受け、漁協信用事業に関する卒論に着手し、研究上のお付き合いをさせて頂くことになった。確か夏の終わりだったと思うが、宮沢晴彦さんと共に、大森浜に面した公務員宿舎に初めて伺った。私はずいぶん緊張していたが、先生は焼酎が回り、ろれつが怪しくなるにつれて研究に関する熱い思いを語られ、それのみならず、私がつぶやいた政治・社会や進路などにかかわる「悩み」(だったように思う)に対する真剣な応答を頂いた。内容はもう覚えていないが、「俺はこう思うわけ。(思い通りにいかなくても)そんなのしゃあないだろう」というようなフレーズが今でも聴こえてくる。恰好を付けたり、人の目を気にするのではなく、お前の大事だと思うことを大切にしろ。結果をあれこれ考えるな、なるようにしかならないこともある。自分を信じろ。おそらく、そういうメッセージを頂いたのだと思う。

思うに、それは先生ご自身の生き方だったのであろう。ご自宅の「机」はリンゴ箱でいいんだと仰っていた。形にとらわれる必要はない。それは自分を見失わない強さでもある。情勢がどんなに厳しくても一喜一憂しない先生に、土深く根を張った大樹に対するような信頼感と温かさを感じていた。

年末に講座の打ち上げがあり大門に出かけた。コンパが終わった後、学生とともに先生もディスコに行くことになったが、なんと一番派手に踊ったのは増田先生だった。タートルネックのセーターにジャケット、そして長靴といういで立ちで踊られたのは、ツイストだった。当時のディスコでは、曲ごとに踊るパターンが決まっていたが、そんなことはお構いなしに、ステージの中央で額に汗をかくほど文字通り踊りまくられた。失礼ながら、土俵上の力士のようにも見えたが、その圧倒的なパーフォーマンスに、自由に生きる増田先生の真骨頂を見たような気がする。

（二〇二三年一月八日）

1972年、農院生夏の学校、幌加内町母子里の北大雨竜演習林（佐々木忠提供）

「どうにかなるさ」

中嶋　信

私は一九六九年春に弘前大学を卒業し、北海道大学大学院農学研究科に進学した。素早くサラリーマンになると考えていたが、ゼミ担当教授に進学を勧められ、堅物の父も許してくれたからだ。山上路夫作詞・かつやまひろし作曲の「どうにかなるさ」という歌の文句のように「今夜の夜汽車で旅立つ俺だよ　あてなどないけど　どうにかなるさ」という楽天気分だった。

大学院生が急増中だった。農業経済学科の教授たちは院生を収容する部屋の調達に悩んでいた。最後に「開かずの間」の「御座所」が院生に解放された。昭和の陸軍大演習の際に天皇が休んだという畏れ多い部屋だ。農学部の時計塔の真下で、建物の中心に当たる。古びていたが壁紙も上等で、金箔も用いられていた。私も含め八人程のむさ苦しい若者が専用の研究机を手に入れた。

部屋もそうだが、研究環境全体が未整備だった。図書や研究用機器の購入、研究旅費の確保など、教授たちはさぞかし悩まされていたはずだ。それでも、院生の間では「養成されつつある研究者」という自己規定が次第に定着して、院生協議会（自治会）が活性化していた。専攻ごとの自主ゼミ活動が広がり、さらに専攻を跨ぐ交流も模索された。私の学部段階の「研究」は限定された分野の先行研究を読み込むに留まっていた。だから、「日本農業の発展」などというテーマを、専門を跨いで議論する先輩らを眺めて、ひどく心が騒いだ。

初学者はあちこちで壁にぶつかり、腰も砕けそうになる。だが、農学研究科の学友達の励ましが度々支えてくれた。「養成されつつある研究者」のプライドが有効だった。確かに「どうにかなるさ」。

農学部本館（2020年10月岡孝雄撮影）

旧有島武郎邸と全国初の院生寮有島寮のこと―権利と自治をもとめて―

佐々木　忠

旧有島武郎邸（今は芸術の森に）

日本近代文学の文豪に数えられ、北海道を代表する作家である有島武郎（一八七八～一九二三）は、札幌農学校五期生として編入学し、北大教授・恵迪寮舎監を勤めるなど、北大・札幌と深い縁があった。

有島は一九一三年に、自らも企画設計にかかわり北十二条西三丁目に洋風の新館を建て住んだ。サンマード型（二重傾斜屋根）、木造二階建て十六室もある軽快な洋館はひときわ光彩を放ち注目された。

その旧邸はその後「大学村」の一角北二十八東三に移転され、一九七一年四月に北大院生寮・有島寮（八部屋十三人）に転用された。院生協議会の大運動に応えた堀内寿郎学長の英断によるものだった。

恵迪寮の新築により院生枠が確保され、一九八三年三月有島寮としての歴史的役割を終えた。

北大当局の「一億円もかかるから」解体を検討するとの表明により、旧邸の保存の声は大きな市民運動にひろがり「旧有島武郎を保存する会」（更科源蔵会長）へと発展した。札幌市教育委員会加藤多一文化課長（北大童話研創立者）の計らいもあり、貴重な文化遺産として札幌芸術の森に移転改築することになった。北大文学部卒業の金子秀松毎日新聞記者が「文豪の面影にじむ」「札幌に保存を」と特集するなど、高まる市民の声が市政を動かした。

有島は札幌について「わが真生命の生まれし故郷は札幌なり。やるせなき苦痛、味ひたりし深き歓喜はすべて札幌の人と自然が余に供したる処なりき」と記している。

南区の「札幌・芸術の森」では、多彩で豊富な展示をしており、旧有島邸に入り、当時の事を回想すると心地よい空間に浸ることができる。

全国初の院生寮・有島寮（一九七一～八三）

半世紀前の学生・院生も貧しい生活を過ごしていた。学生時代は、一年～二年は恵迪寮、三～四年は学部寮（北学寮）で舎費（部屋代）百円、食費三食で月三～四千円であったので、本当に助かった（授業料は月千円、ホントです）。

大学院生になると入る寮がなく、奨学金一万三千円の半分は六畳一間の部屋代に消え、食費や書籍代にも事欠く有様だった。そのため、「院生にも院生寮を」を求め、「どこかに大学の空き建物はないか」と捜す日々を追っていた。

一九七〇年六月二十三日、北大院協と学生部長との団体交渉（話合い）には三百人もの院生が参加して、遂に小池学生部長に、①院生寮は必要である　②学内施設の転用を考える　③国に対して新寮の概算要求をする―以上を確認することに至った。「八年がかりの大事業にようやく光が見えた」―その時の院生たちの喜びようといったら、それはそれは、スゴかった。

しかし全国どこにもない院生寮がそう簡単に実現するはずもなく、院生生活実態調査、学内各界層への啓発・宣伝、堀内学長らへの会見・申し入れなど、やれることは何でもやろう、と意気込んだものだった。

ボート部監督、触媒研究の第一人者のリベラル派堀内学長は「大学運営はまず学生・院生のことを」を信念にしており、一九七一年二月ついに北二十八条の旧有島邸の転用を決断した。（詳しくは有島寮閉寮記念誌『白樺』参照）

一九七一年四月二十五日、堀内学長、学生部長らを招き大部屋「遠友」の間で、開寮式が開かれ、十三人の院生と来賓の笑顔がはじけた。

「あきらめないで、闘い続ければ希望は叶えられる」との思いが胸一杯に拡がってきた。

当時学生寮との大きなちがいは、食事が出ないこと。帰りはバラバラだが、朝は居宅しているからと「朝めし組合」を設立し、当番制にして、最低でもメシとみそ汁を用意、あとプラスαは自在に。

東側に畑があり、管理人の内山夫婦が大根・白菜など野菜を育てる。大根干しと塩漬は寮生全員の参加で行なう……おいしい漬物に救われた。

恒例のもちつき子ども大会は、大学村の子どもたちが毎年楽しみにしており、三十人、五十人と参加してくる……総監督は内山夫妻だが、寮生総出、もちろん主人公は子どもたちだが、皆でもちつきやゲームに興ずるのが恒例であった。

また合コンも行われた。ある看護学校の女子寮に「北大院生なんですが」とお誘いすると「どこの少年院ですか」といわれて参ってしまったことも……。

十三人の共同生活は、今考えてみると、今日のシェアハウスやグループホームみたい。

何よりも大きいのは、「自治寮」として、自らが参加、自らが治める、自らが頭と体を動かす、「青春の小宇宙」である。

十三年間で六十九人、有島寮ＯＢたち（明神勲会長）は、今でも東京や札幌で時々会っては、五十年前の青春時代、現代社会と科学技術の課題などを縦横無尽に語り合い交流している。

【付記（編集委員会）】二〇一九年刊『北大ピースガイド』によせた一文。同誌には白浜憲一、手島繁一、神田健策、明神勲、高崎裕子らが原稿をよせた。

院生の生活を支え民主主義を学ぶ拠点としての有島寮

藤原一也

一九四八年生まれの私は現時点で七四歳ですが、間もなく後期高齢者の仲間入りです。今年（二〇二三年）五月に広島県在住の元広島大学教授谷口幸三さんが別件で東京まで足を運びました。その折に埼玉県まで足を延ばしていただき、JR南浦和駅近くの喫茶店にてコーヒーと軽食で二時間ほど話す機会がありました。「あの時から半世紀だ」などと昔話をしました。その頃、私は北大農学研究科の博士課程一年目で院生の谷口さん、中野さんとともに札幌市北七条西八丁目にあった借家で一九七三年一一月から翌年三月までの五か月間にわたり共同生活をしました。持ち物の少なかった私はリヤカーを借りてそれまで住んでいた北大院生寮有島寮(北二八条東三丁目)からこの借家へと引っ越したのでした。

全国初の院生寮に入寮して

その共同生活の直前まで私は一九七一年四月から一九七三年一一月までの二年八ヵ月間を全国初の公認院生寮（北海道大学大学院生寮有島寮）に在寮しました。私には初めての寮生活でした。有島寮時代は北大大学院農学研究科農芸化学専攻の修士課程に在学して「Sporobolomyces odorus の生産する香気成分に関する研究」（特にラクトンⅠおよびラクトンⅡの同定）」と題した修士論文をまとめ、博士課程への進学を実現した時期と重なります。

有島寮は札幌市内（北二八東三）にあった旧有島武郎邸を活用し、木造の二階建て宿舎でとても趣きのある建物でした。この全国初の院生寮が実現した経過は北大大学院有島寮誌『星座』（一九七二年一〇月）、北海道大学大学院有島寮閉寮記念誌『白樺』（一九八三年三月）に詳しくまとめられています。第一期生一三人の一人として入寮申し込み者が約三倍の難関を突破できたことは実に有難いことでした。とりわけ私の場合は北大の教養課程や農学部への学部移行後の学生時代を通して、いくつかのアルバイトを同時並行しなければ生活費を捻出することが難しい事情がありました。有島寮入寮はアルバイト時間の短縮と生活費の削減に大きく貢献しました。

生活費をいくつものアルバイトで凌いで

私は北海道の屯田兵の三代目として天塩郡豊富町に生まれました。亡父が国鉄職員のため剣淵町、名寄市と道内での転勤があり、中学・高校の六年間は名寄市で過ごしました。北大理類に一九六七年に現役合格し、北大教養部に近い北一七条西三丁目で札幌市での下宿生活を始めました。六畳一間の相部屋で下宿代は朝食付き月六千円、大学授業料は月一千円ほどと記憶しています。加えて私の弟が東京の私立大学に一九六九年に入学したことから国鉄職員の給料から東京と札幌に毎月息子二人分の仕送りをするのは大変な苦労だったと今は亡き母が吐露したことがありました。そんなことで親からの仕送り金だけでは生活が成り立たず、私は育英会奨学金に頼り、家庭教師・定時制高校臨時教師・朝日新聞の校正補助員・生協の検査室補助員、着ぐるみ怪獣作業員などいくつものアルバイトで生活を凌いでいたのです。

　ともあれ、一九七一年四月から六月にかけて入寮を許されたメンバーが続々と引っ越しを終え、様々な分野の年齢も異なる寮生が相部屋での共同生活を行うことになりました。寮生活を支える寮機構は四か月交代で寮長・寮務・会計の三役を置き、毎月の寮生大会で話し合って決めごとを行う仕組みでした。文化リクレーション、新寮対策、食糧増産などの小委員会もあり、学生時代に寮体験のなかった私には本当に新鮮でわくわくする日々でした。

堀内学長と直接対面の機会も

　入寮してすぐの時期に有島寮開寮コンパが開催され、参加された堀内寿郎学長（一九〇一年九月一七日〜一九七九年六月二七日）の話を寮生の一人として直接伺う機会がありました。若い時代にドイツやイギリスで学んだ経験談やその頃のナチスの台頭を目の当たりにしての確信「大学は研究と教育をともに進め、支配権力への正しい批判によって国民の福祉に貢献し、国民を護るべし」などの真摯な考えを率直に述べていたことが半世紀を経た今も記憶の片隅に残っています。『樽酒』持参で寮生に気さくに話しかける姿に大いに親しみを感じ、率直な話に共感しました。

　一九七一年の学長選挙に僅差で敗れたため、有島寮訪問は学長として最終盤のタイミングでした。私は開寮コンパでの有島寮生と堀内学長との交流場面がとても印象深く記憶に残っています。また、堀内学長にはその後さらに驚かされたことがありました。彼は人生の晩年の一九七三年に日本共産党に入党したと報道されたのです。堀内学長と直接話したことは人生で一度きりでしたが、「支配権力への正しい批判」への熱意の持続を感じ取る出来事でした。

有島寮同室の佐々木忠さん逮捕事件

　有島寮の二年目は農業経済学系院生の佐々木忠さん（有島寮初代寮長）と同部屋でした。一九七二年九月五日に佐々木さんが不当逮捕され、九月一三日に釈放、一〇月二四日に不起訴通知となりました。五日から一三日までの九日間を『残照』の間で相棒不在の不安な日々を過ごしました。この事件は丹羽貴知蔵学長（一九一〇年〜一九九二年）時代に起こりました。（『エルムの告発』一九七三年一〇月刊参照）農学部学生山下悟さん不当逮捕と並んで北大の歴史に残る恥部と思います。この事件はまさにでっち上げであり、学内での力関係のなかで佐々木さんが狙い撃ちされたものでした。私にとっても研究生活と社会の不正義を考えるきっかけになりました。

有島寮研究創造小委員会の研究発表会

さて有島寮の寮機構には研究創造小委員会がありました。寮生全員を対象にして自らの研究テーマを他の寮生に解り易く説明する研究発表会です。同じ研究科院生のゼミナールと全く異なり、研究分野の違いを乗り越えて普遍的に説明しなければなりません。これらが真面目に実施されたことは貴重な体験でした。何しろ理科系の機器分析と成分同定の話を文系の院生に判っていただくことはとても難しく、教育学系の明神先輩に「その研究は社会的にどのような意義があるのか」と問われ、「直ちに社会的成果に結びつかなくとも、やがて科学の成果として意義づけられる可能性がある」などと答えましたが、実は自分自身が己の研究テーマに問い続けていた内容でした。

有島寮二年目の一九七三年三月に修士論文を提出し、無事に修士課程を修了し、博士課程に進学することが出来ました。傍目には順調に研究生活の基礎づくりを進めているように見えていたと思います。しかし、私自身はアルバイトと借金づけの大学院生活は長くは続けられないと思い始めました。丁度その時期に東京にある日本生活協同組合連合会が商品検査室を新設するとの話が漏れ聞こえてきました。北大生協などが設立した商品検査室で検査補助のアルバイトを経験していたことから、食品の安全分野での下支えを行うために食品分析の仕事に携わるのも私にとっての新たな挑戦と考えるようになりました。

東京で生活協同組合運動の仕事へ

私は有島寮に生活し、二年間かけて修士論文を仕上げ、博士課程への進学を果したのですが、学位論文をまとめることよりも就職して生計を成り立たせる道を選びました。この決意に至る経過に有島寮一期生の皆さんとの寮生活での交流が大いに影響したと思っています。どんな場所でも民主主義を考え、行動することが欠かせないのです。幸いにも就職してから東京都衛生研究所、埼玉県衛生研究所、日本食品分析センターなどで改めて食品分析を学びました。学生時代に芽生えた食品安全の確保、食品公害の根絶などの課題が明確になり、社会人となり生活協同組合運動のなかで自分の学んだことがらを生かすことが出来たのは幸いでした。

有島寮の生活と寮生との交流は私に学び続けることの重要性を教え、五〇年を経た今でも「生活を支え民主主義を学んだ拠点」として常に振り返ることが出来ます。院協運動の成果によって設立された全国初の文部省公認院生寮有島寮に第一期生として在寮したことはかけがえのない経験であり、感謝しかありません。

（二〇二三年六月）

有島寮生活（餅つき）一九七五年頃か？　有島寮では毎年近所の子供たちを集めて餅つき大会をやっていました。（羽田貴史提供）

1983年(昭和58年)10月24日(月曜日)　7版　(14)

文豪の面影にじむ

旧有島邸

札幌に保存を

ろんてん　論点

保存をめぐって、その行方が注目されている文豪・有島武郎＝右＝の生家（旧北大有島寮）

マチづくりに文化が生きる

芸術系の遺産　市内にはゼロ

施設に利用や芸術村へでも

旧有島邸解体ストップ・存続をかかげて、市民運動とともに（毎日新聞・一九八三・一〇・二四）

私の大学院生生活と林学院生会

秋林幸男

昭和四一年に北大に入学した私たちの学生時代はベトナム戦争反対と大学紛争のさ中にあり、私はあまり勉強をしたという実感のない生活を送っていた。しかし、大学紛争の中で、学生時代の札幌営林局の子弟寮である青雲寮での自主的な金曜学習会や自治会活動、林学科での学生生活を通じて、民主主義の基本と大学の自治の重要性に触れながらも、自由・平等、自主・自律の精神を学んだことも事実である。当時の大学自治論は教授会自治論と学生も何らかの形で意見を表明できる全構成員自治論があった。現在の国立大学では運営交付金が毎年減らされ、「国立大学法人法」の改正によって「運営方針会議」の設置が義務付けられようとしている今日から見たら、かつての国立大学の方が自治を保障されていたような気がする。しかも、私たちの学生時代は大学への進学者が増加し、大学も新設されていたから、現在の大学院進学に躊躇する学生たちに比べると貧しい私たちでも大学院に進すみやすかったとおもう。

私が大学院に進学を決意したのは、大学三年の時に中川地方演習林で実施された冬山実習で、大学院の進学を予定していた一年上の砂防工学教室の小野寺弘道先輩が「積雪と樹木」というテーマの卒論研究を紹介してくれたことである。受験勉強という高校時代からの暗記主体の体験しか持たなかった私には、自分の目で自然を観察して理論化するという研究スタイルに大きな衝撃を受けた。弟たちの大学進学のためにも仕送りしなくてはならず、大学院への進学を渋る両親から何とか進学の許可をもらって、私は昭和四五年三月に農学部林学科の林政学教室を卒業して、同じ教室の同期生で生涯の友人となった梶本孝博氏とともにその年の四月から二年間は修士課程と昭和四七年からの博士課程に進学し、私は二年間のオーバードクターを経て五二年三月に修了し、合計七年間の大学院生生活を送った。

私の大学院生生活は、研究と経済生活の両面で大学院生の先輩や後輩たちに支えられていたといっても言い過ぎではない。私の卒論は当時の教室の先輩で、大学院生であった石井寛氏の指導で書き上げた。また、大学院に入ってからも、石井寛氏から農経の太田原先生や大学院生と、当時、国立農業総合研究所におられた湯沢誠先生のゼミを紹介され、社会科学、中でも経済学の素養のなかった私は農経の同期の大学院生の助けもあってマルクスの『経済学批判要綱』などを学ぶことができた。また、自分の専門分野が社会科学ということに甘んじて樹種の判別や自然観察を軽んじて来た私を再教育したのは、造林学教室の先輩の大学院生の松田彊氏や中須賀常夫氏、後輩の春木雅寛氏から植物学や生態学の面白さを学んだ。また、砂防工学教室の大学院生であった笹賀一郎氏には地質学の重要性を教わり、ドクター論文の作成では作図のお世話になった。

経済的生活の側面では、学生時代の青雲寮を出ることになって中須賀常夫氏の紹介で間借り先が決まり、森林経理学教室の柳生修氏からは、中川研究林の照査法試験地で森林調査の調査方法を教わり、家庭教師先を譲り受けた。オーバードクターの二年間は森林経理学教室の高橋紀夫氏とともに、後輩である造林学教室の春木雅寛氏が引き受けてくる森林調査のアルバイトによって糊口をしのいだ。大学院のドクター論文は、東京教育大学や山形大学から北大の大学院に入学した大学院生の仲間と議論をできたからこそ完成できたと思う。

こうしたことが可能であったのは、北大農学部林学科の大学院では林学院生会が組織されていたからであったと思う。院生会の主な活動の課題は研究条件の改善と、林業・森林管理の現地見学と研究内容の相互批判による研究内容の向上にあり、こうした林学院生会の活動の基礎にあったのは奨学金のプール制と現地検討会であったと私は思う。

現地検討会では林業政策が大面積皆伐一斉造林を推進する中で、富良野市山部の東大演習林ではドロ亀（高橋延清）先生から天然林を対象にした林分施業法を教わり、定山渓国有林では先輩にあたる定山渓営林署長であった渡辺定元氏から高密路網の考え方を学んだ。民有林については北大林学科の先輩が経営していた枝幸町の村山山林のほか、本別町の石井山林ではカラマツの高齢林経営と路網の考え方を丁寧に教わったことが忘れられない。また、雄武林務署の峠造林団地や池田林務署の漸伐作業林などに学び、個人では経験できない森林管理の多様な現場を見学できたことが大きな財産となった。

林学院生会の奨学金のプール制は私が大学院に入る前から実施されていた。それは大学院の入学試験に合格した以上、それぞれの大学院生が平等に就学金を受給して大学院教育を享受し、研究に打ち込む機会が保障されるべきだと考えて作られたと思う。奨学金を受給した大学院生が一定の金額を拠出し、不幸にして不受給となった大学院生が享受するものである。ただ、拠出した大学院生が奨学金免除職につかなかった場合には、享受した大学院生がその返還に協力するという申し合わせだった。幸いにも私たちの関係する世代間では奨学金の返還問題は生じなかったと記憶している。

七〇年代初頭の水産院協活動への個人的感想

川眞田憲治

1　院協活動の雑感

私は、東京水産大学（東水大）水産学部水産増殖学科で四年間学び、北大大学院水産学研究科（水産増殖学専攻）へ一九七一年に入学した者です。函館での生活は、修士課程二年と博士課程三年にオーバードクター一年を加え合計六年間在籍しての生活で、一九七六年までの五年間は奨学金を受けて生活していました。

その間に、一九六四年に水産研究科に設立され維持されていた院生協議会の幹事を何期か務めたり、研究科との団体交渉で積極的に研究条件の改善を訴えたり、調査・研究に係わる方法論を探るために自主的勉強会の組織化やシンポジウムの開催などに努力を続けてきました。当時の記録や資料が完全ではなかったのですが、手元にあったメモなどを元に七〇年代初頭の院協活動の一端を紹介したいと思い、拙い記憶を辿りながら筆をとりました。ただし私の専攻が水産増殖だったので、この分野での動きは詳しく書くことが出来ましたが、他の専攻分野については簡潔に述べる事しかできなかった点については、ご容赦願いたい。

まずは、大学の自治を守る戦いです。正確な日付と学生たちの要求が何であったのかは記憶の彼方ではありますが、札幌本学の封鎖に一年遅れて一九七一年の秋に一部の学生たちによる北大水産学部封鎖（講義棟と研究・管理棟1階の管理部門の封鎖）事件が起きました。学生の封鎖行動に同調する院生も一部いましたが、多くの院生にとっては日ごろの研究生活が阻害されることになるので、大学の自治を構成すると自認していた院生協議会幹事会は教職員組合と一緒に、大学当局の警察・機動隊導入による封鎖解除を阻止すべく、一部の学生による大学の自治破壊行動への批判を強め、学内での圧倒的多数による言論とデモによる包囲作戦を実施しました。デモの時は、近くの町内会館に院生や教職員が集まって、意思統一して大学構内まで行進したと記憶しています。間もなく一部学生たちも勝算なしと判断したのか、封鎖放棄により解除されたと記憶しております。

院協活動の実態はといえば、当時は各研究専攻から数名ずつ幹事をだして、それが執行部的な役割を果たしていたと記憶しています。具体的には、総会出席への呼びかけや科学ゼミ開催の組織化、院協活動への参加を促していました。また研究科との団交では、アンケート調査を実施しての院生の研究や生活の実態結果に基づき、教授の院生への無指導の実態を指摘し批判するとともに指導（院生を対象にした講義）するよう改善を求めました。また、フィールド調査を実施している院生からの要求を取り上げ、団交で該当する講座では講座費から年間一万円の旅費を支給するとの回答を得て、その恩恵を得る私たちは大いに盛り上がったのでした。

札幌本学の全学院生協議会総会への参加については、最低限の義務として毎年三名の代議員を派遣していました。私も一度派遣に参加しましたが、自家用車に相乗りで日帰りでの参加だったと思います。

2　自主的サークル活動・勉強会活動

ここでは、自主的サークル・勉強会活動について紹介します。

私が大学院に入った時には既にチャールズ会はあったと思いますが、この会の名前の由来は、「種の起源」を著したチャールズ・ダーウィンや地質学的な研究（層位学）に秀でたチャールズ・ライエルにちなんで、生物の進化や物事を歴史的に見る見方を身に着けるための院生主体の勉強会ということでした。会の幹事を何期か務めたこともあり、率先して進化学や生態学を学ぶために、特に徳田御稔氏の「改稿進化論」「進化・系統分類学」や渋谷寿夫氏の「理論生態学」、伊藤嘉昭氏の「比較生態学」などの輪読を進めました。

一九七四年には、学生にも参加を呼び掛けてフィールド調査（汐泊川での河口域、中流域、上流域で釣りや投網などでの魚類相の調査、一九七五年には辺切地川で）を実施し、その結果を参加者と一緒にまとめ、報告会も開催しました。このことは、「科学をわれらの手で」という団体研究の考え方の経験にもなりました。また、この経験は会員の後藤晃氏にとっては、研究テーマの深化と博士論文への糸口を得る事にも繋がり、また貴重なフィールド調査の経験ともなって、後ほどの道南地域でのフィールド調査の著作にも繋がったと思われました。また、後藤氏は、例会で水野信彦氏の論文「ヨシノボリの種分化」を紹介したり、ご自身の博士課程の研究の一端を「北海道産淡水産カジカの進化学的関係」として話題提供してくれました。

会員以外の講師を頼んでの例会には、一九七一年には北海道林業試験場の藤巻裕蔵氏（北大農学研究科卒業）から「エゾヤチネズミの個体群動態」、京大霊長類研究所の和田一雄氏から「オットセイの生活と起源」、一九七二年には農学研究科の博士課程の伊藤和雄氏から「ウグイ属の産卵習性について」、北大水産学部の浜田啓吉教授から「ワカサギの生態学」、小野里坦助手から「硬骨魚類の腎臓」、農学部阿部永助教授から「モグラとネズミの成長と発育」について講演をしてもらいました。一九七三年には函館で開かれた水産学会に参加された京大理学部の川那部浩哉氏から「アユのなわばりの生態」について講演して頂いたりもしました。一九七五年には水産学部で学び農学研究科で博士号を取得した歯学部助手の前川光司氏から「然別湖産オショロコマの分化」について講演してもらい、特に鰓把数の特異的な特徴がどのようにして形成されたのかを説明して頂きました。

それぞれの講演者との論議では、対象生物に応じた研究の仕方や研究の方法論の検討の仕方についてとか大学院時代に如何にして学び、研究力量を高めていったのか、など話し合って有意義な時間を共有できたのでした。

これらの活動には、同じ東水大を卒業し北大大学院に入学し、2DKのアパートで一緒にシェアーハウス的な生活を四年間送っていた松浦啓一氏や清水長氏（両氏は動物学講座所属）の協力や教え合いがあったことも忘れられないことでした。また、チャールズ会の発足に係わっていた会員である水産植物学講座院生の谷口和也氏も積極的な役割を果たして下さいました。

また、これらの経験と人脈形成が元になって、その後の前川光司氏と後藤晃氏のイニシアティブによる「魚類系統研究会」の組織化と北海道の各地での研究会開催や全国的な規模で開かれていた「ゴリ集会」への参加などに繋がり、それぞれの院生や関係者が参加し、就職してからも連絡を取り合ってそれぞれの分野での研究を深化させ、その進捗状況の報告などを報告し合って連携を取り続けることが出来たと思われました。

3　指導改善の活動

ここでは院協活動の一環として、無指導と言う状況の打破のため各所属講座での教授から「きちんと指導を受けよう」という活動について紹介します。

私の所属していた発生遺伝学講座では、新しく教授になった濱田啓吉氏によるご自身の学位論文の作成過程を一九七四年から紹介し始めてもらい、ワカサギとチカの分類に関しての研究過程を深く学ぶことが出来ました。さらには濱田教授の得意分野のロシア語の文献翻訳の実際を皆で原文を観ながら翻訳する経験（濱田啓吉　ワスネツォフ　個体発生に於ける分岐と適応　哺乳類科学　第三二号　四一―五八　一九七六　に結実）をしたほか、魚類発育段階説の原典の学習やロシア語の勉強を1年ほど続けました。この経験は私にとっては、社会に出てからの、ロシア語の勉強や北海道水産試験場とサハリン州の漁業海洋学研究所との研究交流の際にも、ロシア語やロシア人への対応に抵抗感なく取り組めたことにも繋がった良い経験でした。この後、濱田教授はワスネツォフ（一九五三）の「硬骨魚類の発生段階」を翻訳し、哺乳類科学（第三三号一九七六三一―四三）に、またミチューリン生物学研究（一三巻一号　二五―二九　一九七七）に「ソビエト連邦に於ける発生段階研究の系譜」を著したのでした。これらの原典の入手先については、それぞれの論文に記載されていて、京大の進化学者である徳田御稔氏門下の友田淑郎氏や和田和雄氏からだったことをつい最近になって確認し、濱田教授がそのころから京大理学部と連携を取っておられたことを再認識した次第です。この勉強会には、講座所属の後藤晁、宇藤均、中西照幸各院生も参加しておりました。

動物学講座では、魚類学の大御所である京大の松原喜代松門下生で新しく北大水産学部助教授になった尼岡邦夫氏の助言と指導のもと、院生が主体の魚類系統分類学の著書の英文翻訳と輪読による学習を組織し、二年間くらい続けられ、一冊の著作の翻訳が完成しました。参加した院生にとっては、博士論文作製において、材料と方法の項での引用や考察に役に立ったということを耳にしました。この時の院生には、私の東水大の後輩で共同生活をしていた松浦啓一、清水長両氏のほか津村憲氏、後にこの講座の教授になった仲谷一宏、矢部衛両氏もいました。

鹹水増殖学講座では、新しく教授になった富士昭氏による生態学と進化学の歴史と個生態学に関して、講座外の院生も参加しての一年間にわたる講義が行われました。その講義では生態学の誕生とその歴史、進化論の歴史も紹介されました。個生態学と個体群生態学との違い、生態系の概念の誕生とその内容、利点と欠点などが紹介されました。また、北海道教育大学函館校の木古内臨海実験所に一泊しての潮間帯で採集された小型巻貝の分布を例として個体群の分布構造の解析に関しての実習も組み込まれ、これを通じて、調査で得られた実測値と理論値の検定を試すなど実践的で興味深い授業が実施されました。実際の、ウニの分布調査データからご自身の博士論文をまとめられた経験も紹介され、現代の個体群生態学が抱えている課題などの説明もありました。最新の研究としてエネルギー収支から捉えた養殖ホタテガイの成長と成熟などの個体群生態学の成果を紹介してもらいました。私が道職員となり、大量へい死を起こしたホタテガイに関して、富士教授の指導のもと噴火湾のホタテガイの許容量調査にも参加でき、一次生産量や動物プランクトンの量の調査に従事し結果を出し、許容量を算出する過程を一緒に経験することができました。その縁で、へい死原因究明に関連して、養殖ホタテガイの成熟過程の異常さを調べることにも着手でき、各海域でのホタテガイの成熟過程に関しての論文作成の際に、校閲して頂けたのでした。

この他、生化学関係の講座の院生たちは「生化学若手研究者の会」を助手層も含んで組織して勉強会を開いていました。漁業関係の講座では「数学を学ぶ会」「マリンセミナー」などの自主的な勉強会を組織して勉強し研究力量の向上を目指していました。

4　科学ゼミ・シンポジウム開催の活動

さいごに、多少長くなりますが、「科学ゼミ」やシンポジウム開催活動について触れたいと思います。講師を呼んでのシンポジウム開催に、研究科から講師料を出してもらえると言う確約をとったので、それぞれの分野で活躍している現役の研究者を迎えて毎年のようにシンポジウムを企画し開催しました。

私は、個人的にも連絡が着いて、知っている限りの講師候補者を出しながら、一九七一年七月には水産庁東海区研究所で海獣類の生態研究をした後に京都大学霊長類研究所に所属変更された和田一雄氏に連絡を付け、海獣類の生態や研究の実際などについての講演を実現しました。一九七一年一〇月に開催した「遺伝と進化をめぐって」のシンポジウムでは、私はそれを企画し、北大理学部植物学講座の松浦一教授の指導を受けて、接木交雑の研究で博士号を取った東京農工大学の柳下登助教授から「接木交雑実験からみた粒子遺伝学への疑問」や国立科学博物館動物部門の友田淑郎氏から「地理的分布からみた日本産淡水魚類とその化石」について講演して頂きました。研究科からはそれぞれの講師に謝金（一万円と一万五千円）を出して頂きました。各講演後には、発表内容についての質疑と共に、大学院時代の研究の進め方、博士論文の作成過程の問題点、国立研究・教育機関への博士課程修了者の就職状況などについて情報を提供して頂きました。

一九七四年の「科学ゼミ」では北大農学部の阿部永助教授を招いて「北海道の鳥獣類　その二、三の問題」と題して原生林が開発により伐採され、その後に人工林が造成されるなどの環境の変遷に対して鳥類や獣類が生活圏を変化させ、食性や巣造りの習性などを変化させながら環境に適応して種間競争で生き抜いてきている実態を紹介して頂きました。環境の変動と種の生活との係りを研究している院生にとっては示唆に富む話題だったと思いました。

淡水増殖学講座の院生が組織した「魚類の内分泌シンポ」では、現役のこの分野での研究者（正確な氏名などについては記録が残っていない）を招聘し、ウナギの性成熟に係る研究の最先端での諸問題に関連してのアドバイスを得ていたようです。この当時、山本喜一郎教授のいたこの講座は、世界の先端をきってウナギの人工授精や人工的な成熟促進に係わる各種の研究をしていて、採卵を終えた秋サケから脳下垂体を取り出す作業には学生や院生が駆り出されたりしていて、講座には学生・院生の熱気が溢れていました。

5　七〇年代の水産学シンポジウムの開催

この当時は、七〇年代の科学・研究の在り方を問うシンポジウム開催が全国的に盛んに行われていました。そういった背景の下で、水産学をめぐるシンポジウムを開催しようと、若手の助手会のメンバーや科学者会議のメンバー、それに院生も参加した水産学部独自の組織である科学技術懇談会も加わり、実行委員会形式で検討を進めてきました。「水産学とはなんぞや」といった研究・教育に係わる疑問に応える講師陣や、院生が就職先と考えている「水産研究所の現状を知りたい」という院生の要望に応える講師陣を選択する作業を進めました。私は準備過程で、東京水産大学で経営学講座の大海原宏氏が水産技術論について独自の理論活動をされているのを知っていたので、講演を依頼することを提案しました。また、水産庁の研究所で水産研究と社会経済との関連性を解明する理論活動や「魚の生活」研究の提唱者でもあった東北水研の佐藤栄所長（余市の北水研でも研究実績あり）を講師に推薦しました。両氏ともに準備会の皆さんの賛同を得て、招聘することになりました。さらには水産資源研究者でもあり学術会議会員でもあった東海区水研の川崎健氏も呼ぶことになりました。北海道の科学者からも誰かということで、日本科学者会議の会員でもあった、さけますふ化場の石田昭夫氏からも七〇年代の科学を展望するという話題提供してもらうことになりました。水産学部からは当時労働組合の委員長でもあった濱田啓吉教授を、大学の現状と改革の方向性を講演してもらうことになりました。さらには、院生協議会からは、アンケートによる院生の研究・生活に係わる実態調査の結果と院生からの改善要求を小川晃議長が報告することになりました。

一九七一年七月か一〇月？に開かれた「七〇年代における水産学シンポジウム」は、翌年一月に報告集（五六頁）が同実行委員会名で発刊されました（写真）。その内容を、長くはなりますが、目次と講演内容の項目、纏め文から逐次紹介しますと、第一部の問題提起として、I水産学における教育と研究として①大学における水産教育・研究の現

'70年代における水産学

シンポジウム

報告集

1971

「70年代における水産学」シンポジウム実行委員会

状と問題点について北大水産学部濱田啓吉氏が報告しています。そこでは、はじめにに続き⑴日本の大学の歴史―太平洋戦争迄―、⑵戦後の学制改革と大学、⑶中教審答申のねらい、⑷大学に於ける教育研究の現状と問題点、a講座制、bカリキュラム、⑸問題解決のためにと続き、「大学が内部から改革される為に最初になされねばならない事は講座の民主化であり大学の民主化であろう」と述べています。

続く②大学における水産教育・研究の現状と問題点―『水産学』の全体像をさぐる―として東京水産大学大海原宏氏が報告しています。⑴はじめに、⑵伝統的「水産学」観、⑶経済学者の「水産学」観、⑷技術学の把握をめぐって、⑸水産学の発展を規定するもの、⑹水産技術学の定立について、が報告されています。最後の項で、「水産技術学の全体系はその性格からいって対象生物の再生産を維持・拡大しつつ、労働の生産性を高めていくという一見矛盾した二つの課題を内容とし、統一したものである」ことはもちろんの事、「すべての富の源泉たる土地(ここでは海洋資源)と労働者とを破壊することによって社会的生産過程の技術および結合を発展させるにすぎない」(『資本論』青木文庫第三分冊)資本主義生産を克服する方向で構想される必要があると提言しています。

③大学院における研究指導・その現状とわれわれの要求として、水産学研究科博士課程院生の小川晃氏が⑴研究実態調査から見た大学院生の研究指導の現状で、a大学院入学の動機と将来への希望、b研究者養成および研究機関としての問題点として⒜研究テーマについて、⒝研究指導体制および指導の内容について、⒞院生の研究分野で果たしている役割を報告しています。続いて⑵現在の大学院における研究の不十分さは何処に起因するかとして、a新制大学院の変遷という問題に関し、⒜国内、⒝学内、⒞近代主義の批判、b研究指導体制における問題点、c研究者養成機関、研究機関としての大学院をめざす院生の闘いと展望として、⒜政府・文部省の貧困放置、格差分断の大学院政策を打破し大学院制度の確立を目指す闘いを進める、⒝大学院における研究指導体制の確立をめざす闘いを進める、⒞院生の自主的な研究活動を進める、⒟就職問題と続き、最後にまとめを報告しています。そのまとめの中で、「院生は毎日の研究の中で、院協活動を通じて大学院制度の確立をめざす闘いをすすめて」おり、さらに深めて欲しいのは「水産学を研究する院生として実際のどのような研究を進め」て、「指導はどのようなものを望むのか」討論を深めて欲しいと呼びかけています。

④水産行政と試験研究機関の諸問題―一九七〇年代以降の科学・技術について―と題し、学術会議会員でもある東海区水研の川崎健氏が、⑴検討の目的、⑵検討の経過、⑶本論、a学術会議内外での従来の検討の経過、⒜日本学術会議関係、⒝科学技術会議関係、b問題の所在、⒜位置と

役割、(b)大学との関係、(c)独立性の問題、(d)国立研の性格と行政目的との関係、(e)内部機構と研究者の処置、(4)具体的な措置、a現状の改善、b合理的な研究公務員制度の確立の順に報告し、「国公立試験研究機関の問題の現状と問題点」が検討されている経過の報告とその内容を紹介しています。

Ⅲ水産学の真の創造的発展のためにと題して、東北（報告書では「東海区」と記載されている）水研の佐藤栄所長が、(1)はじめに、(2)海洋・漁業生物研究の理論の現状と問題点、a水産海洋研究、b漁業生物研究、(3)戦後農学研究をめぐる社会経済的条件、(4)おわりに、との項目で報告しています。そして「七〇年代の水産学が漁業生産の基礎に結びついて真に国民経済に貢献するためには、研究活動の基本的条件である日本資本制経済、その土台のうえにたつ漁業経済の発展法則について、一定の科学的展望をも」ち、「諸理論の効果と限界を明らかにして、研究活動にたいする長期展望が用意される必要がある」とし、「誰のために、どのような研究と施策を行うかということについて、科学的説明が必要」と述べています。

第二部の討論では、Ⅰ質疑応答、Ⅱ総括討論で、（一）科学者の社会的責任―自己批判と体制批判について―、（二）実質的な研究活動が大切！、（三）技術体系の思想性、（四）研究テーマの選択に関して、（五）カリキュラム改善と問題点、（六）民主化について、（七）具体的な「民主化」の内容について―相互批判の定着を！、（八）自主的共同研究から民主化の方向を、（九）終わりに、との構成になっていて、これらの小テーマにそった質問の提起と応答、突っ込んだ論議が展開されており、小テーマごとに深い解明がされています。

司会者の「終わりに」で、討論のまとめが示されていて、「まず第一に、色々な大学あるいは研究所の現実にかかえている問題が率直に出され、それぞれの状況を、お互いに確認することができた」とし、公害・環境破壊の問題に、「我々自身の研究テーマの設定とどう関連させていくか」、「水産業との接点をどこに見出していったらよいのか」と論議されたことを紹介している。また、第二に七〇年代は、研究あるいは研究条件について、解答を与える時代として、我々自身の要求をあきらかにして、研究者の連帯だけでなく農民・漁民あるいは地域住民と結合を深め、我々の問題解決のために立ち向かう必要があると述べています。最後に民主化について、「制度的なものとしてばかりではなく、我々自身に内在するものとして民主化を徹底しなければならない」とし、「一人一人の力量を高め、同時に集団的力を今後一層強める体制をつくらねばならない」と締めています。

6　最後に

再度五〇余年前のこの記録を読み直してみて、進化学のシンポジウムに招聘した友田淑郎氏と和田和雄氏が討論でも発言していたのを確認できましたので、同じ日の午前と午後に進化学と七〇年代の水産学のシンポジウムが連続して開かれたことを再認識しました。また、討論で院生の発言内容も記載されていますが、院協活動にも積極的であったそれぞれの院生が、卒業し就職してもそれぞれの分野で引き続きこの時に発言した内容を追及していることが確認できて嬉しく思いました。私も、東水大で封鎖問題を経験し教授会の大学の自治に対するだらしなさを感じ、また東水大で学んでも水産学の体系化は無理と判断して、その後北大大学院に入学し今なお水産学の在り方やどうやって水産学の体系化を図るべきかなどと模索している自分の発言を「青い発言」だったなあと回想している次第です。

　記憶が正確でない部分もありますが、現役の院生やこれまでの院協史を纏めている方々に多少とも参考になれば……との思いで、私の水産学研究科での院協活動とその周辺の状況を回想として認めた次第です。

北大水産学部附属練習船（おしょろ丸HPより引用）

水産学部水産学研究科時代の院生協議会活動―八〇年代の院協「科学ゼミナール」の思い出―

田中邦明

1　私の経歴

　私が北大水産類に入学したのは一九七三年の四月、当時はまだ学園紛争の名残りで入学式はなく、呆気ないほど簡単な入学手続きを済ませて引き上げたことを覚えています。授業料は半期で九〇〇〇円、年間一万八〇〇〇円だったと記憶しています。入学後は札幌で一年半の下宿生活を送りましたが、その当時は三畳間で朝夕食事つきの下宿代が二万八〇〇〇円でした。二年生の秋には私の生まれ故郷である函館の水産学部に移行し、四年生で配属された研究室は山田壽郎教授の率いる生理学生態学講座でした。この研究室の主要な研究課題は、前任の小林新二郎教授が真珠の石灰化メカニズム研究を先導していたこともあって、広く硬組織の石灰化メカニズムをメインテーマとし、透過型および走査型電顕による観察や組織液の原子吸光分析、細胞培養などの当時としては新しい生理学手法が広く導入されていました。水産学上では耳石や鱗などの硬組織は当時から年齢形質として着目されていて、その信頼性を確認する基礎研究が重要なテーマでした。また、それらの生態学的応用も期待されていましたから、研究室では魚類の鱗、骨、耳石をはじめ、カニやウニの殻の石灰化を研究テーマとする大学院生で賑わっていました。学生室には一〇名を超える大学院生が隙間なく机を並べて足の踏み場もないほどでした。これにはオイルショック後の就職難の影響もあって四〇名の水産増殖学科同期生のうち四年卒で就職したのは数名にすぎず、残りはみな大学院に進学したと思います。

　私は学部卒業後に一年浪人して一九七八年四月に修士課程に入学しました。研究室の日常的な研究指導体制は今日からみても考えられないほど自治的でした。例えば研究室ゼミ発表の指導に際しては、学生の指導は修士の院生が、修士の指導は博士の院生が担っていました。教授や助教授の出番は修論やドク論の最終的指導のみでした。あまりに院生が多すぎて教員だけでは指導の手が回らない苦肉の策とも言えました。私は山田教授の勧めもあって麦谷泰雄助教授の指導のもとで耳石の日周輪の形成機構を大学院での研究テーマに選びました。この当時は五年間の博士課程で学位を取得して修了する院生はほとんどおらず、いわゆる年限内に学位を取得できないオーバードクターが普通でした。とりわけ野外でのフィールドワークを手法とする生態学の研究テーマを選んだ大学院生は、季節性のある北国の生物の特性からも、一年一サイクルの研究に陥りがちでした。生態の未知な生物やフィールドを対象にする場合はなおさらで、最初の一年を棒にふることもざらでした。私は研究室の先輩からこのような苦い経験と教訓を常々言い聞かされていたため、研究材料には大型熱帯魚のティラピアを選んだのです。この魚は飼育が容易で実験材料となる稚魚を一回の産卵で数百個体も得ることができました。通年にわたって産卵を誘導し多数の実験を組むことができました。基本的な研究方法は耳石の年輪を研究していた麦谷助教授の先行研究が大いに役立ち、国内外を問わず先人の研究と論文から実験研究の戦略を参考にし、最新の生理学手法を学ぶため北大医学部に勤務する先輩の紹介で医局に潜り込んで高価な機器や試薬を使用した実験をさせてもらいました。実験データが出るたびに研究室の先輩らと議論を交わしたものです。それらが幸いして六年目で博士の学位を取得できましたが、課程博士の研究では将来的にライフワークになるような大きな研究課題を意識しながら、大学院やその後の職務環境にふさわしい具体的目標をもつこと、その達成のためには慎重に研究材料と方法、そして何より適切なフィールドを選択することの重要性を痛感しました。

2　研究指導改善三条件

この当時の水産学研究科の大学院生に対する研究指導には教員による格差が大きく、毎週のように点検指導する教員もいれば、放ったらかしのままという教員もおり、「函館山の放牧場」と揶揄されていました。その対策として山根重孝氏、渡邊良朗氏をはじめとする先輩院生らは熱心に院協活動を推進していて、教授会代表との団体交渉の末に、指導教員と大学院生との間で「研究テーマの三条件」の確認を取り交わす「申し合わせ」を確立していました。この効果は絶大で、①その研究テーマの学術的意義が学会等で認められていること、②研究テーマの方法がある程度確立していること、③研究テーマの発展性が期待できることの三点に絞った先進的な内容でした。とりわけ③の発展性については苦い教訓事例が多々あったのです。どの学科でも修士の修了段階で研究が行き詰まり、博士でテーマ変更と再出発を強いられる大学院生がいて、教員側の指導のあり方が鋭く問われていました。私の場合にも修士一年当初に指導教員の麦谷助教授から示唆された研究テーマについて研究計画を立案し、研究室ゼミの場でスタッフ全員の吟味を受けてこれら三条件を満たしていることの確認が行なわれました。

研究費の使途についても当時はかなり踏み込んだ民主的な配分方法がとられていました。研究室の教員と院生による「予算会議」を年に数回開催して、博士の大学院生が交代で司会を務めながら、指導教員らが獲得した研究費の残額、補助金や特別設備費などすべての予算残額をオープンにして、学位取得を目前に控える大学院生の研究に重点配分したり、研究の将来的発展に資するような新機器の購入や既存設備の更新や修理など、研究室運営に直結する重要決定が院生も参加してなされていました。そのような意味で大学院生は単なる教員の「戦力」ではなく、自立した研究スタッフとして扱われていました。院生の側も自ら研究者かつ研究指導者としての力量を形成しようという自覚があり、大学院生と教員との間には対等な人間関係が保持されていました。当時の清水幹博助手、後藤晃助手などは、学生や院生が自分を「先生」と呼ぶのを嫌って「自分を先生と呼ぶな。さん付けで呼びなさい」としばしば言っていました。

3 院協活動と団交の成果

私どもの時代の院協活動を振り返ると、役員幹事会がほぼ毎週のように昼休みなどを利用して行われていました。活動はけっこう忙しく、毎年度始めに院生アンケートを実施して、学習、研究、生活に関わる取り組むべき課題を探索し、いくつかの要求事項を団交議題として取りまとめ、あらかじめ学部長、評議員、専攻長らとの予備折衝を経たうえで団交に臨んでいました。私が大学評議員の教授と席を並べて団交議長を務めた経験はその後の組合活動などで大いに役立つことになりましたが、ともかくガチガチに緊張したものです。団交の場で幾度となく交渉相手になった当時の学部長は秋場稔教授でした。その秋場先生が私の学位論文の口頭発表審査の直前、わざわざ隣席に座ってくれて緊張する私に「自信をもって発表しなさい」と檄を飛ばしてくださったことが忘れられない思い出です。

当時は二年ごとに実施される学部長選挙での立候補者に院生協議会として公開質問状を出し、その回答結果をもとに院生による信任投票を行なってその結果を選挙前に公表していました。私が所属する研究室の山田教授が学部長候補になった際には、大学院生の総意で「不信任」の結果を突きつけたことがあり、気まずい思いをした記憶があります。水産学部では大学院生が学部長選挙の結果に影響を与えているとの理由からも、当時の学部長は文部大臣から「学部長事務取扱」との差別的な職名で任命されていましたので、のちに大学院生による信任投票結果の公表は選挙後に行われるよう譲歩することになったと思います。

私の大学院生時代の院協活動の大きな成果として記憶に残るのは、従来は大学院生の論文コピー代は実費負担であったものを、たぶん年間一五〇枚まで校費負担にする要求を実現させたことです。これも記憶が定かではありませんが、私が修士二年の頃に大学講師謝金にかなりの残額があることを院協メンバーが事務職員から聞きつけ、団交の末に大学院生が希望する講師を招聘した特別講義を「科学ゼミナール」として実現させました。毎年五〇万円近い予算を確保して四ないし五件の特別講義を開催していましたが、講師の招聘依頼から出迎え、接待、会場準備、司会、慰労会、見送りまでの実務を大学院生が担っていました。とくに講演終了後の慰労会では必ず深夜までの酒宴となり、講師の研究余話で大いに盛り上がって今日の私たちの血肉となりました。私も数名の講師に依頼状をしたためた記憶がありますが、日本学術会議の会員になるような著名研究者は普通の大学教員が依頼しても大概は断られるのが常でしたが、大学院生からの度重なる講演依頼となれば案外引き受けてもらえました。学部長の秋場教授から「君たちは有名どころの研究者を毎年呼んでいるようだが、いったいどうやっているのかね」と尋ねられたこともあったほどですが、どうやら若さと粘り強さが優ったということのようです。

4　科学ゼミナールの開催

記録が手元にないため、正確な年度は不明ですが、私の記憶に残る科学ゼミナールの招聘研究者名とおもな内容を挙げますと、北大教員では田中一教授が二回それぞれ違ったテーマで講演しています。一回は日本の理論物理学研究の歴史で、とくに研究に没頭し考え事をしながら野球場を一直線に横切って学食を往復し、いわずもがな野球部が練習を中断したという京大時代の朝永振一郎先生の逸話が忘れられません。もう一回は田中教授の十八番である『研究過程論』の講義でした。その内容は私が退職まで勤務した北海道教育大学での学生研究指導の参考になりました。さらに北大の宮原将平教授は実験物理学の大家でしたが、北大イールズ事件の生き証人として大学民主化の闘いの歩み、岩崎允胤教授との共著である認識論哲学の大著『科学的認識の理論』執筆のいきさつなど、多彩な内容の講演であったと記憶しています。そのほかに団体研究法を提唱した井尻正二氏の新版『科学論』をテキストとして事前学習会を行って、何度か断られた末に井尻氏の招聘に成功しました。空港の出迎え車の中で矢継ぎ早に質問されて答えに窮する場面もあったものの、当時はまだ残っていた青函連絡船桟橋でお見送りした記憶があります。立命館大学の安斎育郎教授は当時から「自主・民主・公開の三原則」が反故にされ問題視されていた原子力平和利用の問題を取り上げ、東大原子力学科第1期生としての経験から、原子力技術は失敗が許されない工学として未熟さと欠陥をもつこと、放射線被曝による生物学的影響に閾値が存在しないことなど、軽水炉技術の脆弱性と放射線影響評価の根本問題に迫るもので、今日の福島第一原発の過酷事故を予見するものでした。伊藤嘉昭氏の講演では、沖縄の害虫ウリミバエの不妊虫による駆除に成功するまでの研究過程と事業化までの苦労話しが聞けました。当時は生態学に数学を応用することへの批判や懐疑論が強く、学会での関心が薄くて予算獲得に苦労したことが印象的でした。フィールド科学においても実証的な基礎研究とその裏付けとなる理論研究の重要性を深く認識させられました。新潟大学教授で地団研の重鎮である藤田至則氏の講義では団体研究の成果である野尻湖発掘調査の報告から集団的に研究を進めるユニークな地団研の方法論とともに、学生や市民を巻き込んだ科学研究の楽しさを感じ取ることができました。今日の「市民の科学」

の源流となる画期的な研究運動だったと言えます。

特別講義の名称は「科学ゼミナール」とは言っても、テーマは院生アンケートで若手研究者の血肉となるような幅広い学問分野から講師を募って人選していました。哲学では名古屋大学の真下信一名誉教授による『学問と人生』についての講義が印象的で、戦前に命がけで学問の自由を守る闘いにのぞんだ生き証人の言葉が私のその後の人生を一八〇度転換しました。いまも真下先生に署名してもらった文庫の書籍が私の書棚にあり、函館空港でお見送りした際に先輩の渡邊良朗さんと記念撮影した写真とともに私の一生の宝物になっています。

もう一つ私の大学院修了後の進路に決定的な影響を与えた科学ゼミナール講演がありました。講師は『大学自治の歴史』の著者である伊ヶ崎暁生先生で、とても印象の深い講演でした。いまもその内容を鮮明に思い出すことができます。伊ヶ崎先生は聴衆である私たちの大部分が理系の人間とみて、最初にホワイトボードに二本の折れ線グラフを大書きしました。上の方が明治期以来一九八〇年代当時までの二〇歳未満の青少年による犯罪総数の統計値で、激しい増減がみられました。とくに大正末期の自由民権運動、太平洋戦争敗戦後、八〇年代の高度経済成長期に大きく増加していて明らかに社会的混乱の影響を受けていました。下方のグラフはこれら青少年犯罪のうちとくに重大な犯罪の件数の統計値ですが、犯罪総数に比べて極めて少数で社会的混乱の影響はほとんど受けていませんでした。先生はこれら二本のグラフの比較から何が読み取れるかを私たちに問いかけました。私には直感的にそれが青少年、若者は本来的に善良であり、生育環境としての社会環境こそが人生を決定づけるものだと解釈しました。さらに先生は「社会環境の悪化が青少年犯罪を増加させるとしても、それを引き下げる力は何なのか、誰がそのような仕事をしているのか?」と問いました。それこそが社会環境の改善に取り組む大人たちの努力の賜物であり、教師がその任務の先頭に立っていることは明らかでした。私はその当時高校教員を目指して受験勉強を始めていましたから、伊ヶ崎講演は教育への進路に向けて私の肩を押してくれました。教育を人生の職務とするからには、何よりもまず教育現場の実態を知ることが最優先課題でした。私には教員となる道への迷いはもうありませんでした。

5　さいごに

私の母校である水産学部はいまも健在であり、同門の後輩がいま学部長、研究科長をつとめています。大学組織としての形態や名称は一九八〇年代当時から大きく変化していますが、学生の気質はいまもあまり変わっていないようです。しかしながら、二〇二〇年から三年余り続いた新型コロナ感染症は学生生活に重大な影響を及ぼしました。コロナ禍の影響はいまのところ一段落しましたが、この三年間における函館の大学生の生活は本当に苦難に満ちたものでした。北大をはじめ国公立大学は授業料が比較的安いため、経済的に恵まれない家庭出身の学生が少なくありません。六五歳の退職まで私が勤務した北海道教育大学も例外ではなく、学生の一～二割は仕送りゼロと聞いています。そのような彼らの多くは生活費の大半をアルバイトで賄っています。函館のおもな学生アルバイト先は宿泊、飲食業などの観光関連産業であり、コロナ禍以前から大学生は地元産業の重要な労働の担い手になっていました。それがコロナ禍で観光産業が壊滅状態に陥ったわけですから、アルバイトの失業は悲惨な結果をもたらしました。二〇〇〇年の五月に私は三食をカップ麺でしのぐ寮生の存在を知り、大きなショックを受けました。地元企業やフードバンクとの連携プロジェクトを起こし、市民にも食糧の寄付を募って食糧配給イベントを二〇〇〇年一一月から二〇二三年五月までに一〇回開催し、のべ二〇〇〇名以上の学生に食糧を無償で提供してきました。たまたま私は函館で生まれ育って、地元の大学で高等教育を修了できました。そして科学ゼミナールでは日本の最高水準の講師たちから直接指導を受ける幸運にも恵まれました。そのご恩を現在の学生諸君に報いることで今更ながら少しはお返しできたのではないかと思っています。

（二〇二三年六月）

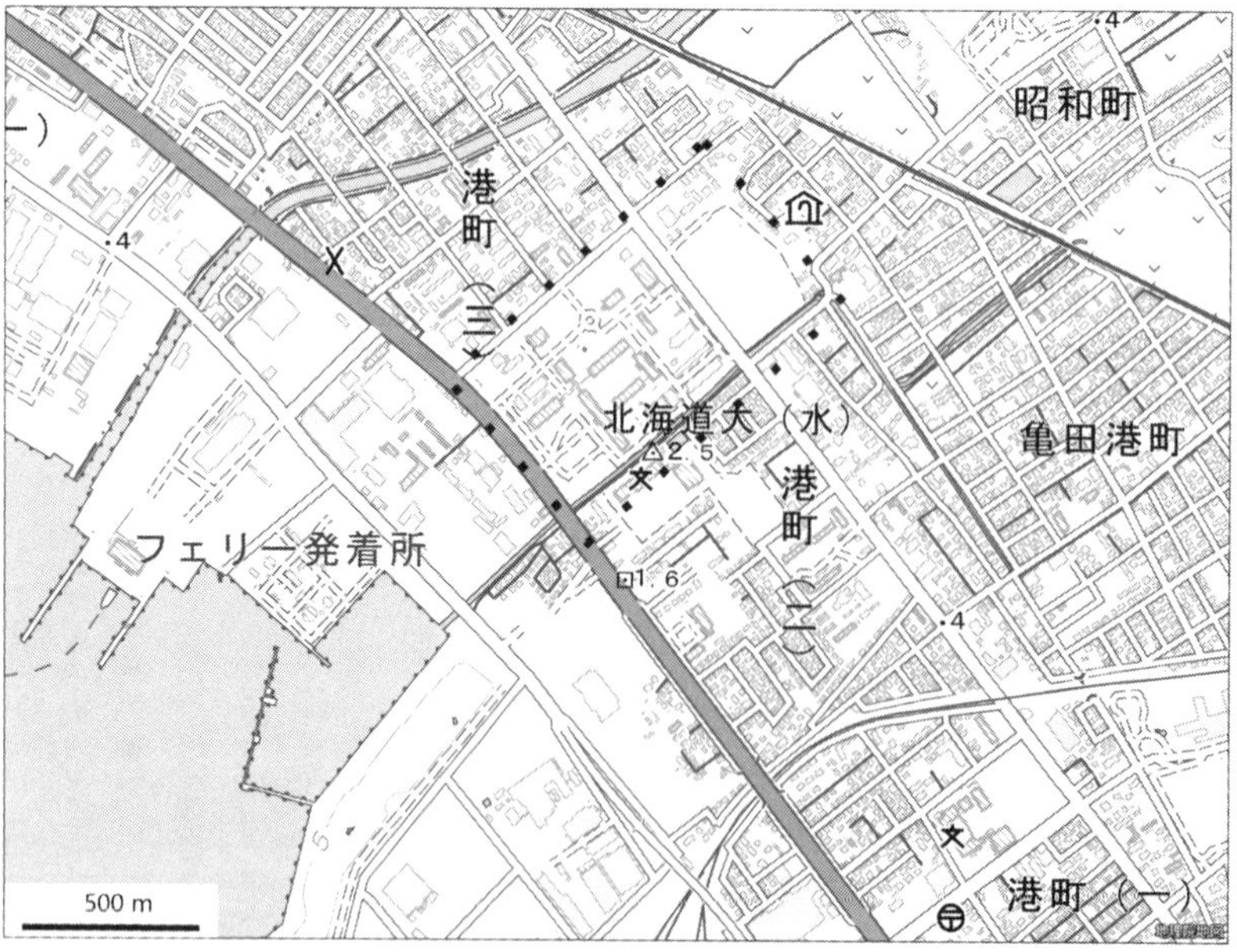

北大水産学部キャンパス（函館市港町3-1-1：点線内）―電子国土Web使用―

私の大学院生時代（一九七六年四月〜一九八四年三月＋一年）

山﨑　誠

私は、一九七一年四月に、一浪して北海道大学水産類に入学しました。出身高校の二年先輩の縁で、札幌では「農村セツルメントどんぐり会」に籍を置きながら、教養部にはまじめに、中島公園近くの下宿から毎日すすき野を経由して、歩いて通いました。七二年一〇月に函館（水産学部）に移動。二〇〇人くらいの同期生の中で、三〇番の成績でしたので、すんなり希望の増殖学科に属しました（この当時、増殖・食品・化学・漁業の四つの学科がありました。高校時代に進路を考えるきっかけがありました。アフリカのビアフラというところで、餓死者が二〇〇万人。戦争が原因ではあったのですが、食糧の増産を意識するようになり、日本なら魚を増やす知識や技術と考えました）。三学年の終わりには四学年の一年間を過ごす講座への移行の話し合いがクラスであり、当時の発生学遺伝学講座に籍を置きました（四〇人の増殖学科生が七つの講座に分かれて所属。ほぼみんなで希望を出し合って、移行できたと思います。当時、助教授の浜田啓吉先生の講義というか、人柄が面白く、その講座を希望しました）。この当時、オイルショックで、三学年の終わりまでに就職の内定をもらっていた同期生が内定取り消しの憂き目にあう（就職難を悲観して？自殺した学生も出ました）など、将来を検討する時期に、「なんとなくもう少し大学にいたい」と考え、大学院を希望する仲間が身近に何人もいましたので、私も受験しました。一年間講座で過ごすうちに、隣の鹹水増殖学講座の修士論文の発表会を聞く機会があり、その内容に触発されて、こんな研究をしてみたいと、目標を決めました。元の講座には、たくさんの院生がおり、講座のゼミや「チャールズ会」という理論生態学などを学ぶサークルで、学問の面白さを知ったように思います。

大学院も一浪して（当時の水産学部には「研究生」という制度があり、わずかな授業料で講座に在籍することができました、授業料はなかったかな?-）、七六年の四月から修士課程（のちの大学院博士課程前期）を始めました（就職難もあったのでしょう、四つの専攻で三四人が大学院に進学しました）。「チャールズ会」での先輩院生（増殖学研究科の三つくらいの講座から参加があった）からいろいろな刺激を受け、今思うと、一九七〇年代初頭の学部内での若手研究者を中心にした〝学問とは何ぞや〟とか、〝水産学研究はどうあるべきか〟といったことを議論する雰囲気の高揚期の延長線上にあったようで、先輩の院生たちから考え方から生き方まで、質されたように思います。

私生活では、函館での学生時代にサークル（「山の子セツルメント」といい、市内の大学や専門学校に根を張っていました）で知り合った女性と修士一年の直前に結婚し、その冬には長男を授かりました（配偶者は看護職で、私は奨学金と家庭教師が収入源）。翌年だったでしょうか？新自由クラブという政党が躍進した折、その政党の政策の影響で奨学金の貸与額が跳ね上がったことを覚えています。修士課程の二年間を無事に終え、博士課程に順調に進みましたが、博士課程一年目の夏には長女を授かりました。経済的には配偶者に依存し、函館市の女性職員が配偶者を扶養する点では、いろいろ苦労がありましたが、頑張ってくれました。院生にとっては3つの乗り越えなければならない課題があると誰かから言われ、学位・就職・結婚をどの順番に手にするか、人それぞれですが、結婚が一番最初になりました（学位は足の裏についた飯粒のようなもので、「取っても食えない」時代でした）。

水産学研究科は「函館山の放牧場のようなもの」で、全く院生を教育しない、ほったらかしで、指導も無いなどと、先輩の院生たちは、研究科との団体交渉で教授連中に詰め寄っていた印象が記憶に残っています。確かに、私の大学院時代、講義を受けた記憶はほとんど全くありませんでした。私は、青森県の陸奥湾をフィールドに、甲殻類のシャコの生態解明を研究対象にしていました。指導教官は、ウニの生産生態学で学位を取っていましたので、私もシャコの生物生産を明らかにすることを目標に、修士の時代には毎月青函連絡船に乗り、青森市内の漁師に厄介になりながら（指導教官の伝手で、青森市の漁協の関係者のお世話になりました。）、フィールド調査を行いました（この交通費や宿泊代の代わりの手土産代などは講座から出してくれました。傭船料や船に特別に取り付けてもらった資材代など、ある年には一〇〇万円近い費用が掛かった時もあったと思いますが、講座でいろいろ工夫して支払ってくれました）。深夜の連絡船で四時間かけ青森に行き、朝五時過ぎに船を出し、刺網を差してもらい、一晩明けて網を上げ、採れたシャコを持ち帰ることを繰り返しました。修士では繁殖生態を調べ、博士では周年飼育に挑戦し、生かして持ち帰ったシャコを南茅部にある高校の水槽センターを借りて飼育し、生物生産に関わるデータを取り、学位論文としました。飼育実験は冬の寒さの影響か、失敗を繰り返し、三年近く掛かりましたので、論文の提出が遅れ、オーバードクター三年でも書き上げられず、再度研究生生活を一年、就職して一年目に論文を提出し、課程博士として修了できました。函館最後の二年くらいは就職活動を意識し、半年近く、午前中を図書館での公務員の試験勉強に費やし、一回で七月の試験に合格し、就職出来ました。講座在籍中は、助手の空きや私大の教員募集もありましたが応募せず、最後の崖っぷちに立たされてから、何とか奮起して試験勉強に集中しました。私に続いて何人も、ドクターコースの院生が公務員試験を受け、水産庁研究所に入ってきましたので、私のような、箸にも棒にもかからない者が受かったことが影響しているのかなと思ったものです。当時の奨学金は貸与制で、研究職・教育職に就くと免除される制度で、就職後二〇年、五三才で返還猶予が終了し、三〇〇万円を超えた奨学金は返さずに済みました。

水産学研究科の院生全員で構成する院生協議会は、院生の生活条件や研究条件の改善に取り組み、院生を講座の中に閉じ込めておかない活動にいろいろ取り組んでいました。一年を均してみて、どんな取り組みだったかは筆頭著者大泉徹さんの第Ⅱ部1の稿に譲りますが、老いてなお大学院経験者が共通に記憶している一番は、「科学ゼミナール」の取り組み、二番はソフトボール大会でしょう。

記憶にある講師名（順不同）：伊藤嘉昭（行動生態学）、宗川吉汪（生化学）、井尻正二（地質学、地団研）、藤田至則（地質学、地団研）、河井智康（海洋学）、村上陽一郎（科学史）、田中一（物理学）、真下信一（哲学）

四〇年近くを振り返ると、今ある私のほとんどすべての基礎がこの時期にあったように思います。自分の将来を決める専門知識とそれを身に着ける方法や全人格的な生き方・考え方、人との交流やその方法、生活基盤の構築など。もちろん、その後の研究職生活でもたくさんのことを学びましたが、私の場合は大学院生活が九年と最長に近い年月でしたので特殊な面があるでしょうが、この時期の重要性は今の若い方々にも変わらないものがあると思います。

水院協の活動状況（1983年度）

水産学課院生協議会

前期はソフトボール大会を行うなど、院生間の交流・親睦を深めることができました。また、代議員会前には代議員の選出母体（同一学年・専攻が母体）での討論を通じて指導や研究条件などに関する要求について卒直な意見交換を行ってきました。

その中で重点課題については、まず研究改善費（院生1人当り1.8万円を教官と話しあって研究費の自己負担解消に使うことができる制度）の増額はなりませんでしたが、各講座における使用の実態が明らかになりました。次に科学ゼミナール講師謝金は、学部から満額で要求されましたが、約7割(42.83万円）の配分となりました。講師と演題は別記の通りです。また、特論・特別講義について各院生から様々な要求（パソコン講習会；生物統計学の講義他）が出され、今後の論議の材料となりました。研究科委員会から、委員会メンバーの構成・学位審査制度についての審議状況が説明され、院生内で話しあうためにこれまでの経過をまとめるとともに、指導の実態調査にとりかかりました。その他の成果として、研究棟・実験棟に階段スロープが設置されキャリーの移動がスムーズにできるようになった点、また臼尻臨海実験所の改築について院生の希望が伝えられ、工事が始められた点があります。さいごに、院協活動の改革のひとつとして、代議員会前の母体討論を重視すること、および代議員会と総会の間隔を2週間とりスケジュールをゆるやかにしてきました。

北大院協　研究交流誌　’83より

2　文系研究科

一九七〇年代後半の北海道大学教育学研究科・院生協議会と私

羽田貴史

1　学部から大学院へ

私が北大（文類）に進学したのは一九七一年、教育学部への移行は一九七二年の秋で大学院進学は一九七五年であった。北大に入学しては見たものの、教養部は、講義の中で定型化された知識ばかりで、まじめに出て優をとったのは、心理学と日本国憲法だけで、成績は「寮歌集」（良と可だけ）、特に勉強したい学部はなく、移行先は教育学部になってしまった。もっとも、中学校入学以後、試験やテストの成績に縛られる学校生活に嫌気がさし、今は古い言葉だろうが「受験体制」への反発と、それが何なのか、そして真に学んでみたかったこともあり、恵迪寮の時には戦後教育研究会を作って勉強していたから、希望ではないということもない。高校時代にはやったフォークソングに、高石ともや「受験生ブルース」（一九六八年）があるが、同世代の気分を象徴するものだったろう。

所属した教育行政ゼミは、五十嵐顕・伊ケ崎暁生『戦後教育の歴史』（一九七〇年）をテキストにし、自分の関心とフィットしたので猛烈に勉強し、同級生の西本肇君（のち教育学部助手・助教授、二〇〇二年逝去）と競い合って一時間半ぐらいの長大な報告を行い、ゼミ教官の小出達夫先生（当時助手）が保育園に子どもを迎えに行くので終了がお決まりであった。

大学院進学は、決めたというより結果的に決まったもので、積極的には、紛争が終わったとはいえ、大学とは何か、大学自治とは何かを論じる雰囲気が残っていたこと、二年先輩で紛争時の活動家であった阿部政則さん（一九七五年夭折）や滝本なや子さん（のち弁護士）からの刺激、一九七二年北大事件（山下君逮捕事件）の事務局を務め、大学自治への関心があったこと、卒業論文で東京大学の自治制度の成立を調べ、資料を読み歴史を書くことの知的喜びを実感したことなどがある。

消極的には、卒業して働く自信がなかったこと、四年生になっても就職のための準備をせず、唯一労働基準監督官の試験を受けたが不合格で、消去法で大学院進学となってしまった。実家は私が大学三年生の時に父が退職、細々と保険代理店をやっていたが、仕送りは期待もできず、学部の四年間も授業料月千円、恵迪寮・北学寮と寮生活、育英会特別奨学金月一万円と、貧乏学生を救う三点セットと月数回のアルバイトで過ごした。母とすれば、就職して安定してほしかったろう。四年生の秋に大学院進学したいと母に告げた時に、母の肩が落ちたのが、今でも申し訳ない。

2　大学院入学と先輩・同輩のこと

(1)　大学院に進学する

教育制度の指導教官は、憲法学が専門で、当時勃興していた国民の教育権論や学問の自由論の研究を進められていた山崎真秀先生、東ドイツの教育を研究されていた小出達夫両先生、当時は、教育法学の拡大期で、内沢達さん（6年先輩、のち鹿児島大学教養部）は教育財政制度、古野博明さん（6年先輩、のち北海道教育大学旭川校）は教育委員会制度をそれぞれテーマに取り組んでおり、同じく大学院に進学した西本君は、学校制度基準に関心があった。私は、大学自治では食っていけそうもないから、ゼミの共同研究の戦後教育立法研究で、教育公務員特例法を担当はしていたが、研究テーマは大学自治研究だと思い込んでいた。研究科では、教育史の武田晃二さん（7年先輩、のち岩手大学教育学部）、新田和幸さん（6年先輩、のち北海道教育大学岩見沢校）、所伸一さん（3年先輩、のち北大教育学部）、臨床心理の菅原正和さん（5年先輩、のち岩手大学教育学部）、北守昭さん（2年先輩、のちEWS北海道感性科学研究所）、教授学の梅津勝さん（3年先輩、のち帯広畜産大学）、寺岡英男さん（3年先輩、のち福井大学教育学部）、教育社会学の木本喜美子さん（2年先輩、のち一橋大学）、社会教育の木村純さん（2年先輩、のち北大教育学部）、発達心理学の佐藤公治さん（2年先輩、のち北大教育学部）、同級生には発達心理学の氏家達夫君（のち名古屋大学、一時期福島大学で同僚であった）、社会教育の千葉悦子さん（のち福島大学、一時期福島大学で同僚であった）、西本君、倉賀野志郎君（のち北海道教育大学釧路校）、後輩には教育史の桑原清君（のち北海道教育大学岩見沢校）、社会教育の柳田泰典君（のち長崎大学教育学部）、藤田昇治君（のち弘前大学）、教育社会学の藤井史朗君（のち静岡大学教育学部）、教授学の大田邦郎君（のち千葉大学教育学部）、産業教育の永田萬享君（のち福岡教育大学）などの諸氏が在学していた。夜九時まで研究室にこもって勉強したあと、連れ立って有名な「おみっちゃん」で梅割り焼酎と大きなホッケをつついて、気炎を上げたことは懐かしい思い出である。金もなく将来は不安に満ちていたが、若さとは不思議なものである。研究の進展には直結しなかったが、院生協議会というより院生集団のいろいろな行事、夏の学校や勉強会などは、孤立化しがちな大学院生活での救いの一つであった。研究グループ制が稼働しだすと、院生はそれぞれ研究スタイルのことなるグループで学習と研究に包摂されることになり、教官の指導との軋轢などで悩まされる院生もいた。指導教官の方法論に疑問を呈する修士論文を書いた院生は、はた目から見てもよく勉強できていたと思うが、博士進学で落とされ、失意のうちに退学した。先輩院生は、「スターリニズムが残っている」と悲痛な表情で漏らしていた。政治的に左派であることと、研究指導上リベラルであることは必ずしも一致しない。社会教育研究室などは、教官の人柄もあって、人間関係もよく、院生も楽しそうであった。我が教育行政研究室は、教官の人柄もあって、自由放任主義の見本のようなものであった。生理的に師を奉ることのできない私には、よくマッチしていた。研究室の論理に縛られる院生にとって横のつながりは、自分を解放する上で重要であった。

(2) 混迷する院生生活

とはいうものの、具体的な研究計画は不明で、先輩たちから研究テーマを変えろ、就職できないと言われる。大学研究をテーマに合格したのだから、あくまでもこだわったが、研究には意地も大事だが、実力がなくては進まない。指導教員のお二人は、テーマには寛容であったが、実質指導はなく、山崎先生から、勝田守一氏の学問の自由論は大事ですと言われ、早速読んでみたが、手ごたえがなかった。指導に不満を漏らすと大先輩からは、「大学院生は『自立した研究者』なのだから指導を求めるほうがおかしい」と言われ、そんなものかとも思う。教育史の逸見勝亮先生(当時助手、のち教授・学部長・副学長・理事)から「捨て石になればいい」と言われたのが唯一の励ましであった。

要は研究の方法やスタイルが身についていなかったことにつきるのだが、大学研究が成熟しておらず、数少ない本州の研究者とも隔絶し、研究環境としては最悪であった。寺崎昌男『日本における大学自治制度の成立』(一九七九年)、ホフスタッター『学問の自由の歴史』(訳、一九八〇年)、高柳信一『学問の自由』(一九八三年)、ランドマーク的な研究がまだ存在していなかった。まったく、何もないのに、願望だけでは研究できない。研究するアプローチがみつからず、呻吟する。比較・教育史研究室でも進行状況を心配してか、ゼミで発表をさせられたが、紛争後の大学改革案を自分の視点でまとめたレポート程度のもので、自分でもできが悪かった。報告を聞いた上杉重二郎教授(神権君主説の上杉慎吉の次男、ドイツ労働運動史研究の泰斗)が「私たちには指導責任はないが……」とやんわりコメントし、竹田正直助教授(ユーラシア教育史)が、「ないことはないでしょう」などとやり取りしているのを、針の筵に座っているような気持で聞いていたのを思い出す。出来の悪い院生ではあったが、他大学で聞くような叱責もなく、寛容であったと思う。後日のことだが、就職後初めて教育史学会で発表した時に、分野が違っているのに会場の後ろで竹田先生が心配そうに聞いていたのを思い出す。学生は、気にかけてもらっているだけで、何かが心の中に残るものだ。

そもそも自分は何をしているのだろう、といろいろな本を読んでいるうちに、渡辺洋三『法社会学と法解釈学』（一九五九年）を読み、教育法研究は実践学であり、認識の科学ではないとわかってやめることにした。前から、憲法論を勉強すると、多数説・少数説、公権解釈といった用語が出て、なぜ多数説なのか、多数であることと正しいこととの区別がわからなかったのである。また、寺崎昌男先生(当時立教大学教授）の集中講義がもたれ、数々の史料を読み解き、関係性を明らかにしていく講義に、「推理小説のようだ」と感心し、歴史の面白さを実感し、歴史研究をすることにし、自ら留年を申し出た。財政史をテーマにすると決めたのはいつごろかわからないが、大学自治や学問の自由について考えているうちに、自分の思考が規範主義的、理念的になっていることに気づき、客観的な事実で人間の価値観によって決定されないものを対象とすべきだと強く思ったことは覚えている。

修士三年目は奨学金が出ないが、逸見先生から国立公文書館が大学財政関係の史料を公開していると教えられ、院生への研究援助金をもとに一六日間東京で資料収集に励み、『公文類聚』の官立学校図書館会計法の起草過程の文書を入手した。この時は、東京大学の豊島寮に泊まった。当時、学生寮は他大学の寮生にも安く宿泊させており、食事も出たように思う。それをもとに、半年で修士論文を書いた。奨学金もないから、週二〇時間（時間給千円）の塾講師だけで食っており、研究時間も限られ、大量の史料をどう読みこなしたのか不思議だが、スポンジが水を吸収するように文献を読み、帝国大学特別会計制度の成立過程と法制度の構造を書いた。四〇〇字原稿用紙三一〇枚という「大作」で、締め切り前に先輩院生総動員で清書してもらった。

修士課程を終えてしまうと、就職するというのは選択肢に上がらなかった。

幸いにも試験も突破して博士課程に進学し、奨学金もまた当たることができた。「博士一年の谷」という言葉がささやかれており、修士論文を書き終えてエネルギーを使い果たしてしまうことを指しているが、私の場合は、そもそもエネルギーを使っていないので、果てるはずがなく、自分なりに計画を立て、初期議会の帝国大学予算論争に注目し、「初期議会における帝国大学財政」『北海道大学教育学部紀要』三三（一九七九年三月）を執筆した。書き始めたのは前年の秋ごろだが、『日本における大学自治制度の成立』が出版され、その一章に帝国議会での帝国大学批判を扱っていた。問題関心がずれていないことに安心する。

論文が出てからまもなく、福島大学教育学部日本教育史ポスト（助手）に応募し、幸運にも採用される。いったん行われた人事が不調になった後の再公募で、有力な候補者が第一回の人事で出尽くしたという事情はあったにせよ、学部紀要論文一つで採用など幸運の極みである。大学財政や戦後教育改革というスポット的な勉強しかしていなかったので、授業への不安一杯であったが、逸見先生から、「教員になることと教員であることは別だ」と言われ、安心する。博士課程二年生の九月に退学し、北海道を離れた。青春が終わった、と内心感じたが、新しい職場で、苦闘はまだまだ続いた。

（3）院生協議会と有島寮のこと

院生生活は四年半で、満期にもならずに就職できるという幸運に恵まれたが、その四年半は、七二年北大事件の事務局（学部三年から修士二年の九月まで三年余）、全学院生協議会幹事（全国理事）・議長（博士一年の一九七八年度後期）、院生寮有島寮寮長（時期は記憶にない）をこなしていた。しかも、恵迪寮では冬スチーム暖房だったため居室の空気が乾燥し、もともと喉が弱いため、二年生から毎月といってよいほど喉が肥大・化膿して数日高熱を発して寝込む習慣病（習慣性アンギーナ）になっていた。化膿すると抗生物質を服用しないと治らないので保健管理センターに毎月のように通い、学部の時に学用患者として喉を焼く手術を受けたが、元通りで、博士課程に進学してから扁桃腺摘出手術を受けてようやく治まった。入院の時には、よく腎臓病にならなかったと驚かれ、就職が決まったときに健康診断書をもらいに保健管理センターに行ったときには、顔なじみの医師から、「君が就職か」と感慨深い感想を頂いた。

あまりの多忙さから、院協議長の時に何をしていたかは、ほとんど記憶がない。ただ、紛争を経て自主的な活動全般が停滞していったのと、学生部と交渉しても院生の要求の具体的根拠や獲得目標が曖昧で困った。指導教官であった山﨑真秀助教授（当時、学生の地位・権利に関する北大事件での証言者）から研究室に呼ばれ、「学寮小委員になり、学生の要求も委員会で議論になったが、学生にとって寮は重要なので力になりたいが、学生の新寮建設要求は一般的過ぎて何をして欲しいか、わからない。現在の形態のまま新寮建設は不可能です」という趣旨のことを言われた記憶がある。リベラルで学生に理解のある山﨑教官にしても、学生の要求には無理があると指摘していた。これでは学内で支持されるはずがない。もっとリアルなデータを集積して要求を立てるべきと痛感し、かつての大学院白書づくりのような運動が必要と問題提起したことがあるが、力量不足と、運動全体の停滞のもとで何も具体化はできなかった。

寮長の時（たぶん）、一九七七年六月に、前年学生部がまとめた「学寮問題中間報告」に沿って新寮建設されたら院生はどうするかという提起があり、一〇月には有江幹男学生部長から話し合いの申し入れがあった。寮には寮問題に詳しい平塚治男先輩（触媒研）もおり、北大寮連とも連携し、私たちは、七二年合意書の実現や定員の拡充を主張し交渉したが、認められることもなく、結局、八〇年の一一月に大学の責任での建て替えが決定された（この経緯は、有島寮寮誌編纂委員会『北海道大学大学院有島寮閉寮記念誌　白樺』一九八三年、に詳しい）。

廃止になりはしたものの、恵迪・北学・有島の三つの寮は、金もなく成績もよくなかった私にとって救いであり、寮があったおかげで生き延びたというほかない。院生寮を作ってくれた先輩たちの運動と大学当局には感謝である。入寮時の先輩には、田沢純一さん（地鉱、酒癖が少し……）、新橋登さん（農学、豪快な日本男児で、私が解熱用の座薬を冷蔵庫に入れておいて、見つからず探していると、「あれは油だと思って野菜炒めに使ったよ」とまじめな顔で教えてくれた。世界で座薬を使った料理をした唯一の人である）。平塚治男さん（料理好きで私も料理が好きだったので二人して有島寮のコンパの料理の水準を引き上げた）、坂本洋和さん（地物、苦み走ったイケメンで寮生にもかかわらずモテていた）、石信一さん（化学、生真面目な印象がある）、赤羽久忠さん（地鉱、酒好き人好きの先輩で、一升瓶を餌に予備校のアルバイトの採点を良く手伝わされた）、浅田洋さん（化学、婚約者もいるのになぜか寮暮らし、緻密な研究の話は面白かった。私が広島大学に移動しての ち、愛媛大学に講演で呼ばれた時に再会）、伊藤太一さん（地鉱、なぜかみな「太一」と呼び捨て）、稲月恒夫さん（地鉱、理学研究科の職員と結婚し、「逆玉だ」と喜んでいた姿が記憶に残る）、佐久間純さん（工学、修士を終えてのんびりした生活がしたいのでと、道の学校事務職員試験を受け、面接まで行ったが、なぜ北大工学部の修士まで行って事務職員になるのかと詰問され、結局落ちた。活動家が潜り込むのではと警戒されたらしいが、本人は違う。気の毒であった）、同期は浜渕久志君（経済、スポーツマンで寮の野球部監督・エース）など個性たっぷりの一四人の生活。

地鉱と地物のプレートテクトニクス理論をめぐる論争など、院生が酒を飲んで集まれば、学問の話になる。耳学問でも（だからか）楽しく、大学村の中にあったから、田中一先生を招待して物理学の話を聞いたり、夏合宿で余市に出かけ、それぞれの研究発表をしたり（多くはホラ話であったような）、彼女もいないのはさみしいと将来計画委員会を設置し（要するに市内の看護婦寮との合コン）、私が委員長になって方々に声かけて実現し、結果、なんとめでたくゴールインする寮生が出た。私が学生運動で上げた唯一の業績かもしれない。就職したいずれの大学でも、全学的な管理運営で他学部の教員と一緒に仕事をする機会が多かったが、あまり抵抗感がないのは、有島寮の経験が生きていると感じる。

3　自主的大学改革と教育学部・研究科

（1）学部長選考の学生参加問題

私が学部に進学した一九七二年には、キャンパス封鎖も解除され、学部民主化のピークは過ぎていた。学部長選挙への学生・職員参加、運営協議会、学部・大学院を通じて体験した大きな問題は、学部長選考への学生参加である。一九六九年二月に学生参加で選出された砂沢喜代次教授に対して、文部省は発令せず、北大評議会や全国的な学者声明などが発令を要求した。一九七一年二月に教授会内規を改正し、教職員の推薦と学生の信任投票に基づく学部長の選考を、「尊重」して選出することにし、ようやく発令された。砂沢学部長は一年で辞任し、一九七二年三月には上杉重二郎教授が学部長に選出された。上杉学部長も一年半で辞任し、一九七三年九月から後を継いだ原正敏教授が、改選を控えた一九七五年春に、一九七一年の規定改正後も文部省から学生参加の制度見直しが歴代の学部長に伝えられていたことがわかり、全学部集会で激論になった。教授会は一九七五年六月に再度の規定改正を行い、尊重を「参考」に改正して三宅和夫教授が学部長に選考された。

ところが、三宅学部長発令時に、学生による信任投票そのものの廃止が文部省から通知（学大第四―三七号、一九七五年八月三〇日）されていた。七〇年代は、大学紛争を経て各大学で制度化された学長・学部長選考の学生参加が文部省通知や個別事例への指示で改廃されていった時期である。大学問題をテーマとする自分としても無関心ではおられず、学部生の雑誌『ぱいでぃあ』第二号（一九七六年一二月二二日）に「教特法と学部長の選出」と題する「論文」を寄稿したことがある。現在は、教育学部長選考手続きに学生の参加はなくなっている。

（2）自主的な改革の意義

運営協議会は存在していたが、学部運営や院生の学習環境に何がプラスであったか、定かではない。むしろ、学部でもゼミ室があり、日常の勉強はもちろん、阿部さんや滝本さんと一緒に司法試験の勉強をしていた法学部生の中野麻美さん（のち弁護士）と駄弁るたまり場になり、院生になってからは数人での共用だが院生室が与えられたこと、研究支援として旅費が与えられたこと、院生の紀要執筆の開放など、環境面での措置が民主化の過程で実現したことの意味が、貧乏院生の私には特に大きかった。

各研究グループの成果発表を含む研究交流会は、分野・テーマが違っても刺激であった。大学院博士課程を持つ国立大学の教員組織は、文系の場合、教授1・助教授1・助手1の定員で構成される講座制で編成されるのが基本であるが、予算や教員採用の手順などから、何らかの職階を欠いた不完全講座で発足することが多い。また、完全講座で編成されても、職階ごとの教員の年齢は同一にはなりえないので、講座によって昇進が不公平になるという問題が生じる。これを調整するために、小講座制であっても複数講座を束ねて運用したり、教授・助教授ポストを貸し借りしたりする方策が多くの大学では取られていた。これは、文部省の帳簿上の定員・現員と、大学・学部の帳簿とがずれるが、暗黙の措置として文部省も多くの場合認めていた。

ただし、それには、教員集団の質の高い合意と透明な学部運営が不可欠である。紛争前に教育行政講座の助教授であった市川昭午氏の『教育政策研究五十年　体験的研究入門』（日本図書センター、二〇一〇年、四四五頁〜四五四頁）は、学部運営の理屈に合わない不透明さについて述べている。研究グループ制への移行は、個別大学で法定された組織としての講座制を変えることはできないが、学部単位で柔軟で開かれた学部運営を目指す基礎として大きな意義があった。助手も講義を持てるようにし、学生・院生のゼミ室、研究科横断的な研究交流会などの改革は、学部・研究科の組織と運営を開けたものにした（この点は、『北大百年史部局史』一九八〇年、四〇三頁〜四一一頁に詳しい。鈴木秀一執筆）。

（3）研究グループ制というもの

研究グループ制以後、六八―六九年当時の中堅教員層をリーダーとした研究成果が七〇年代末から九〇年代にかけて続々出版された。主なものをあげると、ウェッダーバーン『イギリスにおける貧困の論理』（高山武志訳、光生館、一九七七年）、鈴木秀一『教育方法の思想と歴史』（青木書店、一九七八年）、道又健治郎編著『現代日本の鉄鋼労働問題』（北海道大学図書刊行会、一九七八年）、山田定市『地域農業と農民教育』（日本経済評論社、一九八〇年）、美土路達雄編著『現代農民教育の基礎構造』（北海道大学出版会、一九八一年）、布施鉄治編著『地域産業変動と階級・階層：炭都・夕張／労働者の生産・労働―生活史・誌』（御茶の水房、一九八二年）、布施鉄治・岩城完之・小林甫『社会科学方法論』（御茶の水書房、一九八三年）、高村泰雄編著『物理教授法の研究』（北海道大学図書刊行会、一九八七年）、山田定市編著『現代農民教育論』（あゆみ出版、一九八七年）、竹田正直『ロシア革命と民主主義教育』（共同文化社、一九九一年）、所伸一ほか編著『ペレストロイカと教育』（大月書店、一九九一年）、逸見勝亮『師範学校制度史研究―一五年戦争下の教師教育』（北海道大学図書刊行会、一九九一年）、三宅和夫『幼児の人格形成と母子関係』（東京大学出版会一九九一年）などがある。

しかし、これらのリーダー層が退職していった九〇年代からは、全国的なプレゼンスを持つ研究の発信は弱まり、研究グループ制は二〇一〇年代半ばに廃止された。研究組織編成だけがすべての要因ではないが、教育研究を持続的に推進し、後継者を育成する組織として研究グループ制が機能したのか、しうるものだったか、という問題があり、導入時の理念・目的を語るだけでは、不十分である。

教育学は、個体としての人間の成長・発達、人間が成長する諸集団と適応、教育と学習のメカニズム、さらには教育システムと維持のための教育制度・行政・財政という重層的な構造を持つ教育が対象であり、分化した個別の学問領域―教育史、教育制度・行政、教育社会学、教育心理学、臨床心理学、発達心理学、教授学―を統合し、連携した研究体制が組み立てられるべきなのである。しばしば、教育学は総合科学といわれるゆえんである。

同時に、教育は、研究の対象領域であり、独自な方法論を持たない（持つと主張する意見もある）。歴史学、行政学、社会学など個別学問の応用分野という側面もある（これを否定する意見はほとんどない）。つまり、教育学部・大学院の組織原理は、教育学の個別分野のディシプリンの習得と現実の教育を分析する統合的なアプローチを併せ持つことが必要である。研究グループ制の理念に関する文書は、後者の点に重点が置かれるが、ディシプリンの継受と再生産の重要性は明確に意識されていない。ハード・サイエンスである自然科学は、中等教育から教養教育にかけてカリキュラムが用意され、その基本構造は学部の四年間でほぼ習得可能なように構成されている。人文・社会科学の分野でも歴史学は、同じような系統的学習が用意され、経済学・政治学・法学は、中等教育の積み重ねの上に教養教育で科目が置かれ、学部移行とゼミでは細分化された個別分野の学習を経て大学院に進学してくる。

しかし、教育学の場合、教養教育での開講はごく一部であり、中等教育ではルソーなど教育思想家の一部が単なる知識として扱われるに過ぎない。学部移行と同時に、教育学の個別分野の学習が始まるが、2年程度の学習期間では、他の分野と比べて基本的なディシプリンの習得は不可能である。本来なら大学院修士課程でも、この課題は引き続くはずだが、研究グループによる研究が先行し、「院生は自立した研究者である」というテーゼが、万古不変のものとして受け止められると、指導放棄を院生集団自身が是認して基礎固めも不十分なままグループの研究活動を担うことになる。北大に進学し、OD問題が深刻な中で進学者を絞る中で大学院に進学するのだから、それなりに優秀で、教官をリーダーとする共同研究の中では力を発揮できる。しかし、それから離れたり、そのテーマ自体の賞味期限が過ぎた段階で新しい研究テーマを発見し、研究を推進する力がついているとは限らない。産業教育グループで道又健治郎教授の後を継いだ木村保茂教授は、鉄鋼調査の経験から、大学院生は調査研究に参加していても実質は分業化されたパーツに従事しているだけで「調査の全過程」を担う力が身についていないことがあると反省の弁を述べている（「鉄鋼調査『あれこれ』『日本労働社会学会年報第一三号新しい階級社会と労働者像』二〇〇二年）。自然科学分野の院生にとっては分業化された研究に参加することは当たり前で、同様な問題をはらむが、それでもディシプリンが確実に血肉化しているかどうか、という差は大きい。一九七四年六月の大学院設置基準省令化（一九七五年四月施行）は、コースワークの確立を含めて、大学院レベルの教育学の構造化をどう図るかという課題を突き付けたが、学生の目から見ていてそういうスタンスで院生集団も教員集団も発想しなかった。今思えば、グループの研究に参加することで教育学者が育てられるというメンタルモデルから脱却できなかったのだと思う。

（4）一九七〇年代の院生規定の見直し論議

「院生＝自立した研究者規定」は、私が進学した時点で先輩からの言葉にあったように当時流布していた。このテーゼは、実験分野などで実質研究者として使われながら無権利であった院生の自己規定として、一九六三年九月の全国理院生協議会代表者会議から提案され、一九六六年の全国理事会で定式化された（全国大学院生協議会全国理事会「大学院生運動の歴史とその課題」『日本の科学者』一九六九年一一月号）。しかし、一九七〇年代には、修士院生が増加する状況で、この規定が院生の実態を反映しないものとして見直しの動きが始まり、『全院協ニュース』第一六号（一九七五年一〇月六日号）から連載「大学院の森」（第三回）では、「研究者規定」と「学生規定」双方の比較考察を行っている。北大院生協議会全学幹事会もこの議論に参加し、『全院協ニュース』第一九号（一九七六年二月号）に「院生の現状と要求を反映した院生規定の検討を」と題する一文を寄稿し、「自立した研究者として成長することを強く望み、指導を受けつつ研究活動を進めている主体」との定義を提出している。この論点は、東北大学や京都大学の院生協議会からも文章が寄せられたが、特に結論の出ないまま終わっている。私が、進学した時期は過渡期にあったわけで、この論争は、周囲でもほとんど話題にならなかった。もっと真正面から受け止める議論があってもよかっただろう。ちなみに、私にご説教を賜った先輩は、国立大学に就職したものの、院生時代の研究テーマを進めることができず、別なテーマに変更してしまい、学術的成果としても学界に寄与する成果を生むことはなかった。

4　大学教員としてのそれから

大学教員としては、福島大学一四年半、広島大学一三年、東北大学一一年働き、二〇一八年三月に退職した。この間、国立大学財政制度史、占領下の大学改革、教養教育・大学カリキュラム改革、大学評価・質保証の国際比較、大学組織研究、大学管理運営論など一〇を超えるテーマに取り組み、単著四冊、編著・監訳七冊、共編著一八冊を上梓した。落ちこぼれの学生としては上出来な研究業績であろう。退職後は、学際的共同研究で学問の自由研究を行い、二〇二一年からは代表者として「一九六〇―七〇年代の大学紛争と大学改革」の共同研究を推進し、現在（二〇二四年七月）も七冊の出版予定がある。退職後の方が仕事が進み、楽しい。大学教員の仕事は、研究だけではない。初職の福島大学は、教職員組合の加盟率が九〇％前後という全国でもまれな大学で、組合幹部経験者でないと管理職になれないとまでの噂もあったぐらいである。着任して二年目、教員で初めて青年部長になったのを皮切りに、教文部長、中央委員など二年に一度は組合の役員を日本科学者会議の事務局員と兼任し、広島大学転出前には組合委員長をさせられた。一九八二年核兵器廃絶のための第二回国連軍縮総会には若手教員ということで、福島大学の代表として選ばれ、日本の科学者グループ一六名の一人としてニューヨーク・ボストンに二週間余滞在し、ヒロシマ・長崎の被爆の実相と日本の反核・平和運動について方々で（通訳付きで）話をした。一緒に参加したメンバーには、のち東京大学教授藤田久一氏（国際法）、のちの京都大学教授浅田正彦氏（国際法）などがいた。ボストンのある高校を訪問した時には、脚組みをして聞いていた高校生が、「あなたたちのやっていることは素晴らしい。これからも頑張ってほしい」とほめてくれたのには参った。帰国してからは、核軍縮と平和に関する勉強も始め、学内の多くの教官の協力を得て一般教育で「現代と平和」と題する総合科目を開設した（この実践は、福島大学教職員組合『福島大学の自主的民主的改革と教職員組合　全構成員自治の旗のもとに』一九九〇年、に収録）。負担も大きく数年でやめてしまったが、三〇年後に加入している学会の大会が広島大学で開かれ、平和教育のシンポジウムでは三〇年間を俯瞰した話をすることができた。

大学運営への参加も大学教員の仕事であり、福島大学では念願であった新学部増設のための教員再配置検討委員会委員、東北地方で初めての教員養成系修士大学院設置委員、広島大学では全学の大学評価委員会委員長、評議員、広島大学の法人化対策会議委員、東北大学では、総長補佐、高度教養教育・学生支援機構副機長、大学教育支援センター長、キャリア支援センター長、教育研究評議会委員など管理職の一翼も担った。

組合と大学運営とは対立するように見えるが、物事は複眼的に見なければならず、異なるアプローチから大学を観察できる機会が得られたのは、高等教育研究者としては、きわめて貴重な経験であった。マルチに様々な仕事をこなしたり、大学運営で人を組織したりするスキルは、学生・院生時代の経験が生きている。また大学運営の一翼を担った目から見れば、院生であれ教職員組合であれ、いわゆる社会運動には、新たな政策や制度への批判がまず先行し、現実の問題との対比でどの選択を行うかという発想に乏しい。政策批判の準拠枠は、現実とは離れた何かの理念であり、「原則的であり」、「自分が正しい」ことを主張するためのことが多い。簡単に言えば、変化を見ることができない。運動参加者が少数派であればあるだけ、主張は原則的で偏狭なものになる傾向がある。アメリカの大学教授たちの大学運営参加（シェアド・ガバナンスという）の変化について、プリンストン大学名誉学長のウィリアム・ボーエンはシェアド・ガバナンスを尊重しているが、著書 Locus of Authority（2015）で同じようなことを書いているのが面白い。最初に勤めた福島大学は、組合が圧倒的多数派で、自民党支持から共産党支持まで組合員なので、議論や行動に包容力があり、簡単に言えば、敵を作らず、皆取り込み合意を目指す。社会運動の多くは、合意を作るのではなく、敵を作って批判し、自分たちが正当であることのために行動することが多い。自分としても反省する機会になった。

5　教育学部の「民主化」をどう見るか

一九六八―六九年のいわゆる「科研費不正使用密告」事件は、私は当事者ではなく、先輩から聞く機会もほとんどなかった。本書の明神論文は民主化の経緯を詳細に論じ、事件の問い直しも提起しているが、この事件については、当事者は語りにくいであろう。

当事者ではない私が、当時の教授会メンバーよりさらに年長になり、大学について専門家として研究してきた立場からコメントする。

そもそも研究費不正使用や研究不正とは、告発から明らかになるものであり、不正使用を大学や文部省に訴えること自体は、「密告」や「讒言」として倫理に悖ることではない。アメリカ研究公正局は、研究不正の告発を受け付けるが、そうみなされるものは五割に満たない。多くは、告発する側の勘違いや、研究者の単純なミス、場合によっては悪意に基づく誹謗もないわけではない。しかし、告発されて調査の結果、根拠がなければ告発された側は不愉快であろうが、それでおしまいにすべきなのである。公益通報制度のもとで、通報したことが間違っていたからと言って、通報者探しをすることが許されるものだろうか。

したがって、会計検査院の調査自体を不服として教授会に発言した鈴木英一氏の行動も、それを諌めず議題として審議することにした教授会の判断も、理性的なものではなく不適切である。ましてや、これを奇貨として問題化した院生協議会は咎められるべきである。「民主化」を旗印にすれば、なんでも正当化できるということではない。むしろ「人民裁判」と難じた砂沢学部長の発言は至極まっとうと思う。

次に、告発は研究をよく知りうる人物であるとして、同僚である市川昭午氏に疑惑を寄せたことも理解しがたい。要は、科研費で購入した図書が目的外使用でないかということだが、この種の疑義は、教員研究者ではなく、研究の実情をよく知らない職員が持つものである。私は一時期研究倫理をテーマにしていたので、職員からこの種の質問を何度か受けたことがある。図書の購入は、会計を必ず通るのだから、購入図書が科研費の目的に対応していないという疑問は、研究をよく知らない職員なら持ちうる疑問である。市川氏に絞られる根拠は何もない。学生運動が異常な形で盛り上がり、冷静な判断の結果とは言えない。一部のリーダーの扇動によるといわざるを得ない。繰り返すが、教授会が守旧的であり、その「民主化」を掲げたことが正当であるとしても、あらゆる行動が正当化されるわけではないのである。

私自身は当事者ではないが、鈴木氏・市川氏双方とは付き合いがある。教育公務員特例法の研究は、当時名古屋大学教育学部におられた鈴木氏が注目し、教え子の院生にべた褒めして紹介したらしい（複数の教え子から聞いた）。また、国立教育研究所の佐藤秀夫氏代表の共同研究に鈴木氏も私も参加し、米国教育使節団の研究などを行った。

他方、市川昭午氏とは、教育社会学会などで知り合い、広島大学の高等教育開発研究センターにおいでいただいて懇談したり、著書の書評にはなぜか私が指名され、三冊書評させていただき、著書も複数頂いた。

私には、何の責任もないものの、市川教官に非難を与えた北大教育学部の出身ということは、研究活動をする上では、きわめて居心地の悪いことであった。幸いにも（当然かも）、そのことで私をスポイルする人はいなかったし（私が、気が付かないだけかも）、市川氏も私が北大出身ということで態度を変えることはなかった。だが、なぜそういう思いをしなければならないのか。「科研費不正使用密告」を民主化の一つとして位置付けたい人は、研究は、北海道や自分の好みに合った人間たちの間だけでなく、日本全体、場合によっては国際的に多くの人間の交流があって進むものだという視点がなかったのはないだろうか。

市川氏指弾の中心にあった藤岡信勝氏、草野隆光氏、少し後輩の安藤豊氏は、その後、新自由主義史観とやらに転向した。転向という現象は今に始まったことではないが、湾岸戦争で国際政治の実態を知ったとか、司馬遼太郎の著作に影響されたとか、あまりに浅薄でリアリティがない。ほぼ同期の元活動家が三人もつるんで転向する事例など聞いたことがなく、そもそも民主的なモラルや価値観があったのかも疑う。世間に号令をかけたい権力主義が、状況の中で形を変えて発現しただけではないのか。

6　大学の民主化とは

民主化という場合、管理職の選出や運営協議会など大学運営への参加という権力的な問題が重点になりがちである。教授会における助手の権利制約や一部の教授による閉鎖的な運営体制を変えることは重要である。

しかし、大学運営の民主化という政治的側面は、教育研究を発展させること、学生を自由な思考のできる自立した市民に育てること、そのために職階や役割が違っても、開かれた人間関係によって日々の活動ができるためのものであって、政治的な平等それ自体は目標とともに手段的価値でもある。何が重要かと問われれば、教員・職員・院生・学生が、それぞれ人格を尊重して、研究・教育し、学習・研究する関係であり、それを民主化というのである。

大学教員生活が長ければ、様々な大学の院生指導に触れる機会がある。ある大学では、院生の発表会では、まず教授が意見を述べるまでは、院生は発言してはならないとされていたし、東京圏のある大学では、ＯＢが後輩院生の研究や教員人事まで口を出してみたり、院生の発表にほとんど適切な助言ができないのに無理難題ばかり言ってみたり……という場面を見るたびに、私はこれらの大学の大学院に進学していたら、中途退学するか、教官を殴って退学していたのではないかと思う。福島大学在職中に、たまたま小出先生、古野さん、内沢さん、西本君と集まったときに、名古屋大学出身の同僚の森田道雄さんが混ざり、後の感想で、「自由だね」と感嘆していた。私がため口をきいていたからかもしれないが、民主化の最大の財産は、自由な人間関係であると思う。制度が立派で人間が貧弱なのと、制度は貧弱だが人間は立派なのと、どっちがいいだろう。

教育院生協議会　夏の学校（小樽、1975年）（羽田貴史提供）

文院協について思い出すことなど

村山紀昭

学部のときから自治会活動をやっていて、文学部の大学院修士に入ったあともごくふつうに文院協に関わったように思う。しかし、もう六〇年近く前のことで、記憶は薄れている。いま頭に浮かぶ二、三のことを思い出すままに書いてみる。

1　修士に入って学部とちょっと違うなと感じたのは、当時からかなり人数の多い文学部院生のなかに、他大学からの院生が何人もいたことだろうか。道教大から来た人など何人かとじきに知り合いになった。同時に、その人たちが大学院で順調に研究活動を続けられるかどうかが気になりいろいろと接触する機会があった。

大学院で研究活動を続けられるかどうかの問題は、しかし、他大学出身者だけでなく修士院生全体の問題であることにじきに気づいた。奨学金など経済的な問題も含めて、研究を安心して意欲的に進められるようにするにはどうすればいいか……これが、当時文院協の活動を始めたときベースにあったと言えるかもしれない。

この場合、学部時代と違って、指導教授との関わりのありようや所属研究室の体制の問題を外せない。徒弟的な厳しさというのもごくふつうにあった。そうしたなかで挫けずに研究を進めるのにはどうしたらいいか、そんな感覚のもと研究を志向するもの同士のつながり、協調を大事にすることがいつも念頭にあったように思う。

その点で忘れられないのは、西洋史研の森山軍治郎氏だった。

彼とは、学部のときから親友だった。美唄の炭鉱町出身の彼は、演劇部に入っていて、口べたな自分と違ってじつに会話が上手かった。そして学部四年のときに、高校時代の同級生とさっさと結婚した。文学部の学生運動仲間の何人かが幹事になり、盛大に豊平館で結婚式をやった。二人は、真駒内の市営住宅で新婚生活をもち、たまたま自分も真駒内に縁があり、何度も新婚家庭にお邪魔し夜遅くまで議論をした思い出がある。

その頃は、森山氏は世慣れしているし、さっさと卒業し、いろんな場で活躍するだろうと思っていた。その彼が大学院に進んだ。しかも、厳しい実証研究を求められるフランス史研究に。そのなかで必死にフランス近代史に立ち向かう彼と、文院協でも活動を共にした。いま思うと彼のそうしたありようが、先の他大学出身者の研究持続への関心とつながっていたのかもしれない。森山氏は、大学院修了後、北海道開拓での民衆のさまざまな苦労などを調査し先駆的で貴重な成果を挙げ活躍したが、業半ばにして早世されたのはまことに無念なことであった。

少ない奨学金など恵まれない経済状況、博士課程に進んでまともに研究者になれるのかというたえずつきまとう不安、そして学部とは違った指導教授との密接な関係とそのなかでの種々の軋轢……こうした状況は、研究者の道をめざす者にとって初発にあるシリアスな事柄である。それはいまも院協運動の出発点として大事にされていいものかもしれない。劣悪な環境のなかで研究者をめざす者たちへの社会的支援の実際は、いまもほとんど改善されていないようで、知の尊さに重きを置かない日本社会の宿痾であろうか。

2　こうした院生の研究生活の厳しさに目を向けるとともに、もうひとつどうしても避けられない課題は、教授と院生の関係をときにいびつで厳しいものにする講座制などの体制の問題だった。

ちょうど学部四年目のときに、第三次の藤井事件が起き、うすうすその問題性については理解できるところがあった。一般には、教授個人の性格や行動におもな目が向けられたが、藤井事件の当初から個人的な性癖の問題にするのではなく、大学学部の固有の制度に関わる「民主化」の課題だと主張していた文学部の大先輩、中野徹三氏と出会うことがあった。何度も彼から話を聞いたり、関連資料を読んだりした。

こうした経緯があってのことだが、文院協活動でも、教授と院生の個人的な関係に還元されかねない講座制や、当時の文学部の、学部教授会と教養担当教員教授会の二元制、教授のみの教授会の複層制など学部運営のそもそもの問題性に目を向けざるをえなかった。そして大学院生も、学部の欠かせない構成員としてその声や意見を取り入れるべきだとして種々の運動を行った。

このことは、思想傾向を問わず多数の院生の共感を生み、当時全学の院協のなかでも文院協は幅広い結束を拡げていたと言える。そして研究用のコピー代の大学負担の要求など地道な要求活動を続けながら、一貫して学部の抜本的な民主化を旗印に活動した。五つも六つもある教授会の体制の変革などについては、当時の若手中堅教授、助教授にもかなり共感を得ていたように思う。

しかしこれは一朝一夕で実現できることではなく、長年の地道な活動の積み重ねが不可欠なものでもあっただろう。

そんななかで、六〇年代終わり近くに、いわゆる大学紛争が起こった。博士課程の三年目くらいから一気に北大内でも全共闘運動などが拡がり、学部校舎の封鎖騒ぎがつぎつぎと起こった。文院協は、それまでの民主化活動をふまえて、封鎖反対などに幅広く取り組んだが、やはり当初からの学部民主化の地道な取り組みは半ば頓挫せざるを得なかった。哲学研究室でも、何人かの院生が全共闘運動に与し、研究生活から離脱する者も出た。それまで院協運動で活動を共にした人たちの研究からの離脱は、人的関係の疎遠化にもなりいまだに残念な思いが残る。

当時の院協運動のなかでの「民主化闘争」をいまの時点でどう捉えたらいいのだろうか。道筋は容易ならぬものであり、安易な肯定も否定も是としないが、大学や学部のありようについて、学生一般だけでなく将来の研究を担おうという若手院生の声を大学の制度的なありかたの改革に積極的に活かしていくことは、正当であるし、いまもその必要性には変わらぬものがあるように思う。少子化で大学の縮小が求められている昨今、その狭間で多くの院生がオーバードクターや就職難で苦しんでいるのにあらためて目を向け、日本社会の知のありようの問題として問題提起をし続けていかなければならないだろう。若い研究者をまっとうに育てられない社会は邪悪な社会だ。

3　六〇年代終わり頃の大学紛争は、負の面が強い印象だが、院協運動のなかでは特筆すべきこともあった。経済学部や教育学部など文系学部の院協の連携が強まったこと、さらに職員組合とのつながりが生まれたことである。

経済学部は、院生の数は少ないが、多くは研究室でしっかりとした基盤を持ち、大らかに研究活動を展開している感があった。教育学部では、規模が大きくなく意思疎通がスムースな基盤を活かして、学生・院生を学部運営の対等な主体とする「協議会方式」による民主化が提起され、院協運動にも刺激を与えた。ドクター時代には、そうした経済学部や教育学部院協のアクティブな人たちと交流する機会が多かった。

それ以上に、刺激的だったのは、大学紛争のさなかに組織された職員組合との全学共闘会議である。紛争への対応もあり、頻繁に北大職組の活動家の方々との会合があった。大学教員でなく、事務職員として大学のありようをどう見るかなどについてなるほどと思う意見を幾度も聞いた。当時皆さん三〇代だったろうか。その何人かの人たちの真摯な姿勢と謙虚な人柄はいまでも忘れることのできないものだ。

以上おおざっぱな思い出話でしかないが、最近の院協活動は必ずしも活発ではないと聞き、少々暗然たる思いでいる。将来の日本と世界の大学知・学問知を担う若手研究者に未来の展望が見いだせないとすれば、なんと情けないことであろうか。北大というに止まらず、日本全国でこの状況に注意を喚起していかなければならないのではないだろうか。未熟さを残しながら学問の世界への強い情熱に突き動かされていたわが文院協時代を思い返しつつ、忸怩の念に駆られざるをえない。

国民のための大学をめざし　学部民主化の一層の前進を

全構成員の自治へ　多様な展開をみた学部民主化

全教職員の平等な選挙権で学部長選挙、院生は信任権　—農学部—

「交渉団方式」による新たな展開　—工学部—

—学長選挙三つの争点—

大学運営の一層の民主的改革と教育研究の自主的発展のために　堀内学長四年間の成果

杉野目体制下の大学運営

堀内学長の就任

学内外からの自治破壊へのたたかい

北大職組新聞（1971年3月5日）

「院生時代」における院協活動についての断想

橋本　信

「院生時代」と表現しましたが、通常は院生時代とは修士課程や博士課程に在籍した期間のことを指すと思いますが、私の場合は通常の年限の在籍期間とは異なることが多く、括弧づきとした次第です。北海道大学には一九六八年に入学し、一九七三年三月に卒業しましたが、その後大学院入試を五回受験しているからです。修士課程入学試験を三回、博士課程入学試験を二回経験しました。学部を卒業した段階で、西洋哲学・倫理学の院生研究室を利用することになったので、院生研究室には一四年間出入りしていたことになり、いわば「院生時代」を一四年間過ごしたことになります。

一九七三年四月以降から院生研究室に出入りするようになりましたが、当時助手であった岩佐茂氏（一橋大学）や博士課程の奥谷浩一氏（札幌学院大学）が修士課程受験希望者向けの勉強会を開いてくれました。今でも感謝の念とともに懐かしく思い出されます。院生でもないのに、文院協の科長交渉にも顔を出したりしていましたが、当時は修士一年であった谷口孝男氏（北見工業大学）の戦闘的な交渉ぶりが評判になっていました。

一九七五年四月にやっとのことで修士課程に入学することができましたが、修士論文の出来がよくなく、博士課程に進学できたのは一九七八年四月でした。修士論文作成と博士課程入試補助論文作成のために先輩院生が応援・助言をしてくれ、特に高田純氏（札幌大学）と谷口孝男氏にはお世話になりました。谷口孝男氏とは大学院のゼミで常に一緒になるのですが、当時の北海道教育大学札幌校の村山紀昭氏の研究室でヘーゲルの精神現象学を読む会に参加したのが最も印象に残っています。

修士課程の文院協活動では、院生図書費を一人当たり八千円から一万円・コピー用紙を三〇〇枚にという要求を掲げていたようです。今の数字は一九七六年のものですが、私が博士課程一年時の一九七八年には図書費二万円・コピー用紙六〇〇枚という要求を掲げていたということで、院協活動による研究条件の着実な改善の跡が見られます。

文学部が、同じ文系学部の教育学部や裕福な実験講座の農業経済科などとは比べようがないほどに研究条件が貧弱であるというのは学生時代から実感していましたが、院生になるとそのことがより具体的に分かるようになったと思います。とは言え、教員にも不満があり、非実験講座は実験講座の三分の一程度の予算しかつかないと嘆いていた哲学教員の声を直接聞いたことがあります。

理系重視・文系軽視・基礎研究軽視は現在においても変わらない体質ですが、それは大学全体に及んでいると実感したのは、一九七九年の今村学長との懇談会のときです。オーバードクター問題を中心とした学長交渉の構えで臨んだのですが、理系の助手給与分を附属病院の看護師に流用しなければならないほどに予算が窮屈になっていると学長自身が述べたのを記憶しています。現在法人化された北大にはたくさんの研究所が立ち並んでいますが、通常の教育・研究にどれほどの予算が安定的に配分されているのか心配です。「選択と集中」という名目で、恒常的な予算を削減することによって各大学・大学院・研究所を無理やり競争させる予算分捕り合戦が行われていると思うからです。

博士課程に進学してからは文院協議長を務め、全院協の活動にも深く変わることになりましたが、当時全院協議長の飯沢理一郎氏(北大農学部)と一緒に「全学院生ソフトボール大会」を初めて開催したのが最も印象的な出来事です。

もう一つ印象的な出来事は一九八〇年を中心とした元号法制化反対運動です。日本史の博士課程の船津功氏（札幌学院大学）に指導を仰いで、当時の明治維新史第一人者と目される田中彰氏に講演会講師をお願いすることができました。教養部の授業で一番に熱心に受講したのが和田勤吾氏の国文学と田中先生の日本史でしたし、天皇制と元号問題には以前から関心を持っていましたので、「念願がかなった！」という想いでした。

心残りであったのは、一九八七年国鉄分割民営化の問題です。国鉄職員の次男として生まれた私は名寄駅や旭川駅の近辺の国鉄宿舎で少年時代を送り、線路や機関車や客車を眺めて過ごし、線路保守の部門である保線区に勤務していた父の話を聞いて育ちました。赤字切り捨てと国労などの健全な労働組合つぶしなどを狙いとした分割民営化には猛反対しなければならないと、経済学研究科博士課程の宮田和保氏（北海道教育大学）と一緒にそれなりの取組をしようとしましたが、大学での取組みにはなりきれませんでした。分割民営化した中ではＪＲ北海道が最も脆弱な基盤で経営しなければならないのは当初から自明でしたが、赤字切り捨て路線に揺り動かされる実態は北海道ではますますあからさまになっているように思います。

大学のあり方、研究と教育のあり方、大学と社会のかかわり方。これらに関する問題意識は学生自治会運動でも育まれますが、院協運動ではより具体的に、より総体的に育まれるものだということが実感されます。一九八七年四月に現在の拓殖大学北海道短期大学の助教授として採用されましたが、二〇二〇年三月で退職するまでの三三年間の専任教員の生活の中で仮に何らかの特長があるとすれば、以上のような院協運動への関わりがもたらしてくれたものではないかと思うところです。現在、専門知と普遍知の総合ということが言われているようですが、そうした総合の営みは院協活動などを重要な要素とする知的営為として遂行されなければならないと考えられます。

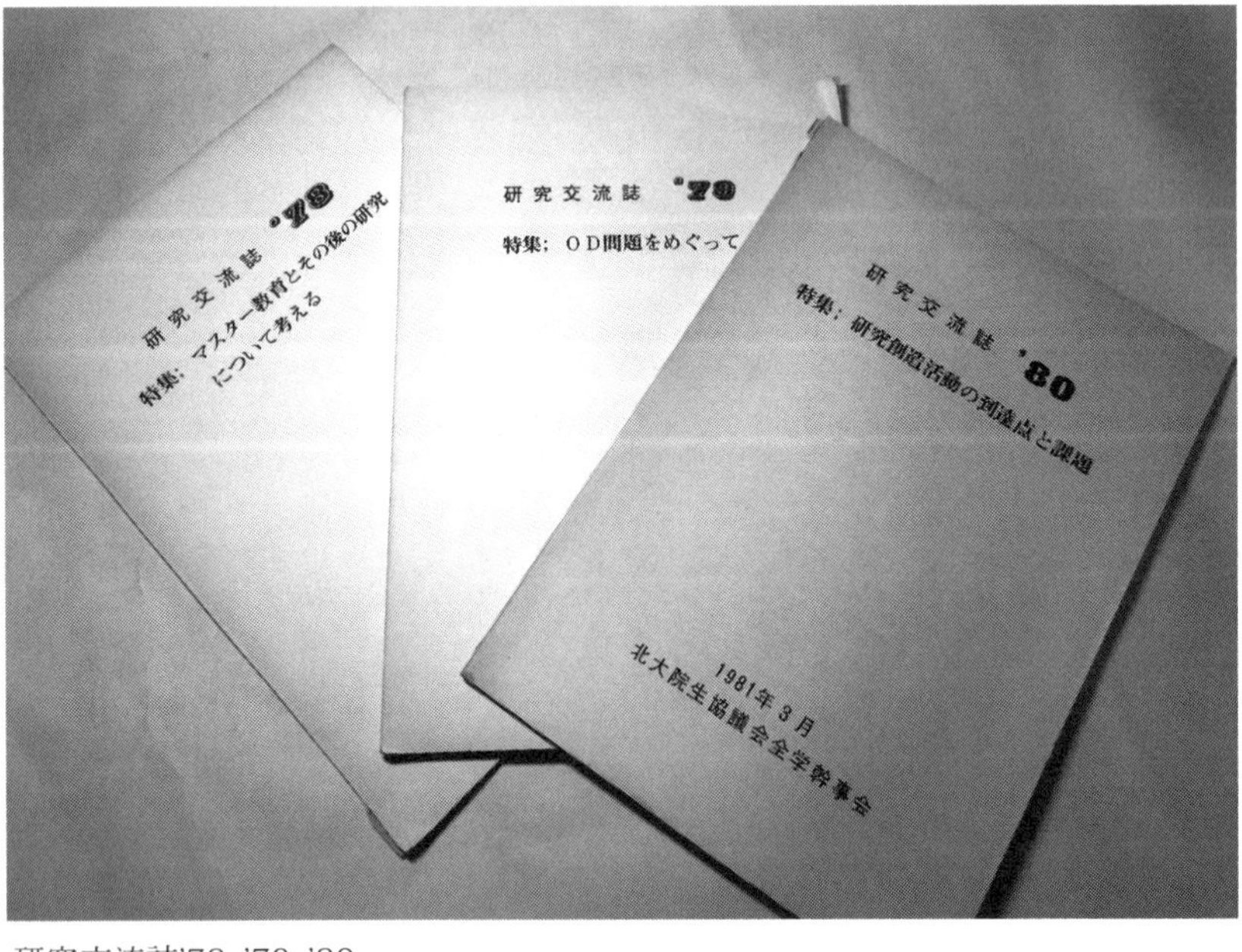

研究交流誌'78, '79, '80

一九七〇年の北大経済学部院生協議会での一日（10・21と6・23）

浅田政広

一九七〇年代前半が私の大学院生時代（一九七〇・四～七二・三修士課程、七二・四～七五・三博士課程）。研究の道の険しさに直面して挫けそうになったり、恋愛と結婚に対する考え方に思い悩んだり、それらと社会変革活動（よりよい社会を目指す運動）との関連付けに明け暮れた毎日だったように思う（やや気恥ずかしさを覚えつつ、おこがましくも小声で言えば、わが青春のキーワードは、「恋と革命」だった）。一九七〇年は、大学を卒業したばかりの、まだ二二歳だった。経済学部の院生は約二〇名。われわれ修士一年生がほぼ半数を占め、前年の余韻が続き、活動の熱気は引き継がれていた。当時の日記（つけはじめは一四歳）から、文字通り、青春の一ページを切り取ってここに記し、当時のムードを再現してみたい。

〈10・21〉

一九七〇年一〇月二一日（水曜日）晴れのち曇り、真夜中に雨。

院生集会（院会）は一六時半に終わる。S君、M君と大通の集会に歩いて向かう。途中、道庁構内で社会党・全道労協の集会（約二〇〇〇名）に出会う。僕たちの集会は大通六丁目広場。二人とはぐれてしまい、探すのに疲れて芝生に寝転がったら、新たに参加してきたどこかの女子学生たちが周りに群がっていた。快い疲れに身を任せ、寝転んで聞く多くの女性たちの声はまた何と快く響くことか。経済（学部）の連中と一緒になってデモる。6・23以来だ。新しい何かに触れた気がして、それが僕を喜ばせた。しかし、どこかから流れてきたスピーカー音は『国際反戦デーの名のもとに、本当は暴力革命を準備しているのです。市民の皆さん、こちらは国際勝共連合です』。デモ隊のすぐ横を、チョロチョロとドブネズミのようにデマを振りまいて宣伝カーが走っていく。いい加減、頭に来るが、そのスピーカー音はデモ隊の先頭を行く労組の宣伝カーの明るい労働歌にかき消された。

T・Y嬢は二、三列前方にいた。三回目くらいに彼女が振り返った時に目が合った。彼女の眼は生き生きと輝いていた。デモ隊が最後のフランスデモを駆けながらやって道庁前で解散した時、僕は、後ろにいたFさんと久しぶりに話をした。会うのは、彼女がこの四月に文学部へ学士入学して以来、初めてのことだったし、また、デモの途中で僕に声をかけ、「元気？　ちょっと痩せたみたいよ」と言ってくれた優しさに魅かれたこともあって、話したくなったのだ。T・Yは数メートル離れた正面にいた。Fさんと話し終え、次にFさんの彼氏M（獣医学部）と話している時、

T・Yは僕たちの横を通り抜けざま、僕にさよならを言った。単なる儀礼上のさよならではないんだと、その眼は語っていた。僕は悲しくなってしまい、10・21がこんな結末になるなんて、と悲嘆にくれた。帰りのバスでT君（同じ下宿の札大生）といっしょになる。今のデモに出ていたと聞いて、さっきの悲嘆は軽減。

ここには国際勝共連合（統一協会）の妨害行動も記録されている（教養部時代、原理研究会にとらわれたクラスメイトがいたことを思い出す）。また、デモは6・23以来とあるので、日付を戻して、その頃を見ると次の通り。

〈6・23〉

六月二〇日（土）院会。安保反対の声明文を出すことを決定

六月二二日（月）曇り。安保延長反対の声明文を院生みんなに渡す。今日は一〇年の期間満了の日だ。北大では、中央ローンで夜中に集会があった。行くと、松明がつけられ、合唱が聞こえ、集会が始まっていた。「戦艦ポチョムキン」の映画もあった。二三日午前〇時を期して、安保廃棄が宣言され、闘う決意が表明され、松明デモが始まった。はじめは、迫力があってしかも美しいデモをただ見ているだけだったが、すぐにN君（法学部）と一緒にデモに加わる。「アンポ」「ハイキ」、「佐藤」「倒せ」。終わって、一人で経済学部二〇五（院生研究室）に泊まる。

六月二三日（火）晴れ。昼の全北大集会に出て、その後一五時から院会。今日の全道集会には経院協（経済学部院生協議会）として参加し行動することが決められた。一七時ころ、中央ローンではすでに学生が集会を開いていた。全道から集まっているらしく、ローンはかなり埋まっていた（約四〇〇〇人）。少し離れたクラ館前ではベ平連と革マルが集会を開いていた。かれらは集会後、デモって正門から出ていった（それぞれ約一〇〇〇人）。大学院生は一七時半ころ本部前に集合し、学生が隊を組んで出ていく長い列の後に続いた。職員はさらにその後に続いた。経院協は、二〇五の「住人」（院生数人）で作った緑色の旗を押し立てていたが、それは住人の一人T氏が室内の間仕切りのために使っているカーテンで、生地が厚く、風に吹かれなくても、それ自体で実に重かった。一八時からの大通六丁目の集会はメーデー並みの凄い人出だった。六丁目は満杯になり、七丁目にも人が溢れていた（主催者によれば五丁目にも溢れていると）。共闘が実現しなかった札幌では、同時に社会党・全道労協系の集会が八丁目で持たれていたが、六丁目と比べ、たくさんはいなかった。今日のこの日からいつでも、相手国政府に通告するだけで、「安保」廃棄が実現する。そのための政府を作ることが、今日からの課題となる。デモは三隊に分かれて行進した。われわれは米国領事館が入っているコースだった。

ここには10・21のようなフランスデモは書かれていなかったが、確か、当時のデモはほとんどがフランスデモで終わったので、この日もそうだったに相違ない。恐らく三隊とも。手をつないで車道いっぱいに広がるフランスデモの情景。もうずっと忘れていたが、その時の開放感・高揚感が鮮やかによみがえる（現在の私のデモは、たまに参加する反原発金曜行動での静かなスタンディング。これはこれでいい）。五〇年以上が経ってもまだ、安保廃棄を通告する政府は実現していないが、いつか必ずそういう日が来る、という信念は変わらない。なぜなら、あらゆる学問や科学は進歩し、万物の進化の歩みが止まることは絶対にないからだ。それが民主主義の発展の示す方向だと言い換えても良い。目標達成までに時間はかかるが、何も焦ることはない。声は上げ続けねばならないが、長い目で見る必要がある。必ず人類の本史は始まるのだから。

（二〇二三年三月二九日）

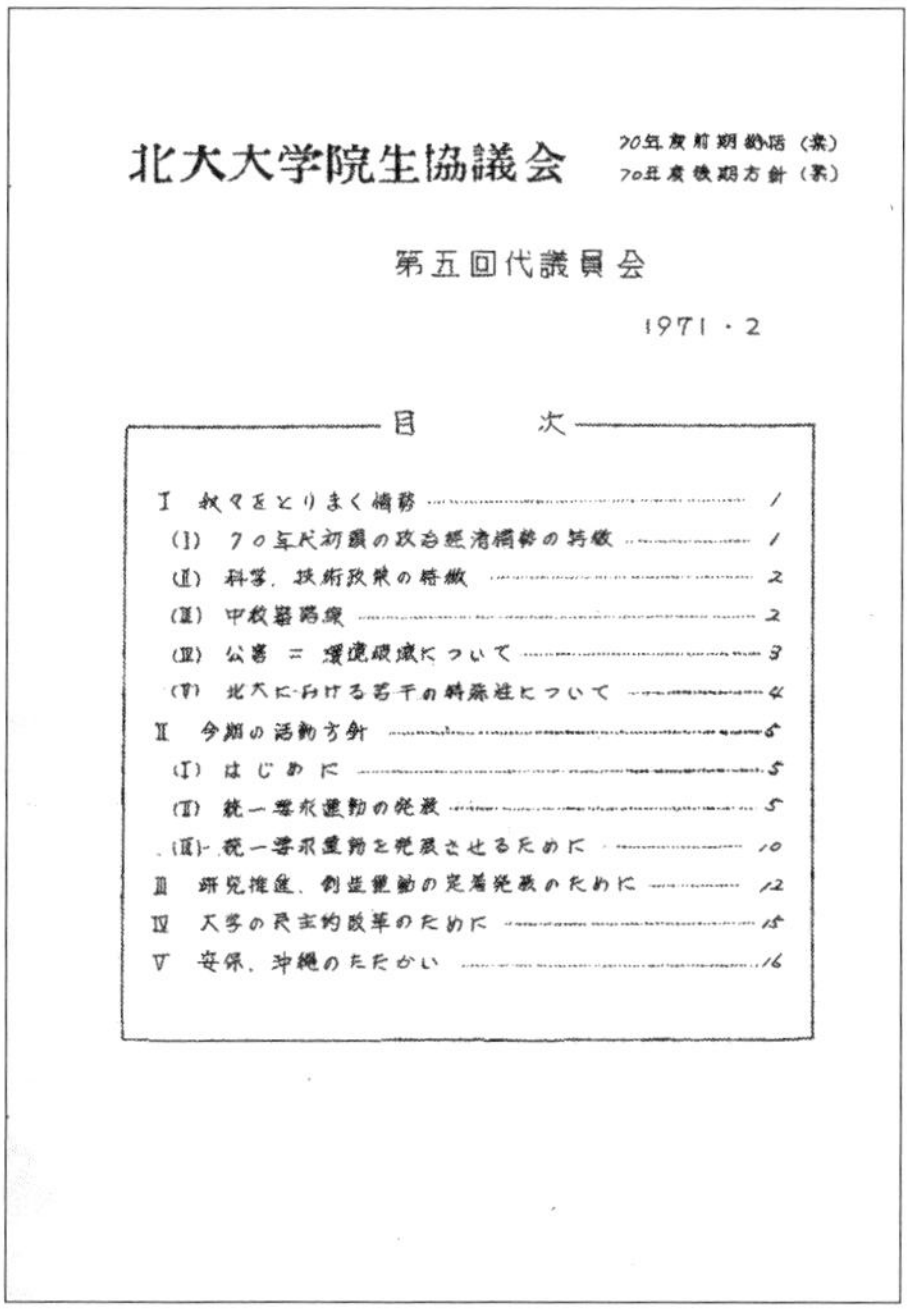
北大大学院生協議会　70年度前期総括（案）　70年度後期方針（案）

第五回代議員会

1971・2

目　次

I　我々をとりまく情勢 …… 1
(I)　70年代初頭の政治経済情勢の特徴 …… 1
(II)　科学、技術政策の特徴 …… 2
(III)　中教審路線 …… 2
(IV)　公害＝環境破壊について …… 3
(V)　北大における若干の特殊性について …… 4
II　今期の活動方針 …… 5
(I)　はじめに …… 5
(II)　統一要求運動の発展 …… 5
(III)　統一要求運動を発展させるために …… 10
III　研究推進、創造運動の定着発展のために …… 12
IV　大学の民主的改革のために …… 15
V　安保、沖縄のたたかい …… 16

北大院協　第五回代議員会議案（1970年度）

北大大学院・助手時代の研究活動と生活

山口博教

一　はじめに

私が北大院協の存在について知ったのは、一九六九年に入学し学生生活を始めた北大教養部においてであった。入学式が体育館封鎖の中で中止されたものの、四月は授業が順調に開始された。しかしそれも束の間で、大学紛争の嵐に巻き込まれた。私は教養部学生自治会やクラス会活動をする中で、ある時理学部大学院有志が作成した冊子Ｎｏ・２「大学の自治・学問研究の自由＝その歴史的あとづけと今日における進歩的意義」を読む機会を得た。そしてその分析力の高さに驚いたことを、今でも鮮明に記憶している。[1]

ところで、私は大学に入る前、札幌市立旭丘高校に通った。社会科学研究会に所属した。一年次の学校祭では、先輩が選んだテーマ「中国の核実験は是か非か」を議論し、その結果を展示した。また二年次には生徒会活動も経験した。授業では世界史、現代史を含めた日本史に興味を持ち、プロレタリア小説を読み始めた。三年次の最後、卒業式が間近となった頃に二～三の友人たちと弁証法の学習会を行った。そこでは旧ソ連科学院哲学研究所の著作を読み、「質から量への転化」、「矛盾」、「肯定―否定―否定の否定」を学習した。これらは教職員組合に加入していた教員たちの授業を通した影響が大きかったことが、卒業後に次第に分かってきた。[2]

その後一年間浪人を経て一九六九年に北大へ入学したが、新左翼学生が主張する「自己否定」に対し、彼らには「否定の否定」の発想がないことを常に疑問に感じていた。先に挙げた冊子では、この点に関する理解を深めることが出来た。というのはこの中で当時の三派（北大では五派）系学生が主張した「大学そのものの否定」＝「大学解体」という発想の間違いが指摘されていたからである。そして「教授会のみの自治」を否定すると同時に、「大学全構成員の自治」を確立することを提起し、実践していた。これはまさに「大学自治の否定の否定」であり、その論旨は明解であった。

ところで私の六年間の学生・研究生生活は前半と後半で大きく変化した。前半は大学紛争と自治会・社会・政治活動に終始した教養部と学部三年次末までの三年間、後半は学部四・五年次と卒業後の研究生（通称Ｍ０エム・ゼロ）時代＝大学院受験勉強の三年間である。

このうちの前半で落ち着いて勉強できたのは、校舎封鎖（一九六九年六月十日～十一月八日）前の二カ月間の教養部での授業であった。その後は教室外での授業やレポート提出、及び自主ゼミにおいてであった。しかしともかく大学生活二年目を迎え、一九七一年の正月早々に通常より三カ月遅れで経済学へ仮移行をした。そして四月から学部ゼミが開始された。ただ大学紛争は学部でも継続していた。また教養部自治会に続くゼミナール協議会の活動や、学外での社会・政治活動も加わり、学部の授業にじっくり取り組むことは非常に困難な状況が続いた。

こうした中で四年目半ばを過ぎると、学友たちは就職活動に取り組み始めた。しかし私は父がサラリーマンとして苦労していた実態を子供時代から痛感していたため、就職活動を一切しなかった。漠然と大学院進学を考え始めたが、四年目の秋に受験した最初の大学院入試ではまったく歯が立たなかった。このため学部生として五年目、また卒業後の大学院浪人を覚悟せざるを得なかった。というのは、北大経済学部は紛争終結後から大学院試験の合格者を二〜三名に絞っていたためである。学部時代の専門分野での勉強不足、特に受験に必要な第二外国語（ドイツ語）は教養時代に基礎を習得出来ていなかったため、遅れを取り戻すため、山のような自学自習が必要とされた。

幸い先輩・同僚の中に大学院志望者（M０）が数名いて、受験勉強に励み切磋琢磨していた。私もその中に加えてもらった。彼ら及び院生から過去の受験問題に対する対策を伝授され、また刺激を受けた。またドイツ滞在から帰国したばかりの渡辺尚助教授（当時）が一九七二年に東大から北大経済学部に赴任し、外書購読の学部での授業を開講していた。これを学部四・五年次と研究生の三年間連続受講した。この授業は最初の二〜三回は英語交じりで行われたが、その後ドイツ語のみによる解説・質疑という厳しい授業で大きな刺激と薫陶を受けた。[3]

大学院入学後は、博士前期課程で単位取得と修士論文の作成に明け暮れた。それが終了し、後期課程では論文執筆、アルバイトに追われた。また経済院会と北大院協の活動が入ってきた。特に博士課程一年目には一九七七年度前期の北大院協議長を務めることになった。さらにその中で先に結婚していた同僚院生の影響を受け、私も修士論文審査終了後に結婚をすることにした。相手は国家公務員で一定の収入があり、私のアルバイトと合わせ生活を開始した。

以上、学生五年、研究生一年、大学院五年、研究助手一年と合計一二年間北大キャンパスで生活したことになる。そして一九八一年四月に北星学園大学に赴任した。

以下では、このうち六年間の経済学研究科での院生・助手時代を三節に分けて振り返る。院協関係資料は二〇二〇年三月末、北星学園大学定年退職時に大半を処分した。ただ北大院生協議協議会と経済院会の役員をした時のものを中心に自宅に持ち込み、ある程度残されている。そこで、それらを参照しながらその時代を回顧する。ただし、一九七〇年代の北大院協については第一部七で、また経済院会については第二部2で、すでにまとめた。ここでは院生時代の研究テーマと生活について触れていく。

二　私の修士論文テーマ選択と研究手段・方法及び研究会・学会活動

以下では、研究テーマ選択と研究方法について私の個人的事例を紹介する。私は経済学部の冨森虔児ゼミに所属していた。計量経済学出身の冨森助教授（当時）は、院生時代に東大院協副議長をして以来独学で資本論を読み込んでいた。北大の授業では工業政策を担当したが、ゼミは当時マル経原論として展開された。三年次に『資本論』第一巻第一部第一編・第二編、四年次前期には『金融資本論』の講読が行われた。「論理＝歴史」説を批判し、論理学的接近方法が取られた。自治会活動や他の学生運動に時間を取られた私はゼミ報告・討議の準備時間不足で、ゼミでは幾度か泣き目にあった。しかしこのゼミでの厳しい議論と諸参考書を読む中で、『資本論』の翻訳上の差異に気が付き原典に当たった。この自学・自習が「価値論」理解を深め、「労働価値説」の論理的実証という核心部分を把握することにつながったと考える。[4] ただし四年次半ばに大学院進学希望を出すと、「君の場合にはこれから準備しても三年かかるぞ」と言われ、事態はまさにその指摘通りの推移となった。

その後大学院進学が決まった段階でテーマ選択の相談に行き、「日本経済」という希望を出した。しかしこれは直ちに却下された。「東京情報の入手が遅れるため、北海道では無理」と一喝され、経済理論か外国経済を勧められた。そこで、前者は学部ゼミで苦労していたため、第二外国語との関係で西ドイツ経済を選択した。どの時期を対象とするかは、ドイツ経営・経済史の渡辺尚助教授に相談せよということで、相談に趣いた結果、第二次大戦後の西ドイツ経済を対象とすることになった。当時ワイマール期・大戦間期の研究は西洋史と経済史の専門家が多数いるので産業革命期か西ドイツ時代にすべきとのアドバイスを受け、また私の関心が後者にあったためである。またその時期の冨森は、戦後日本における株式会社の展開を「資本の物（象）化過程」の延長と捉え、奥村宏の「法人資本主義」学説を理論化する論文を書いていた。このことが結果として、私が修士論文のテーマを西ドイツ株式会社の「法人化・機関化」として展開することに繋がった。

ところで研究手段と方法では、北大院協の先輩諸氏からいろいろ伝授された。まず論文執筆に当たって、斎藤孝・西岡達裕著『学術論文の技法』日本エディタースクール出版部を座右の書とすること。また資本論理解のためヘーゲル『小論理学』を読むことを、文学部哲学科の谷口孝男先輩から大学院受験勉強の合間に教えられた。しかし後者は相当難しかった。ＭＣ一年目に当時導入された他学部聴講制度を利用し、文学部哲学科岩崎允胤教授の『小論理学』の授業（ゼミ）を二～三回聴講したが、歯が立たなかった記憶がある。ただ岩崎著『弁証法と現代社会科学』、宮原将平教授との共著『現代自然科学と唯物弁証法』と『科学的認識の理論』、及び当時全国的に議論を呼んだ理学部物理学教室の田中一教授『研究過程論』は何とか読みこむ努力をした。[5]

最後に院生時代の研究会・学会活動に触れる。北大経済学部で宇野経済学以外の各専門分野のマル経研究者が行っていた研究会は、「土曜研究会」であった（月に一～二回土曜日午後開催）。ここでは教授・助教授・助手・院生が各自の研究テーマで一時間半程度報告した後、毎回二時間前後激論が交わされた。特にMC二年生の修士論文中間報告の場合には、あら捜しと言っていい程の厳しい質問の矢が飛んだ。それは修士論文審査に備える修練の場であった。

三　院生・研究助手としての生活

（1）自宅通学・居候の博士前期（修士）課程と修士論文作成

MCの二年間は実家に居候し、通学した。このため育英会奨学金はもらえず、専ら家庭教師、また他に札幌市の行政区分を記した地図の販売や大学生協配送センターのアルバイトをした。そして修士論文を二年間でまとめるため、その準備と作成作業に集中した。MC一年次にフランクフルト学派の社会学者H・プロス（マールブルク大学）の書籍を翻訳した。これは西ドイツ巨大企業の資本所有（株式等）関係を分析した著作で、冨森が研究費で取り寄せた。そしてMC二年次に修論中間報告としてその内容を要約し、土曜研究会で紹介した。[6] 文字通り「わき目も降らず」勉強に明け暮れた徒弟修業時代だった。ただその合間に映画館や学生時代には行けなかったスキーや音楽喫茶に行き、息抜きをした。

ただ残念なことに、私の大学院入学年度にそれまでドイツ語原書購読を担当した渡辺助教授が京都大学への赴任が決まり、北大を去った。そこでいろいろ後考えた末に「生のドイツ語学習」を、札幌藤大学マリア修道院のリボリア教授（ドイツ人宣教師・英語学）に依頼した。幸い当時私の従弟（母の姉の次男）が藤女子高校の生物教諭であり、その伝手を通して接触することができた。こうして二週に一度、一年間半程藤学園大学に通った。

ところで学部時代の同期生（大学院は一年上の院生）が私のMC二年目後期に結婚することになり、その発起人会のメンバーに加わった。夫妻は当時日ソ協会の会員同士であり、そこでの活動を通して結ばれた。私は新婚家庭を訪ね、新婦のアルバム中の友人写真一枚を見て、今の女房となるこの女性（清水能子）を紹介してもらった。新婦と同じ職場―旧大蔵省北海道財務局（札幌財務局と小樽出張所）の職員同士だった。新郎と三人で朝里川温泉スキー場に行き知り合い、その後付き合うようになった。院生結婚経験者の冨森教授は院生の結婚に対して寛容のため仲人を依頼し、修論審査終了後の一九七七年三月十七日に手作りの式を挙げた。その時点で私は小樽へ移住した。当時清水は職場のテレックス打ちで軽頚腕症候群を患い、療養しながらの変則勤務中であった。しかし結婚生活は妨げにはならないと医者から勧められた。また周りの協力に支えられ、何とか回復することができた。その後通常業務へ戻り、定年まで勤続した。

（2）結婚後の博士後期課程

　DC過程に入り奨学金を申請した結果、晴れて貸与が認められた。アルバイトは経済学研究科の院生が代々引き継いできた通商産業省（当時）の商業動態調査が回された。これは月一回市内（北部地域）の事業所や店舗を回り売上高等に関するアンケート用紙を配布し、一月後に回収するという、地道だが効率的な仕事で、家計の助けとなった。

　DC二年目に修論で取り挙げた西ドイツ巨大企業の所有と支配の分析とその理論的展開をプロス・テーゼとして整理した。さらにこのテーゼめぐる日本での議論―一橋大学経営学者藻利重隆と九州大学経済学者丑山優教授の解釈―を批判的に検討し、それらを論文にまとめた。[7] しかしその後「西ドイツ巨大企業の自己金融」について土曜研究会で報告した時には、金融論ゼミ所属の女性院生（公認会計士）から手厳しい批評を受けた。概念が甘く分析も不十分との批判に晒され、その後の課題として残されることになった。

　またドイツ語学習は、藤マリア院のシスターが高齢のため終了を余儀なくされた。このため思い切って北大独文科の塩谷研究科長に依頼した所、独文科（学部と研究科）の授業に出席することが認められた。当時学部と教養部担当のドイツ人講師二名が二年間契約で授業を行い、学期開始前の集中ドイツ語ゼミや外人官舎での打上げ懇親会が行われていた。そこでの繋がりと女房の資金援助で、一九七九年五月（DC三年次）に一月間ベルリン自由大学産業・銀行研究所を訪問することができた。そこでM・ハイン教授の教えを受け、この経験がその後の研究方向を決定づけた。西ドイツの最新資料が手に入るようになり、本格的研究に入ることになったからである。

　なお博士後期課程に移行した段階で、証券経済学会にオブザーバー加盟した。これは金融・財政論担当の松井安信教授のサポートによるものであった。当時この学会は「日本株式会社の所有と経営」を一つのテーマとし、株式会社論で活発で興味深い討議を重ねていた。この学会に加入したことが、その後の研究の進展に繋がった。[8]

（3）出産・育児と論文執筆の研究助手生活

　研究助手制度（基本二年間）は経済学研究科独自のOD対策であり、定員の枠内に限り無条件で採用され、私もその恩恵を受けた。DC三年目最後の一九七九年三月頃に女房が妊娠三か月であることが判明した。出産予定は九～十月とのこと。

それまでは小樽駅に近い民間アパートに住んでいたが、出産後に小樽市内で唯一ゼロ歳児保育を行う無認可保育園に入れなければならず、その近所にある公務員住宅入居を道財務局に申請した。結婚当初拒否された入居（当時の男女差別）が、やっと許可された。[9]

九月に子供が誕生してからは産休中の女房と交代で授乳作業を昼夜行い、その間のほぼ一カ月研究活動は停滞せざるを得なかった。しかしその後集中的に取り組み、「ドイツ銀行論争」に関する連載論文の一本目を執筆した。なおその年に教員採用試験を次々と受け、三回目でやっと北星学園大学に採用され、一九八一年四月に赴任した。

新米教員として仕事を開始すると同時にその後六年間、息子の保育所への送り迎えをした（朝は私、夕方は清水）。緊急時には清水の妹、また手が足りない場合には札幌の実家の母の手を借りたことも度々あった。

四　まとめ

以上私の院協での研究創造活動と大学院生活を中心に書いてきた。学生時代と一番違うのは、勉学と研究が生活の軸となっていることである。また研究活動を継続するために、その条件作りが重要課題とされた。これには全院協に結集する全国的課題と北大独自の全学的課題と単位院協（経済院会）の取り組みが含まれていた。学生運動では理論闘争もあったが、何より体力が必要とされた。この点院生運動では、社会活動と研究活動を繋げる研究創造活動が大事で、院協活動を通して多面的に知的刺激を受けることができた。さらに、大学制度や国立大学予算制度の学習も加わった。

院生時代に習得した学術の基本は就職してからも大いに役立った。また他大学出身のある先輩教員からは「就職しても一年に一本は論文を書くこと、大学院時代は誰でも書くが、就職後も書き続けることが大事」との指導・アドバイスを受けた。この方針は就職後もできるだけ貫く努力を払うようにした。

ただし私の就職先は私立大学であり、学内行政、カリキュラム及び講義の数と内容・形態が国立大学とはいろいろな面で異なり、当初は戸惑いを感じることが多かった。幸いこの面では、同期に赴任した私より二歳年上の私大出身教員から多面的なアドバイスを受け、次第に私大の行政・事務、教育（含ゼミ運営）、研究に馴染むようになった。逆に就職後は国公立大学の情報が入りにくくなり、この面では疎くなってしまった。

また清水を通して小樽財務出張所職員が行っていた手宮公園での花見やソフトボール、ニセコでのスキー等のレクレーションに私も参加し、そこで知己を得た。この関係が大学で担当した「証券市場論」や「金融教育」の特別講義へ道財務局理財部関係者に講師依頼をする際には助けとなった。

　最後に、私の教訓を書いておく。個人で取り組まなければならない勉学・研究と諸団体における集団的社会活動は勉学・研究生活の重要な二つの構成要因であり、このバランスを絶えずチェックする必要がある。どちらか一方に偏ると必ず問題が生じることは生徒会・自治会・組合等の政治や社会的活動の中で多々経験し、その後の人生にも関わることであった。「無理が通れば、道理が引っ込む」、「一番忙しい時は思い切って休む」を生活上のモットーとし、肝に銘じているのはこのためである。

注

1　大学の危機を憂う理学部大学院有志作成の冊子Ｎｏ・２「大学の自治・学問研究の自由＝その歴史的あとづけと今日における進歩的意義」（一九六九年五月）。この中で「大学否定論」と「大学自治＝幻想」は「自己否定論」の帰結であることが明瞭に解説されている。なお今回院協史編集員会が整理したデータファイルで、以下の連続冊子すべてを読むことが出来た。同上Ｎｏ・１「理学部助手・院生共闘会議準備会の反人民的・反民主主義的本質をあばく！」一九六九年五月六日。同上Ｎｏ・３「本部封鎖実力解除」と「教養の事態」――全学の動きの特徴」（一九六九年六月一六日）。同上Ｎｏ・４「大学立法を真に粉砕する力は何か＝「一万人集会」か「教養封鎖」か？」一九六九年七月一日。

2　ソ連邦科学院哲学研究所／森宏一・寺沢恒信訳『哲学教程―弁証法的唯物論Ⅰ』、第一分冊・第二分冊、合同出版社新書第二刷一九六七年。なおこの学習会の実施に当たり、札幌旭丘高校二年次の担任（倫理社会）教諭の支援を受けた。

3　この外書購読については以下の拙稿参照。「母（とみ）の自伝的記述にみる戦前の多子家族制・多子家庭」、同人誌『ブレーメン館』、脚注22、第十号、二〇一二年七月、これは拙著『いろいろあってドイツ経営経済学　東京、札幌、ベルリンから―』、共同文化社二〇一八年一二月（及びその改題電子版22世紀アート二〇二〇年に転載）。及び拙稿「激動の１９６９年―封鎖と封鎖解除の中でのクラス活動」、北大１９６９編集委員会編著『北大１９６９―あのころ私たちが目指していたもの―』、メディアデザイン事務所マツモト二〇二一年一月でも触れた。

4　当時資本論の解説・参考書として以下の著作が重要であった。宇野弘蔵『経済原論』岩波全書一九五四年初版（一九七〇年第十刷）、久留間鮫造『価値形態論と交換過程論』岩波書店一九五七年初版（一九七〇年第一二刷）、見田石介『資本論の方法』弘文堂一九六三年初版（一九七一年第七刷）。なお手にした原書は Das Kapital-Kritik der politischen Ökonomie-, Erster Band, Dietz Verlag1971 で、これはドイツ社会主義統一党中央院会付属マルクス＝レーニン主義研究所編集の『カール・マルクス＝フリードリッヒ・エンゲルス全集』第二三巻であった。訳書は岡崎次郎・杉本俊朗翻訳／大内兵衛・細川嘉六監訳の大月書店版一九六八年と向坂逸郎訳の岩波書店文庫版一九四七年（改訳された一九六五年版）。両訳書で翻訳用語の違いで気になったのは、以下の箇所。第一編「商品と貨幣」第一章「商品」第三節「価値形態または交換価値」４．「単純な価値形態の全（総）体」の三段落目の「それで価値が表現される他方の商品」（岡崎訳）と「身をもって価値を表現する他方の商品」（向坂訳）の相違である。この原語は worin であり、当時は受動態と能動態の違いであると捉えていた。私はこの用語は「この関係において」と訳すべきで、いずれにしろ両訳とも間違いとは言えないが、原語を日本語で表現する際の翻訳上の困難さを表現するものと理解している。

5　岩崎允胤『弁証法と現代社会科学』、未来社一九六七年、宮原将平／岩崎允胤『現代自然科学と唯物弁証法』、大月書店一九七二年、『科学的認識の理論』大月書店一九七六年、田中一『研究過程論』、北大図書刊行会一九八八年。

6　Helge Pross, Manager und Aktionäre in Deutschland — Untersuchungen zum Verhältnis von Eigentum und Verfügungsmacht — , Frankfurter Beiträge zur Soziologie, Im Auftrag des Institut für Sozialforschung herausugegeben von Theodor W. Adorno und Walter Dirks, Band 15, Europäische Verlageanstalt, Frankfurt am Main1965.

7　拙著『西ドイツの巨大企業と銀行—ユニバーサル・バンク・システム—』、文眞堂一九九八年、第一章。この本を刊行する前に、藻利教授に論文抜き刷りを送ったところ、大変丁重な返信をして下さり、激励された。またこの論文が立教大学の三戸公教授の目に留まり、教授が主催した伊豆での「会社支配論」（大企業の所有と支配）研究会に呼ばれ報告することになった。そしてその門下生の同志社大学正木久司教授を通して、文眞堂から論文をまとめ本として出版することとなった。またこの本を評価してくれた当時日本証券経済研究所（大阪）の奥村宏研究員とも研究交流が始まった。

8　拙稿「ドイツの企業と証券市場—四十年間の研究活動と三四年間の教育活動—」（通常専任教員最終講義）、前掲『いろいろあってドイツ経営経済学　東京、札幌、ベルリンから——』所収、その後改訂キンドル電子版。及び前掲「激動の１９６９年——封鎖と封鎖解除の中でのクラス・自治会活動」、１９６９編集委員会『北大１９６９——あのころ私たちが求めていたもの—』所収。

9　男女雇用機会均等法施行前の道財務局には、給与、昇進、人事異動等で厳しい男女差別があった。旧大蔵省全体で東大卒キャリアは別格扱いであったが、当時本省での自殺数は省庁内トップという別側面もあった。公務員試験で大蔵省と労働省の双方に受かった清水は、雇用条件の良い労働省を選ぶべきだったと後悔していた。

なお、当時夫婦二人して以下の本を読み、溜飲を下げたことが思い出される。福沢恵子著・佐々木（イラスト）『ワーキング・ウーマン（W・W）のサバイバルガイド』、学陽書房女性文庫一九九七年。及び宮本政於（厚生省検疫課長）『お役所の掟——ぶっとび「霞が関」事情』講談社一九九三年、及び同『在日日本人』The Japan Times 一九九三年。

全院協機関誌　5、6、7（1972～73年）

大学院生時代の生活

小坂直人

北大から東北大へ

北大での都合六年間の学部生活の後、一九七六年四月に、私は東北大大学院（経済）に進学した。本来は、そのまま北大大学院に進学するつもりであったのだが、入試準備が足りず北大に合格できなかった。当時、北大経済の大学院入試は毎年二〜三名位しか合格できない難関であり、講義にも出ず、ろくな学習を積んでいなかった私には特に高いハードルであった。アルバイトと勉強に四苦八苦した挙句、結局、入学試験実施が一二月にあった東北大にかろうじて合格することができた。東北大は一〇名が合格できたという間口の広さに救われたともいえるであろう。

かくして、私の大学院生活が仙台の地で本格的に始まる。指導教授は金田重喜先生であり、四〇代半ばのバリバリの時期であった。専門はアメリカの独占期研究であり、ロックフェラー研究やニューディール研究、そして「株式会社における所有と経営の分離」研究の第一人者であった。フランス研究でも広く知られており、先生を指導教授とする院生はアメリカかフランスを対象にテーマを選んでいたが、私は、少しずれて、ドイツの独占問題を選ぶことになった。第一次大戦から第二次大戦にかけての時期、ワイマール期からナチス期にかけての石炭、鉄鋼、電力といったエネルギー産業の独占問題がテーマであったが、結局、このテーマが私のその後の研究方向を決めることになった。もっとも、大学奉職後は、この時期のドイツエネルギー産業研究から徐々に遠ざかり、現在は、ほとんど日本の戦後エネルギー、それも電力改革をめぐる諸問題の分析に忙殺されている状態である。それでも、問題を歴史的・俯瞰的に眺めるという手法を取るという点は、変わらないつもりではいる。いずれにしても、その時々の主流からいつも半歩か一歩遅れるか、わきにそれたところに身を置く、行動パターンがすっかり身についてしまっていたようである。

経済学部のスタッフ

全体としての研究生活については別途まとめなければならないが、一九七〇年代の東北大学経済学部の当時の様子を知る上で、少しでも役立つと思われる東北大大学院の状況を簡単に紹介しておきたい。経済学部は、かつて宇野弘蔵、服部英太郎、安井琢磨、熊谷尚夫など、マル経であれ近経であれ、そうそうたるスタッフを擁していただけに、当時も充実した陣容であった。私は金田重喜教授担当の工業経済論専攻であり、それ以外の分野の様子は詳しくわからないので、マル経分野に限定して以下述べたい。マル経分野の中心的スタッフは、宇野の経済政策論を引き継いだ原田三郎、マル経原論の田中菊次、柴田信也、社会思想史の服部文男、社会政策論の徳永重良、国際経済論の村岡俊三、経済学史の馬渡尚憲、農業経済論の渡辺寛、工業経済論の金田重喜、社会主義経済論の青木國彦といったメンバーである。大内秀明は教養部のスタッフであったが大学院には出講していた。学部スタッフがすべてということではもちろんないが、古典や歴史研究が重視される傾向は強かったように思う。マル経分野であれば、資本論、帝国主義論は時間をかけ、繰り返し読み、議論することが基本であった。自分のテーマの関係では、マルクス、レーニン、ヒルファーディング、シュムペーターにふれることが多かった。七年間の仙台での経験は、私にとっては実質的な学生時代であり、札幌で不勉強であったつけを取り返す、学生生活のやり直しの意味合いが強いものであった。

院生の雑居世帯

当時の大学院（経済）の概況についていうと、入学者のうち、東北大の学部出身者はおおむね六割で、後は他大学出身者であった。学年によって様々であるが、小樽商大、福島大、和歌山大など博士課程をもたない旧高商系の大学からの進学者が多かったかもしれない。その他、北大、京大、東大、東京教育大、東外大などからたまに進学するものがあったくらいであろう。一学年一〇名前後で院生総数約五〇名、それに、任期二年の助手一〇名（実際に在籍した助手は一〇名を切っていたと思う。文部省が定める定員が一〇名であったという意味である）が加わって、経済学部棟の三階フロアーを使用する形であった。院生室は三名部屋が基本であったが、修論を書くＭ２の部屋と助手部屋として二名部屋が配分された。毎年春、この部屋割りを決めるのが院生会の仕事であり、私も院生会の役員をしたときこれに従事した。機械的に三名を割り振れればそう難しいことではないが、当時はまだ学閥というか、いくつかの利害対立グループ（教員同士の対立グループを背景とする院生間対立）があり、異なるグループに属する院生は同室にできない事情があった。この学閥対立問題を追うだけでも十分一つの物語が書けると思うが、ここでは触れない。あくまでも、院生生活に影を落としていた要因の一つがここにあったことを記しておくだけである。たとえば、マル経では宇野派系と講座派系、それ以外に近経と経営グループなどがあった（こうしたグループ分けは正確ではないし、あまり使いたくないのではあるが、当時の状況を説明するうえでの便宜から使っているだけである）。

現実の生活では、このグループを越えて院生同士が一緒に遊んだり、飲みに行ったりすることも少なくなかったし、教授会メンバー、職員メンバー、そして院生会メンバーが対抗スポーツ大会や懇親会を実施するなど学部融和の試みもあった。しかし、指導教授レベルではそうはいかなかった事情があったのであろう。院生部屋に指導教授が時折やってきて、院生と話をすることもあり、そのとき、グループ外の院生が一緒ではまずいこともあったかもしれない。ちなみに、部屋割りの都合で、私はグループ外の院生とやむなく同室になったことが一度あった。おかげで、通常は会うこともまれな計量経済学の教授と話をするようになったし、きっかけは忘れてしまったが、経営学や会計学の教授とも知己を得ることになった。この時を含め、私の研究室を訪れる教授たちと、お茶やコーヒーを飲みながら歓談することがしばしばあった。こうした交流の機会に聞く、教授たちの私生活や研究上の経験談などが、意外と興味深く、その後の研究生活に示唆を与えていた側面もあったとはいえる。

研究体制は非講座制

なお、学部の教員配置や予算付けは形式的には講座制によっていたようであるが、各教員は教授、助教授を問わず、講義科目とゼミを原則的に一つずつ担当し、また、学生・院生も一人一人の教員を指導教授として選択する形であり、講座に所属するものではなかった。だから、講座の研究室は存在しなかった。文系学部では、経済・法律系はこのようなシステムが一般的であって、実質的な意味でも講座制が残っていた教育・文学系とは異なっていたようである。北大も東北大と同じような仕組みであったと聞いている。文学部・教育学部において講座制が維持され、法学部・経済学部においては講座制が実質的に採用されなかったのは、学生定員と教員定員の関係で、後者がマスプロ化していたことが最大の理由であったと思われるが、興味深い現象ではある。

ところで、上で触れた、任期二年の助手であるが、これは文部省規定に基づく文部教官助手であり、れっきとした公務員であった。私の助手採用時の辞令にそう記してあるし、二年間の助手期間が国家公務員共済の年金資格に算入されているから、これは間違いない。東北大経済の助手任期は二年であったが、大学によって三年かあるいはそれ以上のところもあったようである。要は、将来、そのまま学部スタッフとして昇格する道が用意されているものではなかったという点が重要であった。つまり、文部教官としては、本来、任期が定められたものではなかったが、学部当局と採用された助手個人との間の紳士協定ともいうべきものであった。助手の間に業績を上げ、首尾よく他大学や研究機関に定職を得るべく与えられた猶予期間であり、OD対策の一環ともいえるものだったのである。一学年一〇名が在籍していたから、半分は助手採用、半分はODとなることになる。もちろん、ドクター在籍中に職を得るものがあるし、逆に、ODを長く続けているものもあるから、必ずしもこのとおりではない。こんな事情から、五名の助手採用になった人の給料をODとなった他の院生を含めて均等に分配する「プール制」という案が院生会で検討されたこともあったが、実現しなかったと記憶する。院生のグループ間対立の他、二年間とはいえ、給与支給されることで生活が成り立つ院生、特に既婚者の存在など、院生の生活環境も多様であり、単純な分配論が成立しなかったことが原因であったと推測される。

指導教授の方針にもよるが、東北大はおおむね放任主義が主流であった。修士課程では、最終的に修論をまとめて、提出・合格するというゴールに到達すればよく、その過程はほぼフリーであった。M１は学部のゼミに出席し、自身の学習とともに学生指導に従事すること、毎土曜日に開かれる「資本論研究会」と「国独資研究会」（この二つは隔週で開かれる）に出席すること以外に、必要に応じて個別の教授講義を受けるだけであった。

「資本論研究会」は田中菊次、柴田信也両教授を中心に『資本論』を輪読・議論していくものであり、私が入学して最初に参加した研究会では、ちょうど、第一巻「本源的蓄積論」をやっていたが、ドクター終了時でも第三巻の利子生み資本論あたりを読んでいたぐらいであり、遅々としたスピードであった。

「国独資研究会」は原田三郎、服部文男、村岡俊三、金田重喜の四教授を中心に進められており、レーニン「帝国主義論」、ヒルファーディング「金融資本論」を古典として学んだうえで、現代資本主義を国家独占資本主義として体系把握する議論が中心であった。

「資本論研究会」「国独資研究会」に出席することは、同時にそこに出席する諸教授の薫陶を受けたことになり、一種の集団指導体制ともいえるものであった。もちろん、直接の指導教授との論文指導等は別途あったが、上記の研究会で学んでいた院生のほとんどは、この二つの研究会で報告し、議論を重ねることによって経済学理論の素養を積んでいたことになる。指導の集団体制に呼応していたわけではないが、院生の側も集団研究体制が作られていた。たとえば、毎夏に実施された研究合宿ではお互いの研究成果を出し合い、喧々諤々の議論をしたことが思い出される。

論文の読み方

最後に、研究内容等についてはこの紙面ではつくせないので、論文や著書の読み方についてのみ、一点触れておきたい。論文であれ何であれ、文章はいくつかのパラグラフから成っているのがふつうである。短い文章であれば、一パラグラフ＝一文章ということもあり得るが、私たちが通常お目にかかる論文は複数パラグラフから成ると考えてよいだろう。そのとき、書かれている内容から、幾つかの段落に区切り、その段落間の論理的つながりを明らかにしてはじめて全体の主張・論点を把握できることになる。この段落の付け方を、当時、研究会では「段切り」といっていたが、かなり良く読まれている古典でも、読む人によって「段切り」が千差万別なのである。自分なりの「段切り」

をつけて内容報告するためには、当該文章によって著者がいいたいことは何か、そこに徹底して内在しようとする姿勢が求められる。この「段切り」手法は読むための態度だけではなく、自分が論文を書くときに、どのような論理展開をするのかという際にも必要な手法である。上記の二つの研究会に出席していた教授たちは、修論を含め、一般に長い論文を推奨しなかった。論文の価値はその長さによってではなく、論理展開の確かさによって決まるという立場であった。当然といえば当然だが、論文執筆に際して、自分が調べ、学習したことを何でも文章に詰め込みたいと考え、ついつい長くなってしまうのが初学者の陥りやすい傾向かもしれない。そして、そのことによって、逆に論点が拡散し、肝心のいいたいことが曖昧になる可能性が大なのである。指導教授の戒めはそこに核心があったのであろう。実際上の指導として、理論的なもので、四〇〇字詰め原稿用紙六〇枚、実証的なもので、同じく八〇枚くらいで十分といわれていた。私の修論は実証研究で一〇〇枚ほどであったが、東北大基準では少々長すぎであった。その後の研究生活でも、この基準をもとに執筆をしてきたつもりであるが、ワープロによる原稿作成になってからは、明らかに論文が長めになっている。削除や修正など、文章作成が容易になったため、いたずらに文章が冗長になっているようである。今一度、一論文一論点の原則に立ち返って、当時の執筆姿勢を想起する必要がありそうである。

意図せざる結果ではあったが、学部を北大、大学院を東北大という形で、異なる学問的環境に身を置いて研鑽できたことは、私の研究生活に広がりを与えてくれ、何よりも、多角的なものの見方を示してくれたこと、同じ社会現象でも、見方によっては違った説明が可能であり、唯一無二の解釈や説明が成り立つわけでないことを知ったことは得難い経験となった。そうはいいつつも、この七年間の東北大での経験を含め、都合一三年間の学生・院生生活が私にとって何を意味するのか、いまだに、その答えを出し切れていない。この投稿も、やはり、自分史の「中間総括」にとどまることを述べ、筆をおくことにしたい。

第Ⅳ部　資料・年表・文献一覧

1　北海道大学大学院白書（昭和三八年一一月）

〔解題〕
北海道大学院生協議会全学幹事会一九六五年一〇月二〇日発行、同白書編集委員会編。B５判三一六頁。刊行案内リーフレットおよび本書の「白書出版にあたって」「発刊に寄せる言葉」「目次」を資料として示した。

発刊にあたって

北海道大学院生協議会

新制大学院は発足して以来すでに12年の年月を経ています。そしてこの間のわが国の科学研究の飛躍的発展の中で、大学院生が果たしてきた役割はなん人も否定できないものがあります。しかしその陰で大学院生はあるときは「学生」と呼ばれ、またあるときは「研究者」と呼ばれるあいまいな身分のまま実質的には「無給助手」として多くの苦しみをなめてきました。生活の苦しさはいうまでもなく研究の進展を阻む壁は厚く、将来への不安は深刻さを増し、その中で苦悩する多くの院生の姿はまさに日本の科学研究体制の諸矛盾の集中的な現われといえましょう。

このような状態を改善し、日本の科学研究の一層の発展を保障するためにも、まずその**実態を明らかにする**必要があるにもかかわらず、わが国の政府は現在に至るまでその課題に応えようとはしませんでした。ここに院生自らの手で自分たちの状態を明らかにしようとする「**白書運動**」がほうはいと湧き上がってきた基礎があります。昭和38年に出版された「京都大学院生白書」はその成果を最も具体的に示した典型であり、全国の大学院生に大きな教訓と鼓舞を与えました。

「**北海道大学院生白書**」は、この「京大白書」に深く学びつつ、昭和38年11月に実施された調査を基礎に、ほとんど全ての院生が調査、集計、討論、分析、執筆などの作業にあたり、３年間の年月とぼう大なエネルギーを費やして完成させた文字通り北大院生の努力の結晶であります。そして内容的には「京大白書」以降の院生の経済上、研究上、社会上の位置を、広い視野と豊富な資料で総合的、全面的に分析し、当面する**わが国科学研究体制の諸矛盾を明らかにした**ものであります。この中には、私たち院生の現在置かれている困難な状況がつぶさに語られ、多くの重要な問題提起がなされております。それは同時に日本の科学研究のあり方への深刻な現状認識であり「大学の危機」「科学研究の危機」に対する重大な警鐘でもあります。

こうした意義と内容をもつ「北大白書」はそれ自体現在およ

び将来の日本の学術、研究体制を考える上での**貴重な資料集**大学院生の運動のすぐれた典型をしめした**実践の記録**でもあります。

わが国の科学研究の正しいあり方をうちたてる礎石として、この白書の**広汎な普及と運用**にご協力下さるよう、全国の大学人、研究者および日本の科学研究の発展を願う全ての人びとに訴えます。

推薦のことば

日本学術会議会員、北大名誉教授　松浦一

大学院生は〝なりつつある学者〟である。すでに大学の教課を一通り卒え、研究者としての一歩を踏みだしたものである。およそ科学の世界では学者個人の達成はない。研究の完成とは新たなる問題点を提起することによってのみ一つの段階を超えたことを意味するにすぎない。つまり科学者としての完成はありえず、すべての科学者はこの意味で常に〝なりつつある学者〟であり、従って大学院生はすでに研究者として待遇されるべき資格をもつ。大学院〝学生〟という名称から彼らを〝学生〟であると資格づけることは不当である。現にどの大学でもその研究業績の多くに大学院生が関係している事実は周知の通りである。

いま日本学術会議ではわが国の研究環境の改善と拡張をめざして長期研究計画をたてつつある。各専門家の要望するところのものはかなり膨大なものがあるが、これを机上の空論におわらせないための一つの必須の条件は大学院の拡充と拡大にある。新しい講座や研究所が設立されても専門家不在ではお話にもならない。日本の学問の未来像を描くにあたって、まず大学院がどんな状況にあるかを知ることが必要であり、その認識の上に立って為政者に忠告することは科学者の責任である。この意味でこんど北大の院生たちが自主的に、多くの労苦を克服して、この白書を編んだことは意義深い。本白書はすでに1961年に出版された京都大学の大学院白書に次いで、わが国では2番目の白書であり、本書が契機となってさらに多くの大学で白書が出版されることが期待される。この労作がただに大学人のみならず、わが国の文化一般に関心をもつ人たちに〝考える素材〟として価値あるものであることを申しのべて、推薦のことばとする。

1965年9月

以上の出所は近刊案内リーフレット

白書出版にあたって

北海道大学院生協議会全学幹事会

北大大学院生の総力をあげて取組まれた大学院白書が、ここにようやく発刊の日を迎えたことを、これまでその完成のため、日夜を惜しまず努力を注いでこられた全学院生の皆さんとともに喜びたいと思います。

昭和三八年一一月、調査が実施されて以来一年一〇ヵ月、調査が企画されてからは二年六ヵ月をすぎ、この間にこの白書のために多くの貢献をされながらその完成を見られなかった先輩諸兄を送り出し、また、調査を経験していない多数の院生を新たに迎え入れ、北大院生の構成にもいちじるしい変動がありましたが、それにもかかわらず白書運動が一貫して推進され、全院生のものとなって力強く発展してきたこれまでの経過をふり返るとき、感慨あらたなものがあります。

「奨学金を増額せよ」という要求を契機として、全国大学院生協議会を中心に始められた私たちの白書運動は、全国的にも多くの院生の支持を得て着々と成果をあげられつつありますが、中でも昭和三八年に出版された「京都大学大学院白書」は、大学院の当面する諸問題について、はじめて総合的かつ具体的な分析と問題提起をなしたものとして、その成果は、学術会議をはじめ各界に大きな反響を呼びおこし、また全国の院生には、強い刺激と励ましと見通しとを与えています。そこに示された見解が全国院生の受入れるところとなり、多様な要求が結集され全国院協の活動が多面的に発展してきているその後の経過は、「京大白書」の結論の正しさを証明しているものといえましょう。また、北大においては、昭和35年全学院生に関する実態調査が行われ、当時の状況を知り得る唯一のまとまった貴重な資料になっています。私たちの白書は、これら先人の貴重な業績に深く学び、その成果をうけつぎ発展させる立場で終始一貫取組まれてきたものです。

「京大白書」において、「高度経済成長政策」に伴う「新しい科学技術政策」のもたらすゆがみが、私たち大学院における諸矛盾の基本的要因であり、わが国の科学技術体制をその底辺から突崩す危険のあるものとした見方は、その後の全国的な院生の諸活動の中で、その基本的観点の正しさが検証されてきました。とりわけ、昨年の「研究と生活を守る全国大学院生三月集会」「一〇月中央集会」においては、そこからもたらされる危険な動きが、さまざまな形で、現在、大学および大学院のなかに、あるいは露骨に、あるいは秘密裡にもちこまれ、研究体制全般を内からも外からも着実に蝕みつつあることが、多くの事例にもとづいて具体的に明らかにされてきました。

とくにそのなかで、昭和三八年に具体化された大学院を含む大学の再編成方針や、本年六月に諮問の出された大学院制度改訂方針（明年四月答申予定）など、昭和四一～四三年に予想される学生急増のための対策という名のもとに進められている一連の政策および、今年四月に発表された「産学協同法制化」の構想などは、それまで、個別的、分散的、秘密的に行なわれてきた大学の官僚統制、基礎科学軽視、〝技術〟偏重、産業界の要請に基づく大学の再編成などの動きを、一挙に集中的に制度化しようとするものであり、同じく法案の準備されている科学技術基本法案、学術振興法案などとともに、私たちはこれに対して重大な関心を払わざるを得ません。そして、このような動きが、私たちはじめ、学者、文化人こぞって反対してきた「政府のアメリカの南ベトナムに対する侵略戦争への一層の協力」や日韓条約の強行調印、「三矢作戦計画」など、ますます戦争への道を歩む政策の動きと合わせて出されてきていることを私たちは見過ごすことができません。

このような状況のなかで、私たちの生活条件・研究条件は、京大大学院の実態調査当時と比較しても全く改善されていないばかりか、むしろ、多くの矛盾が激化してきていることは、本書の中にも明らかです。また、とくに本調査以後のいちじるしい物価の上昇は、今日、院生をしてその「生活を停止」しなければならないところまで追いこんでいることが示されています。

このような事態において、全国院協の三本の柱「生活を守り研究条件を改善する課題」「日本の学問研究を守り発展させる課題」「日本の平和と真の独立をめざす全人民的政治課題」への取組みは、以前にも増して重要な意義を担うものとなってきています。一方、学術会議においては大学院問題に関する討議が深められ、大学院を「研究者の唯一の供給機関」としてその重要性を訴えるとともに、それにみあった保障をなすべきことを政府に勧告しています。とくに「京大白書」の出版以来、私たちと学術会議の関係は非常に密接になりつつあるといえるでしょう。以上のような情勢の中で、私たちの実態と意見を示すこの白書が出版される意味は極めて大きいといわねばなりません。私たちは調査に当たり、つぎのようにその意義・目的を確認しています。

① 私たちがおかれている経済生活・研究生活の実態を把握し、そこにおける矛盾と、私たちの要求を明らかにし、私たちの運動の基本方向をさぐること。それによって、当面する問題への認識、理解を深め、院協への結集を強化する。

② 実態の把握を、北大第1回調査、「京大白書」などとの比較において捉え、状況の推移と現状をみること。

③ 全国院協の白書運動の一環であり、全国的な院協活動の伝統を継承し発展させるものであること。その中で北大の独自的位置、役割を明らかにすること。

④ わが国の全教育研究体制の中での私たちの大学院の位置を明らかにし、真の学問研究の発展を目指す視点を確立すること。

これからもわかるように「白書運動」ということばは、単に実態を調べ数字に表すだけのものではなく、そこから私たちの当面している矛盾の本質を認識し問題解決の指針をさぐり、私たちの諸条件を改善し、わが国の科学研究の向上発展に資するという内容をもつものであり、調査の段階から編集、出版、その後の運用のすべてにわたり、これを全院生の「運動」として行なうものであることを意味しています。すなわち、それは院協活動と不離一体のものであり、白書運動は院協活動を活発化し、院協活動の発展は白書の内容を充実し豊かにしていくという関係にあります。

こうして取組まれた本白書は、高い回収率と、大多数院生の集計作業、討論への参加のもとに作製されたというすばらしい特徴をもっています。また、実際にこの白書に取組む中で、北大院協の活動が全体的に高揚し多面的に発展してきたことは、第Ⅳ編および「あとがき」にもある通りです。

このような白書運動の中で得られた成果が真にその意義を発揮するのは、今後の私たちのこの白書の活用いかんにかかっています。白書の完成に示された膨大なエネルギーを余すところなく活用し、各単位で創意ある学習活動をはじめ、討論をまきおこしましょう。白書をもとに教官層と討議の場を持ちましょう。すべての問題を白書に立ちかえって検討し、私たちの運動の強力な武器として積極的に活用していきましょう。

　私たち自身にも全く経験のない規模の大きな仕事でもあり、この白書自体にはまだまだ不備な点が残っていると思います。それらについては、積極的、建設的な批判をお寄せくださるようお願いいたします。本書が今後の院生の生活研究条件の向上に、院協はじめ若き研究者組織の一層の発展に、そしてわが国の学問研究の一層の発展のために役立つことを心から期待いたします。

　最後に全院生を代表して、序文をいただいた杉野目学長、星学生部長、また「試案」の印刷はじめ、出版費用の面で多大なご協力をいただいた学生部の方々、学生部委員の諸先生、および各研究科の教官諸先生、お忙しいなかをいろいろとわずらわせた各研究科教務係の職員の方々に心からお礼申し上げます。また、われわれの無理難題を快く引き受けてくださり、立派に仕上げていただいた北海道機関紙共同印刷所の皆様に厚く感謝いたします。

北海道大学大学院白書発刊に寄せる

北海道大学長　杉野目晴貞

　北海道大学大学院生協議会が昭和三八年から検討努力をつづけてきた北海道大学大学院白書が、編集の任に当られた皆さんの努力が実を結んで、このたび発刊のはこびとなったことは誠に慶ばしい限りであります。

　わが国新制大学院制度も発足以来一二年、近年ますます充実し、全国各大学にもその設置の傾向を強くし、また本学の大学院研究科においても、学生は質的にもまた量的にも急激な向上をみせており将来にかけての学術研究の担い手の育成および学問研究の未来には非常に明かるいものを感じております。

　この白書がひとり北海道大学大学院生のためのみならず、全国の大学院ひいてはひろく世界の学術研究の場のためにも示唆することが多いことを願っております。

　過去において作成されたこの種の白書に新しい調査要素をあわせ含めたこのたびの企画と真摯な態度につらぬかれた編集に対し、心から敬意を表し発刊に寄せることばといたします。

大学院白書の刊行をよろこぶ

北海道大学学生部長　星　光一

　わが国において、新制大学が設置されてから早くも一六年、大学院制度が実施されてから一二年間の歳月が流れた。その間、大学は学術の中心として広く知識を授けるとともに、深く専門の学芸を教授研究し、知的、道徳的および応用的能力を展開させることを目的とし、また、大学院は学術の理論および応用を研究し、その深奥を究めて文化の進展に寄与することを目的として、一応の教育と研究が行なわれてきた。そして、今日までの一〇数年間の経験と実績とは、大学全体の各分野に対していろいろな重要問題を提示した。しかるに、いまなおそれらの問題点を反省し、整理し、明確にして、本来の目的達成のための十分な検討と措置とが講ぜられていたかどうかを振り返ってみると、必ずしもそうではなかった。とくに、大学院に対しては、大学院そのものをこそ大学の理想を貫くための大きな支えであることは認められながらも、その組織において、その施設、設備において、改善をはかるための措置がほとんど省みられなかったといっても過言ではない実情であった。

このような時機にあたって、北海道大学大学院生協議会が、院生諸君自らの手によって大学院の実態を詳細に調査し、大学院を改善充実するための資料として北大大学院白書が刊行されたことに対して、大いなる敬意を表し、かつ賛辞を呈したい。もちろんこの種の調査に際しては、その問題の取扱い方に対して、その立場なり角度なりによって、いろいろな資料が得られ、またその受取り方についてもいろいろな解釈が行なわれることであろう。しかし、それはそれなりでよいことだと思う。大事なことは、まじめに建設的な態度でそれがなされたということである。その意味で、この白書は、単に北海道大学の一資料であるに止まらず、わが国全部の大学院の改善のために大きな貢献をするものであることを信じて疑わない。ひろく関係方面において活用され、日本の文教施設の基礎が確立されることを期待するものである。

最後に、本白書の刊行にあたって、深い理解と厚意を寄せられた北大学生部委員会、各学部ならびに関係各位に対しては、大学院生諸君とともに深甚なる感謝の意を表すとともに出版の喜びをわかちあいたい。

目次

目　次
北海道大学大学院白書委発刊に寄せる
　杉野目晴貞（北海道大学長）
大学院白書の刊行をよろこぶ
　星　光一（北海道大学学生部長）
白書出版にあたって
　北海道大学大学院生協議会全学幹事会
はじめに
(一)白書はどうしてつくられたか
(1)白書は全大学院生の要求に根ざしたものである
(2)大学院白書の成立まで
(3)本白書の成立まで
(二)調査の概要など
(1)調査主体
(2)調査の種類と調査機関
(3)調査対象
(4)調査方法
(5)回収方法および回収率
(6)自由回答欄の取扱いについて
(7)白書に用いた資料
(8)用語その他
序　編　北大大学院生の構成
(一)院生の構成と最近の院生数の変化

（1）研究科別院生数
（2）性別年齢別構成
（3）研究科別課程別院生数
（4）北大院生数の動向
　i）在籍者の動向　ii）定員数の変化　iii）北大の他階層の動向との関連
（5）ま　と　め
（二）大学院入学前の経歴
（1）出身大学および出身学部
（2）入学前の経歴
（3）旧勤務先およびそれと現在の関係
（4）北大大学院生の出身地
（5）出身家庭の職業
第Ⅰ編　新制大学院制度の基本的性格
第1章　新制大学院制度の成立とその基本的性格
第一節　新制大学院の成立
第二節　新制大学院の基本的性格
第2章　現行制度に対する院生の見解
第一節　大学院入学の目的と理由
第二節　大学院の現実の機能
（1）MC・DCの機能について
（2）修士課程の性格
第三節　大学院の独立性について
第四節　大学院の編成
第五節　大学院の修業年限
第六節　講座制について
（1）講座制の現状と問題
（2）講座制に対する院生の意見
第七節　単位制について
第3章　制度改編の動き
第Ⅱ編　大学院生の生活と研究―その実態と問題点―
第1章　研究を支える物質的条件
第一節　大学院関係予算
（1）大学院関係経費の国家予算に占める位置
（2）大学院関係予算項目の検討
　i）「学生当積算校費」―いわゆる「大学院学生経費」―ii）「教官当積算校費」・その他の教官研究費　iii）「大学院研究科担当手当」　iv）臨時事業費―大学院施設のための予算―
（3）大学院関係予算の問題点
（4）北大関係予算について
第二節　研究条件の現状
（1）部屋・施設と机
　i）部屋と施設　ii）机
（2）図書と設備・器具
　i）図書　ii）実験設備・器具および研究資材
（3）消耗品は支給されているか
（4）旅費は支給されているか
　i）学会旅費　ii）研究会・調査など旅費　iii）旅費の捻

出方法
（5）研究上の災害とその補償
まとめ
第2章　研究システムと研究活動
第一節　研究システムと研究活動
（1）MCからDCへの進学
（2）スクーリング
（3）研究テーマ
（4）研究形態
（5）研究室外の研究活動
（6）論文作成判定について
i）論文作成の指導について　ii）論文の判定について
（7）研究成果の発表
（8）学会について
第二節　留学―国内留学・国外留学
（1）国内留学
i）国内留学の必要性　ii）留学の機会
（2）国外留学
i）国外留学の必要性　ii）留学の現状　iii）希望国
第三節　学位―修士号・博士号
（1）新制学位
（2）学位取得の見通しと現状および問題点
i）修士号　ii）博士号　iii）問題点
（3）学位基準に対する院生の意見
まとめ

第3章　研究室運営と院生
第一節　研究室運営の事例
（1）理・物理学科
（2）理・高分子学科
（3）理・植物学科
（4）理・地質学鉱物学科
（5）農・農業経済学科のある講座
第二節　北大における研究室運営の一般的現状
（1）図書・器具・研究旅費への希望の反映および予算の公開状況
（2）研究費配分および人事
（3）雑　務
まとめ
（附）北大理学部物理学教室教官会議規約
第4章　大学院生の生活条件
第一節　北大院生の生活形態と収入水準
（1）生活形態
（2）収入水準
第二節　支出形態の諸問題
（1）支出構成の概観
（2）食　費
（3）研究関係費
（4）被服費その他
第三節　住　居　問　題

（1）居住形態
（2）住居費および部屋の広さ
（3）住居に関する院生の意見
（4）大学の諸施設
第四節　大学院生の健康問題
（1）保健衛生費
（2）院生の健康状態
（3）健康管理のための制度について
第五節　結　婚　問　題
（1）既婚率の低さ
（2）既婚者の生活状態
（3）大学院生はなぜ結婚しない
（4）問　題　点
（附）調査時点以降の院生の経済生活の絶対的悪化について
（1）引続く物価の騰勢
（2）大学院生の消費支出への影響
（3）収入の固定化と生活の悪化
第5章　奨学金問題
第一節　大学院生の経済生活と奨学金
（1）ゆがめられた収入構成
（2）過重なアルバイトによる研究生活の圧迫
（附）非常勤講師料について—北大における運動を中心に—
（3）出身家庭への経済的依存
（4）奨学金格差のもたらすもの
第二節　奨学金制度の現状
（1）奨学生数
（2）日本育英会の奨学金
（3）日本育英会以外の奨学金
第三節　奨学金制度に対する大学院生の見解
—奨学金三原則について—
（1）奨学金は全員支給に
（2）基準となるべき奨学金
（3）給費か貸与か
（4）全国院協の奨学金運動の方針について
第四節　お　わ　り　に
第6章　就職上の問題
第一節　希望職種と実現の可能性
（1）MCについて
（2）DC在籍者の希望職種
（3）海外への就職希望について
第二節　就職の現状
（1）修　士　課　程
i）MC終了後の進路　ii）MC就職者の職種構成
（2）博　士　課　程
i）DC就職者の概況と職種構成　ii）DC留年者および中途就職者について
（3）就職時の待遇
i）学術会議の調査について　ii）院生の就職時の身分　iii）初　任　給
（4）就職に関する全国的状況

第三節　問　題　点
（1）需要供給の問題
（2）未就職者・留年者の問題
（3）終了後の保障について
（4）就職の機会について
（5）就職後の問題
　ま　と　め
第Ⅱ編のまとめ
第Ⅲ編　学問の自由と大学の自治
第1章　産　学　協　同
第一節　科学技術政策と産学協同の歴史概観
第二節　産学協同の現状
（1）大学外からの援助とその性格
　i）援助の有無　ii）援助はどこから　iii）出資者との関係
（2）研究に及ぼす影響
（3）他大学における産学協同の現状
（4）農・水にみられる「官学協同」の諸問題
第三節　産学協同に対する院生の意見
（1）肯定か否定か
（2）結びつきはどうあるべきか
　ま　と　め
第2章　日米科学研究
第一節　日米科学合同委員会の資金援助による研究
（1）北大における実態
（2）日米科学合同委員会の性格
　i）設置のいきさつ　ii）構成員とその性格　iii）機構と資金　iv）研究計画と予算　v）二、三の問題点
第二節　アメリカ民間財団の資金援助による研究
（1）北大における実態
　i）ユーラシア研究施設　ii）東南アジア研究センター
（2）アメリカ民間財団とその援助の性格
　i）歴史的経過と基本的性格　ii）アメリカの対アジア政策とその関連
（3）ま　と　め
第三節　北大院生の反対運動
　ま　と　め
第3章　自衛隊入学問題―軍学協同―
第一節　北大における軍事研究反対闘争の歴史
（1）北大における反対闘争
　i）委託聴講生阻止闘争　ii）霧消し実験反対闘争　iii）工学研究科自衛官入学問題
（2）他大学の現状
第二節　現職自衛官入学問題に対する院生の見解
第三節　現職自衛官入学の政治的社会的背景
第4章　大学管理法案・藤井事件
　―管理運営面にあらわれた大学自治破壊の動き―
第一節　大学の管理運営について

（1）大学管理法案制定の動き
（2）院生の態度
第二節　藤　井　事　件
（1）事件の経緯と問題点
（2）事件に対する院生の見方
（3）事件の結果のもたらすもの
第三節　北大における自治の現状
（1）院生の意識
（2）北大の自治の現状とその特質
i）管理運営の状況　ii）調査時点以降の北大における自治侵害の動き
第四節　大学自治の担い手
（1）大学自治の担い手
（2）教授会の構成
第Ⅲ編のまとめ

第Ⅳ編　大学院生協議会を中心とするわれわれの活動
第1章　大学院生協議会について
第一節　本実態調査以前の北大における院協活動の歴史
（1）第一期　大学院生協議会の創設
（昭和33年～昭和37年6月）
i）北大大学院生協議会の誕生　ii）全国院協への結集
iii）全学院協の成長
（2）第二期　大学院生協議会の成長期
（昭和37年7月～昭和38年11月）
i）大学の自治・学問の自由を守るために　ii）自衛官入学反対闘争　iii）院生の研究・生活条件改善のための活動
iv）「平和を守る闘い」の前進
第二節　大学院生協議会に対する院生の意見
（1）これまでの活動に対する評価
（2）院協の必要性とその課題
i）院協の必要性　ii）多面的活動を期待（院協活動三本柱の確立）
第三節　本実態調査後の院協活動（昭和38年12月～昭和40年4月）
（1）全国院協の発展
（2）全国民的課題への取組み
（3）院生の研究生活を守るための運動
（4）各研究科における独自活動

第2章　若手研究者の全国組織
第一節　現在の組織とそれへの結集率
第二節　組織化への要求と今後の方向

第3章　大学院生と学術会議
第一節　学術会議の性格と役割
第二節　学術会議に対する院生の認識とわれわれの課題

お　わ　り　に
―白書のまとめと今後の課題―
（1）本白書のまとめ
（2）問題の背景

（3）その後の動向
（4）われわれの課題
　参考文献
あ と が き
―北大における白書運動の経過と中間総括―
（附録）
1　参 考 資 料
一．全国院協の文部大臣宛要望書（昭 38.8）
二．全国院協代表者会議宣言（昭 39.9）
三．学術会議の声明、勧告
四．1964年北京シンポジウム準備会議コミュニケ
五．1964年北京シンポジウムコミュニケ
六．新しい科学運動への呼びかけ
七．在京科学者十四氏による全国的科学者組織結成のよびかけ
八．科学者京都会議声明
2　調　査　票
3　大学院に関する年表

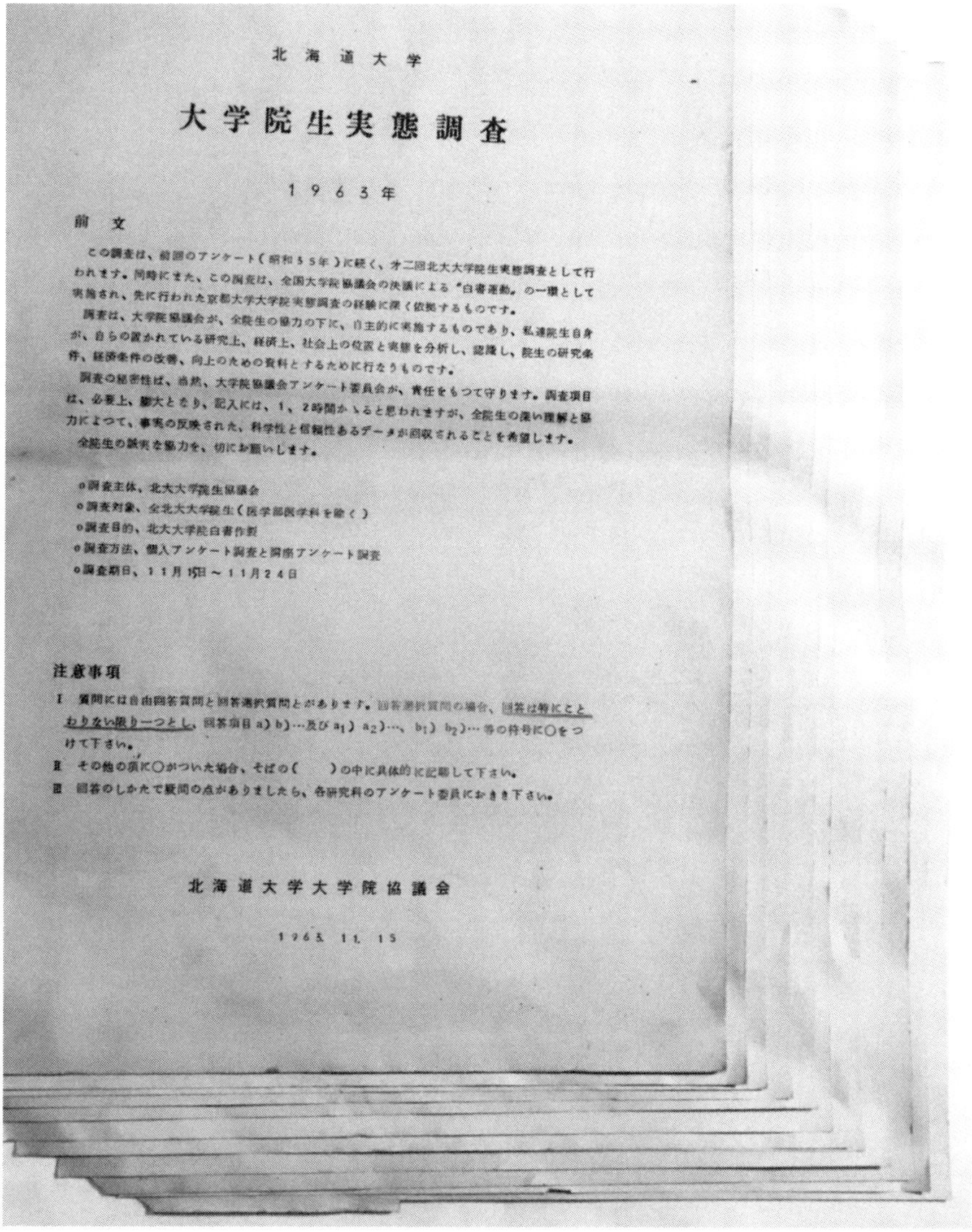

北　海　道　大　学

大学院生実態調査

1　9　6　3　年

前　文

この調査は、前回のアンケート（昭和35年）に続く、オ二回北大大学院生実態調査として行われます。同時にまた、この調査は、全国大学院協議会の決議による"白書運動"の一環として実施され、先に行われた京都大学大学院実態調査の経験に深く依拠するものです。

調査は、大学院協議会が、全院生の協力の下に、自主的に実施するものであり、私達院生自身が、自らの置かれている研究上、経済上、社会上の位置と実態を分析し、認識し、院生の研究条件、経済条件の改善、向上のための資料とするために行なうものです。

調査の秘密性は、当然、大学院協議会アンケート委員会が、責任をもつて守ります。調査項目は、必要上、膨大となり、記入には、1、2時間かゝると思われますが、全院生の深い理解と協力によつて、事実の反映された、科学性と信頼性あるデータが回収されることを希望します。

全院生の誠実な協力を、切にお願いします。

o調査主体、北大大学院生協議会
o調査対象、全北大大学院生（医学部医学科を除く）
o調査目的、北大大学院白書作製
o調査方法、個人アンケート調査と講座アンケート調査
o調査期日、11月15日～11月24日

注意事項

I　質問には自由回答質問と回答選択質問とがあります。回答選択質問の場合、回答は特にことわりない限り一つとし、回答項目 a）b）…及び a_1） a_2）…、b_1） b_2）…等の符号に○をつけて下さい。

II　その他の項に○がついた場合、そばの（　　）の中に具体的に記入して下さい。

III　回答のしかたで疑問の点がありましたら、各研究科のアンケート委員におきき下さい。

北海道大学大学院協議会

1963. 11. 15

北大大学院白書調査票（11枚綴り）

2　大学変革──その闘いの理念──戦後、北大変革の課題と展望

〔解題〕
北大大学院生協議会「大学変革」討論資料編集委員会一九六九年一〇月一一日発行、同討論資料編集委員会編著。Ａ５判一二八頁。
「はじめに」「目次」「序章」および「あとがき」を資料として示した。

はじめに

ここ数年来、全国の大学で巻き起こっている大学問題とは政府の貧困な文教政策と、学内に残存する封建的な管理運営のあり方とを打破し、大学を真に社会の進歩と国民の期待にそうことのできる大学に変革していこうとする大学人の闘いと、米日支配層の七〇年代の核安保体制にむけて、大学を独占資本に「開かれた」大学に再編強化していこうとする二つの道をめぐる鋭い対決の中から表出してきたものである。

そのことは八月三日、参議院に於いて議会制民主々義をふみにじり、ファッショ的に強行「成立」した「大学運営臨時措置法」が、東大における十項目の確認書の成立、名大医学部、北大教育学部等における民主化の闘いによって深刻な打撃を受けた政府、自民党が、一部暴力学生集団の暴力行為を最大限に利用して「当面の紛争を解決するために」と称してだされてきたことに明白に表れている。

この「大学立法」に反対する闘いは全国の大学で広範な大学人を結集して闘われた。この北大においても六月二三日の第一次一万人集会にみられたように、六〇年の安保闘争を上回る闘いが起った。そしてこの立法反対の闘いは単に立法粉砕の闘いにとどまらず、常に大学の民主的変革の方向と同時に追求された。

八月一七日「大学法」は施行された。その後、広島大をはじめとして機動隊導入、介入の回数の増加、政府自民党による「モデル大学」「新幹線大学」の構想など、「大学法」をテコにした政府の大学に対する攻撃は、新しい段階に入った。今こそ、立法粉砕の闘いのエネルギーを大学法実質化阻止、大学の民主的変革のためのエネルギーに転化しなければならない。

このような時点において、北大院協全学幹事会は北大の民主的変革のための展望を与えうる討論資料を早急に作成することが必要と考え、編集委員会を幹事会の下に設けた。この討論資料では、戦後北大の民主化の闘いの歴史を現時点で総括し、闘いを推進した主体と、民主化の到達段階を明らかにし、次に、支配層の大学破壊の政策がこの北大に於いてどのように貫徹さ

れているかを明らかにして、それらの上にたって北大が真に社会の進歩と国民の期待に答えうる大学に変革していくための課題と展望を与えることを目的とした。

　この討論資料全体は「大学にはもはや守るべき自治も、学問研究の自由もない」、「帝大解体」「授業再開粉砕」等と叫ぶ暴力学生集団並びに助手院生共闘諸君の「理論」に対する事実に基づいた反論ともなろう。

一九六九年十月

序　章　大学変革の基本課題と本書の構成
第一章　北大における民主化の闘いと現段階
第一節　戦後北大の位置と闘いの概観
一　北大民主化の胎動
二　試練の時代……イールズ闘争を中心に
三　杉野目体制と北大共闘会議
四　反撃の開始…………学部民主化闘争と大学立法反対闘争
第二節　杉野目時代の終焉と民主化闘争の新段階
一　いわゆる杉野目時代とその特質
二　杉野目時代の終焉と学長選勝利
三　杉野目体制打破と民主化闘争の新段階
第三節　大学立法反対闘争と民主化闘争の到達段階
一　北大に於ける民主化闘争（六八年～六九年四月）
二　立法反対闘争の高まり（四月～六月）
三　封鎖拡大のもとで八・五までの立法反対闘争の発展（七月～八月）
四　闘争の質的転換（八・三～三〇）
五　民主化促進と封鎖自主解除、授業再開へ向けて（九月）
第二章　国家権力の大学破壊政策
第一節　米日反動の大学支配政策
一　科学技術政策としての大学政策
二　教育・労働政策としての大学政策
三　治安政策としての大学政策
第二節　北大支配の構造
一　文部省の直接介入
二　「教授会自治」の形骸化と学内の支配層
第三節　産・軍・官学共同と日米科学協力の浸透
一　産学共同・官学共同
二　軍学共同
三　日米科学協力
第三章　一部学生集団の大学破壊論と挑発行動
第一節　全共闘の大学論の素描
第二節　全共闘の大学論の特徴
一　科学論・研究者論
二　大学自治・民主々義論
三　バリケード封鎖の理論と行動
第三節　北大全共闘の理論と行動の特徴
一　四・一〇体育館封鎖の背景と三項目要求の生い立ち
二　三項目要求の意味
三　「バリケード封鎖闘争」の本質

四　北大全共闘の「大衆団交」要求
五　いわゆる「堀内型自主規制路線」について
第四章　北大の民主々義変革の課題と展望
第一節　大学の民主々義的変革の視点
一　政府の大学解体再編攻撃との対決
二　全構成員による大学の自治
三　学生自治の確立
第二節　北大の現状と民主々義的変革の基盤
一　北大の現状と問題点
二　北大の民主々義的変革の基盤
第三節　北大変革の課題と展望
一　教育・研究の破壊の現状と改革の方向
二　「教授会自治論」に基づく非民主的大学運営の民主化
三　学生の自治の確立
四　我々の大学をめざして
第五章　七〇年代における北大の位置と展望
大学法と七〇年問題
七〇年問題とは何か
七〇年代の闘争の性格
極「左」的一部暴力学生集団の七〇年闘争論
七〇年代のたたかいと北大民主化闘争
あとがき

序章　大学変革の基本課題と本書の構成

日本の独占資本は「国民総生産」・「工業生産」に於て、資本主義国中第二位を達成し、一層野心的姿勢を強めている。しかしながらアメリカの戦争と侵略政策の継続・インフレ政策、資本主義発展の不均等性を根本原因とする国際通貨危機の爆発的進行は、資本主義体制の危機的情況を生みだし、安保条約のもとで、アメリカに従属の度合を増している日本にとっても、厳しい情勢となっている。更にアメリカの対日「資本自由化」の圧力は強められ、金融力と技術独占を背景としたアメリカの日本企業支配は一層押し進められている。

この為、第一に、日本の独占資本は、大型合併・産業再編成を行ない、金融力を増す為にも、「合理化」等で人民収奪を強め資本の強蓄積を追求している。

第二に、独占は、アメリカの海外侵略政策の転換にあたって、アジアに於ける肩がわりを余儀なくされ、自らもそれを利用して、第三次防・第四次防と侵略の為の軍事力増強をはかり、兵器の「国産化」・重化学工業全体の軍事化を進め、「産軍結合体制」の強化と共に、経済の軍事化を強力に推進している。

第三に、かかる軍事力を背景としながら、海外市場・原料獲得の為に、「ヴェトナム関連地域」への経済的侵略を追求している。

特に第二・第三の点に於て、日米反動勢力は、安保条約の実質的強化を策し、アジアの核安保体制・アジア反共軍事同盟を実現すべく奔走しており、アジア人民収奪の「日米協力」が一層押し進められる事は、明白である。

かかる帝国主義・軍国主義復活の段階に於て、支配者と人民の矛盾は激化し、闘いは厳しさを一層強める。独占資本とその政府は、資本主義体制を死守するため、自らの権力機関を総動員し、人民の闘いを弾圧する。現在、我々は、安保条約を破棄し、沖縄全面返還をかちとり、真の日本の独立を達成するか、或は、米日独占の支配強化のもと、一層収奪されると共に他国人民を抑圧するものとして存在するかという二者択一にせまられており、前者に於ける我々の闘いは、ここ一〇年間に大きな発展をとげている。追いつめられている独占ならびに政府は、政治的反動性を一層暴露し、言論・集会・結社の自由、労働者のストライキ権、学問の自由、議会制民主々義等ブルジョア民主々義の枠内でも認められていた人民の諸権利を剥奪してきており、この事を通して七〇年代を、自分達に有利な方向で乗り切ろうとしている。

大学問題も、このような帝国主義・軍国主義復活の政治過程の中で、必然化したものである。現在政府自民党は、戦後二〇年間に於ける教育制度・内容の反動化の総仕上げとして、大学に対する国家統制制の強化・制度再編成の大々的攻撃を加え、更には、今日および将来の主権者を掌握する新たな局面を切り開くべく、七〇年代に向けて、国民教育の一層の反動化を狙っている。

かかる政治情勢の中で政府自民党は一九六九年八月三日夜、「大学運営臨時措置法」を参院文教委、本会議を通じて全くの審議抜きという国会史上かってないファッショ的な暴挙で強行「可決」した。その夜、北大の構内では立法粉砕のために夏休みを返上して闘ってきた学生をはじめ院生、職員の怒りのデモンストレーションがくりひろげられた。翌日の新聞は次のように伝えた。

「大学運営臨時措置法案は、三日夜の参院本会議で野党席があぜんとするような光景の中で可決、成立した。同法は数日中に公布、公布日から十日後に施行される。是が非でも同法案を成立させようとする自民党は、審議抜きの採決という前代未聞の強行手段に訴えた二日夕の参院文教委員会に続き、三日の本会議でも、社会党が出した安井参院副議長の不信任案を審議している途中で、国会法一九条（議長の整理権）と参院規則八八条（日程変更の手続き）を発動するという異例の措置で、抜打ちざま同法案を可決、成立させた。動議の連発で最後の〝抗戦〟を試み、大学法案を時間切れ……廃案に持込もうとした野党側の意図は砕かれ、逆に政府・自民党は、この国会の三大法案といわれた「防衛」「健保」「大学」の問題案件を、国会史上空前といわれたゴリ押しによって、すべて処理し切った。これに対し野党各党はいずれもこの採決を無効だとし『国会は死滅した』（社会党）など、最大級の表現で、抗議声明を発表した。（六九・八・四、『朝日新聞』）」

大学立法のもつあまりの反動性ゆえに、この法案に反対する声は全国から巻き起った。それは学長をはじめとして大学の全構成員が連帯して闘い、さらに労働者、市民に広く訴えていくという、かってない運動の内容、広がりをもっていた。北大においても六月二三日の第一次の一万人集会にみられたように、教官を含む全構成員による闘いが組まれた。

現在、一部の大学人のなかには、いかに悪法とはいえ、やはり法は法として認めなければならないのではないかという意見がある。しかし、この法は無効である。まずその内容からいって憲法二三条の保障している学問の自由、大学の自治を犯すものであり、さらに法軽視によって生じてくる休職や減給等は憲法による生存権の保障を犯すものである。次に、その制定の過程で、国会法一九条、参院規則八八条の拡大解釈を行い、議長職権の乱用を行なっている。このように法的にみても、二つの理由で成立の条件を欠いているのである。

それでは、何故このような強行採決を行なったのであろうか。理由は、始めに述べた事に於て明らかであるが、全国院生協議会、五月全国代表者会議でのまとめを引用するならば、大学立法の意図は、「①大学におけるあらゆる自治活動、政治活動を抑圧し、七〇年安保に対する治安的対応を行ない、②サンフランシスコ体制強化のための反民主々義的、軍国主義的方向に対する思想を抑圧し、③彼らの意図する七〇年代の反動的、反人民的、独占奉仕的な科学技術体制の一環として丸ごと再編しなおすカナメとして位置づけている」ということである。別名、中教審大学と言われる東京教育大や東京工業大の事態はまさに「大学立法」を先取りしたものであり、大学立法の何たるかを、そして反動側のやり口を事実で示したものにほかならない。

八月一七日、「大学法」は施行された。それから約一ヶ月間に全国の大学への機動隊の導入、介入は六〇数回にも及び、施行以前を大きく上回っている。九月一三日、文部省は「紛争大学の現状」を発表し、同法の対象となる「紛争校」と認定されたのは六四校で、法施行当時より二校減り（東工大をはじめ一〇校が「紛争校」から除かれ、新たに八校が「紛争校」になった）、このうち「重症紛争校」は五校減って一三校となったと、同法の「効果」のほどを宣伝した。しかし紛争校からはずされた大学の多くは機動隊の導入によって「正常化」を行なったものである。したがってこの発表の意図するところは、大学自身の手で自主的に解決をめざしている大学に対して、大学法適用をちらつかせて、機動隊導入をいっそう促進させて、大学を警察の管理下におこうとしているものである。さらに文部省は、紛争大学からの紛争報告の窓口となり、全国大学の紛争情報、授業再開実施状況の収集などにあたる「大学紛争処理室」なるものを発足させ、一〇月上旬にも懸案の「臨時大学問題審議会」を発足させる予定など、政府・自民党による「大学法」をテコにした大学への攻撃は急ピッチに進行しつつある。

いわゆる「大学紛争」といわれるものは、個々の大学により、表われ方に違いはあるが、その根本には、政府が戦後一貫してとってきた反動的な文教政策と貧困な文教予算、それに大学の管理制度の古さに加えて、大学当局、経営者の非民主的な大学運営にその原因がある。比較的恵まれた旧七帝大の一つである北大においても例外ではない。一例をあげれば教養部は全学の学生数の約半数をかかえているのにもかかわらず教職員の数は全学のわずか一〇%にもみたない数である。このため教官一人あたりの学生数は昭和三二年に二〇・四人が十年後の昭和四二年には二八・二人とマスプロ化が進行しているのである。

戦後、政府の反動的な大学政策に対して、学生、院生、教職員はねばり強く闘ってきた歴史がある。大学問題とは決して、全国の学園で暴力の限りをつくしている暴力学生が初めて提起した問題ではない。それは、一九六七年一一月の日米共同声明以来、とりわけ強まってきた政府自民党の手による反動化＝軍国主義の政治過程のなかで、大学に表われてきた矛盾の表出として大学問題が全国民的な政治問題としてクローズアップされてきたのである。

さらに、全国の大学紛争に共通した課題として学園の民主的変革の課題がある。大学の民主的変革はこんにちの当面する大学問題の基本課題である。戦後二〇数年を経て今なおこのことが主要課題になるほどに大学の民主化は立ち遅れていたといえる。したがっていま奔流のごとくにふき出している大学問題は、なによりも大学の非民主性＝私物化と官僚化を一貫して促進してきた自民党政府と、それに迎合し鼓舞されてきた一部反動教官・文部官僚よりなる大学当局の非民主的な大学運営の破産を示すものである。それだからこそ、政府・自民党は、六八年以降の東大をはじめとする全国での大学民主化闘争に打撃を受け、暴力学生の行為を最大限に利用して、大学法を強行採決し、一きょに民主化闘争を圧殺しようとしたのであった。

北大においても全国の大学がもっている共通の問題が存在すると同時に、北大としての特殊性から生ずる問題も存在する。我々は、現在、大学のすべての構成員による統一した力で大学法の実質化を阻止し、大学の民主的変革のために立ちあがらなければならない。そのためには北大における問題が、何でありその位置づけと解決の為の展望、並びにそれを担う主体が明らかにされなければならない。それに、答えようとして編集されたのがこの討論資料である。

第一章では戦後の北大における民主的変革の闘いの歴史を総括し、民主化の到達段階と、その闘いを押し進めてきた主体は誰であったかを明らかにする。その場合の視点として戦後のポツダム宣言に基づく「上からの民主化」と「構成員全体による民主化」との対抗関係を、支配層の教育政策を媒介として述べる。第二章では米日支配層の大学破壊政策を明らかにし、それが具体的に北大においてはどのように貫徹しているかを文部省による直接的な支配、又は、学内の文部官僚等を通じた支配、さらに産、官、軍学共同、日米科学協力を通じた政策を述べる。第三章では米日支配層の大学破壊政策と呼応する一部暴力学生集団（院生も含めて）の理論と行動を批判する。第四章では北大の民主的改革の課題と展望について述べる。最後の章は七〇年代における北大が社会の進歩と国民の期待に答えるためにはどうあらねばならないか……その位置と展望にあてられる。

あとがき

この討論資料は北大院協のいわば英知を結集した集団労作である。最初の編集委員会を八月一九日にもち、当初の目標では九月初め出版の予定であったが文系校舎の封鎖、図書館封鎖等により、貴重な資料が充分に使えないなど、さまざまな困難な問題があり、予定より大巾に遅れてしまった。

編集を終ってみて、まだ充分展開されていない課題がいくつかあることに気がつく。例えば、北大における反動層の果たしている役割や、産・軍学共同研究等は今後の闘いの中でさらに明らかにされなければならない部分である。

本書は、大学院生の立場からみた北大の民主主義的変革の課題と展望についての問題提起の書である。本書が、今後各層、各単位での民主的変革のための闘いの武器となることを望むと同時に、本書の討論などの実践を通じてさらに本書が深められることを希望します。

最後に、本書を作成するにあたって、貴重な資料を心よく貸して下さった職組、学生自治会の方々、また短期間に印刷・製本に協力して下さった方々に深く感謝します。

編集委員会一同

〔解題〕

一九六三年一月七日に七研究科で承認され、北大院協が正式発足した際の規約および一九六九年二月二八日代議員会前に成立の改正規約を示す。

3 北大院協規約

1．北海道大学大学院生協議会正式発足時の規約（一九六三年一月七日、農学・理学・文学・教育学・薬学・獣医学・経済学の七研究科の大学院会での規約承認が終了し北大院協正式発足）

第1条　本会は北海道大学院生協議会と称する。

第2条　本会は本学大学院生の研究生活の安定と向上を目的とする。

第3条　本会はその目的を達成するために次の活動を行う。

1．研究施設の改善
2．研究制度の合理化
3．研究生活を維持するための各種保障の確保と向上
4．会員相互の親睦と向上
5．その他本会の目的を達成するために必要な活動

第4条　本会は本学の各研究科大学院会によって形成される協議機関である。

第5条　本会の運営は幹事会によって行う。幹事会は50名以上の会員をもつ大学院から各2名、50名以下の大学院から各1名宛、正式の手続きを経て選出された幹事により構成される。

第6条　幹事会の任期は半年間とする。

第7条　幹事会正副議長、書記、会計各1名は5月と11月に幹事会に於いて互選する。幹事会議長は本会を代表する。

第8条　毎月1回定例幹事会を開く。幹事会は幹事会議長が招集する。臨時幹事会は3研究科以上の要請があれば開かなくてはならない。

第9条　幹事会は各研究科幹事会の3分の2以上の出席で成立する。決定は出席幹事の過半数の賛成によって行う。

第10条　幹事会が必要と認めた時は各研究科大学院会の参加による総会を開くことができる。

第11条　会費は一人年額50円とする。会計監査は幹事により行う。

第12条　本会は全国大学院生協議会の加入団体として活動する。

第13条　その他の細目は幹事会が決める。

第14条　本規約の改正は幹事会の発議により全参加大学院会の承認を要する。幹事会細則の改正は幹事会全幹事の3分の2以上の承認を要する。

２．一九六八年度後期から適用の規約（加盟七研究科の大学院会の賛成決議を経て、一九六九年二月二八日の代議員会前に改正が成立）

（名　称）

第１条　　本会は北海道大学大学院生協議会と称する

（目　的）

第２条　　本会は大学院生の研究、生活条件の改善、科学の向上発展を図ることを目的とし、その目的を達成するために次の活動を行う。

１．会員相互の親睦

１．研究施設、厚生施設の改善及び研究生活を維持発展させるための各種保障の確保と向上

１．研究制度の改善及び研究を自主的民主的に発展させるための種々の活動

１．平和、民主主義、生活向上のための全人民的諸活動との連帯を強める

１．その他本会の目的を達成するのに必要な活動

（性　格）

第３条　　本会は本学の各研究科を代表する院生組織によって構成される協議体である

（機　関）

第４条　　本会は次の機関をおく

⑴　全学代議員会

⑵　全学幹事会

第５条

第１項　全学代議員会

全学代議員会は本会の最高決議機関で加盟組織より選出された代議員及び第５条第10項、第６条第８項による評議員によって構成される

第２項　代議員の選出方法は細則によりこれを定める

第３項　全学代議員会は半年に一回の定例代議員会、および第５条第６項の規定にもとづき臨時代議員会を開く

第４項　定例代議員会および臨時代議員会は全学幹事会が召集する

第５項　定例代議員会は全学幹事会より提案されるその期の総括、方針、決算および小委員会の設置廃止等を決定する

第６項　臨時代議員会は全加盟組織の２／３の賛成があった場合、全学幹事会は１ヵ月以内にこれをもたねばならない

第７項　全学代議員会は定員の３分の２以上の賛成を必要とする

第８項　第６条第６項による特別議題の代議員会決定は会加盟組織を拘束する

第９項　代議員会には議長１名、副議長１名、書記１名をおく

選出はその都度に代議員の互選によってこれを行う

第10項　第６条第８項に定める評議員は代議員会に出席し、発言することができる

第６条　　全学幹事会

第１項　全学幹事会は加盟組織より選出された幹事によって構成され、全学代議員会の決定にもとずき、協議、行動を行う機関である

第２項　幹事の選出方法は細則によってこれを定める

第３項　全学幹事会の任期は半年とする

第４項　全学幹事会は議長一名、副議長一名、書記一名、会計一名を幹事の互選によって選出し、四役を構成する

議長は本会を代表する

第５項　全学幹事会は原則として週一回、会議を開く。幹事会は議長がこれを招集する

過半数の加盟組織の要請があった場合、議長は幹事会を招集しなければならない

第６項　全学幹事会は、全学代議員会に議案を提出しなければならない

全学幹事会において全加盟組織の一致した決議があった場合特別議題として代議員会に提出できる

第７項　全学幹事会は定員の過半数以上の出席で成立し、決定は出席幹事の３分の２の賛成によって行う

第８項　全学幹事会は必要に応じて評議員を指名できる

第７条　　分担加盟組織は細則に定める分担金を納入しなければならない

第８条　　本会に会計監査委員を若干名おく。監査委員は全学代議員会で選出する

第９条　　本会は全国大学院生協議会の加入団体として活動する

（その他）

第10条　　細則は代議員会で別にこれを定める

第11条　　下記の事項については特別議題とし、本規約第５条第８項及び第６条第６項を適用する

⑴　規約の改正

⑵　他組織への加盟脱退

⑶　本会への新期加盟の承認

細　則

第１条　　全学代議員の選出

全学代議員は加盟組織の院生数10名につき１名とし、端数は切り上げる

第２条　　全学幹事の選出

全学幹事の選出は加盟組織の院生数50名につき１名とし、端数は26名以上をもって１名とする。院生総数49名以下の院協においては１名を選出するものとする

第３条　　分担金

4　北大女子院生の会に関する資料

北大女子院生の会　北大女子院生実態調査中間報告

〝北大女子院生の会〟は一九七八年十月に理系研究科有志の呼びかけによって発足した。約一年間は、まず学内に点在する女子院生の横のつながりを作り、話し合える場を作ろうということで明確な活動方針は持たずに、各研究室で女子院生が抱えている問題、就職、野外での研究活動に伴う困難、研究テーマ設定、結婚、出産、育児等様々な話題を取り上げて話し合ってきた。その話し合いの中で個々の問題は全く異なった形として現れているが、それは女子学生、女子院生、広くは婦人研究者全体が共にぶつかっている問題の個別の現れであり、いろいろな困難にくじけずに、研究者として社会の期待に応えうる力を身につけていくためには個々の問題の共通の根源をより明確にとらえる必要があることを感じた。そこで現状を正確に把握することがまず第一歩であると考え、北大の女子院生、研究生を対象とした実態調査を行った。

一九七九年六月より準備を開始し、十月～十一月にかけて会のメンバーができる限りの院生、研究生に会って依頼するという形で実施した。結果についてはまだ十分な検討を加えてないので、ここでは全体の傾向について簡単にまとめ、特徴のある項目についていくつか取り上げてみた。サンプル構成は以下に示す通りである。

MC　三二人　DC　二三人　研究生　四人
文系　一三人　理系　四六人
年齢　二二～三七歳
配偶者あり　七人
子供あり　四人
奨学金受領者　二七人
アルバイト従業者　二九人

文系と理系で顕著な差が見られたのは㈠大学院進学の動機㈡MC在学者のDC進学の意思　の2項目である。㈠については、文系では①学部での勉強がもの足りなかった、②将来研究者になるつもり、の比が1対2であるのに対し、理系では逆転して2対1となっている。これは文系と理系では大学院の性格が少し異なっていることがひとつの原因であろう。㈡については、文系ではMC六人中五人がDC進学の意思ありと答えたのに対し、理系では二四人中DC進学希望者は七人だけだった。はじめは、理系にはMCを高度な技術と知識を身につけた技術者養成の場と見る傾向の強い工学部などが含まれているためと考えたが、この傾向のより少ないと見られる理学部でもＭＣ五人中ＤＣ進学希望者が一人であることから、これは理系研究科全体に現れている特徴と考えられる。これは大学院の性格の差とともに、理学部を中心に深刻になっているＯＤ問題が、ただでさえ少ない女子院生の就職の展望をさらに小さくしていることが大きな原因であろう。

研究上困難を感じている点は、自己の能力二九人、体力一二人が圧倒的に多く、次いで経済上一一人、健康九人、人間関係七人、研究指導六人、家族関係四人であった。アルバイト従事者は全体の五〇％であったが、その八〇％は経済上の必要性からと答えているので、研究上の矛盾をかかえながらもやむなくやっていると考えられる。それはアルバイトをしていない人の八〇％が、時間的余裕がないことを理由にしていることにも示されている。

回答者のほとんどは就職の意思を持っているが、意思なしと答えた人が四人いたことは意外な結果であった。希望する職種は、国公立研究機関四二人、民間研究機関一二人、教員十人が中心であるが、希望の職につける見通しがあると答えた人は全体の一〇％で、少ないあるいはほとんどないという人が大部分であった。希望の職にこだわらない場合でも理系では見通しのある人が増加するが、大勢は変化しない。

困難を感ずる最大の点は自己の能力であり、進学の際に障害のあった人はほとんどいない等、調査結果だけから見ると、全体として北大の女子院生は自己の置かれている状況を意外に明るくとらえているという感想を抱いた。しかし、ＤＣ進学希望者は減少傾向にあるような印象を受けたし、また実際に障害があった人は進学を断念したと考えれば、現在大学院に在学する人は比較的恵まれた状況にある人であろう。とはいえ、進学を断念した女子学生のかかえていた困難は、在学中の院生が進学、就職の際に感じた障害、自分自身の迷いを語るアンケート中の生の言葉の中から推察することができる。アンケートに現れている結果はかなり表面的なものであろうが、今後さらに検討を加えるとともに、この調査を我々がより広い視野に立って考え、現実をしっかりと認識するための資料として役立てたいと考えている。

【付記・編集委員会】

一九八一年三月刊、北大院協「研究交流誌80」資料5より再録。実態調査の本報告は一九八二年の「研究交流誌81」に掲載されている、その掲載は割愛した。縦書きに直し、数字など一部置き換えている。

女性特有の問題が……アンケートで実態把握をめざす「女子院生の会」

（レポーター：橘井　潤―林学ＭＣ１）

全学の女子大学院生が集まってつくっている「女子院生の会」の川上さん（農化）へのインタビューを行った。

――　農学部での「女子院生の会」の活動についておたずねします。

川上　農学部で、ということでやっているわけではないんです。

全学の活動を農学部でもということでして……。いま女子学生北大全体で七〇人くらい、農学部では七人いるんですけれど、皆さん忙しく時間がとれないものだから、やっとこないだアンケートをとりまして、細かな実態をつかまえようとしているところなんです。

――会の活動はいつ頃はじまったんですか？

川上　ここ一年くらいですね。文系の人も参加してくれてほぼ全学部から集まるようになりました。アンケートの回答率は全学で九〇％、農学部」では一〇〇％でした。

――「組織率一〇〇パーセント」ということに……。

川上　いいえ、そういうわけには（笑）。アンケートを通じて顔は皆さんわかるんですけれど、じっくり話をしていない人もいます。残念ながら。

――そもそもの目的というのはどこにあるんですか？

川上　まずコミュニケーションの場をつくるということですね。女子院生というのは他に女子院生のいない環境の人が多いですから、同性で同じ立場の友だちが欲しいという思いは切実です。いろんな問題をかかえていても相談する相手がいないんです。

院生である以上、研究者として成長するのが大きな課題ですけど、落ちこぼれたりする人がないように、皆が成長するように、というのを一つの目標にしています。

それから問題があったら、女子院生としてまとまって行動していこうということですね。たとえば女子院生がはいれる寮の問題。こないだ学生部に申し入れをしましたが、なかなか……。「結婚」という大きな問題があるし、子供を育てながら研究をつづけというというケースもありますから、保育所や、夫婦ではいれる寮なんかの要求は切実ですね。院生の寮、ということがそもそも忘れられた存在だということもあるでしょうけど（笑）。

――女子院生の特殊性、といったことに対する配慮というのは全然なされていない……。

川上　そういっていいと思います。

――問題は山積みというわけですね。

川上　そうです。でも今はまだ手をつけたばかりで、とにかく集って、身のまわりの問題を出しあおうとしている段階なんです。

――どんな問題がでますか。

川上　一人ひとり別べつですね。女子だからと限ったことでないものもでます。研究をどうすすめるか、指導上の問題、それから就職のこととか。就職の問題は女子院生にとってとりわけ深刻ですから。結婚のこともさけては通れません。

そして「女性であること」にかかわる問題です。簡単な方かららいくと、更衣室がないことだとか、体力ではどうしても負けるとかいうことですね。

もっと大変なこともあります。ある学部ではつい最近まで「女子だから大学院はうけさせない」という慣例がありました。

――本当ですか。それは？

川上　本当なんですよ。で、何年も研究生をやってようやくはいる。という状態だったんですけど、そうしてはいった方が草分けになって今年からは女子もうけ入れることになったんだそうです。

――農学部ではどうでしょうか？やはりそんなことがありま

すか？

川上　表むきはそういうふうにはなってません。それ相応の基準があって、それを越えれば性別関係なしにとっていると思います。ただ、はいってから色いろとね……（笑）。私の部屋の話じゃないんですけど、ずいぶん子供っぽい〝意地悪〟をされる例があるんだそうです。なんか、能力のある女性ほどそういう悩みをかかえているようで、「男の人ってやきもちなんだな」ってそういう話をきくと思いますねえ（笑）。

―― 稀少価値だから大事にする、というふうではない……。

川上　学部まででしょう、それは。学部のときには問題が見えにくいということも逆にいえますしね。女性だということをネガティブに意識される方が上にいくほどむしろ目立ってくるようです。

―― 「目立って」「光って」くると居心地、必ずしもよくなくなると……。

川上　そうもいえますね（笑）。

―― 就職のことについてもう少し……。

川上　まだつっこんで話をきいていない人もいるんですが、将来大学に残って研究者になりたいと思っている人、マスターでやめてつとめるつもりの人、と様ざまです。就職先としては、研究職はやはりむずかしくて、技術職が主ということになりますね。

―― 学んだことはいかせないわけではないが、研究テーマを発展させるのはむずかしいということになりますか。

川上　就職できるだけでめっけもの、という感じですね。先へ行けば行くほど大変で、ドクターまでいくと研究職しか考えられなくなりますが、女の人がはいる可能性はごく限られたものです。上にいけばいっただけ女性の力を発揮する機会が少なくなるといえるでしょうか。助手まではなんとかいけるけど、その上はダメ、という感じです。農学部には専任講師が一人おられますが……。

―― 今後の「女子院生の会」の活動ですが……。

川上　全学では今までどおりの活動を継続することになると思うんです。農学部では後つぎの若い人が来ないと困るなあ、というところです。来年度は二人の女子院生の進学が予定されているんですが、一方でＭ２が三人ぬけるかもしれないんで、ちょっと苦しくなりますね。

―― 全員参加でやれるといいですね。

川上　そう思います。

―― 農学部院生会としてもなんらかのとりくみをしたいと考えます。……。さしあたってできること、というとどんなことかな。「意地悪しないで」という話もあった。けど（笑）。

川上　ええ（笑）。でも、それは男の人の価値観の問題じゃないですか？

―― 農学部院生会も単位院生会の一部の活動の低迷などいくつも問題をかかえています。本号で特集した「ＯＤ問題」など、とりくむべき課題も多いんですが、「女子院生問題」についても今後積極的にとりあげていかなければならないでしょう。……ただ何といっても大学院生というのはそれぞれ研究テーマをもっているし、研究室の仕事だけでなく生活のためのアルバイトもしなければならないという状態で……。

川上　「女子院生の会」の活動も実は月に二時間なんです。みんな忙しいからどうしてもそのくらいのペースでしか集まれないし、それでも全員がそろうわけではないという現状ではありますね。

「農学部院生会」との協力ということですが、いま集計をしているアンケートの解析が近ぢか終わります。その結果をふまえてもっと具体的な活動をする予定でいます。たとえばその結果を院生会の印刷物にのせていただく、ということもできますね。いずれにしても息の長い活動になるだろうと思っています。

【付記・編集委員会】

北海道大学農学部院生会『穂波』第一六号より

研 究 交 流 誌 '86

特 集

○高等教育再編
○北大における女子院生・研究生の実態調査No.2

1987年3月

北大院生協議会全学幹事会

研究交流誌　'86表紙

目　　次

第1部　特集・高等教育再編

第1章　臨教審第二次答申と大学再編の現段階 …… 1
第2章　臨教審第三次答申へ向けた審議経過と新たな大学再編 …… 8
第3章　北大再編の現状
a　農学部再編問題について …… 16
b　学部発展の"第3段階"を求めて<教育学部> …… 17
c　臨教審答申のもとでの触媒研究所の現況 …… 19

第2部　特集・北大における女子院生・研究生の実態調査No.2 ― 北大女子院生の会 ― …… 22

Ⅰ章　回答者について …… 23
Ⅱ章　大学院進学の動機とその際の障害 …… 27
Ⅲ章　現在の研究状況について …… 30
Ⅳ章　将来の進路および就職 …… 33
Ⅴ章　女子院生と男子院生の差 …… 38
Ⅵ章　女子院生、女子院生の会に望むこと …… 41
アンケート全体を通して …… 43

研究交流誌　'86目次

第２部　＜北大における女子院生・研究生の実態調査No.２＞

北大女子院生の会

〔調査目的〕　現在、大学院生を取り巻く状況は研究面のみならず、社会的・経済的側面において数多くの問題がある。私達"北大女子院生の会"では女子院生の抱える様々な問題を語り合い解決することを目的として活動を続けてきた。５年前私達は、大学内に点在する女子院生の実態をつかむためアンケートによる調査をおこなった。その結果、研究者への成長過程としての悩みなど男子院生と共通の問題の他に、女性が研究者を志した場合、大学院教育期間中に受ける研究訓練、および養成について、特に就職の面で様々な困難を抱えていることがわかった。今回の調査は、(1)５年前の結果と比較することにより、状況は変化しているのかどうか、(2)男子院生にも対象者となってもらい、女子院生からの回答と比較することによって、前回取り上げられた諸問題は単に個々人の問題なのか、あるいは、女性に共通した問題なのか、またもし共通の問題だとしたら、それはどういう点であるのかを、あきらかにするために企画した。

〔調査方法及び回答率〕　１９８５年１２月～１９８６年１月にかけて、会員が用紙を配布・依頼し後日回収した。アンケート用紙は北大に在学する女子院生のほぼ８０％に配布した。また、結果を男子院生と比較するために、それぞれの女子院生に、自分と状況の似た男子院生（なるべく同研究室・同年齢）にもアンケートを依頼してもらった。その結果、経・法学部以外の９学部から回答があり、そのうちわけは女性７８名（女子院生全体の５７.４％）、男性７２名（4.1％）計１５０名であった。各学部の院生の在籍人数及び回答者数は表１に示した通りである。

表1.　女子院生　／　男子院生

研究科	女子院生 60年12月在籍数		女子院生 回答者数			男子院生 60年12月在籍数		男子院生 回答者数	
	MC	DC	MC	DC	５５年実施	MC	DC	MC	DC
文系　文	13	9	1	0	7	59	50	0	0
教	3	3	1	4	5	8	12	2	3
経	1	0	0	0	1	7	11	0	0
法	1	3	0	0	0	10	17	0	0
文系合計	18	5	2	4	13	84	90	2	3
理系　理	15	11	10	9	12	186	132	11	6
歯	0	1	0	1	1	0	48	0	0
薬	6	2	5	2	11	52	27	6	1
工	14	3	11	1	7	500	100	10	3
農	12	6	14	4	7	100	61	13	3
獣	16	2	3	0	4	66	29	4	0
環	5	4	6	2	4	45	29	4	2
医	0	4	0	3	0	0	84	0	3
水	2	0	1	0	0	55	56	0	1
理系合計	70	33	50	22	46	1004	556	48	19
全体合計	88	48 合計数 136	52 (研４) 59.1％	26 (1) 54.2％	59	1008	656 合計数1744	50 4.9％	22 (1) 3.4％

＊（　）内は研究生で内数
＊ 55年実施は、MC、DC合計数

北大における女子院生・研究生の実態調査No.2

5　北大院協史　年表（第二次大戦後から国立大学法人化まで；1945 ～ 2003）

文献一覧にある北大院協の諸資料、全院協の全院協ニュース・議案・冊子「真理を求めて」および北大当局の取りまとめ資料（特に「北大百年史」･「北大百二十五年史」をもとにまとめている。さらに、インターネット上で年次ごとの出来事一覧からも収集をおこなった。北大院協の全学総会または代議員会の開催については、確かなものについてのみ記載した。同様に全学幹事会議長名については記録および記憶により明らかになった方々のみ示した。（とりまとめ　岡孝雄）

	北大院協・北大内の出来事	全院協など・国内外の出来事
1945	9 下旬　授業再開 11.30　農学部長伊藤誠哉、総長に就任	8.14　ポツダム宣言受諾 8.15　戦争終結の「玉音放送」 9.2　連合国側と降伏文書調印 12.17　新選挙法で婦人参政権実現
1946	3.9　農学部に助手会が副手・特別研究生含めて結成されるが、その後助手のみ 5.29　医学部病院で職員組合発足 6.10　病院以外の職員で組合発足 6.19　全学助手会結成 7.5　学生生徒教職員一体の学友会発足（文化・運動・新聞・厚生部含む） 10 ～　石炭供給を受けるために学生炭鉱出動 12.10　2 組合が統一され北大教職員組合が正式発足	1.4　GHQ が公職追放を指令 1.10　国際連合総会第 1 回開催 4.4　大学院特別研究生制度改正（研究生の選定・研究事項の変更・就職指定などが文部大臣権限から総長委任へ） 4.10　第 22 回衆議院議員総選挙（2 ～ 14 人定員の 54 区で行われた）：婦人議員 39 名当選 5.22　第 1 次吉田茂内閣成立 8.10　総理大臣の諮問機関として教育刷新会議設置 11.3　日本国憲法公布 12.30　文部省が六三三四教育制度を発表
1947	3.9　北大内に大学制度審議会発足 4.21　法文学部設置　6.12　同学部入学式 6.13　大学協同組合設立総会（北大協組、初代理事長：伊藤総長） 9 ～　工学部に学生会が結成され、以後、予科桜星会が自治会的組織に改編され、理など各学部、専門部などでも組織化が進む 10.1　北海道帝国大学が北海道大学に改称 9.20　大学制度審議会、「大学制度改革案」を刊行 10.25　「大学制度改革案」をめぐる公開討論会	2.1　ゼネスト宣言とその中止 3.31　教育基本法・学校教育法公布 5.3　日本国憲法施行 6.1　旧憲法下の吉田内閣に代わり片山哲社会党委員長首班の内閣が成立 6.8　日教組結成 7.8　大学基準協会創立、「大学基準」決定
1948	2.3　新制大学設置基準対策委員会が設置 2.25　評議会と別に教職員参加の全学協議会が発足	1.15　文部大臣の諮問機関の大学設置委員会が置かれる 3　特別研究生学資一期生月額 5,800 円、二期生 7,000 円に増額の通達 3.10　衆議院が芦田均を参議院が吉田茂を首相に指名の中、衆議院優位にもとづき芦田内閣が発足

5　北大院協史　年表（第二次大戦後から国立大学法人化まで；1945 ～ 2003）

	北大院協・北大内の出来事	全院協など・国内外の出来事
1948	5.8　全学学生会が発足	4.1　新制高等学校発足
	7.31 「北海道大学設置認可申請書」を文部省へ提出	6.22　文部省、1 府県に 1 大学など国立大学 11 原則を発表
	7 末　北大の副手現員：有給 133 人・無給 122 人、副手に準ずる研究員：有給 19 人・無給 14 人	7.10　日本学術会議法制定
		9.18　全学連結成
		10.7　昭和電工事件で芦田内閣総辞職
	10.8　クラーク像再建除幕式	10.19　第 2 次吉田内閣成立
	10 末　北大特別研究生現員数：第一期生 63 人（定員 41 人 × 2 学年）、第二期生 41 人（同 20 人 × 3 学年）	10　文部省、「大学法試案要綱」を教育刷新委員会に提示、7 大学総長の反対意見書を初め、各方面で反対運動が起こり、対案作成が行われる
1949	3.8　評議会は北海道大学協議会の設置を決定 3.15 第 1 回協議会開催	1.20　日本学術会議発足第 1 回総会
	3.25　農専・医専最後の卒業式、医専は 3 月末で廃止	
	3.31　予科廃止、教養学科に編入	4.12 「大学院基準」作られる：原則として大学院のみの専属教官は置かない、学部充実により大学院を運営すべき
	5.31　国立大学設置法により新制北海道大学が発足し、教養課程の教養学科（文科・理科・水産科）と教育学部・水産学部が新設、新制初代学長は伊藤誠哉氏が再任	5.31　国立学校設置法施行（新制大学が発足）
		7.19　イールズ反共声明（新潟大学開学式）、その後 30 校で同様の演説を行う
	9　全学学生会に代わり全学学生協議会発足	
1950		3.22　同志社・関西などの私立大学大学院発足
	4.1　法文学部が文学部と法経学部に分離、結核研究所設置	6.6　マッカーサーが吉田茂あて書簡で日本共産党中央委員 24 人の公職追放を指令（レッドパージ）
	4.12　評議会で教養学科は一般教養科と改称	6.25　朝鮮戦争勃発
	5.15 ～ 16　北大イールズ事件	8.10　警察予備隊発足
	9.29 ～ 30　伊藤学長の辞職にともない学長に農学部長島善鄰が選出	
	11.7　イールズ事件後解散した全学学生協議会に代わり北大学生自治会連合（北大学連）が発足	11.13　学術会議「大学院設置基準などについて」決議
1951		3.7　文部省、国立大学管理法案および公立大学管理法案を国会に提出するも強い反対を受け審議未了
	10.13　大学院設置準備委員会設置	9..8　サンフランシスコ講和条約調印、日米安全保障条約調印
1952		1.21　白鳥事件が発生
	2.13　大学院設置準備委員会、「北大大学院に関する要綱案」を決定	2.28　日米行政協定調印（在日米軍の基地や地位などに関する協定）

	北大院協・北大内の出来事	全院協など・国内外の出来事
1952	4.7　白鳥事件に関連のでっち上げで太田講師不当逮捕される	3.4　十勝沖地震発生
	4.1　獣医学部7講座で発足	4.28　サンフランシスコ平和条約発効で日本の主権が回復、日米安保条約発効
	4末　旧制大学院の現員：大学院特別研究生（4・5年）28人、大学院研究奨学生（1～4年）120人、大学院学生（1・2・4・5年）162人の計310人	5.8　学術会議要望「大学院設置に当たり、不完全講座の解消と大学院学生の育英制度の確立」
		6.6　中教審設置
	11「大学院設置認可申請書」を文部省に提出	7.3　破壊活動防止法成立
1953	3.24　旧制最後の卒業式 3.25　新制第1回卒業式	
	4.1　北大大学院に文学、教育学、法学、経済学、理学、工学、農学、獣医学、水産学の各研究科が設置され、「北海道大学大学院通則」施行	4.1　国立大学の大学院に置く研究科の名称および課程を定める政令施行（新制国立大学大学院開設）
	5.11　新設の大学院修士課程入学式（女子1人を含む139人）	
	7.22　北海道大学大学院委員会規定制定	7.27　朝鮮戦争休戦調停調印
	8.1　法経学部が法学部と経済学部に分離	
1954	4.1　医学部に薬学科設置	4.23　学術会議「原子力三原則」声明
		7.1　防衛庁、保安隊を改組し自衛隊発足
	10.1～2　学長改選、第4次選で職組推薦候補内田教授を破り理学部長杉野目晴貞が選ばれる	12.7　吉田茂内閣総辞職
1955	4.1　大学院に医学研究科設置	6.7「大学院基準」改定される（MC2年・DC3年、MCに職業過程を設ける）
	11.20　北海道大学同窓会結成	11.15　自由党と日本民主党が合併し自由民主党が誕生する（保守合同;55年体制のはじまり）
1956	7.17　文学部東洋史専修科で藤井教授による学生2名の研究室使用禁止宣言に端を発して、第1次藤井事件勃発	5.19　科学技術庁設立
	9.15　北大創基80周年式典	10.22　文部省、「大学設置基準」を定める
		12.18　日本の国連加盟
1957	4.1　工学部衛生工学科設置	2.25　石橋湛山辞任で岸内閣が成立
	7.17　評議会、一般教養部の名称を教養部に改称	11.11　中央教育審議会、「科学技術教育の振興方策について」政府に答申
	11　北大協組が法人組織となり北大生活協同組合に衣替え	12.17　政府（新長期経済計画）、理工系学生定員8,000人増募計画決定・実施（60年度終了）
1958	3　北大理学研究科院生の生活実態調査（11月に結果発表）	
	4.1　薬学研究科設置	3　科学技術白書「高度な科学技術者養成のため大学院を充実せよ」
	5　北大理学研究科大学院生協議会（理院協）発足	5　東大大学院全学自治会準備会、学術会議などに要望書提出

5　北大院協史　年表（第二次大戦後から国立大学法人化まで；1945 ～ 2003）

	北大院協・北大内の出来事	全院協など・国内外の出来事
1958	9　学長選挙、杉野目氏再選（職組推薦の内田教授惜敗）	
	10　警職法反対北大全学共闘会議結成（10 数団体）	
1959	4.1　理学部高分子学科設置	2.20　科学技術会議の設置
	5.2　安保改定阻止・大学自治擁護全北大共闘会議（20 数団体）結成	7　関西諸大学大学院連絡協議会結成
		8　全国大学院学生連絡会議結成
	12　**北大農学部大学院学生会発足・北大大学院生協議会発足**	10　第 2 回全国自治会代表者会議（15 大学で全院協正式発足へ）
1960		1.19　岸信介首相訪米で新日米安保条約調印
		2　**全院協（全国大学院生協議会）発足**
	4.1　工学部電子工学科・合成化学工学科設置	3　全院協第 3 回全国代表者会議
		5.19 ～ 20　安保条約、衆議院特別委員会で自民単独で強行採決・本会議通過。その後安保闘争盛り上がるが、6.19 に参議院審議を経ぬまま自然成立。
	7　全院協シンポ・第 4 回全国代表者会議に北大 7 名参加	7.19　岸内閣、新日米安保条約批准の日に混乱の責任をとって総辞職で池田勇人内閣が成立
	9.15　クラーク会館開館	7　全院協シンポジウム「我が国の科学研究体制と大学院」および第 4 回全国代表者会議
	11　北大院生第 1 回実態調査	12.27　池田第 2 次内閣「国民所得倍増計画」を閣議決定、理工系学生の 2 万人増募計（61 ～ 64 年度）打ち出す
1961	4　北大院協　奨学金委員会結成	3.25　学術会議学術体制委員会「大学院に関する調査報告書」公表
	5.19　工業教員養成所付置（1969 年 3 月廃止）	4　大学院奨学金 2 千円増額（MC・DC）
	10　時間講師（非常勤）講師料値上げ運動高まる	5 ～　京大院協「実態調査」の実施（京都大学大学院白書にまとまる）
	12　理学研究科委員会で「自衛官聴講生受け入れ」決定、地球物理専攻院生決定反対に起つ	6　全院協第 5 回全国代表者会議
1962	1　理学研究科委員会「自衛官受け入れ」決定取り消し	1.11　中国共産党、毛沢東党主席が大躍進政策の失敗を認め自己批判
	4　工学部への現職自衛官 4 名入学	4.1　5 年制高等専門学校発足
		4.1　大学院奨学金増額（DC のみ 15,000 円）
	9.24 ～ 27　学長選挙、杉野目氏 3 選（職組推薦の堀内教授惜敗）	7　全院協第 6 回全国代表者会議
	9 ～ 12　北大院協　学長選挙アンケート・寮問題で学生部長交渉、北大工大学院 MC に現職自衛官 9 名合格	10.15　中教審「大学管理制度について」答申案発表
1963	1　**北大大学院協議会（略称　北大院協）正式発足**・アンケート小委員会および前借り小委員会発足・全国院協に正式加盟、規約も理・農・獣・文・教・経・薬の七研究科の承認で成立	1.25　大学管理法案の国会提出見送りを閣議決定

	北大院協・北大内の出来事	全院協など・国内外の出来事
1963	2　大管法粉砕・自衛官入学反対北大全学院生大会	4　大学院奨学金増額（MC1 万円）
	3　工学部大学院生連絡協議会（工院協）発足、全院協・北大院協にはオブザーバー参加	
	4.1　理学部化学第 2 学科設置	
	5　文学部藤井教授について大学評議会分限免職下す	
	5.19　北大院協第 1 回総会　（1963 年度前期幹事会発足）	9.10　筑波研究学園都市建設を閣議が了解
	6.8　藤井氏、人事院に不利益処分の審査を請求	
	6.17　新図書館落成式	9　全院協第全国代表者会議（60 年安保以来失われた統一回復）
	7 ～ 12　北大院協時間講師料値上げ問題で委員会結成・実態調査・道教委などと交渉。	10.5　全院協ニュース第 8 号（この後 2 年弱発行中断）
	11.15　北大院協「北海道大学院生実態調査」取りまとめ公表、第 2 回北大大学院生実態調査（アンケート）開始、白書に結実	
1964		1.18　学術会議学術体制委員会および同近畿地方区主催で「大学院問題に関する公聴会」
		1.17 ～ 19　全院協「京都 1 月シンポジウム・代表者会議」・全国代表者会議（北大代表 3 名参加）
	8　水産学研究科院生連絡協議会発足	3.27 ～ 29　全院協「研究と生活を守る全国院生 3 月集会（東京教育大）」（北大 9 名参加）
	10.4　札幌科学シンポジウム（8 月開催の北京科学シンポジウムを受けて）	6　全院協全国代表者会議（全国一斉奨学金署名運動決定）
	10　「研究と生活を守る全国院生 10 月集会」全院協北海道ブロック集会（北大理学部）	10.10 ～ 24　東京オリンピック
	11.27　藤井氏、人事院に審査請求の取り下げを申し出（第二次藤井事件の終了）	10.24 ～ 25　全院協 10 月中央集会（全院協全国統一行動）
		11.9　池田首相の退陣に伴い、第 47 臨時国会が召集され佐藤栄作内閣が発足
	12.12　北大院協全学総会（1964 年度後期幹事会発足）	11.29　学術会議「大学院の整備・拡充について」勧告
	12　北大獣医で院生による「定山渓シンポジウム」成功、北大院協「白書執筆グループ」発足	11.19・12.14　全院協、奨学金問題に関して中央交渉（対文部省・大蔵省・日本育英会）
1965	4.1　薬学部が発足	2.1　社会党・総評系による原水禁国民会議を結成
	2　北海道非常勤講師組合準備会発足、北大院協「北大大学院白書」試案完成・各研究科で試案討議始まる。	2.7　アメリカの北ベトナム領土爆撃始まる
	3　理学部で地物院生一同の「日米科学反対声明」	
	5.22　北大院協全学総会（65 年度前期幹事会発足）	

	北大院協・北大内の出来事	全院協など・国内外の出来事
1965	5.28　教養部警官導入事件 6.12　院協代表と星光一学生部長らとの懇談会（白書出版費用問題）	4.24　アメリカの北爆に反対し小田実らがベ平連を結成
		6.22　日韓基本条約調印
	7.3　全学院生大集会（官憲の大学自治介入反対・白書の完成・奨学金運動の成功のための；約120 名参加）	7.11 ～ 12　全院協全国代表者会議
	7.13, 16　学生部長交渉により白書出版経費について学生部委員会の決定示される	7.12　奨学金要求貫徹全国大学院生総決起中央集会（早大、北大代表者会議含め 2 名参加）
	7.31 ～ 8.2　北大院協第 1 回夏の学校開催（北大支笏湖寮；31 名参加）	7.20　全院協ニュース復刊 1 号発行
	10.20　「北海道大学大学院白書（1963 年 11 月）」発刊	9.24　全院協全国代表者会議（規約改正案の原案提起・採択）
	11.13　北大院協全学総会（65 年度後期幹事会発足；議長：太田原高昭・農 D）	10　全院協　全国大学院生 10 月集会（日韓条約批准阻止・研究と生活を守る；北大から 11 名参加）
	11.20 ～ 21　札幌科学シンポジウム	12.10　日本、国際連合安保理の非常任理事国に当選
1966	4.5　経済学部経営学科発足、水産学部遠洋漁業学科が漁業学科に統合	
	5　北大院協全学総会（1966 年度前期幹事会発足）	3　全院協 3 月全国代表者会議
	6.24　北海道大学学寮規則制定	4.1　メートル法完全実施（尺貫法などの使用禁止）
	7.25　「北海道大学大学院白書」補冊公表	6　「三里塚闘争」始まる
	8.3 ～ 5　北大院協第 2 回夏の学校（北大支笏湖寮）	
	9.15　北大創基 90 周年記念式典	
	9.24 ～ 27　学長改選（杉野目学長任期満了退陣で理学部長の古市二郎氏が選出）	
	10.20　大学院制度シンポジウム（北大院協・日本科学者会議共催）	
	12　北大院協全学総会	12.2 ～ 4　全国大学院生 12 月中央集会
1967		1　「全院協の歴史と理論（呼びかけ）」公表
	2.27　古市学長死去（学長事務取扱：工学部長阿部輿　任命）	2.11　初の「建国記念の日」
	2　北大院協「奨学金前借問題資料」公表	3.12　青医連、インターン制度に反対して医師国家試験をボイコット
	4.1　歯学部設置、工学部原子工学科設置	4.15　東京都知事選挙で美濃部亮吉が当選
	4.18 ～ 21　学長選挙、堀内寿郎学長誕生	5.10　全院協 5 月シンポジウム「大学院制度問題」討議資料 No.2 発行
	5.25　第 2 回大学院制度シンポジウム（北大院協）	6.10　東京教育大学の筑波研究学園都市への移転が決定

	北大院協・北大内の出来事	全院協など・国内外の出来事
1967	5　北大院協全学総会（67 年度前期幹事会発足；議長：明神勲・教D）	
	7.26 ～ 28　北大院協第 3 回夏の学校（北大支笏湖寮）	10.8　第 1 次羽田事件
	9.20　堀内学長の発案に基づき協議会、学長選考基準の改正で「学長の再選は妨げないが 6 年を越えて在任できない」へ	11　全国大学院生 11 月集会（「全国大学院生統一要求運動」提起）
1968	5.18 北大院協全学総会（北大院協の規約改正を含め組織改正の問題提起など）	1.19　原子力空母エンタープライズが佐世保基地に入港 1.29　東大医学部自治会、医師法反対で無期限スト突入（東大紛争の発端）
	7.27 ～ 29　北大院協第 4 回夏の学校（北大支笏湖寮；76 名参加）	3.30 ～ 31　全院協 3 月全国代表者会議（東京都立大）
	11.6　北大院協統一要求運動推進委員会「戦後日本の科学技術研究体制と北大大学院の現状」公表 11.15　全国大学院生統一行動日で北大では 9 専攻で院生が研究放棄、大学院委員会（委員長堀内学長）と交渉	4.1　「国際勝共連合」発足 4.15　国税庁、日大で莫大な使途不明金を公表（日大紛争の発端） 5.1　全院協冊子「全国大学院統一要求運動」の成功のために」発行
		8.2 ～ 4　全院協 8 月全国代表者会議（東大；北大 5 人参加）
	12　北大院協 68 全学総会（前期活動の総括・組織問題、68 年度前期幹事会発足など） 12　北大院協規約改正成立（10 ～ 12 月加盟 7 学部院協で討議・賛成決議、決議機関は総会から代議員会へ）	8.10　東大院生協議会「東大闘争に関する東院協討議資料」の公表
1969	1.21　東大闘争支援など全北大人集会（北大共闘主催）	1.18 ～ 19　東大に機動隊導入され安田講堂の封鎖解除
	2.28　北大院協第 1 回代議員会（68 年度後期方針など討議・北大院協新規約発効）	3.29 ～ 30　全院協 3 月全国代表者会議(都立大、全国大学院生統一要求運動の総括と方針ほか)
	4.10　クラス反戦が早朝体育館を封鎖し分散入学式に	
	4.14　北大共闘主催全北大討論集会（教育学部民主化をめぐる干渉に対して、大学はいかに自主性を守るか；学長・評議員参加）	
	4.28　北大院協、教養部教官 28 氏の声明の批判文「暴力学生集団の本質と役割」公表	
	4.28　5 派連合が理学部襲撃も 5 者共闘に阻まれる	
	5.20　北大院協拡大幹事会・闘争宣言	5.23　全院協第 12 波統一行動
	5.20 ～　本部の暴力的封鎖、北大共闘など封鎖解除（6.5)、再封鎖続く	6.8　南ベトナム解放民族戦線、南ベトナム共和国臨時革命政府を樹立
	6.21　北大院協第 2 回代議員会（69 年度前期幹事会発足；議長：神田光啓・教育D）	6.20　全国大学院生中央集会
	6.23　**全北大 1 万人集会**、（7.2 第 2 回集会）	

	北大院協・北大内の出来事	全院協など・国内外の出来事
1969	6.28 ～　教養部棟暴力的封鎖続く（理系など教養部関係の院生・教職員の不安と怒り高まる）	7.20　アポロ 11 号、史上初の有人月面着陸
	8.17　社学同・社青同・反戦青年委、法文系棟封鎖	
	9　北大院協第 5 回夏の学校（北大支笏湖寮）7 月開催延期が中止に、ただし事前準備の討論資料で大学と大学院問題について院協独自にとりまとめ	
	10.3　北大院協「科学技術研究体制と大学院―大学院制度をめぐる課題と展望―」公表	
	10.11　北大院協「大学変革―その闘いの理念―戦後・北大変革の課題と展望」刊行	11.13　全院協第 14 波統一行動、沖縄祖国復帰県民大会（佐藤首相訪米反対）に 10 万人参加
	10.30　法文系棟封鎖抗議全北大人集会により封鎖自主解除なる	
	11.8　機動隊導入で大学本部・教養部・図書館封鎖解除（教養部は 12.10 革マル派学生により再度封鎖で 1970.1.5 に解除）	12.27　第 32 回衆議院選挙（自由民主党が 288 議席を獲得し圧勝、公明 47・共産 14 議席に進出）
1970	2.26　評議会の下部機関として北海道大学改革調査専門委員会設置	3.14　大阪万博開幕
	1　北大院協第 3 回代議員会（69 年度後期幹事会発足；議長：斉藤修平・教育 D）	3.26 ～ 27　全院協 3 月全国代表者会議（東京）
	2　学生部委員会、北大寮連執行委員会と入寮詮衡問題などで合意	4.28 ～ 29　全国大学院生集会（東大駒場・早大・都立大）
	4.17　大型計算機センター正式発足	6.23　日米安全保障条約自動延長
	5　北大院協 4 回代議員会（70 年度前期幹事会発足；議長：田畑保・農 D）	9.13　大阪万博閉幕（延べ入場者数約 6422 万人）
	6.23　北大院協学生部団交（院生 300 名参加）で院生寮の必要を認めさせる	
	11.18　北海道大学改革検討委員会発足	
	11.21 ～ 22　北海道科学シンポジウム	
	11　農学部、大型道路問題（農場を道道通過）発生	
1971	1.20　北海道大学長選考基準の改正：第 2 次選挙に助手も参加へ	
	2　本部管財課の了承を得て有島寮の院生寮への転用決定	3.27・28　JSA など主催第 1 回若手研究者シンポジウム（東京都八王子市）
	2.13　北大院協第 5 回代議員会（水産院協も参加、出席代議員少なく方針は賛成 38・保留 2 で賛成が 2/3 の 52 に達せず不成立、70 年度後期幹事会発足；議長：吉崎祥司・文D）	4.11　統一地方選、大阪府知事選挙で社会党・共産党推薦の黒田了一が当選、美濃部都知事は再選
	3.18　学長選挙、理学部長丹羽貴知蔵氏が選出	10.25　中華人民共和国が国連加盟（中華民国は追放）
	4.25　**有島寮（院生寮）開寮式**	

	北大院協・北大内の出来事	全院協など・国内外の出来事
1971	5　臨時代議員会(71年度前期幹事会発足;議長:平田文男・理D）院生会	
	7末～9上旬　北大院協第6回夏の学校(理・農・工・薬・獣医・教育の各院生会単位で開催)	
	11.13　北大院協第6回代議員会（71年度後期幹事会発足；議長：古野博明・教育D）	
	12「北大院生実態調査報告書」刊行（70年3月北大院協調査実施）	12.22　国会で沖縄返還協定承認案可決
1972	2.14　学長、大学院独立研究科としての「環境科学研究科」検討委員会の設置を決定	2.3～13　冬季札幌オリンピック開催
	4　大学院1学年定員MC623人に対して入学415人、DC373人に対して166人	3.17～19　全院協3月集会（名古屋大）
	5.19　北大職組主催の公務員共闘統一ストライキ北大集会（佐々木忠氏ら院生、大学本部の不当行為ただす説得のため参加）	4.1　札幌市が福岡市・川崎市とともに政令指定都市に
	5.22　丹羽学長、院協との話し合い拒否	5.15　沖縄返還、沖縄県発足
	5　法学部教授会で、学部改革構想（学部を教育部と研究部で構成しスタッフは一定期間毎に教育と研究専念を繰り返す）を承認	6.17　全院協「真理を求めて」No.5刊行
	6.13　評議会、環境科学研究科構想案の74年度概算要求への提出を承認、74年度から実施	7.7　第1次田中角栄内閣発足（長期政権の佐藤首相退陣表明後の自民党総裁選で福田赳夫を田中が下す）
	6.15　農学部生　山下悟氏不当逮捕	
	6　北大院協第7回代議員会（72年度前期幹事会発足；議長：梶本孝博・農D）	8.5～6　全院協8月全国代表者会議（東大；北大8名参加）
	7.8　有島寮規約が学生部・寮生・院協の各代表の記名で決定	9.15　全院協「真理を求めて」No.6刊行
	6下旬～9上旬　北大院協第7回夏の学校（農・理・工・薬・教育の各院生会単位で開催）	9.25～29　田中首相訪中し、日中国交正常化の共同声明に調印
	8　北大院協・有島寮、院生寮討論資料No.1「院生寮建設のために」公表	10.19　全院協パンフレット「中教審路線と対決し、国民のための大学と大学院をめざす秋の闘いの前進のために―全国大学院生の基本要求の実現めざして―」
	9.5　農院生佐々木忠氏5.19集会関連で不当逮捕	
	9.20　北海道大学改革検討委員会、大学院の改革を含む一連の中間報告公表	72.11～73.3 アンケートによる全国大学院生実態調査（全国3180人のうち北大395人記入）
	9～10　学内への機動隊導入相次ぐ 10.24　代々木不起訴通知	12.7　アポロ17号、アポロ計画最後で6度目の月面着陸（宇宙飛行士の1人は地質学者）
	11.11　北大院協第8回代議員会（72年度後期幹事会発足；議長：高田純・文D）	12.10　第33回衆議院議員総選挙で日本共産党34議席（24議席増）に躍進
1973		1.20　全院協「真理を求めて」No.7刊行（各地連「夏の学校」）

	北大院協・北大内の出来事	全院協など・国内外の出来事
1973	2 「北大院生研究生活実態調査報告書」発行（北大院協 72 年 12 月調査）	
	4　工学研究科に情報工学専攻（学部学科に基礎をもたない大学院）設置	3.17 ～ 20　全院協 3 月集会（東大；北大 7 人参加）および全院協 73 年 3 全代（東大）
	5.30　北大職組『大学問題シリーズ No.1（奇怪な経過をたどる“研究科構想”―「環境科学研究科」問題の経過―)』公表	4　大学設置審議会大学基準分科会、「大学院および学位制度の改善について（中間報告）」発表
	5　北大院協第 9 回代議員会（73 年度前期幹事会発足）	5.1 全院協　「真理を求めて」No.9（3 月集会）刊行
	6 下旬～ 9 初　北大院協第 8 回夏の学校（理学部化学・物理・植物・地鉱、教・薬・工・農の各院生会毎および文学部哲学で開催）	8.8　金大中事件発生（KCIA により都内ホテルから拉致されてソウルで軟禁状態後に自宅前で発見）
		10.1　筑波大学開学
	11.21　大学の協議会は廃止され、その機能は評議会へ移行 12　北大院協第 10 回代議員会（73 年度後期幹事会発足；議長：石信一・理D）	10　第 4 次中東戦争で OAPEC の石油禁輸措置と OPEC の石油価格引き上げにより第 1 次オイルショックを引き起こす
1974	3.16　一般教育特別委員会（教養課程の改革）発足	1　全院協「真理を求めて」No.11（全国大学院生白書― 72 年度全国大学院生統一調査報告―）刊行
	4.1　大学院歯学研究科設置	
	6　北大院協第 11 回代議員会（74 年度前期幹事会発足；議長：中原豊司・農D）	
	6.27　山下君事件札幌地裁「建造物侵入の不退去罪は無罪、障害罪有罪（罰金 2 万円）」	
	6 下旬～ 9 上旬　北大院協第 9 回夏の学校（理学部化学・物理・植物・地鉱、教・工・農の各院生会毎に開催）	10　文部省、奨学金 40% 増（DC4.6 万円・MC2.6 万円）概算要求することに
	7.3　第 2 回学生部交渉（精密検診一歩前進）	
	9　野口理学部長、理系大学院改革について「野口構想」を提示	
	9.18　評議会で「環境科学研究科（仮称）設立検討委員会」設置	12.14 ～ 16　全院協 12 月集会（京都　立命館大；理院協、「奨学金運動と院生規定」で報告）
	12　北大院協第 12 回代議員会（74 年度後期幹事会発足；議長：小山正孝・理D）	12.9　田中内閣総辞職、三木武夫内閣発足
1975	3.11 ～ 14　北大学長選挙、法学部教授今村成和氏選出	3.21 ～ 22　全院協第 26 回全国代表者会議（北大から 3 名参加、学長選勝利など報告）
		4.30　サイゴン陥落によりベトナム戦争終結
	5　北大院協第 13 回代議員会（75 年度前期幹事会発足；議長：小島一光・理D）	
	7.8　学長交渉、7.25　学生部長交渉	8.1 ～ 2　全院協第 27 回全国代表者会議（名大）
	7.12　北大院協「大学・大学院問題をめぐる院生討論集会」	

	北大院協・北大内の出来事	全院協など・国内外の出来事
1975	6下旬～8上旬　北大院協第10回夏の学校（理学研究科化学・物理・植物・地鉱、教育・工・農の各院生会毎に開催）	9.13～14　第5回若手研究者問題全国シンポジウム（一橋大、研究過程論で田中一氏講演）
	10.30　学生部長交渉	10.15　全院協ニュース16号全院協「大学院の岐路をさぐる」発行
	11.15～16　北海道科学シンポジウム（京大・池上惇氏講演）	
	11.22　第1回院生シンポジウム「院生の成長と魅力のある研究室づくり」	
	12.6　北大院協第14回代議員会（75年度後期幹事会発足）	
1976	2.23　全院協ニュース第19号で北大院協全学幹事会の「院生の現状と要求を反映した院生規定の検討を」紹介	2.24　東京地検、ロッキード事件の強制捜査を開始
	3末　北大院協「“ともに生きともに研究する”院協運動の新たな発展をめざして'75」発行（1965年以降の北大院協の運動を総括）	3.23～25　全院協3月集会（東大：北大10名参加8レポート発表）
	4　大学院1学年定員MC685人に対して入学525人、DC427人に対して196人	
	6.15　北大院協第15回代議員会（76年度前期幹事会発足；議長：神田健策・農D）	7.2　ベトナム社会主義共和国成立（南北ベトナムが統一）
	6下旬～10上旬　北大院協第11回夏の学校（理学研究科化学・物理・植物・地鉱、教育・経済・農の各院生会毎に開催）	8.2～3　全院協第29回全国代表者会議（信州大）
	9.15　北海道大学創基100周年記念式典	
	11.6　第2回院生シンポジウム（MC教育・院生の研究活動・OD問題、太田原高昭氏講演）	12.20～21　全院協12月集会（東大）
	12　北大院協第16回代議員会（76年度後期幹事会発足；代議員会不成立、議長：稲月恒夫・理D）	12.24　福田赳夫内閣発足（自民党過半数割れで三木武夫退陣）
1977	4.1　大学院環境科学研究科設置（初の独立研究科） 5　北大院協第17回代議員会（77年度前期幹事会発足；議長：山口博教・経D）	3.22～25　全院協3月集会および第30回全国代表者会議（東大）
	6下旬～10下旬　北大院協第12回夏の学校（理学研究科化学・物理・植物・地鉱、教育・経済・工・農の各院生会毎に開催）	9.2～4　第6回若手研究者問題全国シンポジウム
	11.2　学長交渉	9.10　全院協ニュース第35号で全院協の奨学金闘争への批判（名大・北大水産）紹介
	12　北大院協第18回代議員会（77年度後期幹事会発足；議長：加藤孝幸・理D）	12.20～21　全院協12月集会（東大）
1978	1.26　経済学部林教授問題、公開質問状への回答を経て、学生・大学院生との話し合いで収拾	

	北大院協・北大内の出来事	全院協など・国内外の出来事
1978	3.5　北大院協、学長選挙にあたりアピール公表（学長選挙を通じて北大の創造的発展の合意形成を）	
	3末　北大院協総括集「夏の学校とオーバー・ドクター問題の現状 '77」取りまとめ公表	
	5.20　78新歓・院生シンポジウム（川村琢元農学部教授の講演など）	
	6.24　北大院協第19回代議員会（78年度前期幹事会発足；議長：飯沢理一郎・農D）	8.12　日中平和条約調印
	7～9　北大院協78年度夏の学校（理学研究科高分子・物理・地鉱・植物・化学と教育・経済・農の各院生会で開催）	9.2～4　第6回若手研究者問題全国シンポジウム（東京；科学の継承発展と若手研究者の成長）
	10　学生募集要項、文・理・水産類および医進・歯進の5区分から7系（文Ⅰ・文Ⅱ・文Ⅲ、理Ⅰ・理Ⅱ・理Ⅲ、水産）および2課程（医進・歯進）へ変更	
	10　**北大女子院生の会発足**（理系研究科有志の呼びかけによる）	12.7　第1次大平正芳内閣発足
	12.9　北大院協第20回代議員会（78年度後期幹事会発足；議長：羽田貴史・教D）	12.20～21　全院協12月集会
1979	2.16　学長との懇談会開催（院協幹事・各単位院協から23名出席；OD問題中心として）	1.13～14　初めての共通第一次学力試験が実施される
	3末　北大院協研究交流誌78「特集；マスター教育とその後の研究について考える」発行	
	3　学長選で今村学長再選	
	6.16　北大院協第21回代議員会（79年度前期幹事会発足）	3.22･23　全院協第32回全国代表者会議（東京大学）
	6.下旬～8上旬　北大院協79年度夏の学校（教育・地鉱・農院生会などで開催）	
	12.15　北大院協第22回代議員会（79年度後期幹事会発足、議長：美土路知之・農D）	12.24　ソ連、アフガニスタン侵攻
1980	3.19　評議会で院生寮の建設決定	3.10「OD問題の解決をめざす若手研究者連絡会」結成
	3末　北大院協研究交流誌 '79「特集；OD問題をめぐって」発行	3.22～23　第7回若手研究者問題全国シンポジウム（東京;80年代の科学と若手研究者の成長）
	4.1　教養課程教育協議会発足	3.24　全院協第33回全国代表者会議（東京；北大から議長・副議長参加）
	6　北大院協第23回代議員会（80年前期幹事会発足）	
	8.14　農学部、同窓会財産資金からのOD奨学金実現	7.17　鈴木善幸内閣発足（5月の衆議院のハプニング解散・大平首相急死後の衆参同日選挙で自民党大勝を受け）
	6.下旬～8上旬　北大院協80年度夏の学校（理学研究科化学・地鉱・植物・物理・数学と教育学研究科の各院生会で開催）	

	北大院協・北大内の出来事	全院協など・国内外の出来事
1980	10～11　北大女子院生の会で研究生を含む実態調査	
	12.13　北大院協第25回代議員会（水産も参加、80年度後期幹事会発足）	9.21　全院協第34回全国代表者会議（都立大）
1981	3.9～12　北大学長選挙、工学部長有江幹男氏が選出（北大院協は争点明確化のアピール活動など）	3.22～24　全院協3月集会、第35回全国代表者会議（都立大・東大）
	3末　北大院協研究交流誌'80「特集；研究創造活動の到達点と課題」発行	
	4.1　教養課程改革の一環として言語文化部が発足	
	6　北大院協第26回代議員会（81年度前期幹事会発足、議長：玉真之介・農D）	10.23　学術会議第80回総会、「研究者養成の振興策について」採択
		11　OD問題の解決をめざす若手研究者団体連絡会、「OD白書（全国一斉アンケート調査報告）」刊行
	12.12　北大院協第27回代議員会（81年度後期幹事会発足、議長：西尾純子・教育D）	12.5～6　第8回若手研究者問題全国シンポジウム（京都）
1982	3末　北大院協研究交流誌'80「特集；研究創造活動の到達点と課題」発行	3.27～29　全院協3月集会、第36回全国代表者会議（東大・一橋大）
	6　北大院協第28回代議員会（81年度前期幹事会発足）	7.7　大学関係7団体学習集会（臨調路線と大学・科学技術問題など）
	12　北大院協第29回代議員会（82年度後期幹事会発足、議長：柳田泰典・教D）	11.27　第1次中曽根康弘内閣発足
1983	3.31　有島寮閉寮 4.1　新寮に院生枠50名確保	3.24～26　全院協3月集会および第37回全国代表者会議（東大）
	6　北大院協第30回代議員会（83年度前期幹事会発足、議長：河西英通・文D、規約代議員定数など微改正）	11.28　日本学術会議「改革」法案成立（推薦制および首相の任命制へ）
	6.28　全学幹事会で学長に会見（有江学長；OD問題など）	12.3～4　第9回若手研究者問題全国シンポジウム（東大）
	12　北大院協第31回代議員会（83年度後期幹事会発足、議長：浅野慎一・教D）	12.27　中曽根第2次内閣発足（ロッキード事件田中判決後の衆議院選挙での自民党過半数割れを受けて新自由クラブとの連立）
1984		2.25　有利子導入の「育英会法案」国会上程
	3　北大院協研究交流誌'83「院協運動の現段階と若手研究者養成問題」発行	3.22～24　全院協3月集会および第38回全国代表者会議（東大） 4.26　東京農工大を基幹として農学系連合大学院発足
	5.22　道内大学関係7団体「教育と大学の危機を考える5.22大学人集会」、北大院協は奨学金問題の現状について訴え	5～6　全院協、育英会法案関連での奨学金問題で募集即時実施などで数回の要請行動
	5　学長に有江幹男氏再選	8.21　中曽根首相主導で臨時教育審議会（臨教審）設置

5　北大院協史　年表（第二次大戦後から国立大学法人化まで；1945 〜 2003）

	北大院協・北大内の出来事	全院協など・国内外の出来事
1984	6　北大院協代議員会（84 年度前期議長：農学研究科）	12.14 〜 16　第 10 回若手研究者問題全国シンポジウムおよび全院協 12 月集会（東大）
1985	3　北大院協、「昭和 58 年北大院協大学院白書（78 頁）」発行 11.6　北大全学連絡会、授業料免除制度改悪に関して学長・学生部長へ話し合いを求める交渉要求書提出。	3.21 〜 23　全院協 3 月集会（東京；OD 問題全国シンポジウムなど）および第 39 回全国代表者会議 6.26　臨教審第 1 次答申（個性重視の原則）
1986	3　北大院協研究交流誌 '85「特集；北大院協の活動と臨教審問題」発行	3.17　全院協第 40 回全国代表者会議（東大） 4.23　臨教審第 2 次答申（大学院改革の提案）
1987	3　学長に薬学部元学部長の伴義雄名誉教授が選出 3　北大院協研究交流誌 '86「特集；高等教育再編、北大における女子院生・研究生の実態調査 No.2」発行 9 〜 10　北大院生要求集約アンケート実施	3.17　全院協第 41 回全国代表者会議（東大） 4.1　国鉄が分割民営化により解散、JR に事業継承 10.19　ニューヨーク株式市場大暴落（ブラックマンデー；世界同時株安） 11.6　竹下登内閣発足
1988	3　北大院協研究交流誌 '87 発行 7　全部局長などで構成する「大学院問題懇談会」設置	3　大学審議会、大学院部会設置 3　全院協 3 月集会および第 11 回若手研究者問題シンポジウム 3.14　全院協第 42 回全国代表者会議（東大） 12.19　大学審議会、「大学院制度の弾力化について」文部大臣へ答申
1989	3　医学部、「生命医科学総合研究科構想（医・歯・獣の三学部参画）」を打ち出すが、文科省時期尚早の判断 5「大学院整備構想検討委員会」設置 6.16　理学部大学院問題検討委員会、大学院重点学部案（いわゆる理学院構想）公表	2.15　ソ連軍のアフガニスタンからの撤退が完了 3.14　全院協第 43 回全国代表者会議（東大） 6.3　竹下内閣総辞職を受け、宇野宗佑内閣が発足 6.4　中国で天安門事件発生 8.10　7 月参議院選での自民党大敗・社会党第一党などによる宇野首相退陣を受け海部俊樹内閣が発足
1990	5.1　現在大学院在籍、MC1,511 人、DC812 人 7　大学院整備構想検討委員会、大学院重点化へ向けての「北海道大学における大学院改革整備構想」を発表	1.13 〜 14　第 1 回大学入試センター試験 3　全院協第 44 回全国代表者会議 11.18　沖縄県知事選で大田昌秀氏が勝利し、革新県政が復活 11.24 〜 25　第 12 回若手研究者問題全国シンポジウム（一橋大）

	北大院協・北大内の出来事	全院協など・国内外の出来事
1991	3　学長に廣重力医学部長が選出	1.17　米中心の多国籍軍の武力行使で湾岸戦争勃発
	4.30　工学部改革推進委員会、「工学部機構改革案」を正式承認	2　大学審議会「学位制度の見直し及び大学院の評価について」答申
		3.16　全院協第45回全国代表者会議
		4.26　海上自衛隊ペルシャ湾岸掃海部隊出発（自衛隊の初の海外派遣）
		5　大学審議会「大学院の整備充実について」答申
	9.20　法学部修士専修コース社会人枠に7人合格	11.16～17　全院協　秋のシンポジウム91「今築こう大学の未来、大学と学問の危機を越えて」（一橋大）
	11.6　大学院構想検討委員会、地域研究に関する研究科構想特別委員会設置	11.5　海部首相退陣に伴い、宮沢喜一内閣誕生 11　大学審議会「大学院の量的整備について」答申
	12.18 「点検評価委員会」発足	12.26　ソビエト連邦崩壊（ゴルバチョフ大統領辞任、エリツィンロシア大統領への権限移譲）
1992	4.1　応用電気研究所、「電子科学研究所」に改組	2.13　東京佐川急便事件（東京地検と警視庁が強制捜査）
	6.24　評議会で北大学長の名称を総長に改称	3.15　全院協第46回全国代表者会議
1993	4.1　大学院環境科学研究科を改組して「大学院地球環境科学研究科」が発足	3　全院協第47回全国代表者会議
	4.1　理学研究科の植物学専攻、動物学専攻及び高分子学専攻を再編成し生物科学専攻設置	7.12　北海道南西沖地震発生
	9　工学部、工学研究科の改革案が完成し大学院重点化を開始	7.18　第40回衆議院選挙で新党さきがけ・新生党・日本新党が躍進（新党ブーム）
	12　評議会、「副総長制検討ワーキンググループ」設置	8.9　非自民・非共産の細川連立内閣が発足（55年体制の崩壊）
1994		1.29　細川政権下で小選挙区比例代表並立制法案成立
	6.24　理学研究科の物理学専攻を再編成し新たな物理学専攻設置、地質学鉱物学専攻と地球物理学専攻を再編成し地球惑星科学専攻設置	3.13　全院協第48回全国代表者会議 4.28　羽田孜連立内閣発足
	6　工学研究科、重点化に向け材料・化学系専攻群設置、全学共同教育研究施設としてエネルギー先端工学研究センターが再編され発足	6.30　社会党村山富市党首を首相とする自さ社連立内閣が発足
1995	3　総長に工学部長の丹保憲仁氏が選出	1.17　兵庫県南部地震（阪神淡路大震災）発生
	4.1　教養部に代わり高等教育機能開発センター発足、学部別学生募集、4年間学部一貫教育始まる	3.12　全院協第49回全国代表者会議
	4.1　理学研究科の数学専攻を再編成し新たに数学専攻、化学専攻と化学第二専攻を再編成し新たな化学専攻を設置し、理学研究科の部局化（大学院重点化）が完成	3.20　オウム真理教地下鉄サリン事件

5　北大院協史　年表（第二次大戦後から国立大学法人化まで；1945 ～ 2003）

	北大院協・北大内の出来事	全院協など・国内外の出来事
1995	4 「副総長制」が 2 名の副学長就任という形で始まる 4　工学研究科、情報エレクトロニクス系専攻群設置 4.1　獣医学研究科、大学院重点化に即して改組 12.22　全院協理事校の北大院協が道教大札幌校院生協議会と懇談会開催	10.30　東京地裁、オウム真理教に解散命令 11.8　科学技術基本法成立
1996	4　工学研究科、物理工学系専攻群設置	1.11　村山首相が辞職し、橋本龍太郎内閣（自さ社連立）発足 3.3　全院協第 50 回全国代表者会議 10.20　第 41 回衆議院議員選挙（小選挙区比例代表並立制） 10.29　大学審議会「大学教員の任期制」について答申
1997	1.24　**北大院協・北大教職員組合など主催で「大学問題シンポジウム（奨学金問題を考える・大学教員任期制を考える）」開催**（北大院協議長：野嵜直・農 D） 4　工学研究科、社会工学系専攻群設置で大学院重点化が完成 4　農学研究科、大学院重点化に向け改組で生物資源生産学専攻設置 7　大学の公開・外部評価の一環として「北海道大学懇話会」設置	3.16　全院協第 51 回全国代表者会議（北大で職組などと「大学教員の任期制」についての取り組みの紹介あり） 12.11　地球温暖化防止京都会議で京都議定書採択
1998	4.1　薬学部が大学院重点化により改組 4.9　医学部、2 専攻により大学院重点化がスタート、順次ほか 4 専攻でも進み、2000 年度に重点化が完成 4　農学研究科、改組で環境資源学専攻設置	3.15　全院協第 53 回全国代表者会議（議案に北大の院生協議会が社会人院生・留学生の問題を考えるプロジェクトを発足、道教大釧路校の担当者との情報交換が紹介） 7.30　小渕恵三自民党単独内閣発足（文部大臣に元東大総長有馬朗人参議院議員が就任）
1999	4　学内共同教育研究施設「北大総合博物館」設置 4　農学研究科、改組で応用生命科学専攻設置で大学院重点化完成 5.1　丹保憲仁総長を再任	1.14　自民・自由連合により小渕内閣発足 7.8　独立行政法人通則法成立
2000	4　文学・教育学・法学・経済学・歯学・水産学の各研究科の新体制発足で、北海道大学の大学院重点化完了（水産学研究科は水産科学研究科に改称） 4　学外者から構成の「北海道大学運営諮問会議」設置	4.4 ～ 5　首相死去で小渕内閣総辞職、森喜朗首班指名で組閣

	北大院協・北大内の出来事	全院協など・国内外の出来事
2000	4　言語文化部を中核として大学院独立研究科として「国際広報メディア研究科」設置	
2001	1　総長候補者選挙で法学研究科附属高等法制教育研究センター教授中村睦男氏が選出	1.6 中央省庁再編で文部科学省発足
	3.21　評議会、未来戦略検討 WG の最終報告「新世紀における北海道大学像」を審議了承	4.26　小泉純一郎が第 87 代内閣総理大臣に就任
	4　農場・演習林など農・理・水産学部の実験・野外施設を統合して学内共同教育研究施設「北方生物圏フィールド科学センター」設置、言語文化部に大学院研究科発足	6.11　文部科学省、国立大学法人化などの「大学（国立大学）の構造改革の方針」発表
	5.1　中村総長就任と共に、副学長 3 人制などスタート	
	5 月現在、大学院 MC 在籍 3,230 人、DC 在籍 2,294 人	9.11 アメリカ同時多発テロ事件
	9.28　北海道大学創基 125 周年記念式典	
2002	3　北キャンパスに創成科学研究機構が発足	4　国大協臨時総会、国立大学法人化について文部科学省調査検討会議の最終報告を承認
	3　北大院協研究交流誌発行（北大院協は 2001 年度は教育・農学・水産・経済研究科の大学院会が結集で、議長：中俣保志・教育）	
	4.26　北大院協代議員集会	
2003	3　北大院協研究交流誌発行（北大院協は 2002 年度は教育・農学の大学院会などが結集で、議長：藤田まり子・教育、理院協など長期休業状態）	7.9　国立大学法人法成立
2004	4.1　北海道大学が「国立大学法人北海道大学」として再スタート	4.1　国立大学法人発足

6　北大院協史　文献一覧

1973年ころまでの資料は主に理学研究科地質学鉱物専攻に在籍した伊佐田剛・近藤務の両氏から岡孝雄氏（編集委員）が引き継いだもの、農学研究科出身の故神田健策氏の遺蔵のもの、理学研究科出身の江見清次郎氏（化学）および岡氏自身が所有したものからなる。1974年～1980年頃の資料は神田健策氏、山口博教氏（編集委員）および理学研究科出身の加藤孝幸氏（地鉱）から主に提供を受けた。1980年代の北大院協の活動を知る貴重な資料として、教育学研究科出身浅野慎一氏により研究交流誌の提供があった。その他、北大文書館の収蔵資料のうち、北田英人・田原嗣郎・沖高行各氏提供の関連資料は確認を行い、この一覧表に極力取り込んだ。文書館資料にはその他、山田真弓氏らの資料があるが、この中には今回入手できていない資料が一定数存在している。北大文書館、全国大学院生協議会などからの資料収集にあたっては編集委員の羽田貴史氏が担い、その他、佐々木忠・佐久間亨・手島繁一の各氏も補足的な資料収集を行った。（とりまとめ　岡　孝雄）

３頁以上の文献については、判サイズと頁数を付加し、ニュース類などの一部は統合表示した。

No.	タイトルなど	発行者 / 著者	発行年月日
北大院協、北大当局および北大職組など			
1	大学制度改革案　A5-15p	北海道帝国大学大学制度審議会	1947.9.30
2	シンポジウム「我が国の科学研究体制と大学院（全国院協主催）」参加報告会案内	北大大学院代表団	1960.7
3	大学の自治を守ろう—北大の現状と大学管理制度—　B5-48p	大学自治擁護安保体制打破北大共闘会議	1962.9
4	私達も研究者だ　大学の運営に積極的に参加しよう—大学院生の立場から—	北大共闘会議「大学の自治を守ろう」p34-37	1962.9
5	全北大院生協議会1962年後期活動報告及び今後の方針（討議資料）　B5-10p	北大院協全学幹事会	1963.5.18
6	北海道大学大学院生実態調査（記入用紙）B4-12p	北大院協	1963.11.15
7～11	1964年北大院協ニュースまたは全学院協ニュース	4.27, 9.22, 9.22, 10.12, 12.3 発行の５号	
12	太田さんを守る会ニュースNo.6（総会特集号）	太田さんを守る会	1964.2.25
13	アンケートの予算問題で院生の皆さんに訴える	北大院生協議会幹事会アンケート委員会	1964.7.21
14	奨学金委員会ニュース第２号 B5-8p	北大院協奨学金委員会	1964.8.15
15	自衛官入学反対闘争　北大の記録—大学から軍事研究を一掃するために—　B6-54p	大学自治擁護安保体制打破北大共闘会議編（北海道地区大学教職員組合協議会発行）	1964.8
16	全院協統一行動道ブロック集会討議資料 B4-12p	北大院協全学幹事会	1964.10.17
17	北大院協全学総会諸決議	北大院協全学総会	1964.12.12
18	北大院生白書目次検討案（1961年京都大学大学院白書を参考）　B4-5p	北大院協アンケート委員会	1964
19	北大文学部藤井裁判事件記録 B4-15p	北海道大学教職員組合	1964 ?
20～29	1965年北大院協幹事会ニュースまたは全学院協ニュース	1.1, 2.8, 2.25, 6.22, 6 末, 7.20, 7.20, 10.15, 10.25, 12.16 発行の10号	
30	北海道大学大学院白書試案（1963.11）　B5-117p	北大院協	1965.2

No.	タイトルなど	発行者／著者	発行年月日
31	白鳥事件でっちあげのためのでっちあげ「太田事件」（小冊子）B6-50p	太田さんを守る会・北海道大学教職員組合	1965.2
32	警官学内導入問題について（第Ⅰ報）	北海道大学教職員組合	1965.5.29
33	警官学内導入問題についての訴え	北海道大学教職員組合	1965.5.29
34	アンケート出版費用に関する交渉経過	北大院協幹事会アンケート委員会	1965.5.31
35	学内警官導入問題（第Ⅱ報）	北海道大学教職員組合	1965.6
36	夏の学校に参加しよう（申し込み書）	北大院協夏の学校実行委員会	1965.7.5
37	北海道大学大学院白書（1963.11）B5-316p	北大院協	1965.10
38	北大院協日韓条約粉砕闘争委ニュース第3号	北大院協日韓条約粉砕闘争委員会	1965.12.10
39	「時間講師組合準備会」への加入を呼びかけます	北海道非常勤講師組合準備会	1965.2
40	「北海道非常勤講師組合準備会」規約と加入申込書	北海道非常勤講師組合準備会	1965.2
41	北大院生の経済生活	北大院協全学幹事会	1965
42	大学自治問題資料（1集）―大学の自治、学問・思想の自由を守るために― B5-41p	大学自治擁護安保体制打破北大共闘会議	1966.1
43	白書ニュース第2号	北大大学院白書委員会	1966.2.9
44	北大院協ニュース No.5	北大院協全学幹事会	1966.2.15
45	大学設置基準・科学技術基本法特集　大学自治問題討議資料（第二集）B5-67p	大学自治擁護安保体制打破北大共闘会議	1966.2
46	白書ニュース第3号	北大大学院白書委員会	1966.3.1
47	白書運動をさらに発展させるために―新院生のための白書運動の解説―　B5-6p	北大院協白書小委員会	1966.5
48	1965年度後期北大大学院生協議会総括書　B5-33p	北大院協全学幹事会	1966.5
49	北大大学院白書補冊　B5-24p	北大院協全学幹事会	1966.7.25
50	北大院協第2回夏の学校討論資料　B5-17p	北大院協夏の学校資料担当実行委員会	1966.8.3 ～ 5
51	「第2回院協夏の学校」総括報告集　B5-36p	北海道大学大学院生協議会夏の学校実行委員会	1966.9
52	北大に清新の気を　自主民主公開の新学長を選び出そう‼　A5-30p	北海道大学教職員組合	1966.9.15
53	奨学金前借問題資料 B5-20p	北大院協前借小委員会	1967.2
54	全学にうったえる―北大の誇り得る学長を―	北大学教職員組合	1967.4
55	一科学者の成長　A5-16p	北大学長　堀内寿郎	1967.5.8
56	大学院制度シンポジウム資料 No.2　大学院制度問題 B5-13p	北大院協　白書委員会	1967.5.25
57	1966年度後期北大大学院生協議会総括書　B5-25p	北大院協全学幹事会	1967.5？
58	第3回夏の学校（1967年）　B5-37p	北大大学院生協議会夏の学校実行委員会	1967.7
59	軍学協同の現状―米軍資金援助と自衛官入学問題― B5-18p	安保体制打破・大学自治擁護　全北大共闘会議	1967.10

No.	タイトルなど	発行者／著者	発行年月日
60	第4回札幌科学シンポジウム論文抄録　B5-17p	北京・札幌科学シンポジウム連絡会議	1967.12.11
61	太田先生復帰請願署名趣意書	北海道大学大学院生協議会全学幹事会・同　農学部大学院生会	1968.2
62	第3回院協夏の学校（1967.8）総括報告集　B5-46p	北大大学院生協議会夏の学校実行委員会	1968.2
63	44年度DC奨学金問題討論資料　B5-20p	北大院協全学幹事会DC奨学金闘争委員会	1968.3
64	太田事件1968　B6-48p	太田再審教職復帰対策会議ほか	1968.4
65	北大大学院生協議42年度後期総括書＝理院協創立十周年＝　B5-41p	北大院協議全学幹事会	1968.5.18
66	第4回院協〝夏の学校〟ニュースNo.2	夏の学校実行委員会	1968.7.13
67	第4回院協〝夏の学校〟ニュースNo.3	夏の学校実行委員会	1968.7.17
68	夏の学校実行委員会（編集）の報告・資料集「第4回　夏の学校」B5-45p	北大院協（実行委員会編集）	1968.7.27
69	教官のみなさんに訴える（11.15全国大学院生統一行動）	北大院協議全学幹事会	1968.11.10
70	戦後日本の科学技術研究体制と北大大学院の現状―「全国大学院生統一要求運動」成功のために」―B5-38p	北大院協全学幹事会統一要求運動推進委員会	1968.11
71	1968年度前期北大大学院生協議会総括書　B5-32p	北大院協	1968.12
72	大学改革の理念（上）（下）B5-15p	堀内寿郎	1968?
73～95	院協ニュース	1969.1.17, 1.20, 2.3, 2.12, 2.18, 4.12, 4.18, 4下, 5.-, 5.21, 5.27, 5.27, 5下, 6.3, 6.26, 7.2, 7.7, 7.9, 7.14, 7.26, 9.13, 9.20, 11.10. 発行の23号	
96	第4回院協夏の学校（1968年7月）「総括と展望」B5-33p	北大院協・北海道大学大学院夏の学校実行委員会	1969.1
97	北大大学院院生協議会68年度後期方針案（付：北大院協新規約）　B5-25p	北大院協	1969.2
98	暴力学生集団の本質と役割―教養部教官二十八氏の声明を批判する―B5-9p	北大院協	1969.4.28
99	アピールビラ「4.28の暴力集団の蛮行を糾弾し、暴力による封鎖を許さない確固とした力を全学に築こう！」	安保体制打破・大学自治擁護　全北大共闘会議	1969.4.30
100	暴力学生集団の蛮行を糾弾し彼らを利用した政府文部省の“大学破壊”法案を粉砕する5.2全北大総決起集会（5月2日、5時30分～、教養部前、主催　北大共闘会議）	北大院協	1969.5.2
101	闘争宣言	北大院協	1969.5.20
102	“学長解放”暴力学生“本部封鎖”を解除、全北大人の断固とした抗議行動の成果	北大院協全学幹事会	1969.5.22?

No.	タイトルなど	発行者／著者	発行年月日
103	中教審答申粉砕・“大学弾圧立法”上程阻止の闘いに全北大人の総決起を訴える！！全院生は研究放棄を含む最大限闘争で立ちあがろう！	北大院協全学幹事会	1969.5.23
104	所感的ビラ「バリケードの問いかけ」	全学助手・院生共闘会議（準）ほか	1969.5.29?
105	大学弾圧立法粉砕の闘いに全北大人の総決起を！	北大院協全学幹事会	1969.5.30
106	北大闘争討論集会基調報告　闘わざるものに如何なる保証が得られようか！（構成組織の総括文集）　B5-8p	全学助手院生共闘会議準備会ほか	1969.6.13
107	北大闘争・大学立法粉砕闘争の新局面の中で日共＝民青に支えられた北大当局の反動的管理運営体制を一掃しよう！	院生・研究生有志	1969.6 月中旬？
108	「大学立法」中教審答申粉砕 6.23 全北大一万人集会実行委員会参加のよびかけ	一万人集会実行委員会	1969.6.18?
109	全北大人は総決起せよ！「大学立法」・中教審答申粉砕 6.23 全北大一万人集会へ！	6.23 全北大一万人集会実行委員会	1969.6.20
110	北大大学院生協議会第二回代議員会議案書（昭和 44 年前期）　B5-29p	北大院協	1969.6.21
111	第 5 回夏の学校討論資料　B5-98p	北大院協夏の学校実行委員会	1969.9
112	闘うすべての学生、院生、教官へのアッピール	全日本医師連合北大支部	1969.9
113	科学技術研究体制と大学院―大学院制度をめぐる課題と展望― B4-22p	北大院協全学幹事会	1969.9
114	科学技術研究体制と大学院―大学院制度をめぐる課題と展望―　B5-43p	北大院協全学幹事会	1969.10.3
115	「大学変革―その闘いの理念―戦後・北大変革の課題と展望」　A5-128p	北大院生協議会「大学変革」討論資料編集委員会	1969.10.11
116	佐藤訪米の意図	北大院協全学幹事会	1969.11
117	現代トロツキズム思想批判シリーズその一「全共闘新左翼における非合理主義の思想」　B5-39p	日本科学者会議北海道支部	1969.11.20
118	経済分析研究会編著「全共闘、革マルの現代帝国主義論＝戦略綱領の批判」B5-37p	日本科学者会議北海道支部	1970.1.31
119～121	全学院協ニュース	1970.2.26, 10.3, 11.16. 発行の 3 号	
122	現代トロッキズム思想批判シリーズ　B5-39p	日本科学者会議北海道支部	1970.2.15
123	北大院協第 3 回代議員会 ,69 年度前期総括案・後期方針案 B5-34p	北大院協	1970.2
124	北大院協第 4 回代議員会 ,69 年度後期総括案・70 年度前期方針案 B5-32p	北大院協	1970.6
125	堀内寿郎：人間を大切に　B6-58p	北海道憲法会議	1970.8.3
126	『北海道大学改革調査報告』（冊子）	北海道大学改革調査専門委員会	1970.9.16

No.	タイトルなど	発行者／著者	発行年月日
127〜137	院協ニュース、全学院協ニュースまたは全学幹事会ニュース	1971.2 中，2.23, 4.27, 4 末，7.1, 9.13, 9.29, 11.5, 11.8, 11.30, 1971.5 発行の 11 号	
138	北大院協第 5 回代議員会 ,70 年度前期総括案・70 年度後期方針案　B5-16p	北大院協	1971.2.13
139	北大職組新聞号外「国民のための大学をめざし、学部民主化の一層の前進を」	北海道大学教職員組合	1971.3.5
140	第 6 回夏の学校（1971）討論資料　B5-76p	北大院協・夏の学校実行委員会	1971.7
141	「1971 年度北海道科学シンポジウム（70 年代における科学の真の創造的発展のために）」参加論文抄録集；北大院協・農院協・理院協・工院協報告　B5-37p	1971 年度北海道科学シンポジウム実行委員会	1971.11.20
142	北大院協第 6 回代議員会 ,71 年度前期総括案・71 年度後期方針案 B5-19p	北大院協	1971.11
143	北大院生実態調査報告書　B5-65p	北大院協全学幹事会・統一要求委員会	1971.12
144〜160	院協ニュースまたは北大院協ニュース	1972.1.24, 2 月 , 3 上 , 5.10, 5.15, 5.25, 7. 初 , 7.6, 7.8, 7.11, 7.12, 7.25, 9.11, 9.18, 11.22, 12.6, 12.12. 発行の 17 号	
161	北海道大学改革検討報告（教養課程に関すること）B5-44p	北海道大学改革検討委員会第 2-1 専門委員会	1972.6.17
162	有島寮規約（学生部代表：越　昭三―理教授―、寮生代表：阿部哲也―有島寮長―、院協代表：梶本孝博―北大院協議長―の 3 氏署名）	院生寮建設合同委員会	1972.7.8
163	院生寮討論資料 No.1「院生寮建設のために」B5-20p	北大院協・北大院生寮有島寮	1972.8
164	院生不当逮捕の真実はこうだ！　5.19 の事実経過が示すものは何か	北大院協全学幹事会・北大教職員組合・北大院生救対本部・有島寮救対本部	1972.9.11
165	全評議員・教授会への公開質問状	北大院協全学幹事会	1972.9.12
166	北大職組新聞　豊かな大学めざして特集号「北大の中教審路線を告発する」　タブロイド判 4p	北海道大学教職員組合	1972.9.20
167	北海道大学改革検討中間報告（中間報告にあたって）B5-15p	北海道大学改革検討委員会	1972.9.20
168	北海道大学改革検討中間報告（研究・教育組織（大学院制度を含む）に関すること）B5-16p	北海道大学改革検討委員会第 1-1 専門委員会	1972.9.20
169	北海道大学改革検討中間報告（大学の管理・運営及び組織に関すること）B5-35p	北海道大学改革検討委員会第 3-1 専門委員会	1972.9.20
170	北海道大学改革検討中間報告（学生及び他の階層の地位と役割に関すること）B5-26p	北海道大学改革検討委員会第 4-1 専門委員会	1972.9.20
171	統一要求ニュース	北大院協全学幹事会統一要求推進小委員会	1972.10.4

No.	タイトルなど	発行者／著者	発行年月日
172	統一要求ニュース No.2	北大院協全学幹事会統一要求推進小委員会	1972.10.6
173	一院生を簡単に警察権力に売りわたす　学長・本部当局の責任を問う‼―裁かれるべき者、それは樋口史郎らだ―	北大院生協議会全学幹事会・北大教職員組合・北大院生救対本部・有島寮救対本部	1972.10.7
174	無実の山下君を起訴し、被告席に立たせるのは誰だ‼　真に裁かれるべきは丹羽学長、本部事務局だ！	山下君を守る会	1972.10
175	六・一五事件の真実を訴える―山下君を罪におとすものは誰か―	北大教職員組合・北大学連・山下君を守る会	1972.11
176	北大院協第8回代議員会,72年度前期総括案・72年度後期方針案 B5-23p	北大院協	1972.11
177	公害委員会ニュース第6号　堀内寿郎「公害と科学」―伊達火発を考える― B5-10p	日本科学者会議北海道支部公害委員会	1972.12.13
178	北大の歴史に類例をみない　無実の学生に対するデッチアゲ事件の責任者は全学の世論のもとで裁かねばならない	北大教職員組合	1972.12.25
179～186	院協ニュースまたは北大院協ニュース	1973.1.23, 2.9, 2.10, 2中, 3.8, 4.16, 5.15, 6.8. 発行の8号	
187	北大院生研究生活実態調査報告書 B5-116p	北大院協全学幹事会	1973.2
188	工学研究科長あて情報工学科（大学院）に関する公開質問状	工学部院生協議会幹事会	1973.3
189	工院協の質問状についての回答：情報工学専攻について　B5-3p	工学部長	1973.4
190	工学研究科長あて要望書（院生に関する諸要求・49年度概算要求）B5-6p	工学部院生協議会幹事会	1973.3.27
191	工院協「要望書」に対するお答え　B5-3p	工学部長	1973.4.21
192	環境科学研究科「構想」についての公開質問状	北大院協全学幹事会	1973.5.1
193	環境科学研究科「構想」に関する討論資料	北大院協全学幹事会	1973.5.16
194	大学問題シリーズ No.1：奇怪な経過をたどる“研究科構想”	北海道大学教職員組合	1973.5.30
195	概算要求の重点は「環境科学研究科」か？―北大の教育研究条件の真の改善のために―	北海道大学教職員組合教文部	1973.6.1
196	北大院生の研究・生活条件改善のための基本要求 B4-5p	北大院協全学幹事会	1973.6.5
197	筑波型「環境科学研究科構想」批判のために B4-6p	北大院協	1973.6.6
198	大学問題シリーズ No.4（中教審路線の大学院版―「大学院および学位制度の改善について（中間報告）」の重大な問題点―）	北海道大学教職員組合教文部	1973.6.11
199	浮かび上がる“全貌”　真実を語る弁護側冒頭陳述	山下君を守る会	1973.9

No.	タイトルなど	発行者 / 著者	発行年月日
200	エルムの告発—七二年佐々木君不当逮捕事件・勝利への五〇日—（冊子）B5-34p	北大農院生救対（北大院生協議会・北大職員組合発行）	1973.10.18
201	第 8 回北大院協夏の学校—総括と展望— B5-112p	北大院協全学幹事会	1973 末？
202〜213	院協ニュース、北大院協ニュースまたは全学院協ニュース	1974.5.10, 5.21, 6.13, 6.-, 7.-, 7.9, 7.9, 7.10, 9.11, 10.1, 10 月 , 10.21. 発行の 12 号	
214	三月二十七日結審！　五月判決（予定）私たちの声を更に広め、大きくし　無実の山下君に無罪判決をかちとろう！	山下君を守る会・北大学生自治会連合・北大学生寮連合・北大院協全学幹事会・北大教職員組合	1974.3
215	第 9 回北大院協夏の学校 B5-44p	北大院協 1974 年度後期全学幹事会	1974.8
216	山下君の人権をまもり　デッチアゲの責任者、丹羽北大学長を裁け—大詰めをむかえた控訴審で完全勝利を—	山下君を守る会・教職員守る会・院生守る会・学生守る会・卒業生、市民守る会	1974.12
217	『72 年 6・15 山下くん事件、求刑論告・最終弁論・意見陳述—公判資料』（冊子）	「山下君を守る会」全学事務局	1974?
218	72 年北大事件（傷害罪・不退去罪）上告審のたたかいに支援を訴えます！　デッチあげ障害罪を無罪にし山下君の人権回復を　最高裁は学生の権利をみとめ不退去罪を無罪にせよ！	72 年北大事件対策協議会	1974.6
219〜223	院協ニュースまたは全学院協ニュース	1975.4.5, 4.15, 9.8, 9.22, 10.27 発行の 5 号	
224	〝ともに生きともに研究する〟院協運動の新たな発展をめざして 75　B5-88p	北大院協全学幹事会	1975
225〜229	院協ニュース、北大院協ニュースまたは全学院協ニュース	1976.2.10, 9.20, 10.5, 10.8, 10.28 発行の 5 号	
230	「夏の学校」のまとめと院協運動の歩み　76　B5-62p	北大院協全学幹事会	1976
231	共同デスク No.1「大学危機の打開めざし〝大学共闘〟を結成」	大学共闘（道学連・道大教組・私学教組・道寮連・大学生協連・北大院協）	1977.5.15
232	72 年北大事件闘いの記録　A5-284p	山下君を守る会闘いの記録発行委員会	1977.9.10
233	北大院協ニュース（11.2 学長交渉へ各研究科から代表を派遣しよう）	北大院協全学幹事会	1977.10.28
234	院生寮問題に関する有島寮の見解	有島寮	1977.11.2
235	「夏の学校」とオーバー・ドクター問題の現状 77　B5-51p	北大院協全学幹事会	1977
236	78 新歓・院生シンポジウム　内容ある討論で成功す	全学幹事会	1978.5.29
237	北大院生ニュース（北大院協の 9 〜 12 月の方針、理院協の昨今、農院生会ソフトボール大会）	北大院協全学幹事会	1978.9.22

No.	タイトルなど	発行者／著者	発行年月日
238	研究交流誌 78　特集；マスター教育とその後の研究について考える　B5-55p	北大院協全学幹事会	1978
239	北大民主運動史研究会活動方針（案）	北大民主運動史研究会世話人会	1978
240	北大民主運動史研究会第 1 回研究会のお知らせ	北大民主運動史研究会世話人会	1978.7.6
241 ～ 246	北大院協ニュース	1979.2.5, 3.2, 5.28, 9 中 , 11.20, 12.3. 発行の 6 号	
247	研究条件に関する実態アンケート集約結果　B5-4p	水産学部院生協議会研究条件小委員会	1979.1.12
248	研究交流誌 79　特集；OD 問題をめぐって B5-84p	北大院協全学幹事会	1979
249	神田健策：私と「院生規定」	日本の科学者 14 巻 12 号［わたしの大学院時代］	1979.12
250 ～ 252	北大院協ニュースまたは全学院協ニュース	1980.2.15, 3.12, 12.22. 発行の 3 号	
253	「第 7 回若手研究者問題全国シンポジウム」実行委員会ニュース	実行委員会	1980.2.10
254	院生寮の建設決定へ	北大院協全学幹事会	1980.3
255	北大百年史　部局史　A5-1430p ？	北海道大学	1980.3,20
256	北大院協第 25 回代議員会 80 年度前期総括（案）・後期方針（案）　B5-20p	北大院協第 25 回代議員会	1980.12,13
257	研究交流誌 80　特集；研究創造活動の到達点と課題 B5-60p	北大院協全学幹事会	1981.3
258	北大女子院生の会：北大女子院生実態調査中間報告	「研究交流誌 80」、p58-59	1981
259	第 27 回 1981 年度前期北大院協代議員会議案 B4-9p	1981 年度前期全学幹事会	1981.12.12
260	研究交流誌 81　特集；北大 OD 白書 B5-85p	北大院協全学幹事会	1982.3
261	宮原将平：OD 問題の一視点	日本の科学者 17 巻 2 号［シリーズ OD 問題の解決のために］（第 1 回）	1982.2
262	北大院協ニュース No.1（軍備肥え凍てつく研究と教育）	北大院協全学幹事会	1982.2.15
263	北大百年史　通説　A5-1500p + α	北海道大学	1982.7.25
264	OD 問題学習会資料集　B5-28p	北大院協全学幹事会	1982.8.10
265	北海道大学大学院有島寮閉寮記念誌「白樺」B5-87p	北海道大学大学院生寮有島寮	1983.3.25
266	研究交流誌 83　院協運動の現段階と若手研究者養成問題　B5-78p	北大院協全学幹事会	1984.3
267	北大院協ニュース（No.1）	北大院協幹事会	1983.7
268	北海道大学大学院白書（昭和 58 年）　B5-80p	北大院協全学幹事会	1985.3.31
269	研究交流誌 85　特集：北大院協の活動と臨教審問題　B5-70p	北大院協全学幹事会	1986.3

No.	タイトルなど	発行者 / 著者	発行年月日
270	研究交流誌 86　特集：高等教育再編、北大に於ける女子院生・研究生の実態調査 No.2　B5-70p	北大院協全学幹事会	1987.3
271	研究交流誌 87　第 1 部：単位院協・研究科の研究交流活動・研究紹介、第 2 部：北大院生要求集約アンケートの結果、第 3 部：大学改革と大学の自治について　B5-53p	北大院協全学幹事会	1988.3
272	田中一「研究過程論」四六判 -236p	北大選書 19（北大図書刊行会）	1988.7.25
273	総長・北大院協懇談会資料および当日用レジメ B5-36p	北大院協全学幹事会	1996.4.22
274	大学問題シンポジウムのご案内―貧乏暇なし、院生金なし―	大学問題シンポジウム実行委員会・北大院生協議会・北大職員組合	1997.1.24
275	ほくだい 710 号	北大教職員組合教宣部	1997.3.1
276	渡邉暉夫「大学院博士課程の現状と問題点：大学院重点化をめぐって」	高等教育ジャーナル（北大）2 号 ,p39-64.	1997
277	野口　徹ほか「大学院におけるカリキュラムの在り方に関する研究会―平成 9 年度報告書―」	高等教育ジャーナル（北大）4 号 ,p95-110.	1998
278	北海道大学 125 年史編集室編「北大の 125 年」A5-140p	北海道大学図書刊行会	2001.4.25
279	研究交流誌（2001）　B5-93p	北大院協全学幹事会	2002.3
280	研究交流誌（2002）　B5-85p	北大院協全学幹事会	2003.3
281	北大百二十五年史　通説編　A5-1344p	北海道大学	2003.12.25
282	蒼空に梢つらねて―イールズ闘争六〇周年・安保闘争五〇周年の年に北大の自由・自治の歴史を考える― A5-402p	「北大 5.16 集会報告集」編集委員会（株式会社　柏艪舎）	2011.2.22
283	神沼公三郎：国立大学法人北海道大学の本質	「蒼空に梢つらねて」、p12-123	2011.2.22
284	北の自治力―ウェネサル― A5-653p	佐々木　忠	2013.3.11
285	手島繁一：[特集] 1950 年前後の学生運動―北大・東大・早大　特集にあたって	大原社会問題研究所雑誌 651 巻、p1-6	2013.1.25
286	1950 年前後の北大の学生運動―その位置と意義を再考する	大原社会問題研究所雑誌 651 巻、p7-23	2013.1.25
287	梁田政方：中野徹三「北大のイールズ闘争」論に反論する	大原社会問題研究所雑誌 658 巻、p50-57	2013.8.25
288	河西英通：北大闘争の位置と思想	国立歴史民族博物館研究報告、第 216 集、p71-119	2019.3
289	北海道大学の歴史［光と影］ 北海道大学ピースガイド A5-119p	ビー・アンビシャス 9 条の会・北海道	2019.12
290	手島繁一：学生自治会運動　その戦後史と未来にふれて	北海道大学ピースガイド	2019.12
291	佐々木忠：旧有島武郎邸と全国初の院生寮有島寮のこと	北海道大学ピースガイド	2019.12
292	神田健策：新制大学院の発足と院生協議会の運動	北海道大学ピースガイド	2019.12
293	北大 1969 ―あのころ私たちが求めていたもの― A5-408p	「北大 1969」編集委員会（メディアデザイン事務所マツモト）	2021.1.25

No.	タイトルなど	発行者 / 著者	発行年月日
294	平田文男：大学の自治と学問の自由を守る北大院生協議会の闘い	「北大 1969」、p326-332	2021.1.25
	文学・教育学・経済学研究科		
1	北海道大学大学院経済研究科規程	北海道大学	1955.3.17
2	北海道大学大学院文学研究科学生会規約	北海道大学院文学研究科学生会規約改正小委員会	
3	ポラリス原子力潜水艦日本「寄港」について　B5-15p	北海道大学教育学部大学院	1964
4	北海道大学教育学部の学部運営の諸改革について　B5-9p	北海道大学教育学部教授会	1969.3.15
5	学部民主化に対する政府・自民党のデマと中傷を断固粉砕しよう！―学部各層は民主科の成果を守り、直ちに決起せよ―	教院協	1969.3 中旬？
6	理論戦線からの呼びかけ	文学部理論戦線	1969.5.13
7	大学の運営に関する臨時措置法案前文逐条解説　B5-6p	教院協	1969.5
8	荒廃の中の科学的認識の確立を！！-大学-問題解決の真の展望を切開くために　B5-34p	科学を守り育て真理を追究する経済学部研究者会議（北海道大学経済大学院　有志）	1969.6.1
9	本部封鎖解除の意義と暴力学生集団の本質	教院協	1969.6
10	専修科解体を開始しネオ文学部を創出せよ。文学部の思想的地場としてのＬＤＡＣ（その１）―方向と優位―反戦諸氏への華麗な批判」	文学部民主化行動委員会（ＬＤＡＣ）	1969.6 下旬
11	「旗は焼かれても」No.7（70 年代闘争と暴力集団の挑発）	教院協	1969.8.28
12	決議文	教院協	1969.8
13	暴力集団による封鎖に対する学内の誤った態度を批判する‼	教院協	1969.8
14	新しい文学部建設のために＝文学部に於ける講座制に基く教授会自治体制を我々の力で打破しよう＝　B4-32p	文院協闘争委員会・文学部の理念と制度に関する小委員会	1969.9
15	団体交渉の申し入れ（北大文学部教授会殿）	文院協	1969.9.10
16	「旗は焼かれても」No.12（教育学部における民主的変革の経過と今後の展望）	教院協	1969.9.11
17	大学自治の理念と団交権＝新しい文学部建設のために＝討論資料＝　B4-12p	文院協闘争委員会	1969.10
18	旗は焼かれても No.17（「早く北署に連絡を」と指令 / 暴露された暴力集団と警察との間柄）	教院協	1969.11.16
19	新校舎使用問題をめぐる「拡大教官学生連絡協議会」にのぞむ我々の基本態度	文院協幹事会	1969.12
20	文・教授会ヲ注目セヨ	文学部助手院生共闘会議、文学部闘争委員会準備会	1969

No.	タイトルなど	発行者／著者	発行年月日
21	野田文学部長との団交貫徹をもって立法実質化阻止・講座制、大学院制解体のストライキ体制を確率せよ	文学部助手院生共闘、文学部闘争委員会（準）	1969
22	4.28 で七○年闘争の歴史的開幕を宣しよう	文学部大学院有志	1970.4
23	経済学部「学部長選挙規定」の改正案について	経済学部	1970.5
24	資料９『経済学部「学長選挙規定」の改正案について』	経済学部	1970.7
25	北海道大学経済学部長選挙に関する申し合わせ事項	経済学部	1971.2
26	学部長選挙にあたって「筋を通せ」	経済学部大学院会	1971.2
27	資料 11「北海道大学経済学部長候補者選挙に関する打ち合わせ事項」	経済学部	1971 ？
28	討議資料「文 47 年度予算にたいする院生の要求」	文院協幹事会	1972
29	文院協 72 年度後半期の課題	文院協幹事会	1972
30	文院生は北大で最も劣悪な研究条件を強いられています。私達の力でせめて他学部なみの研究条件を獲得しよう。　B4-4p	文院協	1973
31	梅岡科長に対する申し入れ	文院協幹事会議長	1973 ？
32	6/27 科長交渉報告＝成果と今後の方向＝	文院協幹事会議長	1973 ？
33	秋の闘いで、前期の闘いの成果を発展させよう	文院協幹事会	1973.10.11
34	議案書　B4-7p	文院協幹事会	1974.2.7
35	院生の当面の要求	文院協幹事会	1974
36	「文学部図書問題」に関する資料（「1.22 懇談会」の記録）B4-4p	文院協幹事会	1976.2.3
37	75 年度予算闘争資料　B4-3p	文院協 75 年後期幹事会	1976.4.23
38	院生の今年度の予算要求	文院協幹事会	1976.6.15
39	経院会第１号（研究室問題、夏の学校ほか）	経済学院生協議会	1976.6.22
40	第１回研究会のお知らせ	北大民主運動史研究会世話人会	1976.7.6
41	教院協ニュース号外（第３回修論中間発表行われる、院生研究奨励金について）	教院協 77 年度前期幹事会	1977.10.3
42	林教授アイヌ解放同盟の公開質問状に回答す！	アイヌ解放同盟・経済ゼミ生連絡会・北大狭山共闘	1977.12.14
43	経済学部公開質問状に対する回答	富森・中村・松井ゼミ有志	1977.12
44	経済学部教授会への要望（研究室使用・配分問題）	経済学部大学院会・助手会	1978.3.18
45	教授会への要請―研究生に対し、「空」研究室の使用を臨時に許可する件について―	経済学部助手会	1978.3.22
46	いわゆる「オーバー助手問題」に関する質問書―助手・院生研究室の部屋割りに関する三月の教授会決定に関連して―　B4-4p	経済学部大学院会・助手会	1978.6
47	文院協ニュース（今年度の統一要求まとまる）	文院協 63 年度前期幹事会	1978.6.9
48	文院協ニュース	文院協 63 年度前期幹事会	1978.8
49	教授会メンバーへの訴え（研究室問題について）B5-3p	経済学部大学院会・助手会	1979.3.24

No.	タイトルなど	発行者／著者	発行年月日
50	文学部院協ニュースNo.1（前期幹事会四月下旬発足・新三役選出など）	文院協1979年度前期幹事会	1979.5
51	文院協ニュース（12月15日全学代議員会開かれる、学費値上げ問題の研究室討論を）	1979年度後期文院協	1980.1.29
52	連絡会ニュース第一号	元号法制化反対文学部連絡会議	1980.2
53	北大百年史　部局史　文学部　A5-85p	北海道大学	1980.3,20
54	北大百年史　部局史　教育学部　A5-59p	北海道大学	1980.3,20
55	北大百年史　部局史　経済学部　A5-35p	北海道大学	1980.3,20
56	金大中氏裁判と日本	北海道大学東洋史有志一同	1980.11
57	金大中氏救出のための文学部院生学生連絡会のよびかけ	東洋史院生学生有志	1980.12
58	各専攻科院生各位	文院協幹事会	1981.11
59	教院協研究交流誌「結節点」　第1号	教育学部院生協議会	1984.9
60	教院協研究交流誌「結節点」　第2号	教育学部院生協議会	1987.1.31
61	教院協研究交流誌「結節点」　第3号	教育学部院生協議会	1988.2
62	院生部屋白書　B5-10p	教育学部院生協議会	1995.12.22
63	北大百二十五年史　通説編　第二部部局史　文学研究科・文学部　A5-62p	北海道大学	2003.12.25
64	北大百二十五年史　通説編　第二部部局史　教育研究科・教育学部　A5-18p	北海道大学	2003.12.25
65	北大百二十五年史　通説編　第二部部局史　経済学研究科・経済学部　A5-27p	北海道大学	2003.12.25
66	大庭幸世：文学部藤井教授事件について	「蒼空に梢つらねて」、p247-253	2011.2.22
67	越野誠一：一九六八年～一九六九年の経済ゼミ協と私	「北大1969」、p203-210	2021.1.25
	農学研究科		
1	「穂波」創刊号　A5-48p	北海道大学農学部大学院会	1964.4.1
2	「穂波」2号　A5-48p	北海道大学農学部大学院会	1965.6.15
3	「穂波」3号（特集：大学院白書によせて）A5-64p	北海道大学農学部大学院会	1966.4.28
4	「穂波」4号（特集：大学院生と政治）A5-75p	北海道大学農学部大学院会	1967.3.25
5	のうけい4号 A5-51p	北大農学部農経学友会	1968.2.17
6	「穂波」5号（特集：我々の研究と農業）A5-75p	北海道大学農学部大学院会	1968.3.25
7	「穂波」6号（特集：大学院の現状と将来）A5-109p	北海道大学農学部大学院会	1969.3.11
8	「穂波」7号（特集：大学問題と院生）A5-96p	北海道大学農学部大学院会	1970.3.25
9	農学部院生会第2回夏の学校（1971年7月28日～30日；於北大雨竜演習林）B5-9p	北海道大学農学部院生会・夏の学校実行委員会	1971.7.28
10	農学部民主化のために（二）―農学部選挙闘争勝利の記録― B5-32p	北海道大学教職員組合農学部班・農場班・演習林班	1971.8

No.	タイトルなど	発行者／著者	発行年月日
11	「穂波」8 号（第二回農院生夏の学校をふりかえってなど）A5-69p	北海道大学農学部大学院会	1972.3.20
12	環境科学研究科にかんする 6.5 教授会決定について	農学部院生会代議員会	1972.6.12
13	第三回夏の学校討論資料 B5-73p	北大農学部院生協議会	1972.7
14	農学部改革討論資料 No.1「一部教授の無法行為から農学部の教育と研究を守れ―高橋興威氏の助教授昇任不承認問題の解決のために―」 B5-26p	北海道大学教職員組合農学部班・農場班・演習林班、農学部院生会代議員会、農学部学生自治会（執）、高橋問題解決実行委員会	1973.5.8
15	「穂波」9 号（特集：今日の農業と農学の課題）A5-50p	北海道大学農学部大学院会	1973.7.1
16	「穂波」10 号（特集:農学研究における環境問題）A5-75p	北海道大学農学部大学院会	1974.7.5
17	「穂波」11 号（特集：院生の研究と生活問題について）A5-67p	北海道大学農学部大学院会	1975.8
18	「穂波」12 号（北大創基百周年記念号、特集：北大農学研究科の歩み）A5-59p	北海道大学農学部大学院会	1976.8
19	「穂波」13 号（特集：私の大学院時代）A5-51p	北海道大学農学部大学院会	1977.10
20	「穂波」14 号（特集：院生と結婚）A5-55p	北海道大学農学部大学院会	1978.9
21	「農学部院生のアンケート調査」中間報告 B5-13p	農学部院生会代議員会	1978
22	「穂波」15 号（特集：院生の成長問題）A5-49p	北海道大学農学部大学院会	1980.3
23	北大百年史　部局史　農学部　A5-158p	北海道大学	1980.3,20
24	「穂波」16 号（特集：OD 問題）A5-35p	北海道大学農学部大学院会	1981.3.1
25	「穂波」17 号（特集：農学部における OD 問題の実態・自主的研究会組織の紹介）A5-39p	北海道大学農学部大学院会	1982.3.1
26	「穂波」21 号（特集：農学部最前線）A5-60p	北海道大学農学部大学院会	1986.3
27	「穂波」23 号	北海道大学農学部大学院会	1988.1
28	北大百二十五年史　通説編　第二部部局史　農学研究科・農学部　A5-84p	北海道大学	2003.12.25

理学研究科

番号	題　名	発行者／著者	発行年月日
1	「北大理学部」第 2 号 B5-92p	北海道大学理学部雑誌編集委員会	1960.10.26
2～5	1964 年理院協ニュースまたは院協ニュース	1964.1.22, 2.6, 7.2, 10.12 発行の 4 号	
6	第 5 回大学祭理学部企画シンポジウム討論資料―大学制度改革案（昭和 22 年 8 月北海道帝国大学大学制度審議会）― B4-7p		1963.6
7	1963 年大学院生実態調査（理学部集約）B4-28p	理学部アンケート委員会	1964.10.10
8～9	1965 年理院協幹事会ニュースまたは理院協ニュース	1965.1.21, 6.25 発行の 2 号	

No.	タイトルなど	発行者／著者	発行年月日
10	理学部アンケートニュース No.1	理学部アンケート委員会・理院協幹事会	1965.1.21
11	日米科学反対の声明	地球物理学教室大学院生一同	1965.3
12	「日米科学」に反対する声明	地質学鉱物学教室大学院生一同	1965.5.10
13〜14	1966 年理院協ニュース	1965.1.21, 6.25 発行の 2 号	
15	北大物理学教室の戦後史からの 2,3 の教訓 B5-6p	北京シンポジウム北大物理実行委員会	1966
16	理学部総合雑誌「底流」8 号 A5-99p	北大理学部学生自治会	1967.2.1
17	理学部総合雑誌「底流」9 号 A5-120p	北大理学部学生自治会	1968.3.1
18	支部報「Borealopithecus」そくほう（技術講習会のお知らせ）B5-4p	地団研札幌支部機関紙係	1968.3
19	機関紙　結晶 No.129「声明―部長選挙の教授会決定に対する抗議集会―」	北大職組理学部班	1968.11.7
20	第 17 期（昭和 43 年 6 月〜 11 月）理院協活動報告 B5-23p	理院協	1968.11 末？
21	理院協ニュース No.7	理院協幹事会	1968.11
22	地学団体研究会札幌支部報号外 1968・12 月（第 22 回地団研総会の札幌支部開催決定）B5-6p	地学団体研究会札幌支部	1968.12
23	規約修正提案主旨	理院協規約小委員会	1968 年末
24	地鉱大学院雑誌会 100 回記念論文集 B5-110p	北大理学部地鉱教室大学院会	1968
25	昭和 43 年度博士論文発表会要旨集 B5-9p	北大地鉱大学院会	1968
26〜30	1969 年理院協ニュース	1969.4.21, 5.23, 5.27, 6.13, 6,16 発行の 5 号	
31	技術講習会そくほう 1 号	地団研札幌支部第 3 回技術講習会事務局	1969.1.5
32	第 3 回技術講習会（1969.1.5 〜 7 於　北海道大学）付：学生集会 REPORT　B5-6p	地団研札幌支部	1969.1.5 〜 7
33	討論資料 No.1「大学自治を確立し理学部運営の民主化めざして」 B4-19p	理院協実態調査委員会	1969.2.8
34	擬制のセレモニーにとどめを‼「反戦」の入学式粉砕行動に支持と連帯のアピールを送る	理学部助手・院生共闘会議	1969.4.11
35	肉体的反発に全てを解消する院協幹事会を批判する	理学部助手・院生共闘会議（準）	1969.4.21
36	資料ビラ「4.28 早朝逆バリケード弾劾・解体運動の持つ意味は何か」	理学部院生共闘会議（準）	1969.4.29
37	報告ビラ「反全学連諸派の理学部襲撃の事実経過」	理学部三社共闘会議（理自治会・理院協・職組理学部班）	1969.4.30
38	よくこんなデマをながしたものだ！！	理院協幹事会	1969.4 末
39	4.28 の理学部襲撃に関する「声明」	理学部教授会	1969.5.1

No.	タイトルなど	発行者 / 著者	発行年月日
40	5.6 全理学部集会議事録 B5-27p	理学部教授会･助手会･学生自治会･大学院生協議会・教職員組合理学部班	1969.5.6
41	大学の「否定」、研究の「否定」によっては大学改革を否定できない―「理学部助手・院生共闘会議（準）の声明を批判する」―	日本科学者会議理学部班	1969.5.6
42	公開文書 No.1「理学部助手・院生共闘会議準備会の反人民的・半民主主義的本質をあばく！」B5-10p	大学の危機を憂う理学部大学院有志	1969.5.6
43	4.10、4.28 に関する資料集 B5-15p	化学院協	1969.5.13
44	公開文書 No.2「大学の自治・学問研究の自由＝その歴史的あとづけと今日における進歩的意義」B5-16p	大学の危機を憂う理学部大学院有志	1969.5
45	緊急ビラ「革マル、本部封鎖、学長軟禁！」	理院協幹事会	1969.5.21
46	「大学立法」国会上程を断固阻止しよう！	理院協	1969.5
47	「大学運営臨時措置法案」に関連しての声明	理学部地質学鉱物学教室教室会議	1969.5.26
48	第三回理学部集会議事録速報	第三回理学部集会	1969.6.3
49	地団研総会準備ニュース No.1 B5-10p	地団研札幌支部幹事会・札幌総会準備委員会事務局	1969.6.6
50	公開文書（ビラ）No.3 「「本部封鎖実力解除」と「教養の事態―全学の動きの特徴」」	大学の危機を憂う理学部大学院生有志	1969.6.16
51	機関紙　結晶 161 号「大学立法」・中教審答申粉砕めざし 6.23 全北大一万人集会を成功させましょう！	北大職組理学部班	1969.6.18
52	「大学立法」に関わる理学部教官有志によるよびかけ文	「大学立法」に関わる理学部教官有志	1969.6.19
53	ニュース AA 拡声器 No.3 輝かしい人民の勝利、南ベトナム共和国臨時革命政府樹立！	AA 連帯委員会北大理学部院生班	1969.6.20
54	大学立法・中教審答申粉砕 6.23 全北大一万人集会に」参加しよう！	6.23 全北大一万人集会参加呼びかけの理学部関係	1969.6.20
55	地学団体研究会札幌支部報号外（支部活動の総括と方針など）B5-6p	地団研札幌支部事務局	1969.6.25
56	1968.5 ～ 69.5 地学団体研究会札幌支部　支部活動総括 B5-5p	地団研札幌支部	1969.6
57	大学立法を粉砕し、70 年闘争勝利の統一戦線を！	北海道アジア・アフリカ連帯理学部院生班	1969.6
58	大学自治の攻撃を粉砕し理学部運営協議会結成をめざす「5.6 全理学部集会」議事録	5.6 全理学部集会	1969.6
59	公開文書（ビラ）No.4「大学立法を真に粉砕する力は何か＝「一万人集会」か！「教養部封鎖」か！」	大学の危機を憂う理学部大学院生有志	1969.7.1
60	機動隊導入は何をもたらすか！！京大院生からの訴え	理学部地鉱大学院会・理学部地鉱学生有志	1969.7.4

No.	タイトルなど	発行者／著者	発行年月日
61	本部封鎖中の一部集団の殺人的行為を怒りをもって糾弾する！！	理院協幹事会	1969.7.12
62	理学部院生有志の朝ビラ配布に対する鉄パイプなどでの暴力行為・院生負傷に関する詳細メモ		1969.7.12
63	社学同を中心とする五派連合の理学部襲撃に関する事実経過　No.1	理学部学生自治会執行委員会・職組理学部班・理学部院生協議会・北大学連執行委員会	1969.7.13 ？
64	「大学立法」国会上程を断固阻止しよう！	理院協	1969.7.20
65	地団研総会準備ニュース No.2 B5-6p	地団研札幌総会準備委員会事務局	1969.7.30
66	トロッキスト暴力集団の野望を打砕き　封鎖阻止・解除に立上れ	理院生行動委員会	1969.8.23
67	地球科学の一層の発展のために（地球科学論文集その1）B5-113p	北大理学部地質学鉱物学大学院会「地球科学論文集」刊行委員会	1969.8.28
68	化学の民主的変革のために B5-27p	化学民主化会議連合	1969.9.5
69	化学系民主化会議連合結成宣言 B4-3p	化学系民主化会議連合	1969.9.22
70	「化学の民主的変革のために」No.1　B5-40p	化学系民主化会議連合	1969.11.1
71	緊急三項目要求（案）	化学系民主化会議連合	1969.11.14
72	理学部運営検討委員会でとりあげる課題について B4-3p	北大職組理学部班職場政策委員会	1970.1.23
73	北海道大学理学部広報5号：大学院制度の改善など。 B5-3p	北海道大学理学部	1970.2.5
74	第1回理学部運営検討委員会議事録 B4-4p		1970.2.23
75	機動隊管理下の入試に反対し、試験妨害を許さぬ態勢を早急に作りだそう！	理院協幹事会	1970.2 末
76	北海道大学理学部広報6号、第1回学部運営検討委員会議事録（案）など。 B5-5p	北海道大学理学部	1970.3.10
77	教室会議声明（リンチ声明）白紙撤回！暴力教官を告発する！	理 GM 闘連院生会議	1970.3.12
78	第2回理学部運営検討委員会議事録 B5-5p	整理責任者：金子、伊藤、徳光、安藤、岡	1970.3.23
79	北海道大学理学部広報7号 B5-3p	北海道大学理学部	1970.4.10
80	討論資料「今回の DC 入試制度と研究および研究者の評価の問題」 B5-22p	化学院協幹事会	1970.4.22
81	『大学の自治・学問研究の自由＝その歴史的あとづけと今日における進歩的意義』No.2	大学の危機を憂う理学部大学院生有志	1970
82	昭和45年度修士論文発表会要旨集 B5-16p	北大地鉱大学院会	1970
83	支部報　B5-17p	地団研札幌支部支部事務局	1971.1
84～85	1972年理院協ニュース	1972.10.6,10.9 発行の2号	
86	支部報「Borealopithecus」臨時号 B5-3p	地団研札幌支部支部事務局	1972.7.15
87	支部報「Borealopithecus」再刊第5号（通算第65号）B5-14p	地団研札幌支部支部報編集局	1972.7

No.	タイトルなど	発行者／著者	発行年月日
88	アンケート調査活動を開始するにあたって	第25期理院協幹事会	1972.10
89～90	1973年理院協ニュース	1973.4.26,4.30発行の2号	
91	修士論文審査会・博士課程進学審査会の改善に関する要望	地鉱大学院会	1973.2.2
92	北大理学部総合雑誌「底流」第10号 B5-142p	北大理学部学生自治会	1973.3末
93	北海道大学大学院環境科学研究科設立をめぐる問題点についての公開質問状	第26期理院協幹事会	1973.4.25
94	災害対策委員会への要望書	第26期理院協幹事会	1973.5.1
95	支部報「Borealopithecus」再刊第7号（通算第69号）B5-15p	地団研札幌支部支部報編集部	1973.6
96	理院協総会招請状	理院協第26期幹事会	1973.6
97	理院協総会活動報告 B4-12p	理院協第26期幹事会	1973.6.9
98	札幌支部48年度活動方針（案）	地団研札幌支部事務局	1973.6
99	理院協から第七分科会への報告：「奨学金運動と院生規定」および「理学部院生の生活実態」	「第9回北大院協夏の学校」p25-42	1974.8
100～102	支部報「Borealopithecus」第12号（第74号；B5-19p）、第13号（第75号；B5-19p）、第15号（第77号；B5-8p）	地団研札幌支部支部報編集部	1975.5、1975.7、1976.3
103	支部報「Borealopithecus」第16号（第78号）：特集号（団研―そのおいたちと実践―）B5-64p	地団研札幌支部支部	1976.4
104	支部報「Borealopithecus」号外　B5-11p	地団研札幌支部支部報編集部	1976.5.29
105	支部報「Borealopithecus」第20号（第82号）B5-14p	地団研札幌支部	1976.11
106	理学部院生研究実態調査	北大院協「夏の学校のまとめと院協運動の歩み76」p53-62	1976
107	準備委員会からのお知らせ B5-10p	地団研第31回総会準備委員会	1977.1.30
108	支部報「Borealopithecus」第21号（第83号；B5-22p）、第22号（第84号；B5-16p）	地団研札幌支部	1977.3、1977.4
109	支部報「Borealopithecus」臨時号 B5-10p	地団研札幌支部	1977.7
110	支部報「Borealopithecus」第85号（札幌総会プレシンポに向けて）B5-12p	地団研札幌支部	1977.6.23
111	支部報「Borealopithecus」第86号（31回札幌総会を支部会員全員の協力で）B5-8p	地団研札幌支部	1977.7.16
112	支部報「Borealopithecus」第87号（Post　札幌総会号）B5-16p	地団研札幌支部	1977.9
113～123	北大理学部地鉱大学院会発行「全国地学系ニュース」1～11号	1978.8.1, 1979.2.14, 12.15, 1981.9.20, 1982.7.20, 1983.1.20, 3.28, 6.24, 1984.2.1, 1985.2.1,6.20発行	
124	理院協第37期幹事会：理院協の活動と“院生生活実態調査”	北大院協「研究交流誌78」p42-55	1978
125	支部報「Borealopithecus」第88号（札幌総会総括号）B5-48p	地団研札幌支部	1978.1.20

No.	タイトルなど	発行者／著者	発行年月日
126〜127	支部報「Borealopithecus」第89号（B5-17p）、第90号（B5-8p）	地団研札幌支部	1978.4.22、1978.6.17
128	地団研札幌支部だより　B5-2p	地団研札幌支部事務局	1978.6.28
129	理学部物理学科OD問題ワーキンググループ：博士課程大学院の社会的機能とOD問題	北大院協「研究交流誌79」p31-58	1979
130	北大百年史　部局史　理学部　A5-92p	北海道大学	1980.3.20
131	理学研究科将来計画委員会報告	北大院協「研究交流誌80」p48-54	1980.7
132	北大理学部五十年史　B5変-512p	北大理学部五十年史編纂委員会（北海道大学理学部発行）	1980.9.27
133	原田準平：北海道帝国大学理学部の創設と同学部地質学鉱物学教室の草創のころ	地学雑誌94巻4号p58-73	1985.4
134	北大百二十五年史　通説編　第二部部局史　理学研究科・理学部　A5-91p	北海道大学	2003.12.25
135	岡孝雄：一九七〇年前後の北大理学部の動きと私のあゆみ	「北大1969」p130-146	2021.1.25
	全院協・他大学院協・日本科学者会議など		
1	討議資料「人づくり政策と大学院制度の再編成」B5-20p	京都大学大学院生協議会科学研究体制委員会	1962?
2	大学院に関する調査報告書　B5-128p	日本学術会議学術体制委員会	1961.3.25
3	大学院問題に関するシンポジウム（京都）報告集　B5-65p	全院協	1964.1.17〜19
4	研究と生活を守る全国大学院生三月集会報告　B5-122p	全院協関東実行委員会	1964.3.27〜29
5	京大における大学院生の生活実態調査報告　B5-37p	京都大学大学院生協議会奨学金小委員会	1965.7
6	全国大学院生　奨学金要求貫徹中央集会　決議	全院協全国代表者会議	1965.7.12
7	全院協ニュース復刊1号（奨学金要求貫徹全国大学院生総決起中央集会報告など）　B5-12p	全院協事務局	1965.7.20
8	京大における大学院生の生活実態調査報告　B5-36p	京都大学大学院生協議会奨学金小委員会	1965.7
9	全院協ニュース第3号（全院協十月集会）　B5-16p	全院協事務局	1966.1.25
10	全院協ニュース第7号（第2回理事会決定、7月集会）　B5-18p	全院協事務局	1966.7.4
11	全院協ニュース第8号（第1回、2回理事会決議など）　B5-8p	全院協事務局	1966.7.13
12	大学院制度シンポジウム資料　B5-14p	大学院制度シンポジウム実行委員会	1966.10.20
13	全国大学院生十二月中央集会報告集　B5-152p	全国大学院生協議会第二期理事会事務局	1966.12.2〜4
14	全院協討議資料No.2（大学院制度問題）　B5-17p	全院協	1967.5.10
15	「軍学協同」問題資料　B5-94p	日本科学者会議事務局	1967.5.30

No.	タイトルなど	発行者／著者	発行年月日
16	京都大学自衛官入学　反対闘争の記録（1964～1967）　B5-119p	京都大学五者連絡会議（京都大学職員組合内）	1967.10.1
17	全院協の歴史と理論（全国大学院生への呼びかけ）　B5-27p	全院協	1967.10
18	大阪市立大学にたいする自由民主党の不当干渉問題の経過（資料）　B5-43p	大阪市立大学民主主義をまもる研究者の会編	1968.1
19	大学院の奨学金制度はどうあるべきか（1968.2.11付け決議要望（案）ともなう）　B4-7p	関西学院大学大学院奨学金問題集会準備有志	1968.2
20	科学研究費・学術審議会問題資料　B5-32p	日本科学者会議事務局	1968.2.8
21	名古屋工業大学大学院生協議会会報2号　B5-103p	名古屋工業大学大学院生協議会	1968.3
22	中央大学「学費」値上げ反対闘争に関する中間報告	中央大学大学院経済学研究科経済学研究会・商学研究科院生協議会・文学研究科院生協議会	1968.3.29
23	全院協定例全国代表者会議議事録　B5-28p	全院協	1968.3.30-31
24	1968年3月30日・31日全国大学院生協議会全国代表者会議　議案録への補足修正提案及び特別提案　B4-8p	大阪大学文、法、理院協	1968.3.30、31
25	「全国大学院生統一要求運動」の成功のためにB5-14p	全院協	1968.5.1
26	都立大学大学院人文・社会科学研究科　大学院生の生活実態調査（1968年度）　B5-26p	都立大学大学院人文・社会科学研究科自治会・　同　奨学金問題委員会	1968.7
27	東大闘争に関する東院協討論資料　タブロイド判21p	東京大学全学大学院生協議会	1968.8.10
28	資料　大学院問題・大学院大学構想および大学の自治と民主化（1968年12月集会）　B5-114p	全院協理事会	1968.12
29	医学部民主化の斗い　B5-4p	名古屋大学医学部大学院自治会執行委員会	1968
30	東大闘争に対する国家権力の直接介入とこれに呼応する「全共闘」挑発学生の妄動を糾弾し、東大闘争の勝利と民主化のため立ち上がることを訴える	全国大学院生協議会・東京大学全学大学院生協議会	1969.1.20
31	全院協三月全国代表者会議議案　B5-25p	全院協理事会	1969.3.29・30
32	一九六九年度（とくに前期）全院協運動の基本方針（三全代補足提案）　B4-21p	全院協	1969.3.29・30
33	全院協ニュースNo.30（三月全国代表者会議関係）B5-18p	全院協	1969.4.10
34	全国大学院生統一要求運動の一層の発展のためにB5-34p	全院協理事会	1969.5
35	正常化の闘いはまさにこれから	東京教育大理学部教授会有志ほか	1969.9.23
36	第6回夏の学校討論資料	全院協夏の学校実行委員会	1971

No.	タイトルなど	発行者／著者	発行年月日
37	全院協機関誌「真理を求めて」No.5（全院協三月集会報告集など）B5-82p	全院協中央事務局	1972.6.17
38	日本学術振興会のあり方（試案）B5-42p	日本学術振興会	1972.7.10
39	全院協機関誌「真理を求めて」No.6（1972.8.5-6八全代決定集）B5-61p	全院協中央事務局	1972.9.15
40	全院協機関誌「真理を求めて」No.7（各地連「夏の学校」；北大院生協議会　第三回夏の学校報告など）B5-70p	全院協中央事務局	1973.1.20
41	第三回全国若手シンポジウム基調報告「七〇年代の科学・技術の発展と若手研究者の役割」B5-64p	日本科学者会議・日本教職員組合大学部・全国院生協議会・全商工労働組合技術庁連絡協議会	1973.3
42	全院協機関誌「真理を求めて」No.9（三月集会）B5-138p	全院協中央事務局	1973.5.1
43	全院協機関誌「真理を求めて」No.11（全国大学院生白書―72年度全国大学院生統一要求報告―）B5-111p	全院協中央事務局	1974.1
44	全院協ニュース第5号　タブロイド判4p	全院協	1974.10.1
45～49	全院協ニュース第11、13、14、16、17・18号	1975.4.1、6.7、7.1、10.16、12.5発行	
50	全院協ニュース第12号（北大院協：学長選勝利の意義と今後の課題）　タブロイド判4p	全院協	1975.5.1
51	全院協ニュース第15号（第27全代会議決定, 大学院めぐり：北大）　タブロイド判6p	全院協	1975.9.15
52	「政府・文部省に対する大学院生・研究生の要求」の実現を要求する要請書（文部大臣　永井道雄殿）	全院協	1975
53	全院協ニュース第19号（北大：院生シンポを開催、北大院協幹事会：院生の現状と要求を反映した院生規定をの検討を）タブロイド判4p	全院協	1976.2.23
54	全院協ニュース号外（新入生歓迎号）　タブロイド判2p	全院協	1976.4.1
55	全院協ニュース第25号（第29全代会議決定）タブロイド判8p	全院協	1976.9.20
56	全院協ニュース第31号（第30全代会議決定）タブロイド判6p	全院協	1977.4.20
57	全院協ニュース第32号　タブロイド判4p	全院協	1977.4.20
58	第6回若手研究者問題全国シンポジウム案内	シンポジウム実行委員会	1977.5
59	全院協ニュース第34号（特集：女子院生問題）タブロイド判4p	全院協	1977.6.20
60	第6回若手研究者問題全国シンポジウム（1977年9月2～4日）基調報告B5-76p	主催：日本科学者会議・全院協・全商工労科学技術庁連絡会議	1977.9.2
61	全院協ニュース第35号（奨学金要求問題方針への北大院生の批判）　タブロイド判6p	全院協	1977.9.10

No.	タイトルなど	発行者／著者	発行年月日
62	全院協ニュース第36号（北大山下事件の守る会記録集の紹介）　タブロイド判4p	全院協	1977.10.15
63	全院協ニュース第37号（12月集会案内、OD問題）　タブロイド判4p	全院協	1977.11.10
64	12月集会実行委員会ニュース	全院協12月集会実行委員会	1977.11.26
65	全院協通信No.2（各地のたたかい，第6回若手シンポなど）B4-6p	全院協理事会	1977
66	全院協通信No.4 B4-3p	全院協理事会	1977
67	第6回若手研究者問題シンポジウム開催要項・日程・よびかけ　B5-4p	日本科学者会議・全国院生協議会・全商工労働組合技術庁連絡協議会	1977.9
68	77年度前期議案書 B4-4p	東北大学大学院生協議会常任委員会	1977.12.17
69	第32回全国代表者会議のお知らせ	全院協中央事務局	1979.3.1
70	全国大学院生協議会第32回全国代表者会議の御案内状と招請状	全院協理事会	1979.3.9
71	全国大学院生協議会第32回全国代表者会議第一次決議案 B4-37p		1979.3.22・23
72	全院協32全代スケジュール表	全院協中央事務局	1979.3.22
73	オーバードクター問題に関する要望書提出（学術会議議長あて）メモ	全院協	1979.9.21
74	実行委員会ニュース（第7回若手研究者問題シンポジウム「80年代の科学と若手研究者成長」）	日本科学者会議・全国院生協議会・全商工労働組合技術庁連絡協議会	1980.2.10
75	第7回若手研究者問題シンポジウム「80年代の科学と若手研究者成長」第1報（よびかけ・日程など）	日本科学者会議・全国院生協議会・全商工労働組合技術庁連絡協議会	1980.3.22・23
76	第7回若手研究者問題シンポジウム「80年代の科学と若手研究者成長」実行委員会ニュース	日本科学者会議・全国院生協議会・全商工労働組合技術庁連絡協議会	1980.3
77	全院協ニュース第66・67号（第33回全代会議決定）　タブロイド判6p	全院協	1980.5.1
78〜81	全院協ニュース第68、69、70・71、73号	1980.6.5、7.5、9.8、11.5発行の4号	
82	オーバードクター問題の解決をめざして（わが国の高等教育・学術研究体制のバランスのとれた発展を）　B5-53p	OD問題の解決をめざす若手研究者団体連絡会	1980.6.8（改定版）
83	全院協ニュース第72号（北大農：同窓会資金からOD奨学金獲得）　タブロイド判4p	全院協	1980.10.11
84〜87	全院協ニュース第75、81、82、83号	1981.1.25、9.5、10.12、11.14発行の4号	
88	立院協ニュース4(10.15臨調路線を考える「全学」シンポ」開かれるほか)	立命館大学院生協議会執行部	1981.1
89	全院協ニュース第77号（入学歓迎生地、全院協二〇年の歩みなど）　タブロイド判4p	全院協	1981.3.24

No.	タイトルなど	発行者／著者	発行年月日
90	第36回全国代表者会議決議案 B4-17p	全院協	1982.3.29
91	全院協ニュース第78・79号（第35回全代会議決定、3月集会開催）　タブロイド判6p	全院協	1981.5.10
92	全院協ニュース第80号（大学院めぐり：北大地鉱大学院会）　タブロイド判4p	全院協	1981.6.20
93	オーバードクター白書（全国一斉アンケート調査報告）　B5-176p	OD問題の解決をめざす若手研究者団体連絡会	1981.11
94	全院協ニュース第84・85号（第8回全国若手研究者問題シンポ）　タブロイド判4p	全院協	1982.1.1
95	全院協ニュース第88号（第36回全代会議決定、3月集会開催）　タブロイド判4p	全院協	1982.4.12
96〜99	全院協ニュース第89・90、91、92、94・95号	1982.5.11、6.20、9.22、12.6発行	
100	全院協ニュース第93号（北大院協：北大におけるOD問題）　タブロイド判2p	全院協	1982.10.26
101〜107	全院協ニュース第96、99、100、101、102、103、104号	1983.1.22、5.9、6.10、7.10、9.19、10.19、11.28発行の7号	
108	全院協ニュース第97・98号（第37回全代会議決議案、3月集会案内）　タブロイド判4p	全院協	1983.3.13
109	1982年度3月集会基調報告（1983年3月24・25日）　B5-30p	全院協	1983.3.24
110	第9回若手研究者問題全国シンポジウム（1983年12月3・4日）の記録　B5-69p	主催：日本科学者会議・全院協・日教組大学部	1983.12.3
111	全院協ニュース第105号（北大：米軍将校大学院受け入れ拒否、北大　玉真之介：スーパーODへの道）　タブロイド判4p	全院協	1984.1.9
112	全院協ニュース第106号（第38回全代会議決議案、3月集会案内）　タブロイド判4p	全院協	1984.3.5
113	1983年度3月集会基調報告（1984年3月22・23日）　B5-51p	全院協	1984.3.22
114	全院協ニュース第107号（3月集会、北大N：三月集会に参加して）　タブロイド判4p	全院協	1984.3.29
115	全院協ニュース第108号（新入生への奨学金業務停止に全国院生の怒り、北大：緊急署名と記者会見）　タブロイド判4p	全院協	1984.5.18
116	全院協ニュース第109号（奨学金募集即時実施・OD対策を!6.25要請行動　タブロイド判4p	全院協	1984.6.26
117	親和会ニュースNo.1（83年度前・後期の活動の成果を継承し、さらにがんばります）	1984年度前期親和会委員会（東大工学部化学系8研究室）	1984.7.26
118	全院協ニュース第110号　タブロイド判4p	全院協	1984.9.14
119	全院協ニュース第111・112号（北海学園大：全院協加盟にむけて）　タブロイド判4p	全院協	1984.10.29

No.	タイトルなど	発行者 / 著者	発行年月日
120	全院協ニュース第 113 号（特集　大学院改革の新展開）タブロイド判 4p	全院協	1985.1.21
121	親和会ニュース No.2（福井謙一博士講演会大盛況）	1984 年度後期親和会委員会	1985.2.7
122	全院協ニュース第 114 号（三月集会を成功させよう；第 39 回全国代表者会議決議案）	全院協	1985.2.27
123	1984 年度 3 月集会基調報告（1985 年 3 月 21・22 日）B5-38p	全院協	1985.3.21
124	若い研究者 No.4（3.22 図書館交渉へ！）	東院協委員会	1985.3.19
125	1985 年度第一回理事会への召集状	全院協	1985
126～128	全院協ニュース第 115、116、118 号	1985.3.30、5.10、7.23 発行の 3 号	
129	全院協ニュース第 117 号（北大：新歓・署名・白書　多彩な活動、「北海道大学院白書 78p」刊行）タブロイド判 4p	全院協	1985.6.18
130	全院協ニュース第 119 号（北大：授業料免除制改悪で署名 13 団体で）　タブロイド判 4p	全院協	1985.10.23
131	全院協ニュース第 120 号（若手研究者問題シンポ＋ 12 月集会）　タブロイド判 4p	全院協	1985.12.4
132	1985 年度全院協 12 月集会　B5-45p	全院協	1985.12.16
133	大学院生・研究生の要求の即時実現を政府・文部省に対し求める請願書と署名用紙	全院協	1985
134	全院協ニュース第 121・122 号（若手研究者問題シンポ＋ 12 月集会）　タブロイド判 4p	全院協	1986.1.27
135～139	全院協ニュース第 123、126、127、128、129 号	1986.2.26、6.25、9.13、10.24、12.1 発行の 5 号	
140	第 40 回全国代表者会議決議案　A4-35p	全院協	1986.3.17
141	全院協ニュース第 124 号（第 40 回全代会議）タブロイド判 4p	全院協	1986.3.28
142	全院協ニュース第 125 号（第 1 回理事会前期方針）タブロイド判 4p	全院協	1986.5.12
143	全院協ニュース第 130 号（第 41 回全代会議決議案、3 月集会開催案内）　タブロイド判 4p	全院協	1987.2.16
144	1986 年度 3 月集会基調報告集（1987 年 3 月 14・15 日）　B5-78p	全院協	1987.3.14
145	第 41 回全国代表者会議決議案　A4-30p	全院協理事会	1987.3.17
146	第 11 回若手研究者問題全国シンポジウム（1988 年 3 月 12・13 日）基調報告―大学院再編と若手研究者運動の課題―　B5-82p	主催：日本科学者会議・全院協・日教組大学部	1988.3.12
147	第 42 回全国代表者会議決議（案）　B5-15p	全院協	1988.3.14
148	全院協ニュース第 142 号（どうなる大学院の未来―大学審議会答申を考える―）	全院協	1989.3.11

No.	タイトルなど	発行者／著者	発行年月日
149	1988年度三月集会「院生運動の経過と今後の課題」B4-4p	全院協中央事務局	1989.3.11
150	第43回全国代表者会議決議案　B5-16p	全院協	1989.3.14
151	第45回全国代表者会議決議案（第二次案）B5-38p	全院協理事会	1991.3.16
152〜155	全院協第46〜49回全国代表者会議決議	1992.3.15、1993.3、1994.3.13、1995.12発行の4回	
156	第50回全国代表者会議決議（北大院協：1995.12.22に理事校として道教育大院生協議会と懇談会）A4-12p	全院協	1996.3.3
157	第51回全国代表者会議決議　A4-21p	全院協	1997.3.16
158	第52回全国代表者会議決議案（最終案）A4-18p	全院協理事校会議（文責）	1998.3.15

全院協ホームページ（https://www.zeninkyo.org/about/）からは比較的最近の関連資料が次のようにダウンロードできる。[2024.2.26]

	全国大学院生協議会規約	1960年2月制定、1975年3月22日改正、2006年2月4日
	全院協全国代表者会議決議（第68、69、71、72、74、75、76回）	2013.3、2013.4、2016.4、2017.5、2019.3、2020.3、2021.4発行の7回
	全院協ニュースNo.235〜260（No.242発行なし）	2012.10.13〜2021.2.22発行の25号
	全院協2012〜2021年度大学院生の研究・生活実態（または経済実態）に関するアンケート調査報告書	2012.11.18、2013.11.11、2014.11.18、2016.12.25、2017.1130、2018.12.6、2019.11.22、2020.11.10、2022.2.1発行の9報告

あとがき

編集委員会を代表して　明神　勲

〔大学院生協議会史の嚆矢〕

本書は、「本邦初の大学院生協議会（院協）の歴史」を目指して編集されたものであるが、これまでわれわれが収集しえた資料と時間の制約からいくつかの宿題が残されている。第一に、通史とはいっても時期、研究科、分野により厚薄や欠落があり、紛失した部分を沢山残したピクチャア・パズルの感がある。たとえば時期でいうと、一九七〇年代前後が中心でそれ以後、とりわけ一九八〇年代以降は極めて手薄である。研究科については理学研究科、農学研究科は比較的手厚いが、法学研究科、工学研究科、薬学研究科は手薄となっている。また女性の手による原稿をもっと収録したかったが果たせなかった。第二に、これは主に時間の制約によるものであるが、院協史研究の「宝の山」とも言える収集した膨大な資料を精査しこれを活用するという点でまだ不充分さが残ったということである。

同時に、本書はこのような限界はあるにせよ、院協についてのまとまった通史が全国的にも単位院協においてもこれまで存在しなかったと言われるなかで、北大院協に限定されてはいるが、院協についての通史の作成を試みたという点では「本邦初」という評価は許されるであろう。とりわけ本書の白眉ともいえる詳細な年表と資料リストは、今後本格的な通史を作成するための貴重な素材を提供するものであり、通史作成の足場づくりとなるものである。資料リストの収集作業は主として羽田、岡、手島の各編集委員の努力に負うところが大きく、これを岡がとりまとめたものである。また収録した多くの証言は、資料と異なり、今の時期でないと消滅し再現不可能な記憶の記録化であり、当事者ではないと語ることのできない内容は院協史を生きた姿で描きそれに血肉を与える点で貴重なものである。そこでは、「北大という場で大学院生が、生き、学び、考え、悩み、喜び、連帯し、たたかい、成長した歴史」（「編集後記」佐久間亨）が生き生きと描かれており、研究と生活の悩みと格闘した若き研究者の「成長と苦悶と交誼」（「編集後記」佐々木忠）の運動の歴史が示されている。その意味で本書は、本格的院協史作成のための一里塚を築いたものと位置づけることができよう。本書に続き、かつて院協運動の全国的牽引者であった全院協およびその傘下で活発な運動を展開した京大院協、東大院協など個別院協の歴史が編まれることを願ってやまない。その時に、院協史は本書をもって嚆矢とする、と評されるであろう。

〔院協の誕生・展開・後退の概要〕

本書は一九六〇年前後からの高度経済成長の時期と一九

九〇年前後からの経済成長の終焉と「失われた三〇年」とよばれる低成長・衰退の時期までの約四〇年余の北大における院協運動の歴史を扱っている。

日本の戦後史において人々が自分や社会の未来に対して大きな希望を抱く〝大きな物語〟を描いた時代は二度あった。敗戦直後の平和・民主主義・豊かさを希求した一時期と一九六〇年代前後から八〇年代にかけての高度経済成長の時代である。本書の前半で対象とした高度経済成長の時代について、ある経済学者（松原隆一郎）は「高度成長期というのは日本国民にとって将来に希望を抱き無心に活動したまれなほど幸せな時期であった。所得こそ低かったが空は青く……目先の仕事に打ち込むと予想を超える見返りのある日々であった。」（共同通信文化部編『書評　大全』二〇一五年、三省堂、二八五頁）と指摘している。この時代背景を舞台に院協運動は誕生し、発展をとげ、一九七〇年前後はその最盛期を迎えた。そして、一九九〇年前後から始まる「失われた三〇年」と呼ばれる日本経済の低迷・衰退の時期に、院協運動も停滞と後退の歴史をたどることになった。

〔院協の現在とその未来――院協の再建・再生は「文法命題」〕

院協というマイナーな存在の歴史を、今さらまとめることにどのような意味があるのか？――最初の編集委員会でこんな疑問が出され、その後何回か論議がかわされたと記憶している。今記録に残しておかないと忘れ去られてしまうかも知れない院協運動を歴史的事実として後世に伝えること、とりわけ将来の院協の再構築に何らかの示唆を与えることができるのではないか――当初の大まかな共通認識はおよそこのようなものであったと思う。本書の編集者・執筆者はいずれも院協運動の最盛期の体験者であり、いわば「まれなほど幸せな時期」の息子として生れ育った者たちである。かつての自分たちの自慢話や院生に教訓を垂れるような姿勢は戒めなければならないということも話されていた。これがどれだけ達成されたかは心もとないが、将来の院協組織の再構築への貢献という心意気は正当なものであったと思う。

かつて全国の大学院協の多くを網羅し、活発な運動を牽引した全国院生協議会（全院協）は、現在、組織としては存続しているが、加盟院協は極めて少数となっている（二〇二〇年現在、四大学の院生協議会・院生自治会によって構成され、三大学の三研究科がオブザーバー参加）。北大においても現在、農学研究科、教育学研究科において個別の院協組織は存続しているが、全学的組織としての北大院協は存在せず、この組織が消滅してから約二〇年が経過しようとしている。このような状態が続く中で、現在では院協を知らない院生が大部分となっているのではないだろうか。また、現在大学院生数は一九七〇年代に比べ数倍に増えており、さらにその構成も多様化、複雑化しており、院協の再構築にはかつてと異なる大きな困難が立ちはだかっているのは事実である。しかし、研究者として成長したい、研究成果をあげたい、そのための条件整備をしてほしいという願いや要求は、われわれの時代と変わることのない大半の院生の思いであろう。そうであるならば、大学院が存在し、そこに院生が存在するかぎり、院協は多くの困難を乗り越え、何らかの契機で（北大院協の場合はその一つが「白書運動」であったが）いつの日にか必ず再建されるであろう。オーストリア生まれの哲学者ウィトゲン・シュタイン（一八八九―一九五一年）は、疑う余地がなく信じることのできる知識や、その反対の事が想像できない命題、どんなに疑おうとしても疑うことのできない命題を「文法命題」と定義したという。この定義を借りるなら、全国の、そして北大の院生協議会の再建と再生は「文法命題」である、と断言することができよう。

〔未来の院生への伝言〕

E・H・カー（一八九二―一九八二年）の「歴史とは現在と過去との対話である」という彼の歴史哲学を要約したフレーズは広く知られているところである（E・H・カー『歴史とは何か』岩波書店、一九六二年）。さらにカーは「歴史とは何か」についての検討を進め、「歴史とは過去と未来の対話である」という見解を提示している。すなわち、「未来だけが、過去を解釈する鍵を与えてくれるのです。そして、この意味においてのみ、私たちは歴史における究極的客観性ということを云々することが出来るのです。過去が未来に光を投げ、未来が過去に光を投げるというのは、歴史の弁明であると同時に歴史の説明なのであります。」という指摘に続き、「ですから、歴史とは過去と現在との対話であると前の講演で申し上げたのですが、むしろ、歴史とは過去の諸事件と次第に現れて来る未来の諸目的との間の対話と呼ぶべきであったかと思います。過去に対する歴史家の解釈も、重要なもの、意味あるものの選択も、新しいゴールが次第に現れるに伴って進化していきます。」という歴史哲学の新たなテーゼを提示したのであった。

成田龍一は、カーの「歴史とは過去の諸事件と次第に現れて来る未来の諸目的との間の対話と呼ぶべきであった」という新たに示されたテーゼに着目し、「『未来の諸目的』との対話、ということは、未来の『他者』との対話ということになります。」と指摘している（成田龍一『戦後史入門』河出書房新社、二〇一五年）。本書は、院生協議会の再建という「未来の諸目的」への期待と願望を抱きつつ、院生協議会の再建を志すであろう未来の院生への伝言、「未来の院生との対話」としての思いを込め編集されたものである。二〇二二年四月にスタートした本書の編集作業は、学問・科学を国家や経済の政策手段化し、国家総動員体制の構築を図る「学問の自由の新たな戦前」的状況が次々と進行するなかで進められた。それだけに、未来へ架橋する存在である「学問の自由」の息吹を再生させるためにも、院協の再建と再生という「未来の諸目的」とそれへのわれわれの思いは一層強め固められた。

「学問の自由」は、経済発展レベルや自由民主主義政治体制の度合いにかかわらず、欧米先進国を含めての権威主義政治の出現によって世界的に危機にある。しかし、真の危機は、学術世界に対する外圧だけではなく、大学人そのものが、功利主義や業績主義に縛られ、みずからのエトスとして真理への希求を弱め、社会の指導者が事実と真理への尊敬を失っていることにある。われわれは、自由の精神を引き継ぐひとびとへのエールとしても本書を上梓した。本書が、困難な中で院協の火種を守り続け、二〇〇四年以降「大学院生の経済実態に関するアンケート調査」を全国規模で実施し研究条件の改善や「学問の自由」擁護の運動を継続している全院協をはじめとする各大学の院協のメンバーに読んでいただけるならば幸甚である。さらに、本書が、研究活動のさらなる充実を求めている多くの院生たちとの出会いの機会に恵まれるならば、われわれとしてこれにすぐる喜びはない。

〔謝辞〕

本書の刊行が実現しえたのは、ひとえに多くの方々の支援と激励によるものである。

まず、本書出版にあたり「未来への覚書」ともいえる貴重な証言を寄せていただいた執筆者のみなさん、そして協力募金に応じていただきわれわれを精神的・財政的に支えていただいた院協OBを中心とする多くの方々に厚くお礼を申し述べたい。さらに、荒又重雄氏（北大経済学部名誉教授）と高村泰雄氏（北大教育学部名誉教授）のお二人には長時間にわたるヒアリング調査に応じていただき本書の内容を深い視点から構成するうえで貴重な示唆をいただいたことに感謝したい。また、本書の編集・執筆にあたり貴重な資料について閲覧、複写の便宜を与えてくださった北大文書館に深く感謝の意を表する。そして最後に、商業ベースにのるとは思われない本書の意義を評価され、出版を心よく引き受けていただいた花伝社に記して心よりお礼を申し述べたい。

（二〇二四年三月）

【編集後記】

この本は、奇跡的に上梓される。本邦初の「院協史」として。

余りにも勿体ない…大学など学生運動の本は、一九七〇年前後はじめ九〇冊を超えるが、院生（院協）運動はゼロに等しいと聞く。北大関連では、先の『北大1969』の編集過程で、八〇〇点以上の資史料が発掘された。これらを資料として残すだけではあまりにも「もったいない」として、是非とも記憶と記録を本に残そうとなってきた。しかし、この本は当事者たちの承認欲求を満たすために発行されるものではありえない。一九六〇～七〇年代の激動期にあって、生活と研究の悩みと葛藤し、若人たちの成長と苦悶と交誼を抱えて、院生会運動を進めた。大学の自治と自由を息づかせる運動を残そうとなった。

一〇人ワンチーム…五〇年も前のことを思い出すことは容易ではない。当時の資料を読み込み、自分の記憶を思い起こすのはあまりにも困難が多い。地質学者の思考回路は歴史の変遷を読み込むのが容易なのか、「通史」の大部を岡孝雄が見事に仕上げていった。すべてをデジタル化。頭が下がる。

事務局長の山口は、自らの分担は勿論のこと、編集過程の強力エンジンとして全開し続けた。見事な推進力だ。また北大院生でないが編集委員に加わった手島、小坂は議論に鋭い光を当ててくれた。年長の明神は、帯広から毎回駆けつけ大局からの提言をした。専門家羽田の指摘が飛ぶ。哲学者の高田の鋭い解明に驚く。一〇人一〇色の多様性あふるる意見と討議は、あまりに懐かしい、青春のそれだ。意見の違いはあるが、それは当然のことだ。有難い好誼だ。庶務・会計の佐久間の高度なデジタルスキルに感心した。多彩、多様な対話、やりとりができたのは僕には大きな収穫だった。

農院生・夏の学校Ⅱ…院生現役の頃、夏休みのひと時を演習林の宿舎で「夏の学校」が開かれた。あれから四〇数年を過ぎ、二〇一四年ユンニの湯で、「夏の学校Ⅱ」を開いた。白髪のシニア二五人が集結した。七戸長生先生（元農学部長）が記念講演、各々がこれまでの来し方や原点を語り交流した。提出されたレジメ・資料八一ページに基づき、含蓄の深い中身が語り合えた。幸せの夕餉が懐かしい。さらに四年後、一八年には札幌のホテルで再び語り合えた。太田原高昭先輩の論稿「内村鑑三と新渡戸稲造」も学んだ。専攻も職歴も異なる邂逅とチャランケは、若き青春の追憶と回想も交じり、希少な交流ともなった。

Mr.北大院協・増田洋…増田さんは、水産学部から農学部農経修士課程、農業市場論講座博士課程を経て、水産学部教官になり早世された。お酒もめっぽう強かったが、学科の教官会議室を夜に貸し切り、興部などの農家経済調査報告書をうんうん言いながら、書き連ねていく迫力はすごい形相であった。特に北大院協運動への貢献度は抜群、顕著であったと思う。ミスター北大院協と呼ぶべきは、文学部歴史学科の森山軍治郎さんと並んで、増田洋の名は欠かせないと思う。六九年刊・院協編『大学改革』は、理論的に高い水準とともに深い大衆性を兼ね備えている力作・名作であった。その編集執筆をリードしたのが、大学政策・科学技術論に精通していた、増田洋であった。他大学と比べても秀逸だった。学生や職員の心にも食い込んだ。

全国初の院生寮・有島寮…北陸の山村（福井県）の木こりの三男に生まれた僕は、恵迪寮―北学寮―有島寮と寮生生活しか知らない。大学院に進学する前提は、安い住居確保であった。一九七〇年一〇月院協三〇〇人の学生部長団交で来春開寮が決まった時の喜びは最高だった。部屋代月三〇〇円。これで生きれると思った。ＭＣ2年の時の「農院生逮捕事件」は、『蒼空に梢つらねて』や『エルムの告発』に譲る。梶本孝博議長はじめ旧友への感謝は今も重い。

（編集委員会委員長　佐々木　忠）

＊　＊

私は大学院経験といっても、修士課程二年目で中退し道立の試験研究機関に入ったので、そもそも北大の院生運動の事を述べること、編集に加わる資格があるのかなという考えが常につきまとっていた。しかし、北大紛争を主テーマとした『北大１９６９』の刊行について、特に関連資料の収集に関わり、北大院協関係の資料が北大学連や自治会関係のものを質的にも量的にもはるかにしのいでいることを知りえたのである。さらに、それらは学生運動特有のアジテーションに満ちた「疑似政治的」かつ「短絡的・刹那的」なものではなく、大学院生の基本的役割である教育・研究面での向上を求める要求運動や、自発的取り組みを主体とした地道なものであった。それらの資料群に接したときに、「地質」学徒、特に自然科学の中でも文系的と言われる地史学分野に携わる者として、時系列的に北大の大学院制度の変遷や院生運動を整理してみたいという思いが生じてきたのである。それは、院生運動の渦中にいた者というより、第三者的立場であったかもしれない。それはともあれ、自らは理学部地質学鉱物学教室（地鉱）の出身で、所属の研究機関は北大周辺にあり、地質学会・地学団体研究会の支部活動では頻繁に学部・教室に出入りしていたし、新旧の大学院生・諸先生と親交が続いており、彼らを基準にして、研究所での研究業務に励んでおり、いわば身内的感覚にいた。最終的には自治会運動で意識した理学部と、今はなき地鉱教室への思いもこの本のとりまとめへの関与になったといえる。

集った資料は総数で約七〇〇点である。ただし、今回含めなかった自治会関係を合わせると一〇〇〇点以上になる。

これらの七割程度を自らがスキャニングして電子ファイル化した。その際や、北大院協史（通史）の前段部分、理学部などの院協史、年表の取りまとめ・執筆の中で、斜め読みを含めてほぼ全部に眼を通した。その中で、北大院協は北大院協・全院協の資料などでの記述からは少なくとも二〇〇〇年頃までは存在したようであると考えていた。ところが、院協史の後段の一九八〇年代以降を担当した佐久間氏の執筆最終段階の調べ（ネット公開の全院協ニュース）によれば、二〇一六年という近年までは北大が全院協の理事校会議に曲りなりに参加していたとのことである。これには驚かされ、自らの執筆原稿の微修正を最後にせまられた。ともあれ、一九九〇年代前半頃の大学院重点化、二〇〇四年の北大の国立大学法人化の中で、大学院（研究科）の組織改編が進み、運動を担ってきた単位大学院会（研究科・専攻単位）の活動が次第に困難となったことは間違いない。

現在北大内の大学院生は総勢で数千人とされており、編集委員会メンバーが直接的に把握できる一九六〇年代末〜一九八〇年頃に比較すると、二〜四倍化しており、その形態も、医学・歯学・獣医学および薬学の一部では一般的な修士二年＋博士三年のパターンにはまらないコース、学部（学科）と関連のない独立大学院（従来の研究科・専攻）の存在など、複雑化・多様化しているし、留学生も多い。大学院生の急増により、設備や研究指導、就職先の確保など問題は山積みであり、昔のようにシンプルには行かないだろうが、この状態を束ねる院生運動の再構築を期待したい。

最後に、今回の取り組みで、私自身、北大院協の流れだけでなく、札幌農学校で始まる北海道大学の長い歴史を始めて深く知りえたというのが実感である。これにより、六〇年程の昔に津軽海峡をわたり、北大そして北海道にあこがれて渡ってきたときの思いの一部を果たしたような気もする。

（岡　孝雄）

＊　＊

編集委員会に参加するようになったのは、発足後一年くらいたってからであった。北大院協に籍を置いたことがない自分には出る幕はない、と思っていたからであるが、東北大院協での経験について寄稿してほしいといわれ、それではと腰を上げた次第である。東北大院協といっても、全学での経験はなく、経済院協で役員を務めた程度であったから、実際のところ、ささやかな個人的思い出の域を出るものではない。結局は、自分史の一局面を叙述する機会を与えられた貴重な場が編集委員会であったといえる。佐々木忠委員長、山口事務局長をはじめとした委員会メンバーの執念によって、当時の院生生活と院協活動が掘り起こされ、全体像が構成されていくプロセスは、発掘土器の破片を組み上げていく作業にも似て、「労は多いが、喜びも多い」作業であったのではないか、と「遅れてきた編集委員」なりに振り返るところである。

（小坂　直人）

＊　＊

北大院協史をまとめるので手伝ってほしいと佐々木忠編集委員長から連絡があって、第一回の編集会議に出席したのは二〇二二年四月一五日のこと。彼は農業市場論講座の先輩で、いろいろ行き来がある間柄でもあり編集会議に参加した。会計と山口事務局長の手伝いならばと深く考えもせず編集会議に関わった。それから二年近くの日々が過ぎた。

編集委員の中で一番若い（二四年には七〇歳になるが）ということで、第Ⅰ部の八〇年代をまとめることになり、さあどうしようと困った。私は北大院生協議会（全学幹事会）の活動には直接関わらず、八一年一二月に農業団体に就職してからはそれまでとは大きく違った仕事を続けてきたからだ。

私が北海道大学の大学院に在籍していたのは一九七八年から八一年暮れまでの三年八カ月という期間。院生会に主体的に関わったのは博士後期課程になってからだ。農学部本館四階、農業経済大学院研究室の奥、標本室のその奥に院生会室があった。院生会代議員会議長としての「公式見解（？）」は農学部大学院生会誌「穂波一六号」（八一年三月）にあるが、思い出すのは院生会ニュースを発行してきたことか。孔版印刷（いわゆるガリ版刷り）のボールペン原紙でニュースを書き、印刷機で印刷し配布していた。

院生会予算の確保・執行や日々の活動に対し、学部事務職員の皆さんには随分お世話になった。個人的には博士後期課程入試の当日、大雪による交通障害で開始時刻に遅刻しそうである旨事務に連絡した時、遅刻した場合の対応を機敏にとってくれた。結局遅刻したけれども、問題なく受験できたことに今でも感謝している。

この二年間は随分と刺激的な時間を過ごすことができた。編集委員の皆さんの活発な議論に接していて、院生時代の研究会・大学院でのシンポジウム（北大農業経済の大学院では講座ごとの研究会をこう呼んでいた）を思い出した。北海道大学という場で大学院生が生き、学び、考え、悩み、喜び、連帯し、たたかい、成長した歴史をまとめるという大変な取り組みに関わってしまったと悩みつつ、自分史としてもなんとかまとめることができた。このように上梓されたのは私を除く編集委員の力と奮闘よるものであり、ただただ感謝の気持ちだけだ。

これで自分自身の七〇年間に一区切りができた。後は90年代以降を大学院生として過ごしてきた世代が現代につながる歴史をまとめられることを期待したい。

（佐久間　亨）

＊　＊

私は一九六九年から七〇年にかけての大渦のなかで文学部哲学科を卒業し、七〇年に修士課程に進学した。西洋哲学研究室には五名が入学したが、それまでは毎年一、二名の入学だったので、大量入学として話題となった。文学研究科全体としてもこの年は入学者が以前よりも多かった。博士課程には七二年に入学したが、やはりこの年は研究科の博士課程の入学者が前後の年よりも多かった。博士課程を三年で修了のあと、学術振興会の奨励研究委員を一年、無職のオーバードクターを一年過ごし、大学に就職した。

七〇年代の所属の研究室の印象としては、教員が院生の自主性を配慮する指導法を採用するようになったことがある。当時教員スタッフは充実しており、それなりに厳しい指導が行われていたが、苦労のあと就職した先輩の間では、教員の指導が甘くなり、「大量入学の」院生の勉強の質が低下するのではないかという懸念が生じたと聞く。その当否については私たちの世代のその後の仕事ぶりから判断していただくほかはない。個人的に反省すべき点も多くあったが、さまざまな教員と個性的な先輩・同輩・後輩のなかで勉強できたことはのちの学問研究の土台となった。

六〇年代の末から文学部では学生・大学院生の研究室の問題が浮上し、学部の民主的改革を求める機運が高まり、学生自治会と院生協議会は連携していた。先輩の院生から勉強・研究の面とともに運動の面でもさまざまな情報を得ていた。他の研究科でも同様であろうが、ＭＣ期には研究をまとめることに専念するよう配慮され、院協活動への参加は限られていたが、ＤＣの一〜二年目には院協活動を能動的に担うことを期待された。私もこの線で一年目には研究科の院協（文院協）の執行部に参加し、二年目に北大院協の議長を引き受けることになった。院協代表との交渉を拒否していた丹羽学長が交渉に応じたことが印象的であった。わたしたちは院生の研究条件の向上を訴え、文部省から交付される学生等積算費のあり方が（理系と文系、実験系と非実験系の相違を含め）話題となった。全院協の活動にも参加し、文部省や主要政党への陳情をつうじて大学院政策の貧困さを痛感した。北大院協での活動をつうじて、文系とは異なる理系の研究や院生生活を具体的に知り、運動の面だけでなく、学際的な研究の面でも視野を広げることができた。本書での記録を見て、私のライフヒストリーをあらためて振り返っている。

（高田　純）

＊　＊

本書はわたくしにとって、一九五〇年代のイールズ闘争と六〇年安保闘争をテーマにした『蒼空に梢つらねて』（二〇一一、柏艪舎）、六〇年代後半から七〇年代初期の大学民主化闘争をテーマにした『北大１９６９』（二〇二一、メディアデザイン事務所マツモト）に次ぐ、三冊目の北大学生・院生運動史になります。「三部作」といってもよいでしょう。実はわたくしは北大の大学院には籍を置いたことがありません。北大教育学部を卒業した後、法政大学の大学院に進んだからです。にもかかわらず本書の編集委員を要請されたのは前二冊の編集経験を買われたからでした。どれだけお手伝いできたかは心もとない限りですが、それぞれの運動の当事者の方々から証言や回顧原稿をいただき、編集に携わることで、それぞれ方々の人生の貴重な経験に触れることができたのは僥倖以外の何物でもありません。

「三部作」を通して歴史を遡及する旅の感動を頂いたのは幸いでしたが、今回もまた前作同様、いわゆる「公式史」や「正史」ではありません。といっても、「公式史」や教科書を否定するものではありません。わたし自身、自治体や会社の歴史、労働組合・協同組合などの団体史を編纂する仕事には数多く携わってきました。「会社の創立は何年だったけ?」などという疑問には、「会社の公式史にはこう書いてあります」という答えが必要だからです。もちろん、「諸説ありまして……」と付け加えることもありますが、いずれにしても、そこから対話が可能になるのです。

歴史を叙述する営みは常に対話的構造を内包するものだというのは、大学院時代からたたき込まれてきた教えで、わたくし個人の信条でもあります。あらゆる歴史は一定の歴史観のもとで編集されるものであるからです。どうぞ、この点を念頭に置かれてお読みくださるよう……。

（手島　繁一）

＊　　＊

院生時代に挫折した研究テーマが、大学紛争と大学改革でした。退職を機に学問の自由研究に取り組み、現在は共同研究で、大学紛争・社会運動・大学改革を国際比較の視点で進めています。驚くべきは、私より一回り年下の研究者は、紛争も運動もまったく知らず、関心の外にあることです。イギリスの歴史家ホブズボームは、一九九四年に「現在の経験を先達の経験と結びつける社会的なメカニズムが壊れたといった方がいいかもしれないが、これは二〇世紀後半を最も特徴づける異様な現象である」と述べています。二〇年前に博士課程の院生から「近代化論を知らない」と聞かされて驚き、一五年前に「顕教・密教」概念を使った論文を投稿したところ、査読意見が「説明が必要」とあり、たまげました。「日本人は集団的記憶喪失」に罹っているのではないでしょうか。記憶を記録として、人類の記憶装置を確保するのは、ヘロドトス以来の歴史家の使命です。歴史の中で、名もなき個人や集団が歴史を作ってきたのであり、その一つである院生協議会を記録にとどめるお手伝いができたのは、ささやかな喜びです。

（羽田　貴史）

＊　　＊

この本の「編集」に前後して、我が国および国際的な政治、経済、文化に重大な影響を及ぼす歴史的な出来事が発生した。「ロシアによるウクライナ侵攻」、「安倍元首相殺害事件と統一教会問題」、「福島原発汚染水の海洋放出」、そして、「イスラエルによるガザ住民に対する〝ジェノサイド〟」である。これらの出来事はいずれもその趨勢あるいは決着如何では人類を破滅に導く「契機」になり得るものであり、私は一人の人間として、また、元北大院生協議会のメンバーとして看過することはできなかった。とりわけ、「原発汚染水の海洋放出」を正当化するために政府、東京電力およびその関係者らが「科学」という言葉を弄んでいることに対しては、一科学者として「怒り」を禁じ得なかった。このため、化学院協時代の友人二人（斎藤海三郎氏、澤田幸治氏）と共に「福島原発『汚染水』海洋放出の『科学的』根拠を問う」と題する論考を著した。

その論考で次の諸点を解明した。（1）原発汚染水に含まれる放射性核種による「被曝」は細胞内に侵入した核種による「内部被曝」であり、その被曝強度は通常の医療等で使われる放射線（外部被曝）に比べて、一〇億倍以上に及ぶ。（2）地球環境中の水は海洋と大気の間で循環系を作り、その総量は保存されている。したがって、「汚染水」を海水で希釈するという政府の論理は無意味である。（3）癌の原因となる「核種」の最有力候補は「トリチウム」である。その理由はトリチウム水が通常の水と全く同一の化学的性質を持っているため、口や鼻から体内に取り込まれた場合、血液等の体液（水溶液）に混じって、何の障害もなく細胞内（DNA近傍）に侵入できるからである。（4）日本における癌の年次「死亡率」は、ほぼ、直線的に増加しており、その直線の傾きは一九四五年（終戦）を境に増加する。他方、世界中の「原発」からは、毎年、大量のトリチウム水が排出されており、その半減期を考慮したとしても、地球環境「水」中のトリチウム水の割合は、年々、単調に増加している。「癌死亡率」における増加とトリチウム水の増加率との「相関」は明白である。ここで述べた論考は東京化学同人が発行する月刊誌「化学」三月号に掲載される予定である。

以上述べた事情で、編集委員としての役割を十分に果たすことができなかったことについて心よりお詫びしたい。

（平田　文男）

＊　　＊

約二年におよぶ編集作業を終えて感じたことを二つ記したい。

一つは、資料・文書保存の重要性についてである。一昨年四月に編集委員会の作業がスタートしたが、その時点では私には先がまったく見えなかった。佐々木編集長に声をかけられ全学議長も経験したことがあるので義理で編集委員をひきうけたが、院協運動については、奨学金、夏の学校、大学立法と民主化闘争など当時取り組んだいくつかのスローガンだけがぼんやりと浮かぶ程度で、その詳細な内容はほとんど思い出せない状態からの出発であった。半世紀も前のことであり記憶は薄れほとんどは忘却の中にあった。そのような中で、北大文書館所蔵の昔の懐かしい資料との出会いにより徐々に忘れていた事実を思い出し、記憶を鮮明にすることができた。人々から忘れ去られようとしていた院協運動を、忘却の闇から救出し歴史的事実として叙述することができたのは、北大文書館資料および北大文書館のおかげであった。資料についての教示、閲覧、複写の便宜を懇切にはかっていただいた北大文書館のみなさんにお礼を申し述べたい。人間の記憶は石に刻まれた文字ではなく、砂の上に書かれた文字のように儚いものであると言われている。そのように儚い人間の記憶を、文書・記録として収集・保管し後世に伝える文書館の役割と意義は極めて大きなものであり、その存在と充実に注目すべきであることを実感した。

感じたことの二つ目は、「大きな物語」＝ユートピアの歴史の重要性についてである。編集作業をつうじて北大院協の誕生から事実上の消滅にいたる歴史をたどることができ、自分が院協活動に携わったのがその最盛期であることも確認できた。それは奨学金三原則の実現、大学民主化などにエネルギッシュに時間を忘れて取り組んだ青春時代であったが、それを可能にし支えたのは何だったのだろうか。おそらくは、時代が、当時の私を含めて多くの院生に未来にたいして大きな夢を描きユートピアを抱く可能性を与えていたからではないか。その後、「大きな物語」がなぜ失われたのか、再生の条件と可能性はどこにあるのか――北大院協の歴史を、「大きな物語」という言説を補助線にさしはさむともう一つの院協史を描けるのかも知れない。ユートピアが歴史の進歩の重要な原動力であったことについて、汎ヨーロッパを唱え欧州連合（ＥＵ）の父の一人に数えられるクーデンホフ・カレルギー（一八九四－一九七二年）は次のように述べている。「すべての偉大な歴史的出来事は、ユートピアとして始まり、事実として終わった。」、と。

（明神　勲）

＊　　　＊

二〇二二年四月一五日、『北大１９６９』出版記念会の翌日に起ち上げられた第一回編集会議で事務局長を仰せつかった。この仕事の途中で気が付いたことは、『北大１９６９』の編集作業との違いである。北大の学生紛争を扱ったこの書は上野雅樹編集長の下によく準備され、執筆者は各自勢いをもって執筆した。しかし本書は大学自治に関わる活動記録と回想録という面では共通性を持ちつつも、それだけでは済まない諸側面に遭遇した。

それは日本政府の文教・科学・大学院政策の下で展開さ

れた、研究・学術活動に絡む諸問題と課題を避けるわけにはいかないからである。また『北大院生協議会史』（仮題）でスタートし、一定の歴史文書となることが予想された。このため、より客観的立場を堅持することが求められた。さらに何よりも院生生活の実態的側面、及び研究者としての成長記録を打ち出すことが、もう一方の重要課題とされた。

　またこの本では『北大１９６９』では取り挙げられなかった北大の学部・大学院についてもある程度記述が広げられた。平田・岡委員が理学部化学教室、工学部、薬学部、獣医学部について紹介した。さらに水産学研究科関係者が多数参加したことで、この分野が初めて記述された。文系に関しては明神・羽田・高田委員によって、教育学・文学研究科の特徴と当時の課題及び問題が浮彫にされた。なお、荒又重雄経済学部名誉教授と高村泰雄教育学部名誉教授へのヒアリング調査行い、文系大学院三研究科（除く法学研究科）の歴史的経緯を深い視点から考察することが可能となった。

　なお『北大１９６９』で対象とした時期は一九六〇・七〇年代に絞られたが、この本では新制大学院が発足した一九五〇年代から二〇〇〇年代半ばまで記述が及んでいる。一九八〇年以降についての記述は、編集委員会に高田・羽田・佐久間委員が加わったことで可能となった。なお小坂委員により、東北大大学院生協議会との組織上、運動上の違いも言及された。

　振り返ると、編集委員会は二年間に二〇回以上開催された。その途中では幾度か激論が闘わされた。それはいずれも編集方針をめぐる問題であり、時には厳しい対立に及んだ。この山を乗り越えて何とか刊行にこぎ着けたのは、編集委員一〇名全員の粘り強い意志と熱意があったためと考えている。

　ともかく事務局長の力不足を編集委員全員でカバーして頂いたことに感謝する。特に人脈を辿って諸資料を入手した佐々木委員長、編集作業全体の流れと内容を的確に読み込み、常に議論を整理した手島顧問、及び資料をエクセル上に常に精力的に整理しつつ、通史編の大半をまとめた岡委員、学術的立場から厳しい批判とアドバイスを投げかけた羽田委員、遠方から編集会議に参加した平田・羽田・明神委員。そして高田・小坂・佐久間委員の参加により、一九八〇年代以降の諸事情が把握でき、現在につながる問題が明らかとなってきた。また佐久間委員によるＰＣ操作で会議の効率化が図られたことに感謝する。

　最後に出版に必要な募金に応じて頂いた執筆者及び賛同・協力者には心よりお礼を申し上げ、私個人の編集後記とする。

（事務局長　山口　博教）

執　筆　者　一　覧（　執　筆　順　）				
執筆者名	生年	在籍大学院・終了年次	現役時代の所属	現　在
手島　繁一	1947年	1980年法政大学大学院社会科学研究科社会学専攻博士課程中退	法政大学大原社会問題研究所	
岡　　孝雄	1948年	1974年理学研究科地質学鉱物学専攻修士課程中退	北海道立地質研究所（地下資源調査所）	ジオパワー学園　掘削技術専門学校非常勤講師
山口　博教	1950年	1979年経済学研究科経済政策専攻博士課程単位取得退学	北星学園大学	北星学園大学名誉教授
佐久間　亨	1954年	1981年農学研究科農業経済学専攻博士課程中退	(一社)北海道農業会議	全国農業新聞編集委員
高田　　純	1946年	1976年文学研究科哲学専攻博士課程単位取得退学	北海道大学、帯広畜産大学、札幌大学	札幌大学名誉教授
平田　文男	1947年	1974年理学研究科化学専攻博士課程単位取得退学	米国ラトガーズ大学、京都大学、分子科学研究所	分子科学研究所・総合研究大学院大学名誉教授
石井　　寛	1942年	1970年農学研究科林学専攻博士課程単位取得退学	北海道大学大学院農学研究科	北海道大学名誉教授
佐々木　忠	1947年	1973年農学研究科農業経済学専攻博士課程中退	「北海道経済」編集委員	「ほっかい新報」編集委員
大泉　　徹	1956年	1985年水産学研究科博士課程修了	福井県立大学海洋生物資源学部	福井県立大学名誉教授・非常勤講師
宮澤　晴彦	1955年	1984年水産学研究科博士課程修了	北海道大学大学院水産科学研究院	北海道大学水産学部非常勤講師
西　　友夫	1956年	1984年水産学研究科博士課程退学	千葉県立高校	
明神　　勲	1941年	1973年教育学研究科博士課程単位取得退学	北海道教育大学釧路校	北海道教育大学名誉教授
神田　健策	1948年	1981年農学研究科農業経済学専攻博士課程修了	弘前大学	2020.4.5　逝去
安藤　　桜	1942年	1970年農学研究科農学専攻博士課程修了	北海道拓殖短期大学	拓殖大学名誉教授
阿部　哲也	1945年	1977年工学研究科原子力工学専攻博士課程単位取得退学	日本原子力研究開発機構	
中原　豊司	1948年	1979年農学研究科農業経済学専攻博士課程単位取得退学	生活協同組合コープさっぽろ	公益財団法人コープさっぽろ社会福祉基金
酒井　源樹	1947年	1974年理学研究科物理学専攻博士課程単位取得退学	北海道教育大学	北海道教育大学名誉教授

羽部　朝男	1953年	理学研究科物理学専攻博士課程修了・1982年理学博士	北海道大学	北海道大学名誉教授・放送大学客員教授
三好　永作	1946年	1977年理学研究科化学専攻博士課程単位取得退学	九州大学	九州大学名誉教授
江見　清次郎	1948年	1977年理学研究科化学専攻博士課程単位取得退学	北海道大学工学部	日本科学者会議北海道支部事務局次長
田畑　保	1945年	1972年農学研究科農業経済学専攻博士課程単位取得退学	明治大学農学部	明治大学名誉教授
宮﨑　隆志	1958年	1986年教育学研究科博士後期課程中退	北海道大学教育学研究院	北海道文教大学人間科学部地域未来学科
中嶋　信	1946年	1974年農学研究科農業経済学専攻博士課程単位取得退学	名寄女子短大・徳島大学	徳島大学名誉教授
藤原　一也	1948年	1974年農学研究科農芸化学専攻博士課程中退	日本生活協同組合連合会・全国消費者団体連絡会	
秋林　幸男	1946年	1977年農学研究科林学専攻博士課程修了	北大フィールド科学研究センター研究林	年金生活者
川眞田　憲治	1947年	1977年水産学研究科博士課程単位取得退学	北海道立水産試験場・海洋土木株式会社	(一社)水産技術協会理事
田中　邦明	1955年	1984年水産学研究科水産増殖学専攻博士課程修了	北海道教育大学函館校	北海道教育大学函館校非常勤講師
山﨑　誠	1952年	1985年水産学研究科博士課程修了	水産庁水産研究所、(独法)水産総合研究センター	学習塾講師
羽田　貴史	1952年	1979年教育学研究科博士課程退学	福島大学、広島大学、東北大学	広島大学・東北大学名誉教授
村山　紀昭	1943年	1971年文学研究科博士課程単位取得修了	北海道教育大学	北海道教育大学名誉教授
橋本　信	1949年	1984年文学研究科博士課程単位取得退学	拓殖大学北海道短期大学	拓殖大学北海道短期大学名誉教授
浅田　政広	1948年	1975年経済学研究科博士課程修了・経済学博士	旭川大学	旭川大学名誉教授・放送大学
小坂　直人	1949年	1981年東北大学大学院経済学研究科経済学専攻博士課程単位取得退学	北海学園大学	北海学園大学名誉教授

北大院生協議会史——大学院生の苦闘と成長の軌跡

2024年9月5日　初版第1刷発行

編者————北大院生協議会史編集委員会
発行者———平田　勝
発行————花伝社
発売————共栄書房
〒101-0065　東京都千代田区西神田2-5-11 出版輸送ビル2F
電話　03-3263-3813
FAX　03-3239-8272
E-mail　info@kadensha.net
URL　https://www.kadensha.net
振替　00140-6-59661
装幀————佐々木正見
印刷・製本——中央精版印刷株式会社

ISBN978-4-7634-2125-8　C0036